SAP Bible FI

SAP FI Module의 정석

SAP Bible FI 하

발행일	2019년 7월 30일		
지은이	유승철		
펴낸이	손형국		
펴낸곳	(주)북랩		
편집인	선일영	편집	오경진, 강대건, 최승헌, 최예은, 김경무
디자인	이현수, 김민하, 한수희, 김윤주, 허지혜	제작	박기성, 황동현, 구성우, 장홍석
마케팅	김회란, 박진관, 조하라, 장은별		
출판등록	2004. 12. 1(제2012-000051호)		
주소	서울시 금천구 가산디지털 1로 168, 우림라이온스밸리 B동 B113, 114호		
홈페이지	www.book.co.kr		
전화번호	(02)2026-5777	팩스	(02)2026-5747
ISBN	979-11-6299-675-1 14320 (종이책)		979-11-6299-676-8 15320 (전자책)
	979-11-6299-672-0 14320 (세트)		

잘못된 책은 구입한 곳에서 교환해드립니다.
이 책은 저작권법에 따라 보호받는 저작물이므로 무단 전재와 복제를 금합니다.

이 도서의 국립중앙도서관 출판예정도서목록(CIP)은 서지정보유통지원시스템 홈페이지(http://seoji.nl.go.kr)와
국가자료공동목록시스템(http://www.nl.go.kr/kolisnet)에서 이용하실 수 있습니다.
(CIP제어번호: CIP2019029564)

SAP
Bible FI

S/4 HANA Version 하

유승철 지음

SAP FI Module의 정석

북랩 book Lab

머리말: SAP Bible FI 시리즈를 펴내며

지금까지 10년 넘게 SAP 프로젝트를 수행하면서 수많은 PI(Process Innovator)/PU(Power User)/현업 담당자들을 만나봤습니다. 처음 SAP란 ERP 시스템을 접해보신 분들도 있었고, 이미 SAP를 사용하시다가 업그레이드를 하시는 분들도 있었습니다.

이미 SAP를 접해보셨던 분들의 경우 자신이 사용하던 SAP 화면에 대해서는 익숙하게 사용하셨지만, 별도로 개발된 CBO 프로그램만 사용하셨거나 사용하지 않던 SAP Standard 화면에 대해서는 많이 어려워하셨습니다. 또한 그 프로그램들을 왜 써야 하는지, 어떤 개념으로 SAP 화면들이 만들어진 것인지에 대해서는 이해도가 높지 않았습니다. 심지어 어떤 분은 단순히 전임자에게 인수인계 받은 걸 토대로 이유도 모른 채 버튼만 클릭하는 분들도 있었습니다.

SAP를 처음 접하신 분들의 경우 소규모 Legacy 회계시스템을 사용하시는 경우가 많았는데 Legacy 시스템과 SAP 시스템과의 개념상 차이부터, SAP 시스템 사상에 대해 이해하기 어려워하시는 분들이 많았습니다.

회사에 따라 SAP 모듈 교육을 보내주고, 프로젝트에 투입하는 경우도 있었고 교육 비용 때문에 어떠한 사전지식도 없이 프로젝트에 투입하는 경우도 있었습니다. 프로젝트를 진행하면서 컨설턴트로서 PI/PU 분들을 교육시켜야 했으며 이때마다 프로젝트에 참여하는 분들의 SAP 이해도를 높이는 것이 프로젝트의 성공에 많은 영향을 미친다는 것을 깨닫게 되었습니다. 후배들을 교육하기 위해 간단한 형식으로 정리한 자료들을 가지고 PI/PU/현업 담당자분들을 위한 교육자료를 만들어야겠다는 결심을 하게 되었습니다. 교육용 자료를 만들다 보니, 생각보다 내용과 분량이 많아져 책을 출판하게 되었습니다.

SAP 모듈 교육을 받는다면 사실 이 책을 보실 필요가 없을지도 모릅니다.

교육을 받으신 후 이 책으로 복습하시면 제일 좋겠습니다만, 교육을 받을 수 없는 상황에서 프로젝트에 투입되신 분들은 이 책을 통해 컨설턴트와 커뮤니케이션하기 훨씬 수월해질 것이며, SAP FI 모듈의 개념을 이해하는 데 많은 도움이 되실 겁니다. 이로 인해 프로젝트팀 컨설턴트에게서 더 많은 노하우를 전수받을 수 있을 것입니다.

또한 프로세스를 수립하는데 있어서도 다양한 SAP의 기능 중에서 어떤 기능을 선택할지, 선택의 폭을 넓힐 수 있으실 겁니다. 프로젝트 멤버가 아닌 PU 혹은 현업 담당 실무자라 할지라도, SAP FI 모듈에 대한 전반적인 개념 이해와 전표작성 등 자신과 관련된 분야의 공부를 깊게 하실 수 있습니다. 자산관리 담당일 경우 이 책의 Asset Accounting 과정을 읽어보면 어떤식으로 자산 관련 시스템 구성이 되어 있고, 어떻게 감가상각비가 계산되는지 알게 되실 겁니다. 또한 본인이 모르는 SAP Standard 기능을 이용해 더 다양한 정보를 조회해볼 수 있다는 것을 깨닫게 되실 겁니다.

마지막으로, 이 책은 프로세스별 SAP 사용 방법뿐 아니라 관련 IMG 세팅에 관한 내용도 담고 있습니다. PU/현업 담당자분들의 경우 IMG Configuration까지는 모르셔도 상관없지만, PI의 역할을 수행하시는 분이라면 반드시 공부해보시기 바랍니다. S/4 HANA 버전에서의 변경된 세팅사항에 대해서도 상세하게 기술하였으니 아직 경험해보지 못한 분들의 경우 도움이 되실 것으로 생각됩니다. 업무 중에 항상 책상 위에 올려놓고 필요할 때마다 꺼내볼 수 있는 유용한 책이 되었으면 합니다.

감사합니다.

2019년 7월 유승철

Contents

머리말 SAP Bible FI 시리즈를 펴내며 • 004

Part 6 Automatic Outgoing Payment / 13

1. Automatic Outgoing Payment Program • 015
● Automatic Outgoing Payments: 자동지급처리 • 015
● Automatic Outgoing Payments(AOP) 수행시 필요한 5가지 IMG Setting 구조 • 018
● F110 Automatic Payment Program Running • 035

2. Check Management: 수표관리 • 078
● Payment Documents and Checks • 078
● Voiding checks and Canceling Payments: 수표 취소 & 지급 취소 • 084
● Check Register(수표발행대장) • 091

3. Other Payment Methods • 093
● Noted Item AOP • 093
● Bill of Exchange Payable: 지급어음 처리 • 097
● Alternative payee: 대체수취인 • 108

Part 7 New General Ledger / 115

1. Overview of New General Ledger • 117
● New G/L Functionality • 117
● Ledger 정의 • 118
● Segment Reporting • 124

2. Parallel Accounting: 병행회계 • 128
● Parallel Accounting Configuration • 128

- SAP Parallel Accounting · 128

- Ledger Group을 이용한 전표처리 · 132

3. Document Splitting   · 140

● Document Splitting: 전표분할 기능 · 140

- Document Splitting functions · 140

- Activating Document Splitting · 141

- Active Splitting · 145

- Passive Document Splitting · 151

- Inheritance in Document Splitting · 154

- Document Splitting - Zero Balance · 155

- Document Splitting - Modeling · 157

4. Integration with Other Area   · 160

● FI Sub-Ledger와의 Integration · 160

● CO모듈과의 Integration · 166

5. 결산(Periodic Processing)   · 167

● 결산 관련 변화사항 · 167

6. New G/L Report   · 169

● Report 관련 변화사항 · 169

Part 8   Asset Accounting   / 179

1. Asset Accounting Organizational Structure   · 181

● AA Organizational Structure Overview · 181

● Chart of Depreciation(감가상각표-COD) - Chart of Account(계정과목표-COA) 관계 · 181

● Depreciation Areas : 감가상각 영역 · 185

● Cost Accounting Assignment · 186

● Asset Class and Asset Master Data · 187

● Asset Master Data Overview • 190

● Posting Values to G/L • 191

● Asset Class의 4가지 Functions • 194

   - Depreciation Terms • 195

   - Account Determination • 197

   - Number Range • 202

   - Screen Layout Rule • 203

● IMG: Lean Implementation • 211

● Special Asset Class • 212

● Create Asset Master Data • 220

● Create Multiple Similar Asset Data • 221

● Time-Dependent Data • 223

● Depreciation Area를 구성하는 필드 • 227

● Changing Assets • 228

● Asset Sub-Number • 230

2. Asset Transactions   • 234

● Asset Accounting as Subsidiary Ledger • 234

● Integrated Asset Acquisitions: 고정자산 취득의 3가지 Integration Point 첫 번째 • 234

   - FI-AA ←→ FI-A/P(Asset Acquisition without MM Integration) • 235

● Asset Explorer • 238

● Asset Acquisition and Values In Master Data • 241

● Document Type and Number Ranges: 전표에 Assign되는 Document

   Type(AA)과 전표 No. Ranges • 244

● Transaction Types(TTY): 고정자산의 거래유형(이동유형)을 나타내는 키값 • 246

● Integrated Asset Acquisitions: 고정자산 취득의 3가지 Integration Point.

   남은 2가지 방식 • 251

   - FI-AA ←→ FI-G/L Clearing • 251

   - FI-AA ←→ MM(Asset Acquisition with MM Integration) • 251

● Asset Transfer: 자산 대체처리 • 266

   - 자산 대체 처리 • 266

   - 자산 분할 처리 • 270

   - 자산 병합 처리 • 273

● Asset Retirement: 자산 처분(개별/통합 방식) • 275

- Individual Retirement · 276
- Mass Retirement · 279
● Capitalization of Asset Under Construction(AuC): 건설중 자산으로 관리되던 자산을 본 자산으로 Settlement · 287
● Asset Under Construction(AuC) with Investment Order · 294
- Investment Order를 이용한 AuC취득 및 정산처리 ·294
- Investment Order 처리를 위한 IMG Setting · 308
● Current Value Depreciation: Unplanned Depreciation 비계획 상각 · 313

3. Periodic Processing · 318
● Periodic Job in AA · 318
● Valuation: 회사에 assign한 COD 내 Depreciation Area별로 평가 방식을 다르게 부여하는 IMG세팅 Rule · 321
● Calculating Depreciation Values: 감가상각비 계산 · 327
● Imputed Interest(이자비용)/Replacement Values Index(재평가액 Index) 관련 설정 · 340
● Depreciation Posting : Integration With G/L · 350
● Depreciation Posting : Smoothing vs Catch-up ·353
● Fiscal Year Change: 연말처리(회계연도 변경) · 355
● Year-End Closing: 고정자산 연마감 처리 · 356

4. Information System · 358
● Asset Information System · 358
● Report Selection · 358
● Asset Value Display · 362
● Asset Simulation · 367
● Sort Criteria(=Sort Key=Sort Version) · 370
● Asset History Sheet · 372

5. Legacy Data Transfer · 378
● Legacy Data Transfer overview: Asset Migration · 378
● Legacy Data Transfer - Asset Master Data Migration · 378
● Legacy Data Transfer: Transfer Date · 382

- Transfer Parameter • 383
- Automatic Legacy Data Transfer: BDC 방식, LSMW 방식 • 387
- Legacy Data Transfer: With MS.Excel • 388
- Preparing for Production Start-Up: Check Consistency • 389
- Reset Company Code • 393
- Reset Posted Depreciation • 394
- Set/Reset Reconciliation Accounts • 396
- Transfer Balances • 399
- Activate Company Code • 401

6. Asset Accounting(S/4 HANA) • 402
- 자산 취득에 대한 Technical Clearing 계정 필요 • 402
- Asset Migration-AS91/AS92 Transaction 화면의 변화사항 • 405
- 자산매각전표 변화사항 • 409
- 기타 변경사항 • 411

Part 9 Financial Closing / 415

1. Overview of Closing Process • 417
- Integrated Overview of Closing Process • 417

2. Financial Statement • 421
- Financial Statement: 재무제표 조회 • 421
  - Financial Statement Version(FSV) • 421
  - Financial Statement Program • 431

3. Asset and Liabilities(B/S) Closing • 436
- Asset and Liabilities(B/S) 관련 결산 항목 • 436
- Fixed Assets : 고정자산 • 437
- Current Assets : 유동자산 • 438
  - Maintain Goods Received/Invoice Received(GR/IR) Clearing Account • 438
  - Material Price Change • 442

- Physical Inventory Procedure • 445
- GR/IR Clearing Account Analysis • 451
● Receivables(&Payables) : 채권, 채무 • 458
- Customizing Balance Confirmations • 458
- IVA Posting for Doubtful Receivables • 466
- Foreign Currency Valuation and Reclassify Receivables/Payables • 473
- FAGLF101 - Sorting/Reclassification 기능 • 473
- FAGLF101 - Changed Reconciliation Account 기능 • 480
- FAGLF101 - Balancing for Affiliated Companies 기능 • 484
● Checks/Banks • 484
● Accrual/Deferral Postings: 미지급, 선급 등과 관련된 기간손익 조정작업 • 487
- 미지급, 선급 등과 관련된 기간손익 조정작업 • 487
- Manual Accrual 관련 IMG Configuration • 496

4. Profit and Loss(P&L) Overview   • 502
● CO(Controlling) in SAP • 502
● Allocating Costs: CO모듈로 들어온 비용에 대한 배부 및 정산처리 부분 • 503
● CO-FI Real time Integration • 505
● Lock Period in CO: CO 마감 처리 • 515
● HR 관련 마감처리 • 516

5. Technical, Organizational and Documentary Steps • 518
● Technical, Organizational and Documentary Steps Overview • 518
● Technical Steps • 518
● Organizational Steps • 537
● Documentary Steps • 538

약어 정리 • 541

맺음말 • 542

부록
- 자금관리 통합 솔루션 (Spert Treasury Solution) • 543
- SAP ERP 프로젝트를 계획하고 있습니까? • 544

Automatic Outgoing Payment

1. Automatic Outgoing Payment
2. Check Management(수표관리)
3. Other Payment Method

enterprise

software

resource

planning

SAP

system

planning

program

analysis

development

이번 장에서는 AP Invoice에 대한 자동지급처리에 대해 알아볼 예정입니다. Manual Payment는 앞 장에서 살펴보았으며 이번 장에서는 Automatic Outgoing Payment(AOP) 프로그램에 대해 어떻게 지급제안 리스트를 생성하고 지급전표가 생성되는지 살펴볼 예정입니다. 그리고 이를 위한 IMG Setting에 대해서도 살펴볼 것입니다. 또한 국내에서는 잘 사용하지 않지만 SAP Standard Check Management(수표관리)에 대해서도 내용을 다룰 예정입니다. 펌뱅킹을 주로 사용하는 국내에서는 잘 사용되지 않는 기능이므로 참고로만 알아두시기 바랍니다.

1. Automatic Outgoing Payment Program

● Automatic Outgoing Payments : 자동지급처리

▶ SAP의 2가지 지급방식

○ Manual Payment : Open Item Clearing - 사용자가 AP 전표를 직접 반제처리

○ Automatic Outgoing Payment : Terms of Payment를 이용하여 지급대상 리스트를 자동으로 생성, 자금담당자가 지급할지 확인한 후 지급 실행하면 자동으로 지급전표가 기표되는 방식, 여러가지 지급방법을 선택할 수 있다(수표, 계좌이체, 어음 등) DME(Data Medium Exchange) / EDI(Electronic Data Interchange) 방식으로 실제 지급처리를 한다.

○ 이번 챕터에서 살펴볼 내용은 **Automatic Outgoing Payment** 처리이다.

▶ The Payment Process

○ ①Invoices 가 생성되는 단계(A/P) : MM의 IV단계에서 생성되거나 FI의 A/P에서 Invoice가 생성된다.

○ ②아직 지급되지 않은 Open Invoice들이 만기일별로 분석되는 단계

○ ③지급기일이 된 Invoice가 검토 및 지급준비되는 단계

○ ④Payments List(지급대상)가 최종 승인되거나 보류/조정 되는 단계 - 지급대상 최종확정

○ ⑤Invoices가 지급 처리되는 단계 - 전표발생

▶ SAP Payment Program Overview

○ FI-Accounts Payable-Periodic Processing-**F110 - Payments** 화면 : Automatic Outgoing Payment Program

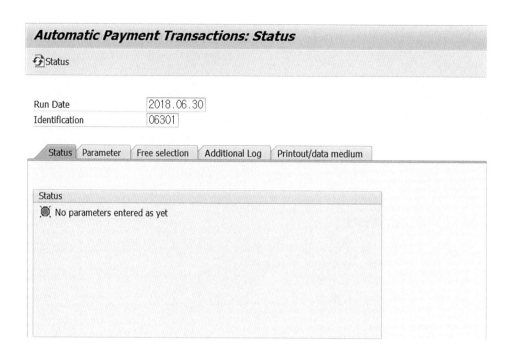

○ Run date : 자동지급처리를 실행하는 일자, 일반적으로 당일 일자를 지정

○ Identification : 자동지급처리 하는 유저가 임의로 지정하는 고유 ID. 동일한 지급 실행일자에 여러 건의 자동지급처리 건을 구분하기 위한 구분자 역할을 한다.

○ Status : 아래 절차들 중에 어떤 절차까지 진행되었는지 진행상태를 보여준다.

  • ①Maintaining Parameters : 어떤 Invoice를 지급대상으로 하겠다는 기준값 (Parameters)을 입력한 상태(Parameter : 어떤 Vendor, 어떤 Company Code, 어떤 전표번호 등 지급대상에 대한 조건값)

  • ②-1.Schedule Proposal : 모든 지급제안 리스트(Proposal List)를 불러오는 단계

  • ②-2.Edit Proposal : 지급제안 리스트(Proposal List)를 편집하는 단계(승인, 보류/조정 등), 이때 리스트 확정

  • ③Schedule Payments : 지급제안 리스트 지급처리 → FI 전표 기표

  • ④Schedule Print : Payment Medium 생성. 수표발행? DME파일 생성? EDI방식을 통한 지급처리?

○ 실제 프로그램은 다음과 같은 형태로 구성되어 있다.

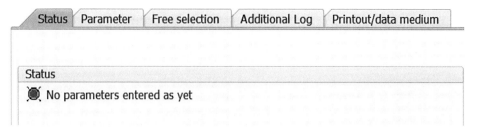

현재는 아무런 작업이 일어나지 않았기 때문에 Status 부분에 아무런 내역이 없다.

>기존에 처리되었던 내역을 하나 조회해보도록 한다(Identification Possible Entry 클릭

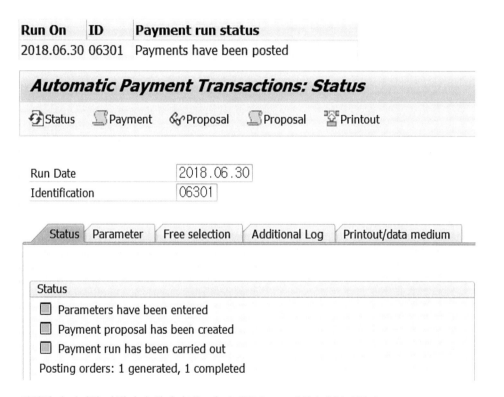

Run On	ID	Payment run status
2018.06.30	06301	Payments have been posted

위와같이 어떠한 과정까지 처리되었는지 아래쪽 Status 부분에 보여준다.

● Automatic Outgoing Payments(AOP) 수행시 필요한 5가지 IMG Setting 구조

※Payment Program 과 관련된 IMG Setting은 Application의 User side에서 직접 Access가 가능

F110 - AOP 프로그램 [메뉴-Environment-Maintain config]

Customizing: Maintain Payment Program

All company codes

Paying company codes

Pmnt methods in country

Pmnt methods in company code

Bank determination

House banks

마지막 House Banks는 5개의 IMG 카테고리에는 없으나 이 화면에서 함께 설정할 수 있도록 버튼이 존재한다.

▶ **5개의 IMG Categories 존재**(All company Code / Paying company codes / Payment methods in country / Payment methods in company code / Bank determination)

▶ IMG-FI-Accounts Receivable and Accounts Payable-Business Transactions-Outgoing Payments-Automatic Outgoing Payments-Payment Method/Bank Selection for Payment Program 메뉴패스로 들어가면 Automatic Payment와 관련된 5가지 IMG Configuration 화면이 존재한다.

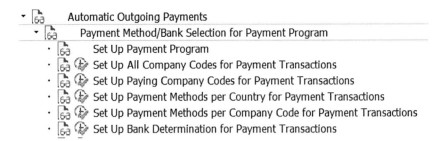

- Automatic Outgoing Payments
  - Payment Method/Bank Selection for Payment Program
    - Set Up Payment Program
    - Set Up All Company Codes for Payment Transactions
    - Set Up Paying Company Codes for Payment Transactions
    - Set Up Payment Methods per Country for Payment Transactions
    - Set Up Payment Methods per Company Code for Payment Transactions
    - Set Up Bank Determination for Payment Transactions

▶ Set Up All Company Codes for Payment Transactions : 동일 Client 하위의 모든
Company Code에 대해 설정하는 IMG Setting

○ AOP(Automatic Outgoing Payment)를 사용하기 위해서는 모든 Company Code가 이
세팅을 해야 한다.

Change View "Company Codes": Overview

New Entries

Company Codes	
Company Code	Name
4100	FI Korea

• Company Code 4100번 더블클릭

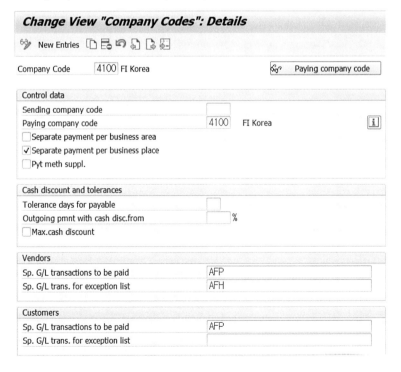

Change View "Company Codes": Details

New Entries

| Company Code | 4100 FI Korea | | Paying company code |

Control data

Sending company code		
Paying company code	4100	FI Korea
☐ Separate payment per business area		
☑ Separate payment per business place		
☐ Pyt meth suppl.		

Cash discount and tolerances

Tolerance days for payable		
Outgoing pmnt with cash disc.from		%
☐ Max.cash discount		

Vendors

Sp. G/L transactions to be paid	AFP
Sp. G/L trans. for exception list	AFH

Customers

Sp. G/L transactions to be paid	AFP
Sp. G/L trans. for exception list	

※각 항목별로 세팅내역을 확인해보자.

Control data		
Sending company code		
Paying company code	4100	FI Korea
☐ Separate payment per business area		
☑ Separate payment per business place		
☐ Pyt meth suppl.		

- Sending company code : 채무를 가진 Company Code

  입력안 할 경우 Sending Company Code = Paying Company Code

- Paying company code : 채무 금액을 지급하는 Company Code

  Sending Company Code <> Paying Company Code → Cross-Company Code
  Transaction으로 처리됨

- Separate payment per business area : 사업부 레벨에서 AOP를 할 경우 체크

- Separate payment per business place : 사업장 레벨에서 AOP를 할 경우 체크

- Payment method supplement : 지급방법보충 필드 값을 Vendor/Customer 마스
  터에 설정하고 이 지급방법보충 값별로 지급처리 대상을 지정할 수 있음

Cash discount and tolerances		
Tolerance days for payable		
Outgoing pmnt with cash disc.from		%
☐ Max.cash discount		

- Tolerance days for payable : 5일인 경우, 만기일자로부터 5일까지는 만기로 보겠
  다는 의미, 공백일 경우 만기일자에 정확히 대금지급 하겠다는 의미

- Outgoing pmnt with cash disc.from : 최소 인정 DC율. 예를 들어 2% 일 경우, 지
  급시 최소 2%부터 Cash Discount Rule이 적용되도록 하겠다는 의미. 지급과 관련
  된 Invoice의 할인율이 2%가 넘는 경우에만 각각의 할인일자별 할인율을 적용해 할
  인 후 지급처리를 하고 2% 미달될 경우 할인없이 지급처리를 하겠다는 의미), 공백
  일 경우 인정% 없이 할인율을 적용하겠다는 의미

- Max.Cash discount : 여러개의 할인율이 존재할 때 가장 큰 할인율을 적용하겠다
  면 체크한다. 잘 쓰지 않음.

Vendors	
Sp. G/L transactions to be paid	AFP
Sp. G/L trans. for exception list	AFH

- Sp. G/L transactions to be paid : 지급시 사용할 Special Indicator를 복수로 지정
- Sp. G/L trans.for exception list : 지급제외 대상 Special Indicator를 복수로 지정. AOP 처리시 Payment Block이 걸려있다던지, 특정 이유에 의해서던지, 지급되지 말아야 하는 지급대상건들을 지급제외 리스트로 분류한다. 지급제외 리스트에 포함된 건들은 지급담당자가 각각 조정하여 지급처리 할 수 있다.
- 위에서 Special G/L A의 경우는 지급대상이지만, 지급제외 리스트에 전표가 조회되게 된다.

▶ Paying Company Codes : 지급주체가 되는 Company Code쪽에 설정해줘야 하는 IMG Setting

○ Set Up Paying Company Codes for Payment Transactions 화면

＞Company Code 4100 더블클릭

Change View "Paying Company Codes": Details

New Entries 🗋 🗟 🔄 🔓 🗋 🗟

Paying co. code   4100   FI Korea   ⇨ Company Codes

Control Data

Minimum amount for incoming payment		KRW
Minimum amount for outgoing payment	1,000	KRW

☐ No exchange rate differences
☐ No Exch.Rate Diffs. (Part Payments)
☐ Separate payment for each ref.
☑ Bill/exch pymt
☐ Direct Debit Pre-notifications

Specifications for SEPA Payments

Creditor Identification Number

Bill of Exchange Data

Create bills of exchange

◉ One bill of exchange per invoice
◯ One bill of exchange per due date
◯ One bill of exch. per due date per.

Bill of exch.due date/bill of exch.pmnt requests for incoming payments

Latest due date in		Days
Bill on demand for due date up until		Days

Bill of exchange due date for outgoing payments

Earliest due date in	59	Days
Latest due date in	61	Days

- Minimum amount for outgoing payment : 대금지급 처리할 최소금액. 100만원 이상만 AOP 프로그램을 사용하겠다면 100만원을 입력하면 된다.

- No exchange rate differences : 외화 Invoice의 경우 발생시점과 Payment시점의 환율차이로 인해 발생하는 Gain/Loss 계정을 발생시키지 않고 처리하겠다는 의미. Invoice 발생시점의 환율을 그대로 인정

- Bill/exch pymt : 체크가 되어야 어음과 관련된 필드그룹
(Bill of Exchange Data)이 보여지게 된다(어음과 관련된 지급을 AOP를 이용해 처리하겠다는 의미)

- Create bills of exchange : Invoice별로 한 장의 어음을 발행하는 경우, 만기일자별

로 한 장의 어음을 발행하는 경우, Due date Period를 지정하여 한 장의 어음을 발행하는 경우, 3가지 방식중 선택할 수 있다.

아래로 갈수록 rough한 발행 기준이 된다.

- Earliest/Latest due date in : 최소/최장 어음만기일을 지정할 수 있다. 60/180 이면 60일이상 180일 미만인 만기일자에 들어오는 어음에 대해서만 AOP를 이용하겠다는 의미

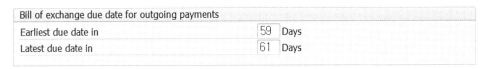

(59일 이상 61일 이하, 즉 60일 만기인 어음에 대해서만 AOP를 이용한다는 의미)

- 밑의 [🔲 Forms] 버튼을 클릭하면 다른 필드 입력부분이 보여진다.

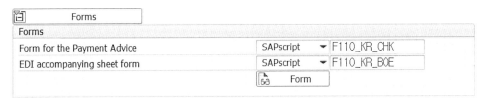

위와 같은 Form양식들은 SAP Script나 Smartforms Program을 이용하여 만들 수 있다.

- Form for the Payment Advice : Vendor에게 지급한 후 현재 Opening상태로 남아 있는 금액을 이 필드에 있는 Form으로 Letter를 만들어 Vendor에게 보내주게 된다 (국내에선 사용하지 않음)

- EDI accompanying sheet form : 역시 Vendor에게 전송해주는 양식 Form임(EDI를 이용할 때)

▶ Payment Methods / Country : Country Dependent한 지급방법에 대한 IMG Setting

○ Set Up Payment Methods per Country for Payment Transactions 화면

Change View "Payment Method/Country": Overview

🕏 🔍 New Entries 🗋 🗟 ⟲ 🗟 🗟 🗟 BC Set: Change Field Values

Dialog Structure
* 📂 Payment Method/Country
  * · 📁 Currencies Allowed
  * · 📁 Permitted Destination Cou
  * · 📁 Note to Payee by Origin

Payment Method/Country

Co...	Name	Pmt met...	Name
KR	South Korea	B	Bill of Exchange
		C	Check
		T	Bank Transfer

나라별로 사용할 Payment Method 를 등록, 더블클릭하여 상세정보 등록

〉Bank Transfer -T 더블클릭

Country   KR   South Korea   🖼   Use in company codes
Pymt Meth.   T
Description   Bank Transfer
Description

Payment method for
- ⦿ Outgoing payments
- ○ Incoming payments

Payment method classification
- ⦿ Bank transf
- ○ Check
- ○ Bill/ex
- ○ Check/bill/ex.

- ☐ Post office curr.acct method?
- ☑ Allowed for personnel payments
- ☐ Create bill/exch.before due date

- ☐ Bill of exch. accepted
- ☐ ISR Payment Procedure
- ☐ EU Internal Transfer

Required master record specifications
- ☐ Street,P.O.box or P.O.box pst code
- ☑ Bank details
  - ☑ Account Number Required
  - ☐ IBAN Required
  - ☐ SWIFT Code Required
- ☐ Collection authorization
- ☐ SEPA Mandate Required

Posting details

Document type for payment	ZP
Clearing document type	AB
Sp.G/L ind.b/ex. / b/ex.pmnt req.	
☐ Payment order only	

Payment medium
- ○ Use payment medium workbench   ⓘ   Information for PMW
  - Format
  - Format supplement

- ⦿ Use classic payment medium programs (RFFO*)

Payment medium program	RFFOD__U	Key in code line	04
Name of print dataset	LIST3S	Print dataset for b/exch.	

※각 항목별로 세팅내역을 확인해보자.

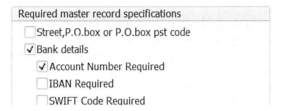

- **Payment method classification** : Payment 방식을 세팅(C : Check, U : Bank Trans-

  fer, W : Bill/ex 등)

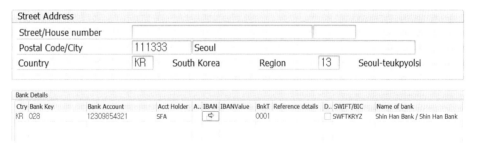

- Street, P.O.box or P.O.box pst code / Bank Details / Collection authorization :
  이 필드들은 Vendor/Customer Master에 있는 필드들이다. 여기서 선택된 필드는
  지급처리시 필수필드로 입력되었는지 체크되며 AOP 처리시 마스터에 값이 없을 경
  우 지급제외 리스트로 빠지게 된다.

- FK03 - Vendor Master Data 화면에서 살펴보자(Address Tab / Payment Transac-
  tions Tab)

Street Address

Street/House number		
Postal Code/City	111333	Seoul
Country	KR	South Korea	Region	13	Seoul-teukpyolsi

Bank Details

Ctry	Bank Key	Bank Account	Acct Holder	A..	IBAN	IBANValue	BnkT	Reference details	D..	SWIFT/BIC	Name of bank
KR	028	12309854321	SFA		⇩		0001			SWFTKRYZ	Shin Han Bank / Shin Han Bank

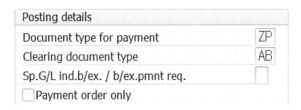

- Document type for payment : 지급전표의 Document Type를 지정

- Clearing document type : Cross Company Code 지급처리시 Clearing Document Type을 지정

- Payment medium program : 해당 프로그램(RFFOD__U)을 이용해서 수표발행을 하 겠다는 의미(각 나라의 양식에 맞는 프로그램을 세팅해 주어야 한다.)

- 좌측의 Currencies Allowed 더블 클릭: Blank인 경우는 어떠한 통화로 대금지급을 해도 무방하다는 의미, 특정 Currency을 정의했다면 Invoice에 입력된 Currency가 정의된 Currency와 같은 경우에만 AOP로 대금지급 처리한단 의미

▶ Payment Methods / Company Code : 지급주체가 되는 Company Code Dependent한 지급방법에 대한 IMG Setting

○ Set Up Payment Methods per Company Code for Payment Transactions 화면

Change View "Maintenance of Company Code Data for a Payment Method": O

New Entries

Maintenance of Company Code Data for a Payment Method

CoCd	Name	City	Pmt ...	Name	
4100	FI Korea	Seoul	B	Bill of Exchange	
			C	Check	
			T	Bank Transfer	

각각의 Company Code 레벨에서 지급방식을 지정할 수 있다. 더블클릭하여 상세정 보 등록

> Bank Transfer - T 더블클릭

Change View "Maintenance of Company Code Data for a Payment Method": D

New Entries

Paying co. code	4100	FI Korea
Pymt Meth.	T	Bank Transfer

Pymt meth. in ctry

Amount limits			Grouping of items
Minimum amount		KRW	☐ Single payment for marked item
Maximum amount	9999,999,999,900	KRW	☐ Payment per due day
Distribution amnt		KRW	☐ Extended Individual Payment

Foreign payments/foreign currency payments	Bank selection control
☑ Foreign business partner allowed	⦿ No optimization
☑ Foreign currency allowed	◯ Optimize by bank group
☑ Cust/vendor bank abroad allowed?	◯ Optimize by postal code

- Minimum/Maximum amount : 최소/최대 한도로 지급할 금액 Range 지정

- Foreign business partner allowed : 해외 대금지급시 이 지급방법을 이용해서 지급하도록 허용 할지를 지정

- Foreign currency allowed : 외화로 대금지급 하도록 허용할 것인지 지정

- Customer/Vendor Bank abroad allowed : 해외 은행으로 대금지급을 허용할 것인지 지정

- Single payment for marked item : 대금지급시 Proposal 리스트에 Vendor별로 묶어서 보여주는 것이 아니라 개별항목별로 제안리스트에 보여주겠다는 의미이다. 이 경우 주의해야 할 점이 AP Invoice에서 반품 등의 금액이 존재할 경우 그 차액만큼만 지급해야 하는데 합산되어 처리되지 않는다(Invoice Reference 값이 동일한 경우에는 합산되어 처리된다)

  > Vendor Master Data-Company Code data segment에 Payment transactions tab-Individual payment 필드에 체크가 되어 있을 경우에 IMG 세팅이 안되어 있더라도 이 기능이 동일하게 적용된다.

Automatic payment transactions			
Payment methods		Payment block	☐ Free for payment
Alternat.payee		House bank	
Individual pmnt	☐	Grouping key	

- Payment per due day : Proposal 리스트에 Grouping될 때 같은 만기일자에 해당하는 녀석들을 그룹핑해서 보여줄 것인지 지정하는 부분

- Bank selection control : No optimization(사용 안 하겠다), Optimize by bank group(Vendor에 지급해야 될 은행과 같은 Bank group으로 묶여있는 은행들을 찾아서 처리 하겠다), Optimize by Postal code(Vendor 소재지와 가장 근접한 지역에 있는 회사가 거래 하는 은행(House bank)에서 지급처리 하도록 하겠다)

〉FI03 - Display : 은행 Master Data ← Optimize by bank group

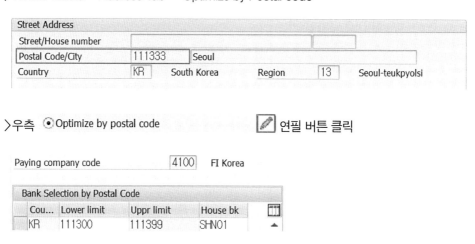

〉Vendor Master - Address Tab ← Optimize by Postal code

Street Address				
Street/House number				
Postal Code/City	111333	Seoul		
Country	KR	South Korea	Region	13	Seoul-teukpyolsi

〉우측 ⊙ Optimize by postal code   ✏️ 연필 버튼 클릭

Paying company code   4100   FI Korea

Bank Selection by Postal Code				
Cou...	Lower limit	Uppr limit	House bk	
KR	111300	111399	SHN01	▲

회사 은행 중 SHN01 은행이 Postal Code 111300~111399 사이에 있다는 것을 지정
위 범위내 속한 우편번호를 가진 Vendor들을 모아서 House Bank SHN01을 지정하겠다는
의미

▶ Bank Selection : 회사의 거래은행 중 어떤 은행(House bank)을 통해 대금을 지급할 것인지에 대한 IMG Setting

○ Set Up Bank Determination for Payment Transactions 화면(5개의 Sub 카테고리로 구성)

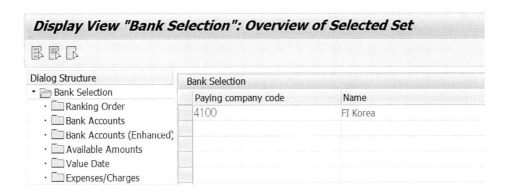

○ Ranking Order

• 회사가 거래하고 있는 여러개의 거래 은행중에서 어느 은행이 1순위로 지급처리 되어야 하는지를 지정하는 부분(1,2,3순위…) Proposal Edit 시점에서 지급 은행을 변경해줄 수 있다. Currency 세팅, 어음계정 정의. 먼저 〈3장. Master Data〉에서 살펴봤던 House Bank/Account ID 생성과정을 복습해보자.

• IMG-FI-Bank Accounting-Bank Accounts-Define House Banks 화면 : House Bank를 정의

이미 만들어진 House Bank 내역이 조회된다.

> New Entries 버튼 클릭(신규 House Bank를 등록해보자.)

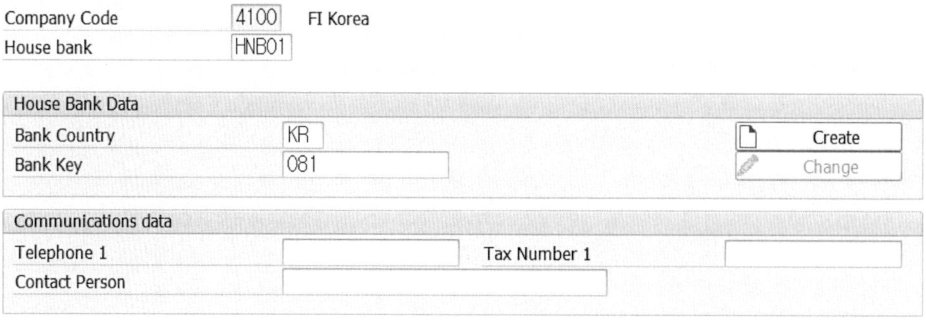

Company Code	4100	FI Korea
House bank	HNB01	

House Bank Data

Bank Country	KR	📄 Create
Bank Key	081	✏️ Change

Communications data

Telephone 1		Tax Number 1	
Contact Person			

>좌측의 📄 Create 버튼을 클릭하여 Bank Master Data를 생성한다(Bank name 입력

후 확인)

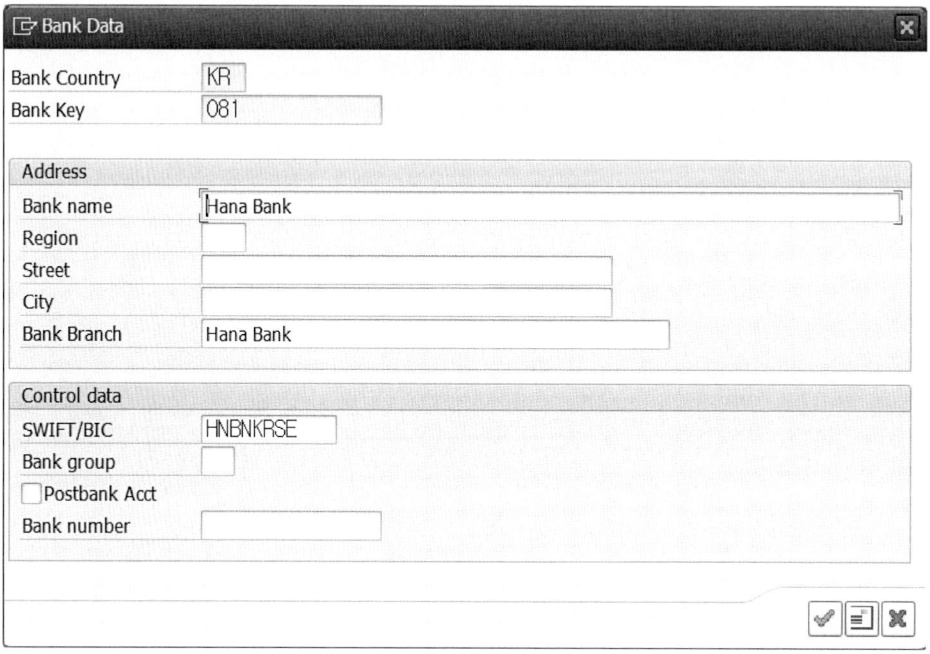

📑 Bank Data   ✖

Bank Country	KR
Bank Key	081

Address

Bank name	Hana Bank
Region	
Street	
City	
Bank Branch	Hana Bank

Control data

SWIFT/BIC	HNBNKRSE
Bank group	
☐ Postbank Acct	
Bank number	

✔️ ▤ ✖

Bank Country와 Bank Key값을 신규로 정의하면서 House Bank를 신규 생성하였다.

>좌측 트리메뉴의 Bank Accounts 더블클릭 후 New Entries 버튼 클릭

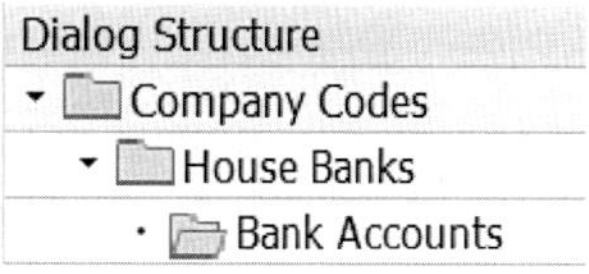

Dialog Structure
- 📁 Company Codes
  - 📁 House Banks
    - 📁 Bank Accounts

Company Code	4100
House bank	HNB01
Account ID	1000
Description	Hanabank 2591736941

Bank Account Data

Bank Account Number	259173694	⇦ IBAN	Control key	
Alternative acct no.			G/L	11010103
Currency	KRW		Discount acct	

위와 같이 입력 후 저장한다(11010103 계좌계정은 사전에 생성해두어야 한다.)

- Set Up Bank Determination for Payment Transactions 화면

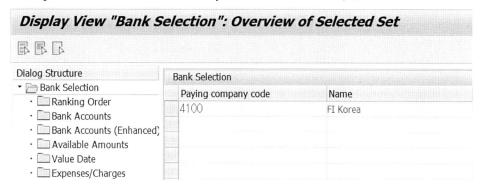

>좌측 📂 Ranking Order 더블클릭

위와 같이 각 Payment Method 별로 랭킹 순서를 지정할 수 있다.

T(Bank Transfer)라는 Payment Method를 사용할 경우 USD통화의 경우 SHN02 은행에서 1순
위로 지급처리되고 그 외의 통화의 경우 SHN01 은행이 1순위로 지급처리 된다. 만약 SHN01
은행으로 지급하지 못하는 케이스에는 2순위 HNB01 은행에서 지급처리 된다.

- 이러한 우선순위를 지정하는 화면이다.

○ Accounts and Amounts

• Bank Accounts : 지급전표 Posting시 Offsetting account(상대계정)를 설정할 수 있다.

지급전표 : [차)A/P XXX / 대)Bank-sub XXX] 발생시 Bank-sub에 해당하는 계정
이 Bank subaccount필드이다. 어음과 관련된 클리어링 계정도 설정할 수 있다
(Clear.acct 필드)

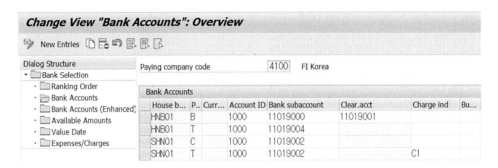

Ranking Order 우선순위에 의해 House Bank가 결정되고, 결정된 House Bank와
지급방법/통화의 조합으로 지급계좌 및 상대계정이 결정된다. 위 그림에서 House
Bank SHN01의 경우 지급방법 T로 지급시 Account ID 1000계좌로 지급처리하면서
지급전표 A/P라인의 상대계정(Subaccount)으로 11019002계정을 사용한다는 의미이
다. 지급전표(T) : [차)A/P XXX / 대)11019002 XXX]
어음(Payment Method : B)에 대한 설정은 뒤에서 다시 살펴보기로 한다.

• Available Amounts : 각각의 House bank/Account ID의 가용한 한도 금액 입력,
Days는 국내에선 사용하지 않는 기능이므로 999 입력

두번째라인 - SHN01은행에서 Account ID 1000번 계좌로 돈을 지급할 때 100,000 원을 초과하지 못한다. 만약 10만원이 넘는 금액을 지급할 경우, Ranking Order에 의해 최우선순위인 SHN01 은행으로 지급을 시도하고, 최대 금액을 초과하므로 다음 우선순위인 HNB01 은행으로 지급처리를 하게 된다.

○ Value Date

• 실제로 돈이 나가는 일자, Cash management(Cash position), forecast시 이 Value Date가 사용된다. Posting date + Days = Value date의 구조로 되어 있음(오늘 전표 발생, 내일 실지급이면 1로 지정)

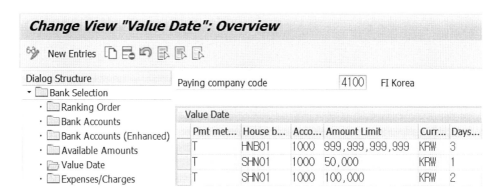

Payment Method T의 경우 SHN01 House Bank에서 Account ID 1000번 계좌로 지급을 하는데, 50,000원까지는 지급전표가 발생한 다음날에 실제 지급이 발생한다는 의미이고 100,000원까지는 2일 후에 지급이 발생하고, 그 이상의 금액인 경우 3일후에 HNB01 은행으로 지급한다는 의미이다. Payment 정보에 Value Date를 위일자를 플러스(+)하여 입력한다. 동일은행에서 Account ID 계좌별로 금액을 쪼갤수도 있다.

• 국내에서는 지급처리를 돌리는 날 바로 이체처리를 하기 때문에 위 설정은 하지 않고 비워둔다.

• 우선 테스트 목적으로 위와 같이 세팅해 놓았다.

○ Expenses/Charges

• 지급(Charge 1)/입금(Charge 2)시 은행 수수료와 관련된 설정. 어음에 대한 수수료,

Bank Charge를 자동으로 계산할 수 있는 세팅. 여기서 등록한 Charge Indicator 는 Bank Accounts 설정에서 지정할 수 있다.

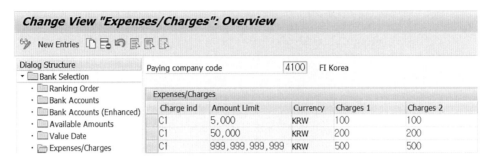

5,000원까지는 수수료가 100원 발생하고 50,000원까지는 수수료가 200원 발생하고, 그 이상의 금액은 수수료가 500원이 발생한다는 의미이다.

>Bank Accounts 더블 클릭

Dialog Structure	Paying company code	4100	FI Korea						
▾ Bank Selection									
· Ranking Order	**Bank Accounts**								
· Bank Accounts	House b...	P..	Curr...	Account ID	Bank subaccount	Clear.acct		Charge ind	Bu...
· Bank Accounts (Enhanced)	SHN01	T		1000	11019002			C1	
· Available Amounts	SHN02	T	USD	1000	11019005				
· Value Date									

우측 Charge ind 필드에 위에 설정되어 있는 Charge indicator C1을 설정할 수 있다.

• ※주의할 점) 위 세팅은 F110 화면에서 자동지급(AOP) 프로그램을 돌릴 때 수수료 금액을 계산해주는 용도일뿐 수수료 계정으로 자동Posting 해주는 기능은 아니다. 수수료 금액을 계산해준 후, 이를 이용하여 DME File을 생성하거나 Payment Form 을 출력할 때 수수료 금액을 Print하기 위한 목적이다(Notes 2434395 - Bank determination - Expenses/Charges in F110 참고)

• 국내에서는 펌뱅킹을 통해 지급처리를 하고 지급건별 수수료를 별도로 정산하기 때문에 잘 사용하지 않는 기능이다. 따라서 참고로만 알아두자.

▶ User가 Automatic Outgoing Payment를 수행하는 F110 T-Code 화면에서도 위와 같은 IMG 세팅이 가능하도록 구성되어있다([메뉴-Environment-Maintain Config]로 들어 가면 IMG 세팅을 직접 할 수 있도록 되어 있다. 실제로는 User가 직접 설정하지 않고 운영담당자 나 컨설턴트가 설정한다.)

F110 Automatic Payment Program Running

▶ FI-Accounts Payable-Document Entry-FB60 - Invoice 화면 : A/P Invoice 여러
건 기표

○ A/P Invoice 발생 : 6/1일자 50,000원, 6/10일자 100,000원, 6/20일자 150,000원

>6/1일자 전표 입력 : 50,000원 Due Date : 7/1일

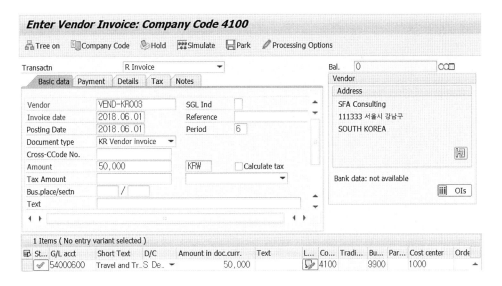

다른 일자에 대한 전표도 유사한 형식으로 입력한다.

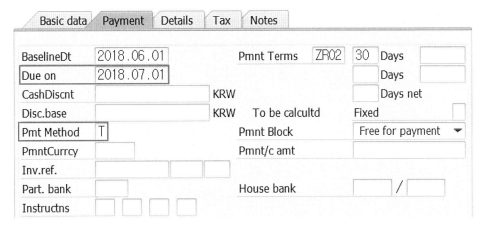

Due Date가 7/1일이고 Payment Method는 T 이다.

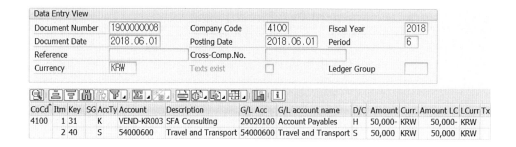

CoCd	Itm	Key	SG	AccTy	Account	Description	G/L Acc	G/L account name	D/C	Amount	Curr.	Amount LC	LCurr	Tx
4100	1	31		K	VEND-KR003	SFA Consulting	20020100	Account Payables	H	50,000-	KRW	50,000-	KRW	
	2	40		S	54000600	Travel and Transport	54000600	Travel and Transport	S	50,000	KRW	50,000	KRW	

〉6/10일자 전표 입력 : 100,000원 Due Date : 7/10일

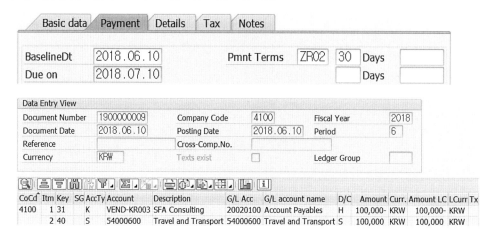

CoCd	Itm	Key	SG	AccTy	Account	Description	G/L Acc	G/L account name	D/C	Amount	Curr.	Amount LC	LCurr	Tx
4100	1	31		K	VEND-KR003	SFA Consulting	20020100	Account Payables	H	100,000-	KRW	100,000-	KRW	
	2	40		S	54000600	Travel and Transport	54000600	Travel and Transport	S	100,000	KRW	100,000	KRW	

〉6/20일자 전표 입력 : 150,000원 Due Date : 7/5일 (이 전표에는 Payment Method를 지정하지 않

는다.)

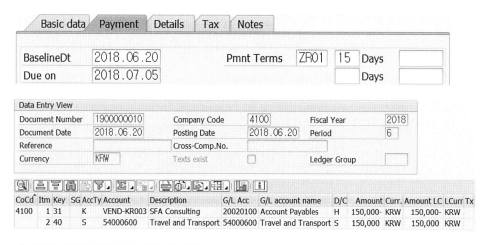

CoCd	Itm	Key	SG	AccTy	Account	Description	G/L Acc	G/L account name	D/C	Amount	Curr.	Amount LC	LCurr	Tx
4100	1	31		K	VEND-KR003	SFA Consulting	20020100	Account Payables	H	150,000-	KRW	150,000-	KRW	
	2	40		S	54000600	Travel and Transport	54000600	Travel and Transport	S	150,000	KRW	150,000	KRW	

위 3개의 전표에 대해 테스트를 진행해보자.

○ FI-AP-Account-FBL1N-Display/change line items 화면(내역확인)

Vendor	VEND-KR003
Name	SFA Consulting
Street	
City	서울시 강남구 111333
TelephoneNumber	+82

Company Code	4100 FI Korea
Clerk at vendor	
TelephoneNumber	
Clrk's internet	

Stat	Type	Doc..Date	Posting Date	CoCd	DocumentNo	Year	Itm	AccTy	Key	D/C	SG	Account	G/L Acc	G/L amount	Curr.	Σ	LC amnt	LCurr	Baseline Date	Payment date
⚫	KR	2018.06.01	2018.06.01	4100	1900000008	2018	1	K	31	H		VEND-KR003	20020100	50,000-	KRW		50,000-	KRW	2018.06.01	2018.07.01
⚫	KR	2018.06.10	2018.06.10	4100	1900000009	2018	1	K	31	H		VEND-KR003	20020100	100,000-	KRW		100,000-	KRW	2018.06.10	2018.07.10
⚫	KR	2018.06.20	2018.06.20	4100	1900000010	2018	1	K	31	H		VEND-KR003	20020100	150,000-	KRW		150,000-	KRW	2018.06.20	2018.07.05
																▪	300,000-	KRW		

위 3건의 A/P Invoice를 AOP 프로그램을 이용해 지급처리를 해보자.

▶ IMG 세팅 내역을 간단히 정리해보면 아래와 같다.

Payment Method	Curr.	Ranking Order	House Bank	Account ID	Bank Clearing	Charge Code	Available Amount	Value Date Limit	Value Dt. Add	Case
T		1	SHN01	1000	11019002	C1	100,000	50,000	1	①
								100,000	2	②
T		2	HNB01	1000	11019004		MAX	MAX	3	③
T	USD	1	SHN02	1000	11019005		MAX			④

Charge ind.	Curr.	Amount limit	Form Charges 1	Form Charges 2
C1	KRW	5,000	100	100
C1	KRW	50,000	200	200
C1	KRW	MAX	500	500

>앞서 입력한 전표를 위 Setting과 매핑해보면 아래와 같다.

Posting Date	Document	Amount	Curr.	Due Date	Case
2018.06.01	1900000008	50,000	KRW	2018.07.01	①
2018.06.10	1900000009	100,000	KRW	2018.07.10	② or ③?
2018.06.20	1900000010	150,000	KRW	2018.07.05	③

>모두 KRW이므로 ④번 케이스는 발생하지 않는다.

> 1900000008 전표의 경우 금액이 50,000원이므로 Ranking Order 1번에 해당되고, Value Date Limit 50,000원에 해당하여 Value Date가 +1일이 될 것이다. 그리고 Charge Code C1 에서 Amount Limit 50,000원을 인식하여 200원의 수수료를 인식할 것이다.

> 1900000009 전표의 경우 금액이 100,000원인데 1900000008전표를 감안하지 않으면 Ranking Order 1번에 해당하고 Value Date Limit 100,000원에 해당하여 Value Date가 +2일 이 될 것이다. 그리고 Charge Code C1에서 Amount Limit Max를 인식하여 500원의 수수료 를 인식할 것이다.

1900000008전표를 감안할 경우 합산된 금액이 150,000원(50,000원+100,000원)이 되어 Ranking Order 2번을 인식하게 된다. 따라서 Value Date는 +3일, 수수료는 없을 것이다.

> 마지막 1900000010 전표의 경우 금액이 150,000원이므로 무조건 Ranking Order 2번이 되 며 이에 해당되는 Value Date는 +3일이 될 것이다. Charge Code를 가지고 있지 않으므로 수 수료는 존재하지 않는다.

> 1900000009 전표의 경우 어떤 케이스로 Automatic Payment Program이 동작하는지 확인 해보도록 하자.

▶ FI-Accounts Payable-Periodic Processing-F110 - Payments 화면 AOP 처리

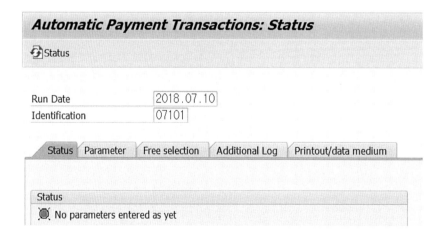

▶ Run date : 자동지급 처리하는 일자, Identification : 자동지급 처리하는 유저가 지 정하는 고유ID 입력(MMDD+Seq(07101,07102), 통화키+Seq(KRW01,USD01) 등등 회사 에 맞게 Rule을 정하면 된다.)

▶ ①Maintaining Parameters : 지급을 위해 어떤 Open Item을 Selection해올 것인지 기준값을 정의하는 부분

○ Status부분 - 입력 전 : No parameters entered as yet, 입력 후 : Parameters have been entered

○ Open Item Selection : Parameter값 설정에 따라 Open Item을 다르게 Select 해올 수 있다.

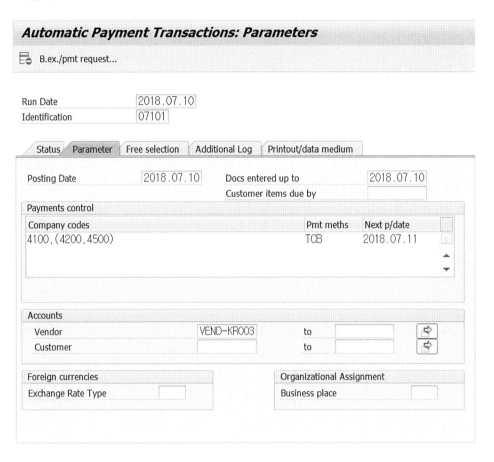

○ Posting Date : 지급 전표의 전기일자

○ Docs entered up to : 언제까지 입력된 전표를 지급대상으로 할 것인가(실제 시스템에 입력된 일자 기준) 전기일이 7월1일인 A/P를 오늘 7월10일에 입력했다면 2018.07.10으로 일자를 입력해야만 이 전표도 읽어온다.

○ Company Code : 여러개 지정 가능 4100,(4200,4500)(=4200부터 4500까지)등으로 입력 가능(단, 동일 Country에 존재하는 회사코드만 함께 처리가 가능하다.)

○ Pmt meths : 지급방법 결정, 여러 개 지정 가능 TCB (우선순위는 왼쪽부터 높다.)(T:Bank Transfer, C:Check, B: Bill of Exchange)

○ Next p/date : 이후에 AOP를 Posting할 예정날짜(만기일 결정 : 7/11인 경우 7/10일까지 만기일인 Open Item이 대상이 된다), Docs entered up to 날짜까지 입력된 전표를 다 불러오되 7월 10일까지 만기지급 되는 대상에 대해서만 Proposal List에 불러오겠다는 의미, 만약 7/15일 만기되는 모든 대상을 불러오고자 할 경우 Next p/date를 7/16로 입력하고 Docs entered up to 를 오늘일자를 입력하면 빠짐없이 대상 리스트를 불러오게 된다.

○ Accounts : 어떠한 Vendor Code를 지급대상으로 할 것인가? (Range, Multiple Selection을 이용해 지정)

Accounts			
Vendor	VEND-KR003	to	⇨
Customer		to	⇨

Customer 에 대한 적자 AR Invoice의 경우도 AOP 프로그램을 통해 지급처리 할 수 있다

○ Free selection tab : Parameter부분에서 지정한 매개변수 이외의 조건에 대해서 Free하게 입력 할 수 있다. Field Name 필드는 어떤 필드값을 기준으로 조건을 줄지 결정하며 Values필드는 조건값을 입력하는 필드이다(예를 들어 Field Name=Document Number, Values=xxx1,xxx2,xxx3으로 지정할 경우 Document Number가 xxx1,xxx2,xxx3 을 만족하는 지급대상만 조회할 수 있다.) 만약 Exclude values 체크박스에 체크할 경우 조건값에 해당하는 건만 제외하고 리스트를 보여주겠다는 의미이다.

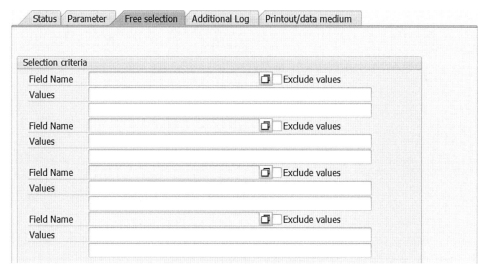

〉Field Name 필드의 Possible Entry를 클릭하면 아래와 같은 리스트가 뜬다.

> Document를 선택하고 엔터를 치게 되면 Document 와 관련된 필드 리스트가 보여진다.

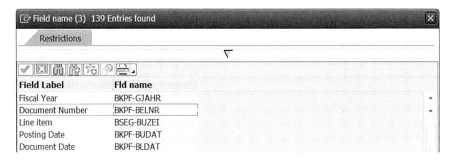

Document Number를 선택

Field Name	Document Number		Exclude values
Values	1900000008,1900000009,1900000010		

위와 같이 설정할 경우 Parameter tab에서 지정한 조건에 해당하는 값들 중에 Document Number가 1900000008,1900000009,1900000010인 Open Item만 불러와 처리하겠다는 의미이다. 만약 Exclude Values를 체크했다면 이 전표번호들만 제외하고 모두 불러오겠다는 의미이다.

> ⦿Vendor master record 를 선택한 경우 아래와 같은 필드 리스트가 보여진다.

Field Label	Fld name
Country	LFA1-LAND1
Name	LFA1-NAME1
Name 2	LFA1-NAME2
Name 3	LFA1-NAME3
Name 4	LFA1-NAME4
City	LFA1-ORT01

상단의 📇 아이콘을 이용하여 등록된 Free Selection 기준을 삭제할 수 있다.

여기서는 테스트 목적상 Free Selection 기준을 모두 삭제한다.

○ Additional Log Tab : Log를 남길지 여부를 체크한다(오류 발생시 아래와 같이 체크하여 오류로그를 확인한다.)

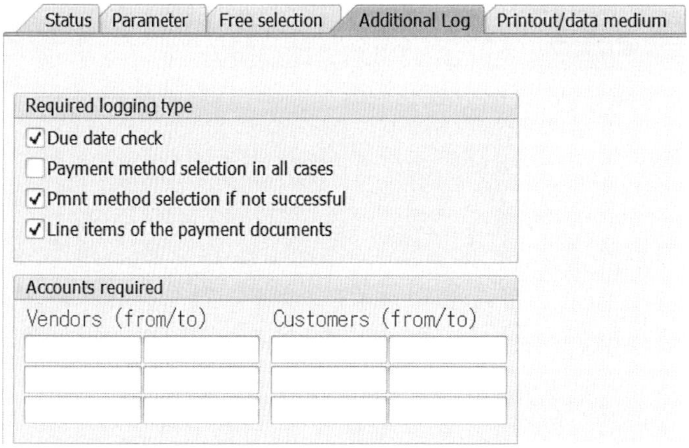

| Status | Parameter | Free selection | Additional Log | Printout/data medium |

Required logging type
- ✓ Due date check
- ☐ Payment method selection in all cases
- ✓ Pmnt method selection if not successful
- ✓ Line items of the payment documents

Accounts required

Vendors (from/to)	Customers (from/to)

Due date check에 대한 로그 발생. Payment method selection in all cases-일반적인 Payment Method Selection에 대한 로그, Pmnt method selection if not successful-오류 발생건에 대한 Payment Method Selection 로그, Line items of the payment documents-지급전표에 대한 라인아이템 정보

○ 아래 그림과 같이 입력하여 Test를 진행해보자.

〉아래와 같이 입력하고 저장버튼 클릭

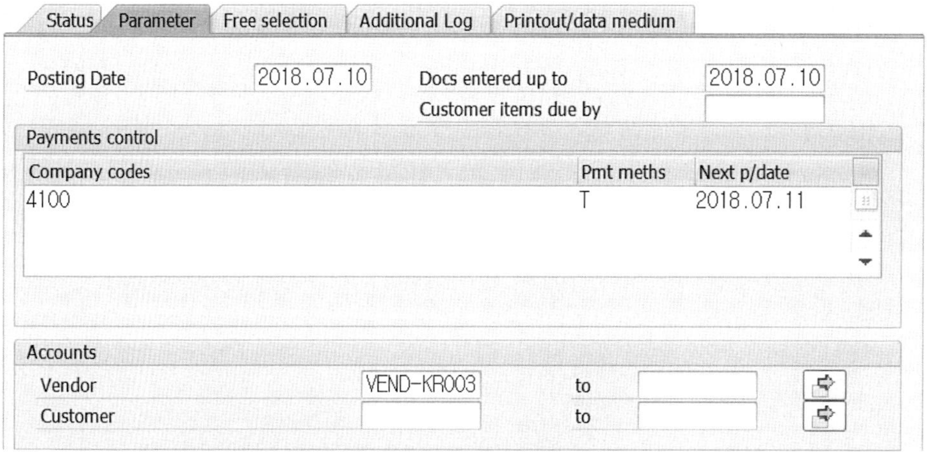

| Status | Parameter | Free selection | Additional Log | Printout/data medium |

Posting Date	2018.07.10	Docs entered up to	2018.07.10
		Customer items due by	

Payments control

Company codes		Pmt meths	Next p/date	
4100		T	2018.07.11	

Accounts

Vendor	VEND-KR003	to		
Customer		to		

〉Status tab으로 이동하면 아래와 같은 메시지가 나타난다.

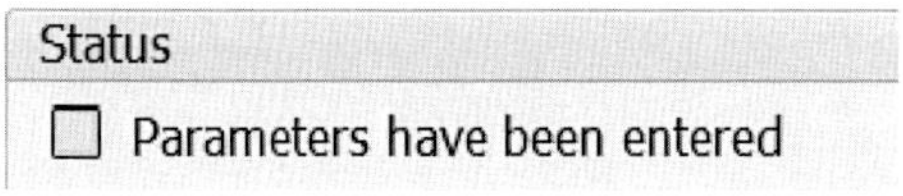

Status

☐ Parameters have been entered

▶ ②-1.Schedule Proposal : 모든 지급제안 리스트를 불러들이는 단계

○ [Proposal] 버튼을 클릭 : Schedule을 설정할 수 있다. Start Immediately 클릭 후 실행

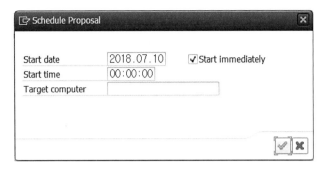

>Start immediately(즉시시작) 체크 후 처리(아래와 같이 상태가 변경된다.)

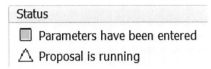

○ 상단의 [🔄Status] (Status Refresh) 버튼 클릭(혹은 엔터)

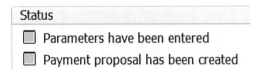

○ [👓Proposal] 버튼을 클릭하면 Proposal List를 볼 수 있다.

위 내역을 살펴보면 3건의 Item이 Proposal List에 포함되었으나 전부 Exception List(◉)로 분류되었다.

○ Exceptions List로 분류된 건에 대해서는 원인분석이 필요하다. 원인은 굉장히 다양하게 발생한다.

>위 Exception 라인 더블클릭

Display Payment Proposal: Open Items

Display   Back from find

Run On   2018.07.10 07101   Snd. CC   4100

Selected Group

Vendor	VEND-KR003	Currency		Payment Method	
Customer		Business Area		House Bank	

Exceptions

CoCd	Amount LC	Reference	DocumentNo	Year	Itm	Branch	PM	Crcy	House bk	BnkT	Err	Type	Posting Date	DocDate	AccTy	PK	G/L Acc	G/L Account	SG	SpG/L	Trg.sp.G/L	D/C
4100	50,000-		1900000008	2018	1		T	KRW		006	KR		2018.06.01	2018.06.01	K	31	20020100	20020100				H
4100	100,000-		1900000009	2018	1		T	KRW		006	KR		2018.06.10	2018.06.10	K	31	20020100	20020100				H
4100	150,000-		1900000010	2018	1			KRW		016	KR		2018.06.20	2018.06.20	K	31	20020100	20020100				H

○ 마지막 건을 더블클릭해보자. 하단의 Note 부분에 예외로 분류된 원인을 보여준다.

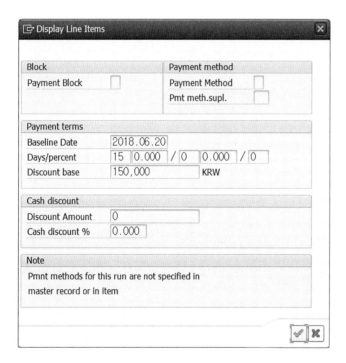

>016 Error : 3번째 전표입력시 Payment Method를 입력하지 않아 발생한 오류이다. → Vendor 마스터 데이터에 Payment Method를 지정하거나, Invoice 입력시 전표에 Payment Method를 지정해야 한다.

>FB02 - 전표 변경 화면에서 Payment Method를 입력한다.

Vendor	VEND-KR003	SFA Consulting		G/L Acc	20020100
Company Code	4100				

FI Korea　　　　　　서울시 강남구　　　　　　　　　　　　Doc. no. 1900000010

Line Item 1 / Invoice / 31

Amount	150,000	KRW
Tax Code		Bus.place/sectn [ ] / [ ]

Additional Data

Bus. Area	9900		Trdg part.BA	
Disc. base	150,000	KRW	Disc. Amount	KRW
Payt Terms	ZR01		Days/percent	15 [ ] % [ ] [ ] % [ ]
Bline Date	2018.06.20		Fixed	
Pmnt Block			Invoice Ref.	[ ] / [ ] / [ ]
Payment cur.			Pmnt/c amnt	
Pmt Method	T			
Assignment				
Text				🖳 Long text

자동지급(AOP) 프로그램을 이용해서 지급전표를 처리하기 위해서는 반드시 Payment Method 가 존재해야 한다.

＞또는 FK02-Change(Vendor Master Data 수정) 트랜잭션 화면에서 수정

Vendor	VEND-KR003	SFA Consulting
Company Code	4100	FI Korea

General data
- ☐ Address
- ☐ Control
- ☐ Payment transactions
- ☐ Contact person

Company code data
- ☐ Accounting info
- ☑ Payment transactions
- ☐ Correspondence
- ☐ Withholding tax

Vendor	VEND-KR003	SFA Consulting	서울시 강남구
Company Code	4100	FI Korea	

Payment data

Payt Terms	0001		Tolerance group	
Cr memo terms			Chk double inv.	☐
Chk cashng time				

Automatic payment transactions

Payment methods	T		Payment block		Free for payment
Alternat.payee			House bank		

두 군데 중 한 쪽만 입력되면 AOP 처리시 지급방법이 인식된다.

○ 원인을 분석하고 해결하였을 경우 다시 Proposal을 돌려야 하는데 그 전에 먼저 기존에 생성된 Proposal List를 삭제해야 한다. Status tab 화면에서 [메뉴-Edit-Proposal-Delete]로 삭제한다.

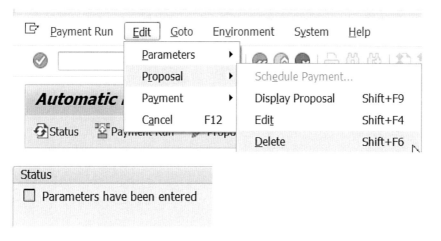

Status가 다시 이전 메시지로 변경된다.

○ 다시 Proposal Running한다. 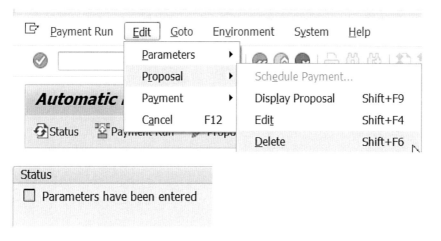 Proposal 버튼 수행

Display Payment Proposal: Payments

Choose Display Back from find International Address Version

| Run On | 2018.07.10 07101 | Snd. CC | 4100 |

Payments/exceptions

Type	Value date	¤LC pmt amt	Crcy	Vendor	Name 1	Reference	Customer	Ctr	BusA	Payment P	House bk	House bank	Acct ID
⊙		300,000-	KRW	VEND-KR003	SFA Consulting			KR					
		· 300,000-											

여전히 3건다 예외리스트로 분류되었다.

Selected Group

Vendor	VEND-KR003	Currency		Payment Method	
Customer		Business Area		House Bank	

Exceptions

CoCd	Amount LC	Reference	DocumentNo	Year	Itm	Branch	PM	Crcy	House bk	BnkT	Err	Type	Posting Date	DocDate	AccTy	PK	G/L Acc	G/L Account
4100	50,000-		1900000008	2018	1		T	KRW		006	KR		2018.06.01	2018.06.01	K	31	20020100	20020100
4100	100,000-		1900000009	2018	1		T	KRW		006	KR		2018.06.10	2018.06.10	K	31	20020100	20020100
4100	150,000-		1900000010	2018	1		T	KRW		006	KR		2018.06.20	2018.06.20	K	31	20020100	20020100

>3번째 항목 다시 더블클릭

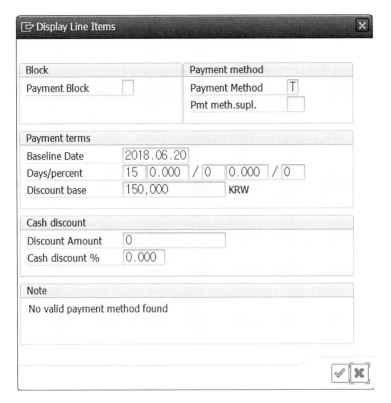

이는 IMG 세팅중에서 Payment Method를 정의하는 부분에서 무언가 오류가 있기 때문에 발생한 메시지이다.

- Set Up Payment Methods per Country for Payment Transactions
- Set Up Payment Methods per Company Code for Payment Transactions
- Set Up Bank Determination for Payment Transactions

3가지 관련 세팅 Country, Company Code, Bank Determination 체크 필요

>IMG-FI-Accounts Receivable and Accounts Payable-Business Transactions-Outgoing Payments-Automatic Outgoing Payments-Payment Method/Bank Selection for Payment Program-Set Up Payment Methods per Country for Payment Transactions 화면 : 현재 지급대상 전표들이 가지고 있는 지급방법 T 조회

Required master record specifications

- ☐ Street,P.O.box or P.O.box pst code
- ☑ Bank details
  - ☑ Account Number Required
  - ☐ IBAN Required
  - ☐ SWIFT Code Required
- ☐ Collection authorization
- ☐ SEPA Mandate Required

은행 정보(Bank details) 중 계좌번호(Account Number)가 필수 입력으로 설정되어 있다.

〉T-Code FK02 - Vendor Master Data를 살펴보자.

Vendor   VEND-KR003   SFA Consulting   서울시 강남구

Bank Details

Ctry	Bank Key	Bank Account	Acct Holder	A..	IBAN	IBANValue
					⇨	

마스터 데이터에 Required 속성에 체크되어 있는 필드 Account No.값이 입력되어 있지 않아

제외 List로 분류됨

〉값 입력 후 저장

Vendor   VEND-KR003   SFA Consulting   서울시 강남구

Bank Details

Ctry	Bank Key	Bank Account	Acct Holder	A..	IBAN	IBANValue	BnkT	Reference details	D..	SWIFT/BIC	Name of bank
KR	028	12309854321	SFA Con.		⇨		0001		☐	SWFTKRYZ	Shin Han Bank / Shin Han B..

○ 수정하였으므로 다시 Status tab 화면에서 [메뉴-Edit-Proposal-Delete]로 삭제하고
Proposal Running한다.

○   Proposal   버튼 클릭 후   Proposal   버튼을 클릭하여 Proposal List를 확인한다.

Display Payment Proposal: Payments

Choose   Display   Back from find   International Address Version

Run On   2018.07.10 07101   Snd. CC   4100

Payments/exceptions

Type	Value Date	ΣLC pmt amt	Crcy	Vendor	Name 1	Reference	Customer	Ctr	BusA	Payment	P	House bk	House bank	Acct ID
☐	2018.07.13	300,000-	KRW	VEND-KR003	SFA Consulting			KR		F110000001	T	HNB01	081	1000
	·	300,000-												

정상적인 지급제안 List(☐)로 보여진다

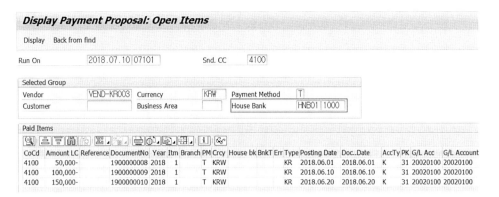

Display Payment Proposal: Open Items

Display   Back from find

Run On   2018.07.10 07101   Snd. CC   4100

Selected Group					
Vendor	VEND-KR003	Currency	KRW	Payment Method	T
Customer		Business Area		House Bank	HNB01 1000

CoCd	Amount LC	Reference	DocumentNo	Year	Itm	Branch	PM	Crcy	House bk	BnkT	Err	Type	Posting Date	Doc..Date	AccTy	PK	G/L Acc	G/L Account
4100	50,000-		1900000008	2018	1		T	KRW				KR	2018.06.01	2018.06.01	K	31	20020100	20020100
4100	100,000-		1900000009	2018	1		T	KRW				KR	2018.06.10	2018.06.10	K	31	20020100	20020100
4100	150,000-		1900000010	2018	1		T	KRW				KR	2018.06.20	2018.06.20	K	31	20020100	20020100

3건 모두 HNB01 은행에서 지급되는 것으로 되어 있다. 총 합산금액이 300,000원이므로 Ranking Order에 의해서 HNB01 은행에서 지급되는 것으로 결정된 것이다.

> ※참고)만약 지급제안 삭제 후에 Parameter를 아래와 같이 입력했다면

Run Date   2018.07.10
Identification   07101

| Status | Parameter | Free selection | Additional Log | Printout/data medium |

Posting Date   2018.07.05   Docs entered up to   2018.07.10
Customer items due by

Payments control		
Company codes	Pmt meths	Next p/date
4100	T	2018.07.06

Accounts				
Vendor	VEND-KR003	to		

Next p/date 가 7/6일이므로 7월5일까지 만기일인 AP Open Item만 대상으로 불러온다.

> 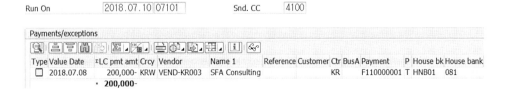 버튼 클릭 후 ⊸ Proposal 버튼을 클릭하여 Proposal List를 확인한다.

Run On   2018.07.10 07101   Snd. CC   4100

Payments/exceptions											
Type	Value Date	ΣLC pmt amt	Crcy	Vendor	Name 1	Reference	Customer	Ctr	BusA	Payment	P	House bk	House bank
☐	2018.07.08	200,000-	KRW	VEND-KR003	SFA Consulting			KR		F110000001	T	HNB01	081
	·	200,000-											

Selected Group						
Vendor	VEND-KR003	Currency	KRW	Payment Method	T	
Customer		Business Area		House Bank	HNB01	1000

Paid Items

CoCd	Amount LC	Reference	DocumentNo	Year	Itm	Branch	PM	Crcy	House bk	BnkT	Err	Type	Posting Date	Doc..Date
4100	50,000-		1900000008	2018	1		T	KRW				KR	2018.06.01	2018.06.01
4100	150,000-		1900000010	2018	1		T	KRW				KR	2018.06.20	2018.06.20

만기일이 7/10일이었던 전표는 리스트에서 빠지게 된다.

○ HNB01은행에서 모든 금액을 지급하는 현재 상황에서, 처음 생각했던 시나리오 대로 제안 리스트가 쪼개지도록 아래와 같이 설정을 변경해보자.

〉Set Up Payment Methods per Company Code for Payment Transactions : Single Payment 설정

Paying co. code	4100	FI Korea		Pymt meth. in ctry
Pymt Meth.	T	Bank Transfer		

Amount limits			Grouping of items
Minimum amount		KRW	☑ Single payment for marked item
Maximum amount	9999,999,999,900	KRW	☐ Payment per due day
Distribution amnt		KRW	☐ Extended Individual Payment

Single payment for marked item : 회사코드 내 지급방법 T를 사용하는 경우 Invoice 별로 분리해서 지급처리

〉T-Code - FK02 : (IMG에서 세팅하거나 혹은) Vendor Master Data에서 Individual payment 를 체크

Vendor	VEND-KR003	SFA Consulting	서울시 강남구
Company Code	4100	FI Korea	

Payment data			
Payt Terms	0001	Tolerance group	
Cr memo terms		Chk double inv.	☐
Chk cashng time			

Automatic payment transactions			
Payment methods		Payment block	Free for payment
Alternat.payee		House bank	
Individual pmnt	☑	Grouping key	

그림처럼 Individual pmnt를 체크할 경우 해당 Vendor로 발생한 Invoice들은 각각 분리하여 지급 처리된다.

〉지급제안 삭제 및 ⊞Proposal 버튼 클릭 후 ᛤProposal 버튼을 클릭하여 Proposal List를 확인한다.

Run On   2018.07.10 07102   Snd. CC   4100

Payments/exceptions

Type	Value Date	ΣLC pmt amt	Crcy	Vendor	Name 1	Ctr	BusA	Payment	P	House bk	Charges 1
☐	2018.07.11	50,000-	KRW	VEND-KR003	SFA Consulting	KR		F110000001	T	SHN01	200
☐	2018.07.13	100,000-	KRW	VEND-KR003	SFA Consulting	KR		F110000002	T	HNB01	0
☐	2018.07.13	150,000-	KRW	VEND-KR003	SFA Consulting	KR		F110000003	T	HNB01	0
		▪ 300,000-									

◆Test를 진행하면서 Payment Run ID가 07101에서 07102로 변경되었다(동일조건임)

Posting Date	Document	Amount	Curr.	Due Date	Case
2018.06.01	1900000008	50,000	KRW	2018.07.01	①
2018.06.10	1900000009	100,000	KRW	2018.07.10	③
2018.06.20	1900000010	150,000	KRW	2018.07.05	③

1900000009 전표의 경우 ③번 IMG 세팅 케이스에 해당한다는 것을 알 수 있다. 즉, Available Amount Limit에 의해 지급은행을 분리하는 것은 개별 Open Item별로 지급은행이 결정되는 것이 아니라 하나의 Payment Group 내 전체금액으로 결정되어짐을 알 수 있다. 50,000원까지는 10만원 이내이므로 SHN01은행에서 지급하고, 두번째 100,000원을 지급하려고 체크하는 시점에는 50,000원+100,000원=150,000원이 되어 Limit 10만원을 초과하게 되므로 HNB01 은행으로 지급한다.

〉Available Amount Limit 금액을 150,000원으로 조정해보자.

Available Amounts

House bank	Account ID	Days	Currency	Available for outgoing pa...	Scheduled incoming pay...
HNB01	1000	999	KRW	999,999,999,999,999	
SHN01	1000	999	KRW	150,000	
SHN02	1000	999	KRW	999,999,999,999,999	

〉지급제안 삭제 및 ⊞Proposal 버튼 클릭 후 ᛤProposal 버튼을 클릭하여 Proposal List를 확인한다.

Payments/exceptions

Type	Value Date	≛LC pmt amt	Crcy	Vendor	Name 1	Ctr	BusA	Payment	P	House bk	Charges 1
☐	2018.07.11	50,000-	KRW	VEND-KR003	SFA Consulting	KR		F110000001	T	SHN01	200
☐	2018.07.12	100,000-	KRW	VEND-KR003	SFA Consulting	KR		F110000002	T	SHN01	500
☐	2018.07.13	150,000-	KRW	VEND-KR003	SFA Consulting	KR		F110000003	T	HNB01	0
		▪ 300,000-									

Available Amount가 조정되면서 1900000009 전표 역시 SHN01 은행에서 지급되게 되었고, 이때 금액이 100,000원이므로 Value Date는 +2일이 되었다. SHN01로 변경되면서 수수료 금액 500원이 인식되었다. → ②번 케이스로 인식됨(※아래 IMG 설정 요약표 참고)

Payment Method	Curr.	Ranking Order	House Bank	Account ID	Bank Clearing	Charge Code	Available Amount	Value Date Limit	Value Dt. Add	Case
T		1	SHN01	1000	11019002	C1	150,000	50,000	1	①
								100,000	2	②
T		2	HNB01	1000	11019004		MAX	MAX	3	③
T	USD	1	SHN02	1000	11019005		MAX			④

Charge ind.	Curr.	Amount limit	Form Charges 1	Form Charges 2
C1	KRW	5,000	100	100
C1	KRW	50,000	200	200
C1	KRW	MAX	500	500

○ Schedule Proposal 완료. 여기서 잠시 Proposal List(■), Exception List(◉)에 대한 개념을 살펴보자.

○ Proposal List(■) : Vendor 별로 모든 Invoice들이 리스트업 된다. 지정된 파라메터 값을 기초로 리스트 생성, Payment terms, cash discounts가 리스트 생성시 고려되어진다.

○ Exception List(◉) : 지급대상에는 포함되나 여러가지 원인으로 인해 지급할 수 없는 Invoice 리스트

• **Invoice가 Payment Block이 걸린 경우** - 지급되어서는 안 되는 Invoice는 Block을 걸 수 있다.

　　→ Payment Blocks : Payment Block Indicator를 세팅할 수 있다. Proposal 리스트에서 해당 지급보류를 해제할 수 있게 할지를 결정할 수 있다(Change in Payment Proposal)

→ IMG-FI-Accounts Receivable and Accounts Payable-Business Transactions-Outgoing Payments-Outgoing Payments Global Settings-Payment Block Reasons-Define Payment Block Reasons 화면에서 세팅

Change View "Payment Block Reasons": Overview

New Entries

Block ind.	Description	Change in pmnt prop.	Manual payments block	Not changeable
	Free for payment	✓	☐	☐
*	Skip account	☐	☐	☐
A	Blocked for payment	✓	✓	☐
B	Blocked for payment	✓	☐	☐
F	Fraud Management	✓	✓	☐
N	IP postprocessing	☐	☐	☐
P	Payment request	☐	✓	✓
R	Invoice verification	✓	☐	☐
V	Payment clearing	☐	✓	☐

- Change in pmnt prop. : Payment Proposal List에서 변경가능 하도록 할지 체크 (Proposal 클릭시 화면)

- Manual payments block : Manual payment(수동반제)인 경우 반제하지 못하도록 Block 을 걸 것인지 체크

(반제화면 Transaction to be processed 라디오버튼에서 Transfer posting with clearing 선택시 반제가능)

- Not changeable : Workflow 를 통해 release 한 경우에만 Block을 해제할 수 있음

• 마스터 레코드에 Invalid한 데이터가 존재할 경우(필수 입력 항목 등)

• 유효하지 않은 Payment Method를 가지는 경우(마스터데이터 혹은 Invoice 상에 지정이 안된 경우 등)

• Invalid House Bank : 정의하지 않은 은행을 선택하거나 데이터가 잘못되어 있는 경우

• 지급 금액이 Payment를 위해 설정한 Minimum 금액보다 작은 경우. Company Code 레벨에서 설정하는 IMG 세팅 → Paying Company Code쪽과 Payment method per Company Code쪽의 Minimum amount 세팅 금액이 다를 경우 둘 중 작은 금액을 기준으로 함

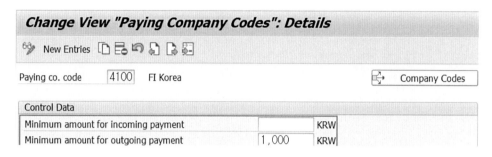

・ Set Up Paying Company Codes for Payment Transactions
・ Sel Up Payment Methods per Country for Payment Transactions
・ Set Up Payment Methods per Company Code for Payment Transactions

〉Set Up Paying Company Codes for Payment Transactions 세팅 화면

Change View "Paying Company Codes": Details

New Entries

| Paying co. code | 4100 | FI Korea | | Company Codes |

Control Data		
Minimum amount for incoming payment		KRW
Minimum amount for outgoing payment	1,000	KRW

〉Set Up Payment Methods per Company Code for Payment Transactions 세팅 화면

Change View "Maintenance of Company Code Data for a Payment Method":

New Entries

| Paying co. code | 4100 | FI Korea | | Pymt meth. in ctry |
| Pymt Meth. | T | Bank Transfer |

Amount limits			Grouping of items
Minimum amount		KRW	✓ Single payment for marked item
Maximum amount	9999,999,999,900	KRW	☐ Payment per due day
Distribution amnt		KRW	☐ Extended Individual Payment

즉, 1,000원과 0을 비교하여 더 작은 0원 금액보다 작을 경우 제외리스트 대상으로 빠지게 된다.

・ IMG에서 House bank 별로 정의한 금액이 충분하지 않은 경우(Available amounts부분)

Change View "Available Amounts": Overview

New Entries

Dialog Structure	Paying company code			4100	FI Korea	
▾ ☐ Bank Selection						
・ ☐ Ranking Order	Available Amounts					

House bank	Account ID	Days	Currency	Available for outgoing pa...	Scheduled incoming pay...
HNB01	1000	999	KRW	999,999,999,999,999	
SHN01	1000	999	KRW	150,000	
SHN02	1000	999	KRW	999,999,999,999,999	

(Dialog Structure 항목: ・ ☐ Bank Accounts, ・ ☐ Bank Accounts (Enhanced), ・ ☐ Available Amounts, ・ ☐ Value Date, ・ ☐ Expenses/Charges)

・ 적자 채무(Credit balance)인 경우

○ Status부분 - 실행 후 : Payment Proposal has been created 로 변경

▶ ②-2.Edit Proposal : 지급제안 리스트를 편집하는 단계, 이 단계에서 제안리스트가 확정됨.

○ 지급보류해제/지급은행조정/할인율조정 등 Proposal List를 조정하는 행위를 Proposal Edit 라고 함

○ Status tab에서 🖊 Proposal 버튼 클릭

> Accounting clerk을 선택할 수 있다(국내에선 사용하지 않는 기능이다.)

> Vendor Master Data 트랜잭션 화면의 Correspondence tab에 어떤 담당자의 Vendor인지를 정의

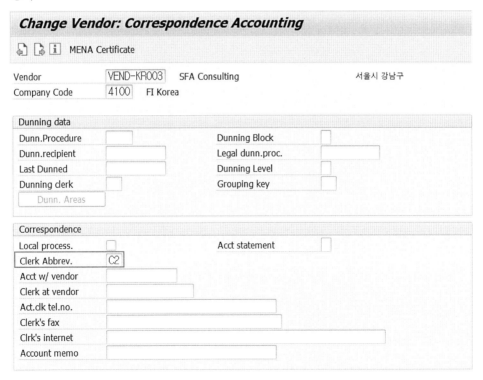

Accounting Clerk Abbreviation 필드에 담당자를 지정할 수 있음

>IMG-FI-Accounts Receivable and Accounts Payable-Vendor Accounts-Master Data-Preparations for Creating Vendor Master Data-Define Accounting Clerks : 담당자를 등록하는 IMG 세팅화면

Change View "Accounting Clerks": Overview

🍬 New Entries 🗋 🗟 🏷 🗟 🗟 🗟

CoCd	Clerk	Name of Accounting Clerk	Office user
4100	C1	Hong Gil-dong	HONG
4100	C2	Lee Sun-Sin	LEE

(위 Vendor의 경우 C2 (Lee Sun-Sin) Clerk이 담당하는 업체이다.)

>지정한 담당자의 Vendor만 수정할 경우 ⦿Selected accounting clerk 를 선택하고 담당자 그룹을 입력하면 된다. C1을 선택할 경우 대상 업체가 없기 때문에 데이터가 조회되지 않고, C2를 선택한 경우 위 Vendor를 찾아와 Proposal List를 보여준다.

>여기서는 담당자과 관계없이 모든 내역을 수정할 것이므로 ⦿All accounting clerks 를 선택.

>아래와 같이 수정할 수 있는 Proposal List가 뜬다.

Edit Payment Proposal: Payments

Choose   Change   Back from find   International Address Version

Run On   2018.07.10 07102   Snd. CC   4100

Payments/exceptions

🔍 🗟 🗟 🏚 ⚙ 🗟 🗟 🗟 🗟 🗟 🗟 ⚙ 📋 ⚙

	Type	Value Date	LC pmt amt	Crcy	Vendor	Name 1	Ctr	BusA	Payment	P	House bk	Charges 1	Clerk
☐		2018.07.11	50,000-	KRW	VEND-KR003	SFA Consulting	KR		F110000001	T	SHN01	200	C2
☐		2018.07.12	100,000-	KRW	VEND-KR003	SFA Consulting	KR		F110000002	T	SHN01	500	C2
☐		2018.07.13	150,000-	KRW	VEND-KR003	SFA Consulting	KR		F110000003	T	HNB01	0	C2
			· 300,000-										

>세번째 라인 더블 클릭

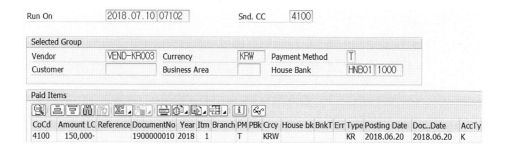

Run On   2018.07.10 07102   Snd. CC   4100

Selected Group

Vendor	VEND-KR003	Currency	KRW	Payment Method	T	
Customer		Business Area		House Bank	HNB01	1000

Paid Items

🔍 🗟 🗟 🏚 ⚙ 🗟 🗟 🗟 🗟 🗟 🗟 ⚙ 📋 ⚙

CoCd	Amount LC	Reference	DocumentNo	Year	Itm	Branch	PM	PBk	Crcy	House bk	BnkT	Err	Type	Posting Date	Doc..Date	AccTy
4100	150,000-		1900000010	2018	1		T		KRW			KR		2018.06.20	2018.06.20	K

○ Proposal 리스트에서 편집하고자 하는 Item을 더블클릭 한다.

> Paid Items 첫번째 라인 더블클릭

○ Payment Block : Block을 걸고 싶을 경우, 예를 들어 A 값을 입력하면 해당 건이 Block되며 제외리스트로 빠지게 된다(A는 일시적인 Block임), 제외리스트 중 Block 되어 있는 건에 대해 마찬가지로 해제도 가능하다.

> Payment Block ☐A☐ 로 입력하고 엔터

CoCd	Amount LC	Reference	DocumentNo	Year	Itm	Branch	PM	PBk	Crcy	House bk	BnkT	Err	Type	Posting Date	Doc..Date	AccTy
4100	150,000-		1900000010	2018	1		T	A	KRW				KR	2018.06.20	2018.06.20	K

위와 같이 파란색으로 해당 Line Item이 변하면서 Exception List로 빠지게 된다.

> 🔍(이전화면) 으로 이동하면 아래와 같이 한 건이 제외리스트로 빠져있는 것을 볼 수 있다.

이 Block은 임시적인 Block이다. 다시 Proposal List 삭제 후 Proposal Run을 돌리게 되면 걸려있던 Block이 사라지게 된다.

○ Discount amount, Cash discount % 등도 지급하는 시점에 지정할 수 있다.

○ 하단의 Reallocate... 버튼을 클릭하게 되면 Payment method, House Bank, due date등을 수정할 수 있다.

　〉두번째 라인 100,000원짜리를 아래와 같이 수정해보자.

Ranking Order에 의해 지정된 House Bank 값도 여기에서 변경할 수 있다.

　〉 (이전화면) 으로 이동하면 아래와 같이 한 건이 리스트에 추가된 것을 볼 수 있다.

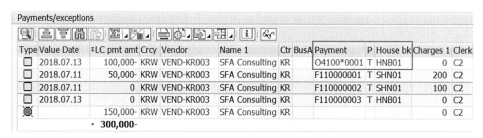

원래의 100,000원짜리 라인 금액이 0이 되면서, 새로운 라인(첫번째)이 생성되었다. 그리고 House Bank가 입력한 은행으로 변경되었다. Payment Document No도 0으로 시작하는 번호로 변경되었다.

○ Status부분 - 저장 후 첫 화면으로 이동 : Payment Proposal has been edited

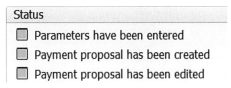

Status
- ☐ Parameters have been entered
- ☐ Payment proposal has been created
- ☐ Payment proposal has been edited

▶ ③Schedule Payments(Payment Run) : 지급제안 리스트를 지급처리. FI 지급전표 기표.

○ 상단의 🖳**Payment Run** 버튼 클릭(스케쥴링이 가능), 최종 수정된 Proposal List를 가지고 수행된다.

＞여기서는 바로 실행하도록 한다.

＞실행 후 🔄**Status** (Status refresh)버튼을 클릭(혹은 엔터키)하면 상태가 변경된다.

Status
- ☐ Parameters have been entered
- ☐ Payment proposal has been created
- ☐ Payment proposal has been edited
- ⚠ Payment run is running

→

Status
- ☐ Parameters have been entered
- ☐ Payment proposal has been created
- ☐ Payment proposal has been edited
- ☐ Payment run has been carried out
- Posting orders: 2 generated, 2 completed

＞상단의 🖨**Payment** 버튼을 클릭하여 로그를 확인한다.

Time	Message text uncoded	Message ID	Msg.no.	Msg.typ
17:07:39	Job started	00	516	S
17:07:39	Step 001 started (program SAPF110S, variant &0000000003240, user ID SCY00)	00	550	S
17:07:39	Log for payment run for payment on 2018.07.10, identification 07102	FZ	401	S
17:07:39	No check can be made in SAP GTS in an automatic payment process	FIPAY_GTS	001	S
17:07:39	>	FZ	693	S
17:07:39	> Additional log for vendor VEND-KR003 company code 4100	FZ	691	S
17:07:39	>	FZ	693	S
17:07:39	> ———— Posting documents additional log	FZ	798	S
17:07:39	>|Document 2000000018 company code 4100 currency KRW payment method T	FZ	741	S
17:07:39	>| LIt PK Acct RA Amount Tax	FZ	743	S
17:07:39	>|	FZ	744	S
17:07:39	>| 001 25 VEND-KR003 50,000 0	FZ	744	S
17:07:39	>| 002 50 0011019002 50,000 0	FZ	744	S
17:07:39	>|	FZ	744	S
17:07:39	>	FZ	693	S
17:07:39	> ———— Posting documents additional log	FZ	798	S
17:07:39	>|Document 2000000019 company code 4100 currency KRW payment method T	FZ	741	S
17:07:39	>| LIt PK Acct RA Amount Tax	FZ	743	S
17:07:39	>|	FZ	744	S
17:07:39	>| 001 25 VEND-KR003 100,000 0	FZ	744	S
17:07:39	>| 002 50 0011019004 100,000 0	FZ	744	S
17:07:39	>|	FZ	744	S
17:07:39	End of log	FZ	398	S
17:07:39	Job finished	00	517	S

내역을 살펴보면 차변(PK:25)에 A/P Invoice가 반제되면서 대변(PK:50)에 Bank 임시계정이 발생하였다.

Payment Document [차)A/P xxx / 대)Bank-Clearing xxx] 발생(Paid Open Item(A/P Invoice) Clear)

Additional Log에 'Line Items of the payment documents'를 체크해야만 로그에 전표내역이 남게 된다.

≻Bank 임시계정이 11019002/4계정으로 발생한 것은 IMG 세팅 화면에서 지정하였기 때문이다.

≻Set Up Bank Determination for Payment Transactions

Dialog Structure	Paying company code	4100	FI Korea				
▾ ☐ Bank Selection						

Bank Accounts

House b...	P..	Curr...	Account ID	Bank subaccount	Clear.acct	Charge ind	Bu...
HNB01	B		1000	11019000	11019006		
HNB01	T		1000	11019004			
SHN01	T		1000	11019002		C1	
SHN02	T	USD	1000	11019005			

- Ranking Order
- Bank Accounts
- Bank Accounts (Enhanced)
- Available Amounts
- Value Date
- Expenses/Charges

SHN01 / HNB01은행으로 지급처리되었기 때문에 11019002/4 계정으로 처리됨

○ Payment Document - Bank Sub Accounts : Vendor A/P 내역이 차변으로 반제되면서 Bank subaccount(=Bank Clearing)가 대변에 발생하게 된다. [차)A/P 1,000 / 대)**Bank Clearing** 1,000] 이때 발생한 Bank Sub Account는 언제 Bank계정으로 상계될 것인가? 실제 금액이 지급되는 시점에 상계된다 → 국내에서는 펌뱅킹을 통해 돈을 내보낼 때 Payment 정보를 이용하여 돈을 지급하고 [차)**Bank Clearing** 1,000 / 대)Bank 1,000] 전표를 발생시킨다. 펌뱅킹 등을 이용해서 처리하는 방식을 E.B.S(Electric Bank Statement) 처리 방식이라고 하고 수작업으로 처리하는 방식을 M.B.S(Manual Bank Statement) 처리 방식이라고 칭한다.

○ 지급전표는 ZP라는 Document Type을 가지게 된다. Payment Method를 Country 레벨에서 설정하는 IMG 세팅 부분에서 정의한다. 앞서 로그에서 봤던 전표를 조회해 보자(T-Code : FB03)

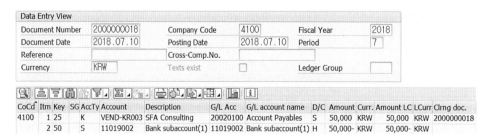

Data Entry View					
Document Number	2000000018	Company Code	4100	Fiscal Year	2018
Document Date	2018.07.10	Posting Date	2018.07.10	Period	7
Reference		Cross-Comp.No.			
Currency	KRW	Texts exist	☐	Ledger Group	

CoCd	Itm	Key	SG	AccTy	Account	Description	G/L Acc	G/L account name	D/C	Amount	Curr.	Amount LC	LCurr	Clrng.doc.
4100	1	25		K	VEND-KR003	SFA Consulting	20020100	Account Payables	S	50,000	KRW	50,000	KRW	2000000018
	2	50		S		11019002	Bank subaccount(1)	11019002	Bank subaccount(1)	H	50,000-	KRW	50,000-	KRW

> 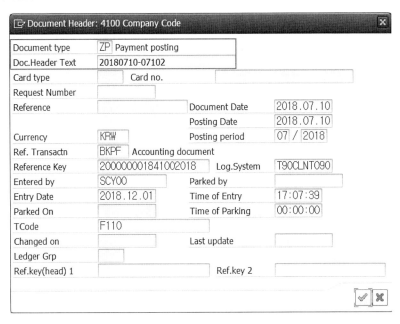(Document Header) 버튼 클릭

참고-Document Header Text 부분에 Payment Run Date+Payment ID를 보여준다.

>Set Up Payment Methods per Country for Payment Transactions IMG 화면

Country	KR	South Korea
Pymt Meth.	T	
Description	Bank Transfer	

Posting details

Document type for payment	ZP
Clearing document type	AB
Sp.G/L ind.b/ex. / b/ex.pmnt req.	
☐ Payment order only	

〉전표의 2번 Line Item을 더블클릭(11019004 -Bank subaccount 계정)

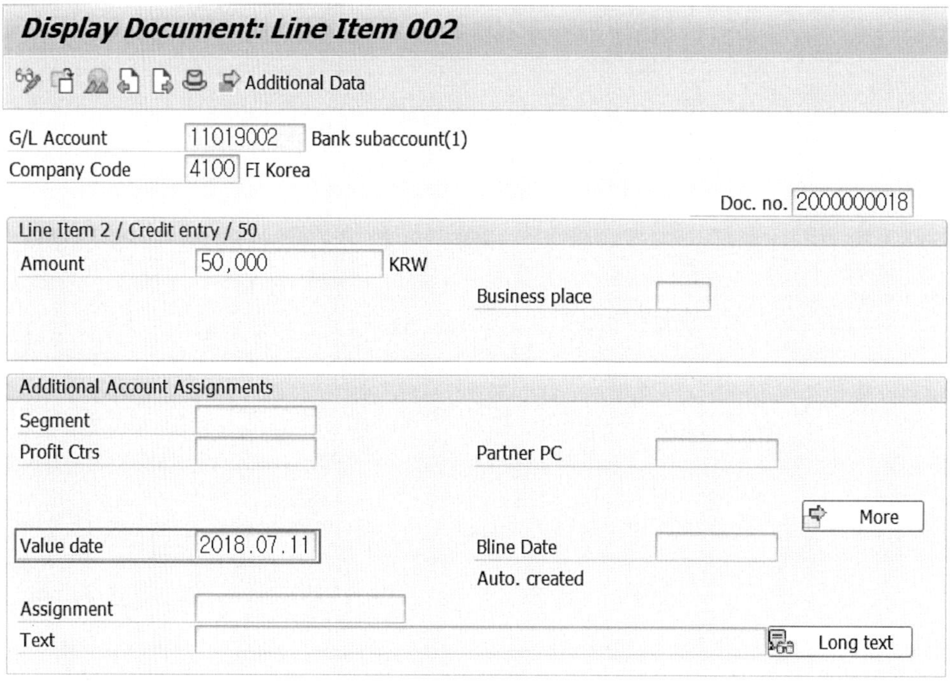

Display Document: Line Item 002

Additional Data

G/L Account 11019002 Bank subaccount(1)
Company Code 4100 FI Korea

Doc. no. 2000000018

Line Item 2 / Credit entry / 50

Amount 50,000 KRW

Business place

Additional Account Assignments

Segment
Profit Ctrs

Partner PC

More

Value date 2018.07.11
Bline Date
Auto. created

Assignment

Text
Long text

Value Date는 Payment Run Date + 1일로 보여진다(1은 IMG 세팅에서 지정한 일자)

▶ ④Schedule Print : 수표발행(Print)? DME파일 생성? EDI방식을 통한 지급처리? →
이 부분은 국내에선 사용하지 않는 기능이므로 Skip 해도 된다. 국내에선 일반적으
로 Firm Banking 시스템을 통해 은행과 연계하여 지급처리를 하기 때문에 이 기능
을 사용하지 않는다.

○ 지급 매체를 Print 혹은 Creation 하는 단계

○ T(Bank Transfer) 지급방법인 경우에도 📇Printout 버튼을 클릭하여 지급통지를 출
력할 수 있다. 이 버튼을 클릭하면 ☑ Specify the variants for the print programs first of all 메
시지가 나오게 되는데 프린트하기 위해 먼저 기준값 설정을 해주어야 한다.

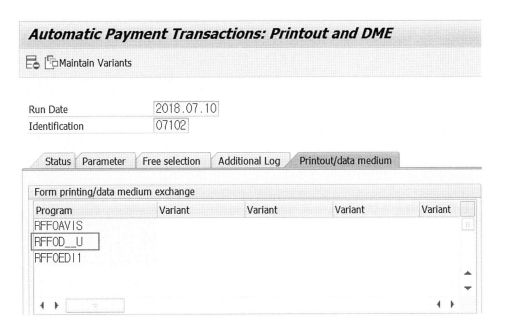

> 프로그램 리스트(RFFOD__U)는 IMG 세팅(Payment Method - Country레벨)에서 지정한 리스트가
  보여진다.

> Set Up Payment Methods per Country for Payment Transactions IMG 화면

> 먼저 출력할 프로그램의 Variant값을 지정해준다.

○ Variant 지정

>Variant가 있어야 이 값을 이용해 출력 작업을 할 수 있다.

>SAP Easy Access 화면에서 [메뉴-System-Services-Reporting] 화면(SA38)

ABAP: Program Execution

⊕ ⊕ With variant   [□ Overview of variants   Background

Program	RFFOD__U

>해당 프린트 프로그램을 지정하고 실행

Payment Medium Germany - Transfers/Bank Direct Debits, Coll./Dom.DME

⊕ [□ i

Program run date	2018.07.10
Identification feature	07102
☐ Proposal run only	

Company code selection

Paying company code	4100	to		⇨
Sending company code	4100	to		⇨

Further selections

Payment methods		to		⇨
Payment method supplement		to		⇨
House bank		to		⇨
Account ID		to		⇨
Currency key		to		⇨
Payment document number		to		⇨

Print control

☑ Print payment medium	Printer	LP01	☐ Print Immediately
☐ Data Medium Exchange	Printer		☐ Print Immediately
☑ Print payment advice notes	Printer	LP01	☐ Print Immediately
☑ Print Payment Summary	Printer	LP01	☐ Print Immediately

위와 같이 정보를 입력하고 상단의 🖫 버튼을 클릭하여 Variant를 저장한다.

Variant Attributes

✏ Use Screen Assignment   [i]

Variant Name	BKTRNS
Description	Bank Transfer
☐ Only for Background Processing	
☐ Protect Variant	
☐ Only Display in Catalog	

Screen Assignment

☰	Created	Selection Screen
	☑	1000

Variant Name을 지정하고 저장한다.

〉다시 AOP 화면(T-Code : F110)에서 생성한 Variant를 입력하고 저장한다.

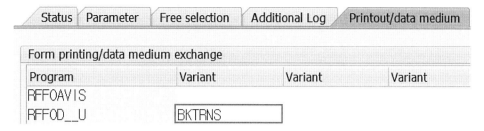

| Status | Parameter | Free selection | Additional Log | Printout/data medium |

Form printing/data medium exchange

Program	Variant	Variant	Variant
RFFOAVIS			
RFFOD__U	BKTRNS		

〉 Printout 버튼을 클릭

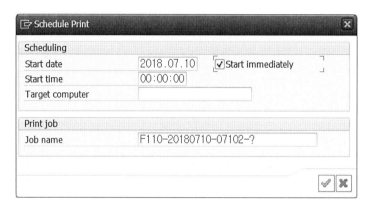

Start Immediately 체크 후 Job Name ?를 1로 변경 후 엔터 클릭

☑ Print job F110-20180710-07102-1 has been scheduled

〉 Payment 버튼을 클릭하면 아래와 같이 파법이 뜨고

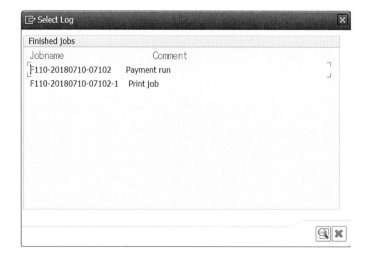

Time	Message text uncoded	Message ID	Msg.no.	Msg.typ
18:13:47	Job started	00	516	S
18:13:47	Step 001 started (program SAPFPAYM_SCHEDULE, variant &0000000002041, user ID SCY00)	00	550	S
18:13:47	Step 002 started (program RFFOD__U, variant &0000000001863, user ID SCY00)	00	550	S
18:13:47		F0	257	S
18:13:47	No sample printout for optical archiving	F0	384	S
18:13:47		F0	257	S
18:13:47	In form F110_KR_CHK / window CARRYFWD, the element 635 (Carry forward below) is missing	F0	251	S
18:13:47	In form F110_KR_CHK / window MAIN, the element 610-T (Text-T) is missing	F0	251	S
18:13:47	In form F110_KR_CHK / window MAIN, the element 615 (Heading) is missing	F0	251	S
18:13:47	In form F110_KR_CHK / window MAIN, the element 620 (Carry forward above) is missing	F0	251	S
18:13:47	In form F110_KR_CHK / window MAIN, the element 625 (Line items) is missing	F0	251	S
18:13:47	In form F110_KR_CHK / window MAIN, the element 630 (Total) is missing	F0	251	S
18:13:47	Output of the relevant forms is defective	F0	253	S
18:13:47	>	F0	065	S
18:13:47	> Overview of the lists generated	F0	065	S
18:13:47	> Name / Dataset / Spool number	F0	065	S
18:13:47	>	F0	064	S
18:13:47	> Bank Transfer / LIST3S / 0000206298	F0	065	S
18:13:47	> Bank Transfer / LIST3S / 0000206299	F0	065	S
18:13:47	> Payment Advice Notes Sent by Post / LIST5S / 00002 06300	F0	065	S
18:13:47	> Payment Advice Notes Sent by Post / LIST5S / 00002 06301	F0	065	S
18:13:47	> Payment summary / LIST6S / 0000206302	F0	065	S
18:13:47	> Error log / LISTFS / 0000206303	F0	065	S
18:13:47	Job finished	00	517	S

두번째 Job을 더블클릭하면 위와 같이 로그가 조회된다.

> [메뉴-System-Services-Output Control] 을 클릭하여 생성된 Spool을 조회한다.

Output controller: Spool request selection screen

Further selection criteria...

| Spool requests | Output requests |

| Spool Request Number | 206299 |

Created By	
Created On		to
Client	
Authorization	

| Output Device | |

Title	
Recipient	
Department	

| System Name | SEQ |

2번째 Spool 번호를 입력한 후 실행버튼 클릭

Output Controller: List of Spool Requests

Spool no.	Type	Clt	User	Date	Time	Status	Pages	Title
206299		800			10:13	−	1	Bank Transfer

1 Spool request displyed

==

1 Spool request w/o output request

Type 부분의 버튼을 클릭

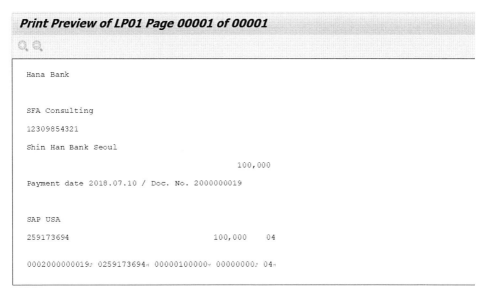

Print Preview of LP01 Page 00001 of 00001

```
Hana Bank


SFA Consulting

12309854321

Shin Han Bank Seoul
                                          100,000

Payment date 2018.07.10 / Doc. No. 2000000019


SAP USA

259173694                    100,000    04

0002000000019⌐ 0259173694⌐ 00000100000⌐ 00000000⌐ 04⌐
```

위와 같은 형식의 Payment Notes를 조회할 수 있다.

○ 만약 Payment Method가 C(Check)유형일 경우 상단의 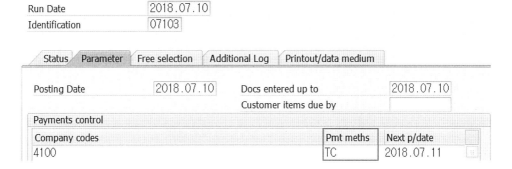Printout 버튼을 클릭하여 수표를 발행할 수 있다. 앞서 Payment Block A를 걸어 지급 처리되지 않은 건을 이용해 테스트 해보자.

>FI-Accounts Payable-Periodic Processing-F110 - Payments 화면

Run Date	2018.07.10
Identification	07103

Status / Parameter / Free selection / Additional Log / Printout/data medium

Posting Date	2018.07.10	Docs entered up to	2018.07.10
		Customer items due by	

Payments control

Company codes	Pmt meths	Next p/date	
4100	TC	2018.07.11	

Parameter - Payment Method에 C를 추가한다. 지급처리 할 지급방법을 모두 입력해야 한다.

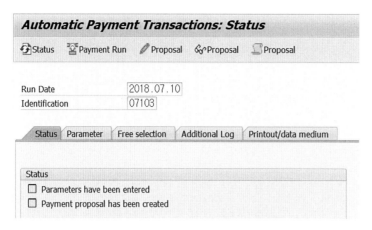

새로운 Payment Run을 생성하고  버튼으로 Payment Method를 변경해보자.

>상세화면이 아닌 첫 화면에서 Change 버튼을 클릭한다.

Payment Method 를 T에서 C로 변경한다.

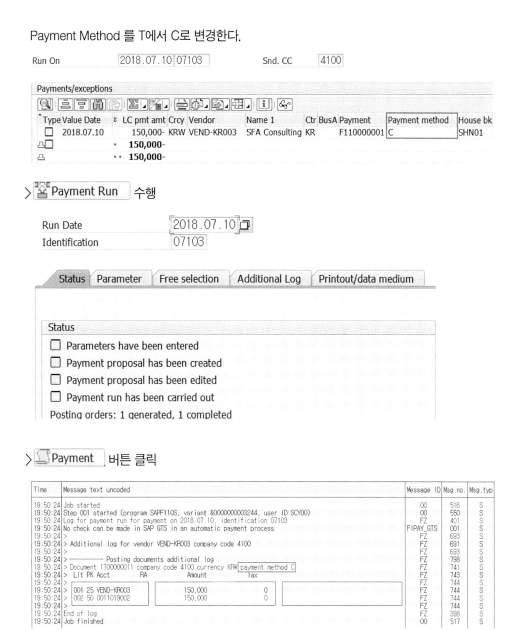

Run On   2018.07.10 | 07103   Snd. CC   4100

Payments/exceptions

Type	Value Date	Σ LC pmt amt	Crcy	Vendor	Name 1	Ctr	BusA	Payment	Payment method	House bk
☐	2018.07.10	150,000-	KRW	VEND-KR003	SFA Consulting	KR		F110000001	C	SHN01
		· 150,000-								
		·· 150,000-								

> 🖳 Payment Run   수행

Run Date   2018.07.10
Identification   07103

Status	Parameter	Free selection	Additional Log	Printout/data medium

Status

☐ Parameters have been entered
☐ Payment proposal has been created
☐ Payment proposal has been edited
☐ Payment run has been carried out
Posting orders: 1 generated, 1 completed

> 🖳 Payment 버튼 클릭

Time	Message text uncoded	Message ID	Msg.no.	Msg.typ
19:50:24	Job started	00	516	S
19:50:24	Step 001 started (program SAPF110S, variant &0000000003244, user ID SCY00)	00	550	S
19:50:24	Log for payment run for payment on 2018.07.10, identification 07103	FZ	401	S
19:50:24	No check can be made in SAP GTS in an automatic payment process	FIPAY_GTS	001	S
19:50:24		FZ	693	S
19:50:24	> Additional log for vendor VEND-KR003 company code 4100	FZ	691	S
19:50:24	>	FZ	693	S
19:50:24	> ———— Posting documents additional log	FZ	798	S
19:50:24	> Document 1700000011 company code 4100 currency KRW payment method C	FZ	741	S
19:50:24	> LIt PK Acct RA Amount Tax	FZ	743	S
19:50:24	>	FZ	744	S
19:50:24	> 001 25 VEND-KR003 150,000 0	FZ	744	S
19:50:24	> 002 50 0011019002 150,000 0	FZ	744	S
19:50:24	>	FZ	744	S
19:50:24	End of log	FZ	398	S
19:50:24	Job finished	00	517	S

지급방법 T와 동일한 Logic으로 지급전표가 생성되었다.

>  버튼을 클릭해보자.

> Set Up Payment Methods per Country for Payment Transactions IMG 화면

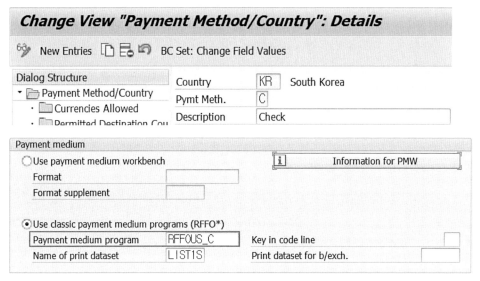

Payment Method C에 대해서는 RFFOUS_C 프로그램이 지정되어 있다

> Variant 지정 - 어떤 은행의 수표를 발행할 것인지를 Variant에 정의해 놓은 정보를 이용해서
  작업을 하게 된다. [메뉴-System-Services-Reporting] 화면(SA38)

> 해당 프린트 프로그램을 지정하고 실행

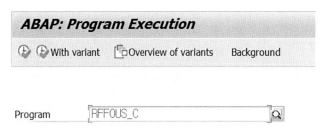

>Variant를 정의 한다.

International Payment Medium - Check (with check management)

Program run date	2018.07.10
Identification feature	07103
☐ Proposal run only	

Company code selection

| Paying company code | 4100 | | | |
| Sending company code | | to | | ⇨ |

Further selections

Payment method	C	to		⇨
Pmt meth. supplement		to		⇨
Business Area		to		⇨
House bank	SHN01			
Account ID	1000			
Check lot number				
Restart from Check Number				
Currency		to		⇨
Payment document no.		to		⇨

- Program run date : 프로그램을 실행한 일자, Identification feature : Payment ID를 선택, Company Code, House Bank, Account ID 등을 입력한다. 이것은 Company Code 4100 에서 Program run date-2018.07.10에 ID feature-071030| 실행한 House Bank 은행SHN01 의 Account ID계좌-1000 중에 C Payment Method를 사용한 건에 대해 Variant를 정의한다 는 의미이다.

>Print Control 정의

Print control

☑ Print checks	Printer	LP01	☐ Print Immediately
☐ Print payment advice notes	Printer		☐ Print Immediately
☐ Print Payment Summary	Printer		☐ Print Immediately
☐ Payment Summary as ALV	Layout		☐ Screen Output

- Print checks : 프린터를 지정

- Print Payment summary : Summary를 출력할 것인가를 선택, 여기서는 언체크

Output control

Alternative check form	
Filler for digits in words	
Number of sample printouts	2
No.of items in payment summary	9999
☐ Payment Document Validation	
☐ Texts in recipient's lang.	
☐ Currency in ISO code	
☑ No Form Summary Section	
☐ Do not Void any Checks	

- Summary Section 출력히지 않도록 체크한다.

＞필드를 다 정의하고 실행하면 Check lot number를 정의해야 한다는 에러발생

🔲 Specify a lot number for the production run

(수표묶음이 몇번부터 몇번이다라는 lot No를 관리함) 현재는 수표 lot No.가 없으므로
오류발생

(Check lot number ⬚🔲 값이 없음)

＞FI-Accounts Payable-Periodic Processing-F110-Payments 화면 Status tab에서 [메
뉴-Environment-Check Information-Number Ranges] 클릭

＞해당 은행(SHN01)의 Account ID 1000번 계좌에 Check Number Range를 생성

＞ 🖉 아이콘 클릭 후 🗋 아이콘 클릭(신규생성)

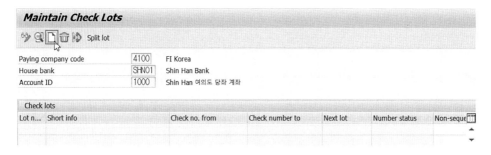

은행으로부터 받아온 수표 Range를 입력하고 실행

> 적요를 지정하고 저장

위와 같이 생성된 Check lot number를 이용하여 출력

> 다시 Variant 설정 화면으로 돌아와서 Check lot number 필드 값 입력

Check lot number   1   Shinhan Check Lot No 1

Possible Entry 버튼 클릭하여 앞서 생성한 Lot No 1번을 선택한다

> 모두 입력이 끝났으므로 Variant를 저장한다. 저장버튼(🖬) 클릭

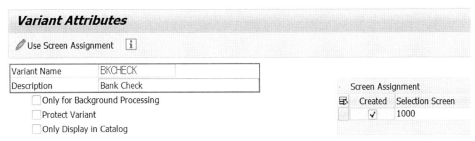

Variant Name 을 정의하고 적요를 입력한 후 저장

>FI-Accounts Payable-Periodic Processing-F110-Payments 화면. Printout/data medium tab

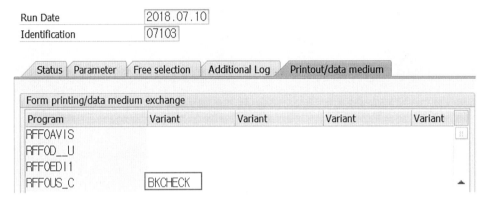

| Run Date | 2018.07.10 |
| Identification | 07103 |

생성한 Variant 값을 지정한다. 참고로 Variant 를 여러 개 입력한 경우 왼쪽이 우선순위가 높다.

>위 내용으로 저장한 후 Status tab에서 상단의 Printout 버튼 클릭(즉시실행)

처리 하면 ☑ Print job F110-20180710-07103-1 has been scheduled 메시지가 뜬다.

>실행한 후에 다시 [메뉴-Environment-Check Information-Number Ranges] 화면으로 가서 Check Lot 정보를 보게 (👀) 되면 한장의 수표가 발행 되어 있는 것을 확인해볼 수 있다.

Display Check Lots

Paying company code	4100	FI Korea
House bank	SHN01	Shin Han Bank
Account ID	1000	Shin Han 여의도 당좌 계좌

Lot n...	Short info	Check no. from	Check number to	Next lot	Number status	Non-seque
1	Shinhan Check Lot No 1	가나1000000	가나1999999	0	가나1000002	

Number Status 필드에 발행된 수표번호가 보임

○ 발행된 수표의 형태를 화면으로 보자. 앞서 지급방법 T인 경우와 다른 방법으로 조회해보자. [메뉴-System-Services-Jobs-Job Overview] 클릭. 앞서 생성한 Job 이름으로 검색한다.

☑ Print job F110-20180710-07103-1 has been scheduled

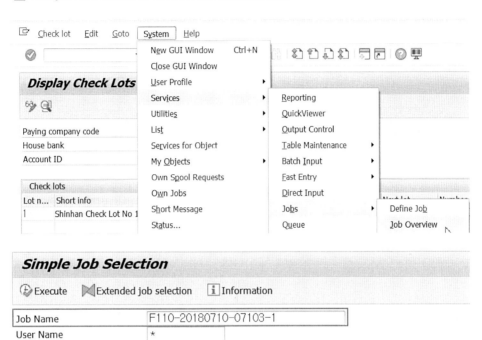

> 실행버튼 클릭

앞서 수행한 Job에 대한 내역이 조회된다. Job Log등을 조회해 볼 수 있다.

〉 🖨 -Spool 조회버튼을 클릭한다.

Output Controller: List of Spool Requests

Spool no.	Type	Date	Time	Status	Pages	Title
206442	📄		12:26	—	3	Check

Type 부분(📄) 버튼 클릭

Print Preview of LP01 Page 00003 of 00003

🔍 🔍

```
SFA  Consulting                      수표
111333   서울시 강남구
                                     전표 / 일자
                                     1700000011   /   2018.07.10
                                     당사 회계담당자
                                     LEE
                                     전화

                                     팩스

                                     당사의 귀사계정
                                     VEND-KR003
```

담당자 귀하,

공급된 재화와 용역 그리고 해당 주문송장에 따라,   지급을 위하여 동봉한 수
표 1700000011을(를)   사용하여 아래 리스트의 항목을 정산했습니다.

전표	귀사전표	일자	공제	총액
1900000010		2018.06.20	0	150,000
총계			0	150,000

지급전표	수표번호	일자	통화	지급금액
1700000011	가나1000002	2018.07.10	KRW	**********150,000*

은행번호	계정번호	수표번호
	135792468	가나1000002

```
Shin Han Bank
Seoul
                                                        KRW
*** 1   10  5    1000    WON JEONG KRW*    **********150,000*
**


SFA  Consulting                      SAP  USA
111333   서울시 강남구                 Philadelphia
                                     Philadelphia

                                     2018.07.10
```

위와 같이 출력 양식을 조회할 수 있다.

○ 지급전표에 수표번호가 업데이트 된다.

Data Entry View

Document Number	1700000011	Company Code	4100	Fiscal Year	2018
Document Date	2018.07.10	Posting Date	2018.07.10	Period	7
Reference		Cross-Comp.No.			
Currency	KRW	Texts exist	☐	Ledger Group	

CoCd	Itm	Key	SG	AccTy	Account	Description	G/L Acc	G/L account name	D/C	Amount	Curr.	Amount LC	LCurr	Clrng doc.
4100	1	25		K	VEND-KR003	SFA Consulting	20020100	Account Payables	S	150,000	KRW	150,000	KRW	1700000011
	2	50		S	11019002	Bank subaccount(1)	11019002	Bank subaccount(1)	H	150,000-	KRW	150,000-	KRW	

〉[메뉴-Environment-Check Information] 클릭

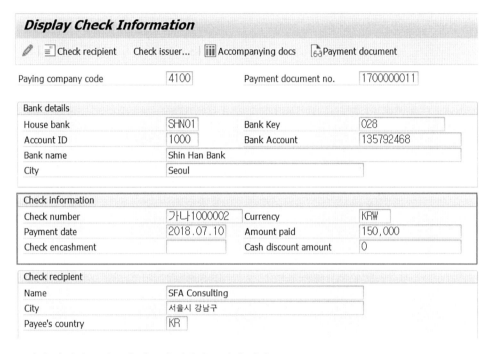

Display Check Information

🖉 ☰ Check recipient   Check issuer...   📊 Accompanying docs   📄 Payment document

Paying company code   4100   Payment document no.   1700000011

Bank details

House bank	SHN01	Bank Key	028
Account ID	1000	Bank Account	135792468
Bank name	Shin Han Bank		
City	Seoul		

Check information

Check number	가나1000002	Currency	KRW
Payment date	2018.07.10	Amount paid	150,000
Check encashment		Cash discount amount	0

Check recipient

Name	SFA Consulting
City	서울시 강남구
Payee's country	KR

그림과 같이 수표정보가 전표에 업데이트 되어 있다

〉☰ Check recipient 클릭하면 수표 수령 업체의 정보를 볼 수 있다

Check Recipient

Vendor   VEND-KR003

Address

Title		Bank Country	KR		
Payee name	SFA Consulting	Bank number		SWIFT/BIC	SWFTKRYZ
		Bank Acct. No.	12309854321	IBAN	
		Control Key			
Street		PO Box			
City	서울시 강남구	Post.code	111333		
PO box city		PO box post cde			
Country	KR	Regional code			

2. Check Management : 수표관리

● **SAP 에서 Check 관리를 어떻게 하는지에 대해 살펴보자. <u>국내에선 거의 사용하지 않는 기능으로 Skip 해도 좋다.</u>**

● **Payment Documents and Checks**

▶ 앞서 Automatic Payment 처리시 수표발행에 대해서는 살펴보았다. Manual Payment시 수표발행은 어떻게 할 것인가?

▶ Payment Documents : Created Manually, Automatic Payment Program(2가지 방식)

○ Manual Payment : 지급/수금건들을 한 건씩 수동으로 반제하여 Document 생성

○ Automatic Payment : AOP 프로그램을 이용하여 Document생성(자동지급 처리)

▶ Check Information : 수표정보를 Document에 Update해 놓을 수 있다(해당 지급전표가 어떤 수표를 이용해 지급되었는지 알 수 있다.) <u>Update 방식에는 아래 3가지가 존재</u>한다.

○ Created manually : 수동으로 입력

○ Created manually together with the payment Document : 반자동으로 전표발생시 입력하는 방식 - 지급전표는 매뉴얼로 입력하고 수표 정보는 수표관련 IMG 세팅을 이용하여 업데이트 한다.

○ Automatic payment program; check printing program : AOP 프로그램을 이용하여 자동으로 입력되게 하는 방식

▶ Payment Documents and Check의 관계 - Payment 방식에 따른 수표정보 업데이트 방식

○ Manually : F-53(Created manually), F-58(Created manually together with the payment Document)

- Created manually : 이 방식은 AP를 반제처리한 후에 반제전표의 Header Reference필드 혹은 AP Line의 Assignment 필드 등에 수표번호를 수동으로 입력하는 방식으로 잘 사용하지 않는 방식이다.

- Created manually together with the payment Document : FI-Accounts Payable-Document Entry-Outgoing Payment-F-58 - Post + Print Forms 화면

〉FI-Accounts Payable-Document Entry-FB60 - Invoice 화면 A/P Invoice 발생(7/1-30,000 A/P Invoice 발생)

Data Entry View

Document Number	1900000016	Company Code	4100	Fiscal Year	2018
Document Date	2018.07.01	Posting Date	2018.07.01	Period	7
Reference		Cross-Comp.No.			
Currency	KRW	Texts exist	☐	Ledger Group	

CoCd	Itm	Key	SG	AccTy	Account	Description	G/L Acc	G/L account name	D/C	Amount	Curr.	Amount LC	LCurr	Tx
4100	1	31	K		VEND-KR003	SFA Consulting	20020100	Account Payables	H	30,000-	KRW	30,000-	KRW	
	2	40	S		54000600	Travel and Transport	54000600	Travel and Transport	S	30,000	KRW	30,000	KRW	

〉FI-Accounts Payable-Document Entry-Outgoing Payment-F-58 - Post + Print Forms 화면

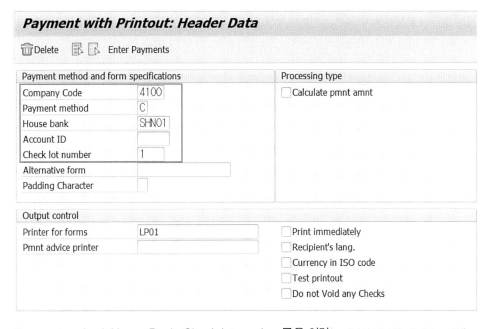

Payment with Printout: Header Data

🗑 Delete   📝 📝   Enter Payments

Payment method and form specifications

Company Code	4100
Payment method	C
House bank	SHN01
Account ID	
Check lot number	1
Alternative form	
Padding Character	☐

Processing type

☐ Calculate pmnt amnt

Output control

Printer for forms	LP01
Pmnt advice printer	

☐ Print immediately
☐ Recipient's lang.
☐ Currency in ISO code
☐ Test printout
☐ Do not Void any Checks

Payment method, House Bank, Check lot number 등을 입력(프린터와 관련한 정보들도 입력)

〉정보를 모두 입력한 후에 상단의 Enter Payments 버튼을 클릭

Payment with Printout Header Data

Process Open Items

Document Date	2018.07.10	Type	KZ	Company Code	4100	
Posting Date	2018.07.10	Period	07	Currency/Rate	KRW	
Document Number				Translation dte		
Reference				Cross-CCode No.		
Doc.Header Text				Trading part.BA		
Clearing text						

Bank posting details

Amount	30,000		Business Area	
Value date	2018.07.10		Assignment	
Text	Manual Payment by Check			

Payee

Vendor	VEND-KR003		Company Code	4100
Customer			Payee	
☐ Payt on Acct	Pmnt on acct			

Paid items	Additional selections
☑ Standard OIs	⦿ None
Special G/L ind	○ Amount
	○ Others

매뉴얼하게 지급전표를 기표할 수 있는 화면이 나온다. 위와 같이 30,000 금액에 대해 지급처리정보 입력

전표 기표는 매뉴얼하게 하지만 수표관련 정보는 IMG 세팅을 이용하는 것이다.

〉 Process Open Items 버튼 클릭 후 Not assigned 금액 확인

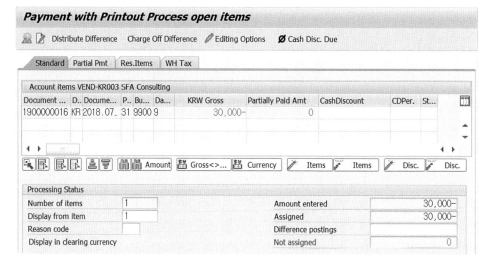

Payment with Printout Process open items

🔲 📝 Distribute Difference   Charge Off Difference ✏ Editing Options   ∅ Cash Disc. Due

| Standard | Partial Pmt | Res.Items | WH Tax |

Account items VEND-KR003 SFA Consulting

Document ...	D..	Docume..	P..	Bu...	Da...	KRW Gross	Partially Paid Amt	CashDiscount	CDPer.	St...	
1900000016	KR	2018.07_	31	9900	9	30,000-	0				

Processing Status

Number of items	1	Amount entered	30,000-
Display from item	1	Assigned	30,000-
Reason code		Difference postings	
Display in clearing currency		Not assigned	0

> Overview 후 [메뉴-Document-Simulate] 클릭

Payment with Printout Display Overview

🔍 📊 Display currency   ℹ️ Taxes   ↩ Reset

Document Date	2018.07.10	Type	KZ	Company Code	4100
Posting Date	2018.07.10	Period	7	Currency	KRW
Document Number	INTERNAL	Fiscal Year	2018	Translation dte	2018.07.10
Reference				Cross-CCode No.	
Doc.Header Text				Trading part.BA	

CoCd	Itm	Key	SG	AccTy	Account	Description	G/L Acc	G/L account name	D/C	Amount	Crcy	Amount LC	LCurr	Clrng doc.
4100	1	50		S	11019002	Bank subaccount(1)	11019002	Bank subaccount(1)	H	30,000-	KRW	30,000-	KRW	
4100	2	25		K	VEND-KR003	SFA Consulting	20020100	Account Payables	S	30,000	KRW	30,000	KRW	*

필수 입력 필드 Due On Date 를 입력하면 위와 같이 조회된다. 상대계정 11019002(Bank sub)
을 지정하지 않았음에도 자동으로 위와 같이 처리되었다. 이는 F110-AOP 화면에서 사용하는
IMG 세팅값을 이용하여 상대계정을 자동으로 지정한 것이다.

> 포스팅(💾) 처리시 자동으로 Check에 대한 발행 처리가 된다.

International Payment Medium - Check (with check management)

🔍

Overview of the lists generated		
Name	Dataset	Spool number
Check	LIST1S	0000206506

> [메뉴-Document-Display] 클릭

Data Entry View

Document Number	1500000013	Company Code	4100	Fiscal Year	2018
Document Date	2018.07.10	Posting Date	2018.07.10	Period	7
Reference		Cross-Comp.No.			
Currency	KRW	Texts exist	☐	Ledger Group	

CoCd	Itm	Key	SG	AccTy	Account	Description	G/L Acc	G/L account name	D/C	Amount	Curr.	Amount LC	LCurr	Clrng doc.
4100	1	50		S	11019002	Bank subaccount(1)	11019002	Bank subaccount(1)	H	30,000-	KRW	30,000-	KRW	
	2	25		K	VEND-KR003	SFA Consulting	20020100	Account Payables	S	30,000	KRW	30,000	KRW	1500000013

〉[메뉴-Environment-Check Information] 로 업데이트된 수표정보를 확인할 수 있다.

Display Check Information

🖉　≡ Check recipient　　Check issuer...　📊 Accompanying docs　📑 Payment document

| Paying company code | 4100 | Payment document no. | 1500000013 |

Bank details

House bank	SHN01	Bank Key	028
Account ID	1000	Bank Account	135792468
Bank name	Shin Han Bank		
City	Seoul		

Check information

Check number	가나1000003	Currency	KRW
Payment date	2018.07.10	Amount paid	30,000
Check encashment		Cash discount amount	0

Check recipient

Name	SFA Consulting	
City	서울시 강남구	
Payee's country	KR	

이처럼 지급처리는 Manual하게 입력하였지만 수표정보는 자동으로 업데이트 되어 있음을 확인할 수 있다.

이 수표 정보는 F110 프로그램에서 사용하는 IMG 세팅값에 의해 업데이트 되는 정보이다.

○ Automatic Payment : F110(Automatic payment program) : F110 - Automatic Outgoing Payment Program 에서 살펴봤던 내용이다.

▶ 앞에서 살펴본 업데이트 되는 수표정보에 대한 세부내역을 살펴보자.

〉Bank Details : House bank, Account ID등, 어떤 계좌에서 발행된 수표인지에 대한 정보

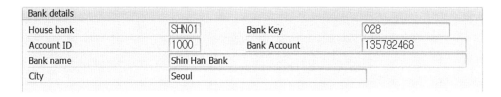

Bank details			
House bank	SHN01	Bank Key	028
Account ID	1000	Bank Account	135792468
Bank name	Shin Han Bank		
City	Seoul		

>Check Information : 수표번호, Payment date, Currency 지급된 금액, 할인 금액등에 대한 정보

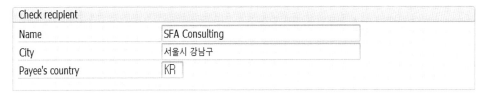

Check encashment : 수표가 인출되어 금액이 계좌로부터 완전히 빠져나간 일자 → 변경버튼으로 수동 업데이트

>Check Recipient : 수표수령인 정보

Check recipient	
Name	SFA Consulting
City	서울시 강남구
Payee's country	KR

>더 자세한 정보는 상단의 [📋 Check recipient] 버튼을 클릭하여 볼 수 있다(Vendor 정보를 보여줌)

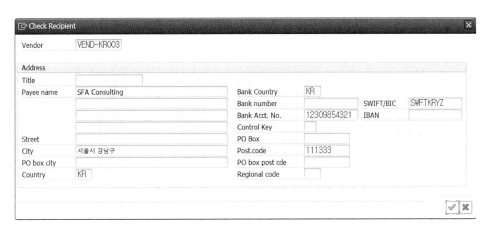

● Voiding checks and Canceling Payments : 수표 취소 & 지급 취소

▶ Business Scenario & Reason

Reason	Business Scenario
Checks Only : 수표만 잘못된 경우	
①Void and issued check	Made a cash payment
②Void and unused check	Stolen, Accidentally damaged
③Void and reprint check	Check ripped during printing
④Void check information for payment run	Ran out of check stock
⑤Renumber checks incorrectly	Printed on check stock
Checks and Payment Document : 수표,지급전표 모두 잘못된 경우	
⑥Void check & cancel payment Document	Paid incorrect invoice

○ ① : 현금으로 지급한 내역을 수표로 잘못 발행시킨 경우(이미 발행된 수표 Void 처리)

• AOP(F110) 화면-[메뉴-Environment-Check information-Void-Issued Checks] 에
서 발행된 수표를 취소가능

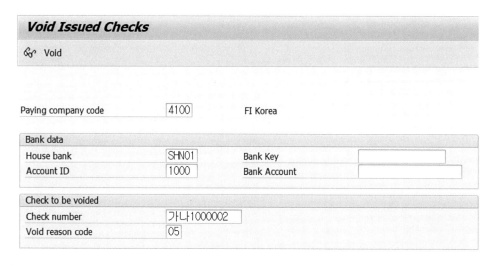

>House Bank, Account ID, Check Number, Void reason code 필드를 모두 입력한다(Rea-
son code-정보성)

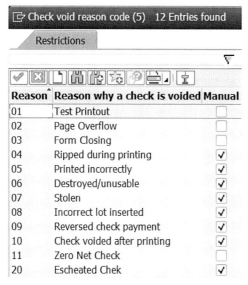

Reason Code 05 선택-정보성 필드임

- 상단의 Void 버튼 클릭

○ ② : 수표를 사용하지 않은 상태에서 도난, 파손이 발생한 경우(아직 사용되지 않은 수표)

- AOP(F110) 화면-[메뉴-Environment-Check information-Void-Unused Checks] 에서 취소가능

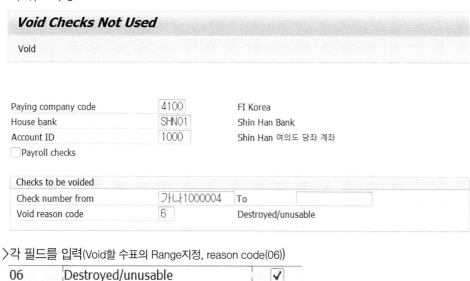

> 각 필드를 입력(Void할 수표의 Range지정, reason code(06))

06	Destroyed/unusable	✔

> Void 버튼 클릭

- ✔ Checks 가나1000004 to 가나1000004 have been voided

○ ③ : 수표가 잘못되어 취소하고 재발행(프린트하다가 찢어지거나 해서 못쓰게 된 경우)

- AOP(F110) 화면-[메뉴-Environment-Check information-Change-Reprint Check]
  에서 취소/재발행

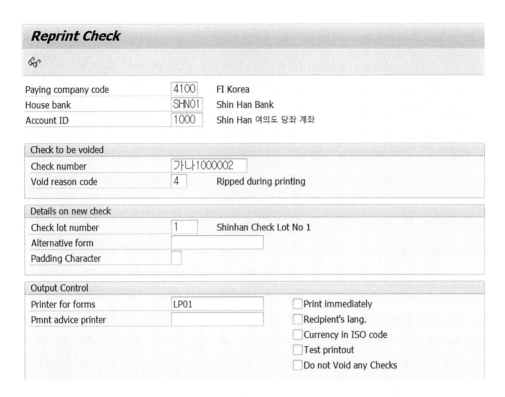

> Void 할 수표정보 입력, reason code(04), 수표 Lot Number / Printer Device 지정

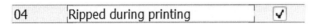

> [메뉴-Check-Reprint] 클릭하여 재출력

○ ④ : 수표재고가 떨어진 상태에서 처리되어 Payment Document상에 잘못 반영된 수표정보를 지울 경우

• AOP(F110) 화면-[메뉴-Environment-Check information-Delete-For Payment Run] 에서 지움

〉각 필드를 입력(Payment Run 과 관련된 정보)

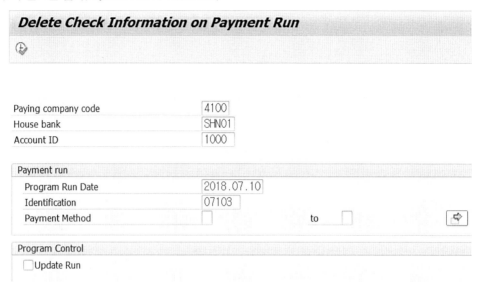

○ ⑤ : 프린트 된 수표번호와 시스템상의 수표번호가 다를 경우, 잘못된 수표번호를 Renumber

• AOP(F110) 화면-[메뉴-Environment-Check information-Change-Renumber checks] 에서 변경

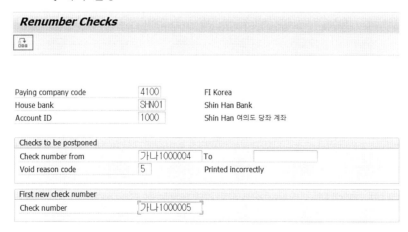

〉각 필드를 입력. 연기할 수표번호 Range지정, reason code, First new check number지정

〉First new check number : 여기서 지정된 번호로 다음 수표번호가 발행된다.

☑ Renumbered from 가나1000004-가나1000004 to 가나1000005-가나1000005

○ ⑥ : 잘못된 Invoice에 대해서 지급처리 한 경우 모두 취소

• AOP(F110) 화면-[메뉴-Environment-Check information-Void-Cancel Payment]에 서 취소

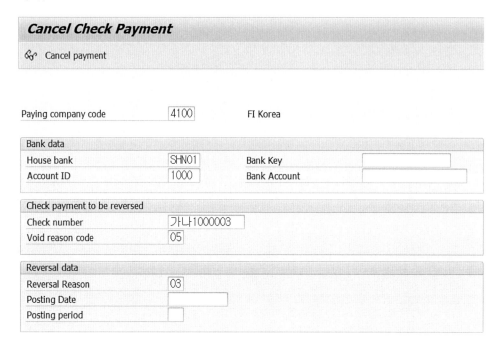

Void 할 수표 관련 정보 입력, Reversal할 전표 관련 정보 입력, Document 관련정 보-Posting date, Posting period필드는 수표정보에 포함되어 있어 입력 안 해도 무 관함

• 상단의 Cancel payment 버튼 클릭

☑ Payment for check 가나1000003 was cancelled, reverse document 1700000012

• [메뉴-Environment-Check information-Display-For Check] 화면에서 취소한 내역 을 살펴볼 수 있다.

Display Check Information

🖉

Paying company code	4100	FI Korea	

Check data

House bank	SHN01	Bank Key	
Account ID	1000	Bank Account	
Check number	가나1000003		

> 수표번호를 선택하고 조회하면 Void된 Check현황을 볼 수 있다.

Display Check Information

☰ Check recipient   Check issuer...   🔯 Payment document

Paying company code	4100

Bank data

House bank	SHN01	Bank Key	028
Account ID	1000	Bank Account	135792468

Voided check

Check number	가나1000003
Void reason code	Printed incorrectly
Voided on	2018.12.01
Voided by	SCY00

Information on reversed check payment

Currency	KRW	Amount paid	30,000
Payment date	2018.07.10	Cash discount amount	0
Name	SFA Consulting		
City	서울시 강남구		
Payee's country	KR		

Automatic Outgoing Payment

6

> 상단의 [🔲Payment document] 버튼을 클릭하면 취소된 Document를 볼 수 있다.

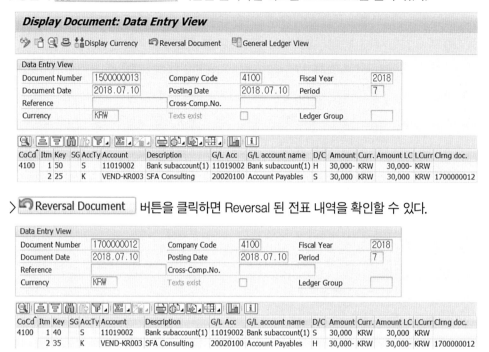

> [🔲Reversal Document] 버튼을 클릭하면 Reversal 된 전표 내역을 확인할 수 있다.

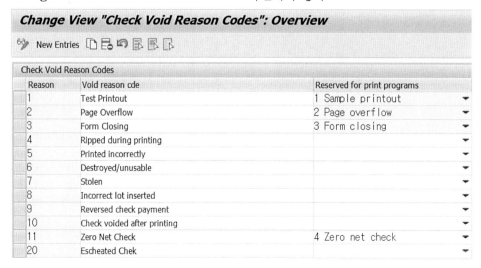

▶ Void Check Reason Codes

○ IMG에서 미리 세팅한 Key값들을 이용해 사유코드를 선택할 수 있다.

○ IMG-FI-Accounts Receivable and Accounts Payable-Business Transactions-Outgoing Payments-Automatic Outgoing Payments-Payment Media-Check Management-Define Void Reason Codes 화면에서 정의

Change View "Check Void Reason Codes": Overview

New Entries

Check Void Reason Codes

Reason	Void reason cde	Reserved for print programs
1	Test Printout	1 Sample printout ▾
2	Page Overflow	2 Page overflow ▾
3	Form Closing	3 Form closing ▾
4	Ripped during printing	▾
5	Printed incorrectly	▾
6	Destroyed/unusable	▾
7	Stolen	▾
8	Incorrect lot inserted	▾
9	Reversed check payment	▾
10	Check voided after printing	▾
11	Zero Net Check	4 Zero net check ▾
20	Escheated Chek	▾

● Check Register(수표발행대장)

▶ 수표발행대장 Report를 제공한다. 지금까지 발행한 수표내역을 하나의 보고서 형식으로 보여준다.

▶ 아래와 같은 내역들을 조회할 수 있다.

○ All checks : 모든 수표내역

○ Cleared checks : 발행되어 Vendor가 찾아간 수표내역

○ Outstanding checks : 발행은 됐지만 아직 Vendor가 찾아가지 않은 수표내역

○ Voided checks : 취소된 수표내역

▶ [메뉴-Environment-Check information-Display-Check Register] 화면에서 각 필드조건을 입력한 후 조회가 가능

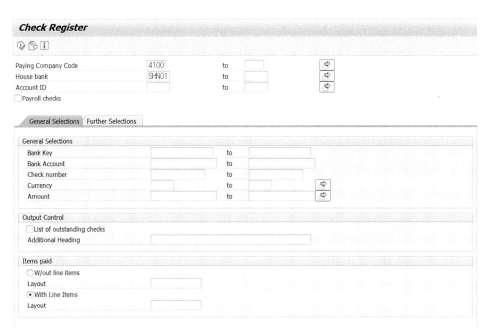

With line items : 화면상에 줄을 보여주며 조회하도록 한다.

〉조건을 모두 입력한 후 실행하게 되면 아래와 같이 내역이 조회된다.

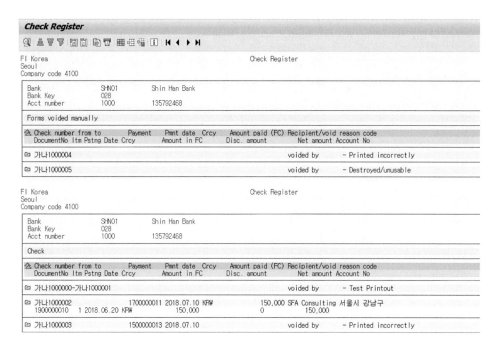

>각 수표번호를 더블클릭하여 상세내역을 확인할 수 있다. 가나1000004 더블클릭시

Display Check Information

Replacement check

| Paying company code | 4100 | FI Korea |

Bank details

| House bank | SHN01 | Shin Han Bank |
| Account ID | 1000 | Shin Han 여의도 당좌 계좌 |

Invalid check

Check number	가나1000004	
Void reason code	5	Printed incorrectly
Voided on		
Voided by		
Replacement chck no.	가나1000005	

>상세정보 확인 화면에서 아래와 같은 버튼을 이용하여 관련된 Document를 확인해 볼 수 있다.

Check recipient　　　Check issuer...　　　Payment document

3. Other Payment Methods

● Noted Item AOP

▶ 선급요청 등 Noted Item에 대한 Automatic Outgoing Payment 에 대해 살펴보도록 한다.

○ FI-Accounts Payable-Accounts Payable-Down Payment-F-47 - Request (선급요청 시점 : 6/1)

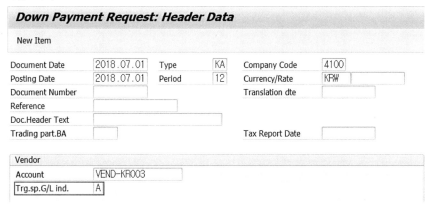

Down Payment Request: Header Data

New Item

Document Date	2018.07.01	Type	KA	Company Code	4100	
Posting Date	2018.07.01	Period	12	Currency/Rate	KRW	
Document Number				Translation dte		
Reference						
Doc.Header Text						
Trading part.BA				Tax Report Date		

Vendor
Account	VEND-KR003
Trg.sp.G/L ind.	A

Target Special G/L Indicator A를 입력

Down Payment Request Add Vendor item

More data   New Item

Vendor VEND-KR003 SFA Consulting   G/L Acc 20069000
Company Code 4100
FI Korea   서울시 강남구

Item 1 / Down payment request / 39 F

Amount	20,000	KRW		
Tax Amount				
Tax Code		Calculate tax	Bus./sectn	
Bus. Area				
Due On	2018.07.10			
Pmnt Block			Pmt Method	T
Disc.perc.			Disc. Amount	

Real estate ☐
Profit Ctr ___ Flow Type ___

Contract ___ / ☐

Assignment ___
Text ___   Long Texts

Down payment request F Special G/L Indicator로 변경되었다. Payment Method
T 를 입력한다.

>포스팅(💾) 처리

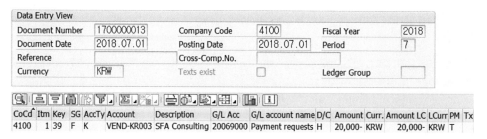

CoCd	Itm	Key	SG	AccTy	Account	Description	G/L Acc	G/L account name	D/C	Amount	Curr.	Amount LC	LCurr	PM	Tx
4100	1	39	F	K	VEND-KR003	SFA Consulting	20069000	Payment requests	H	20,000-	KRW	20,000-	KRW	T	

○ FI-Accounts Payable-Periodic Processing-F110 - Payments 화면 : 자동지급처리

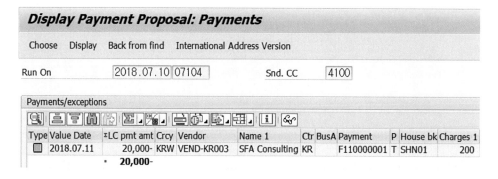

>위와 같이 Parameter를 입력하고 Proposal 버튼 클릭

Display Payment Proposal: Payments

Choose   Display   Back from find   International Address Version

Run On   2018.07.10 07104   Snd. CC   4100

Payments/exceptions

Type	Value Date	ΣLC pmt amt	Crcy	Vendor	Name 1	Ctr	BusA	Payment	P	House bk	Charges 1
☐	2018.07.11	20,000-	KRW	VEND-KR003	SFA Consulting	KR		F110000001	T	SHN01	200
	•	**20,000-**									

> 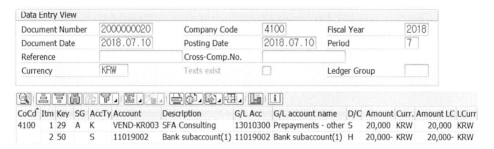 Payment Run 실행

Time	Message text uncoded	Message ID	Msg.no.	Msg.typ
13:37:36	Job started	00	516	S
13:37:36	Step 001 started (program SAPF110S, variant &0000000003253, user ID SCY00)	00	550	S
13:37:36	Log for payment run for payment on 2018.07.10, identification 07104	FZ	401	S
13:37:36	No check can be made in SAP GTS in an automatic payment process	FIPAY_GTS	001	S
13:37:36	>	FZ	693	S
13:37:36	> Additional log for vendor VEND-KR003 company code 4100	FZ	691	S
13:37:36	>	FZ	693	S
13:37:36	> ———— Posting documents additional log	FZ	798	S
13:37:36	> Document 2000000020 company code 4100 currency KRW payment method T	FZ	741	S
13:37:36	> LIt PK Acct RA Amount Tax	FZ	743	S
13:37:36	>	FZ	744	S
13:37:36	> 001 29 VEND-KR003 20,000 0	FZ	744	S
13:37:36	> 002 50 0011019002 20,000 0	FZ	744	S
13:37:36	>	FZ	744	S
13:37:36	>	FZ	744	S
13:37:36	End of log	FZ	398	S
13:37:36	Job finished	00	517	S

지급전표를 조회해보자.

Data Entry View					
Document Number	2000000020	Company Code	4100	Fiscal Year	2018
Document Date	2018.07.10	Posting Date	2018.07.10	Period	7
Reference		Cross-Comp.No.			
Currency	KRW	Texts exist	☐	Ledger Group	

CoCd	Itm	Key	SG	AccTy	Account	Description	G/L Acc	G/L account name	D/C	Amount	Curr.	Amount LC	LCurr
4100	1	29	A	K	VEND-KR003	SFA Consulting	13010300	Prepayments - other	S	20,000	KRW	20,000	KRW
	2	50		S	11019002	Bank subaccount(1)	11019002	Bank subaccount(1)	H	20,000-	KRW	20,000-	KRW

선급요청 F Special G/L Indicator에 Target으로 설정되어 있는 A Special G/L Indicator(선급금)로 지급전표가 생성되었다.

▶ 위와 같이 지급처리를 하기 위해서는 어떤 세팅이 있어야 하는지 살펴보자.

○ IMG-FI-Accounts Receivable and Accounts Payable-Business Transactions-Down Payment Made-Define Alternative Reconciliation Account for Down Payments 화면

Maintain Accounting Configuration : Special G/L - List

Acct type	SGL Ind.	Name	Description
K	A	Dwn pmt	Down payment on current assets
K	B	Financi	Financial assets down payment
K	F	Pmt req	Down payment request

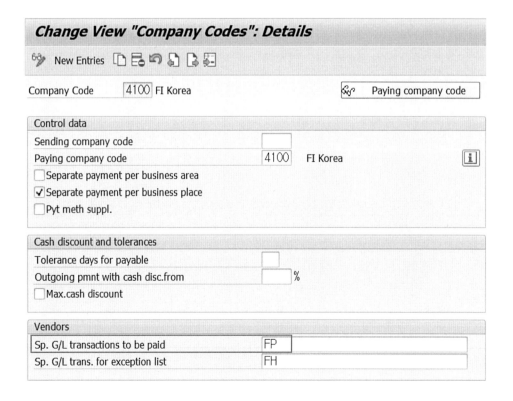

Maintain Accounting Configuration : Special G/L - Properties

🗑 ⬚ Accounts

Account type   K   Vendor
Special G/L ind.   F   Down payment request

Properties		Special G/L transaction types
Noted items	✔	⦿ Down payment/Down payment request
Rel.to credit limit	☐	◯ Bill of exchange/Bill request
Commitments warning	☐	◯ Others
Target sp.G/L ind.	AIMB	

Posting Key		
Debit		Credit
29		39 Down payment request

위와 같이 F SGL Indicator 에는 Target SPG Indicator가 설정되어 있다.

○ IMG-FI-Accounts Receivable and Accounts Payable-Business Transactions-Outgoing Payments-Automatic Outgoing Payments-Payment Method/Bank Selection for Payment Program-Set Up All Company Codes for Payment Transactions

Change View "Company Codes": Details

🐾 New Entries 🗋 🖪 ⟲ 🗊 🗋 🗐

Company Code   4100   FI Korea   🐾   Paying company code

Control data		
Sending company code		
Paying company code	4100	FI Korea ⓘ
☐ Separate payment per business area		
✔ Separate payment per business place		
☐ Pyt meth suppl.		

Cash discount and tolerances		
Tolerance days for payable		
Outgoing pmnt with cash disc.from		%
☐ Max.cash discount		

Vendors		
Sp. G/L transactions to be paid	FP	
Sp. G/L trans. for exception list	FH	

Sp. G/L transactions to be paid 부분에 설정된 Special G/L Indicator만 F110 AOP 프로그램을 통해 지급처리가 가능하다. 지급처리는 하지 않지만 지급제외 리스트에 조회하고 싶은 Special G/L Indicator가 있을 경우 Sp. G/L trans. for exception list에 Indicator를 입력하면 된다.

▶ 이후 프로세스는 기존 선급금 프로세스와 동일하게 처리하면 된다.

● Bill of Exchange Payable : 지급어음 처리

▶ Payment Method B (Bill of Exchange)에 대해 살펴보자.

○ FI-Accounts Payable-Document Entry-FB60 - Invoice 화면 (7/1일자 30,000원 AP, Payment Method : B)

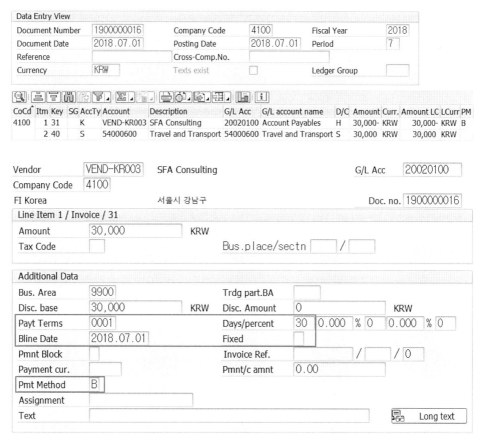

지급방법 B, Baseline Date=7/1일, Days=30일이므로 7/31일이 Payment Date이다.

○ FI-Accounts Payable-Periodic Processing-F110 - Payments 화면 : 자동지급처리

Run Date   2018.07.20
Identification   07201

| Status | Parameter | Free selection | Additional Log | Printout/data medium |

Posting Date   2018.07.20   Docs entered up to   2018.07.20
                                      Customer items due by

Payments control

Company codes		Pmt meths	Next p/date
4100		B	2018.07.21

Accounts

			to		
Vendor	VEND-KR003		to		
Customer			to		

7/20일까지 만기인 Payment Method B 인 AP를 지급대상으로 설정

> 🔧 Proposal 버튼 클릭

Run On   2018.07.20 07201   Snd. CC   4100

Payments/exceptions

Type	Value date	LC pmt amt	Crcy	Vendor	Name 1	Ctr	BusA	Payment	P	House bk	Charges 1	Clerk	House bank
☼		30,000-	KRW	VEND-KR003	SFA Consulting	KR					0	C2	
		30,000-											

지급제외리스트로 분류되었다. 상세내역 더블클릭

Selected Group

Vendor	VEND-KR003	Currency		Payment Method	
Customer		Business Area		House Bank	

Exceptions

CoCd	Amount LC	Reference	DocumentNo	Year	Itm	Branch	PM	PBk	Crcy	House bk	BnkT	Err	Type	Posting Date	Doc..Date	AccTy
4100	30,000-		1900000016	2018	1		B		KRW		025	KR		2018.07.01	2018.07.01	K

지급어음 만기일이 너무 이르다는 오류가 발생되었다.

>Set Up Paying Company Codes for Payment Transactions IMG 세팅을 살펴보자.

Paying co. code   4100   FI Korea   ⇨   Company Codes

Control Data

Minimum amount for incoming payment		KRW
Minimum amount for outgoing payment	1,000	KRW

☐ No exchange rate differences
☐ No Exch.Rate Diffs. (Part Payments)
☐ Separate payment for each ref.
☑ Bill/exch pymt
☐ Direct Debit Pre-notifications

Bill of Exchange Data

Create bills of exchange
● One bill of exchange per invoice
○ One bill of exchange per due date
○ One bill of exch. per due date per.

Bill of exch.due date/bill of exch.pmnt requests for incoming payments

Latest due date in		Days
Bill on demand for due date up until		Days

Bill of exchange due date for outgoing payments

Earliest due date in	59	Days
Latest due date in	61	Days

위 일자 설정은 지급일로부터 60일만기인 어음에 대해서만 지급처리가 가능하게끔 되어 있는 세팅이다. 현재 지급일자는 7/20일이며 AP의 만기일은 7/31일이다. 따라서 위 설정을 아래와 같이 변경하고 처리해보자.

Bill of exchange due date for outgoing payments		
Earliest due date in	11	Days
Latest due date in	61	Days

지급일(7/20)로부터 11일 이후인 7/31일이 만기인 건에 대해 지급대상으로 보고 처리한다.

>지급제안을 삭제하고 다시 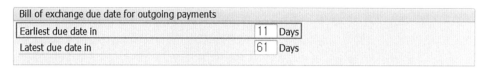Proposal 버튼 클릭

Run On   2018.07.20 07201   Snd. CC   4100

Payments/exceptions

Type	Value Date	Due date	ΣLC pmt amt	Crcy	Vendor	Name 1	Ctr	BusA	Payment	P	House bk
☐	2018.07.31	2018.07.20	30,000-	KRW	VEND-KR003	SFA Consulting	KR		F110000001	B	HNB01
			30,000-								

AP에 대한 Due Date는 지급일자인 7/20일이 되고 실제 돈이 지급되는 기준일(Value Date)은 7/31일이다.

> Payment Run 수행

Time	Message text uncoded	Message ID	Msg.no.	Msg.typ
15:00:36	Job started	00	516	S
15:00:36	Step 001 started (program SAPF110S, variant &0000000003269, user ID SCY00)	00	550	S
15:00:36	Log for payment run for payment on 2018.07.20, identification 07201	FZ	401	S
15:00:36	No check can be made in SAP GTS in an automatic payment process	FIPAY_GTS	001	S
15:00:36	>	FZ	693	S
15:00:36	> Additional log for vendor VEND-KR003 company code 4100	FZ	691	S
15:00:36	>	FZ	693	S
15:00:36	> ———— Posting documents additional log	FZ	798	S
15:00:36	> Document 2000000021 company code 4100 currency KRW payment method B	FZ	741	S
15:00:36	> Llt PK Acct RA Amount Tax	FZ	743	S
15:00:36	>	FZ	744	S
15:00:36	> 001 25 VEND-KR003 30,000 0	FZ	744	S
15:00:36	> 002 39 VEND-KR003 30,000 0	FZ	744	S
15:00:36	>	FZ	744	S
15:00:36	End of log	FZ	398	S
15:00:36	Job finished	00	517	S

전표를 조회해보자.

Data Entry View					
Document Number	2000000021	Company Code	4100	Fiscal Year	2018
Document Date	2018.07.20	Posting Date	2018.07.20	Period	7
Reference		Cross-Comp.No.			
Currency	KRW	Texts exist	☐	Ledger Group	

CoCd	Itm	Key	SG	AccTy	Account	Description	G/L Acc	G/L acct name	D/C	Amount	Curr.	Amount LC	LCurr	Clrng doc.
4100	1	25		K	VEND-KR003	SFA Consulting	20020100	Account Payables	S	30,000	KRW	30,000	KRW	2000000021
	2	39	W	K	VEND-KR003	SFA Consulting	20030100	BoE payable	H	30,000-	KRW	30,000-	KRW	

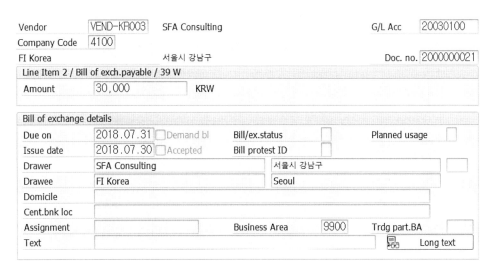

AP가 차변으로 반제되면서, 대변에 지급어음(W)이 발생되었다.

○ 지급전표에서 Special G/L Indicator W(지급어음) 으로 처리되는 것은 아래 Setting 으로 처리된다.

>Set Up Payment Methods per Country for Payment Transactions

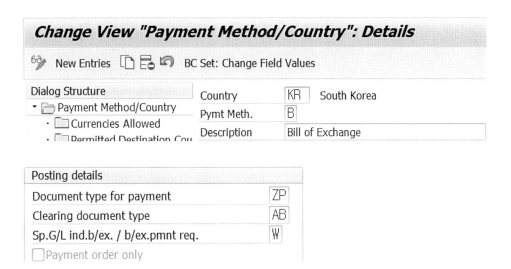

Sp.G/L ind.b/ex. / b/ex.pmnt req. 필드에 지정된 Special G/L Indicator 'W'로 지급전표가 발생된다.

▶ 여기서 한가지 앞서 세팅했던 항목 중 Bank Determination - Bank Account 세팅 항목에 대해 살펴보자.

○ Set Up Bank Determination for Payment Transactions

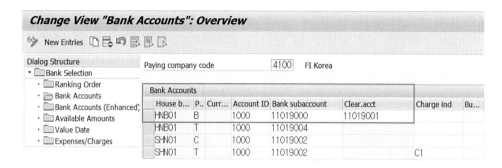

지급방법 B에 대해 위와 같이 계정을 세팅하였었다. 하지만 AOP를 수행한 후 지급 전표에는 위 계정이 어디에도 보이지 않았다. 위 세팅은 왜 필요한 것일까?

○ Set Up Payment Methods per Company Code for Payment Transactions

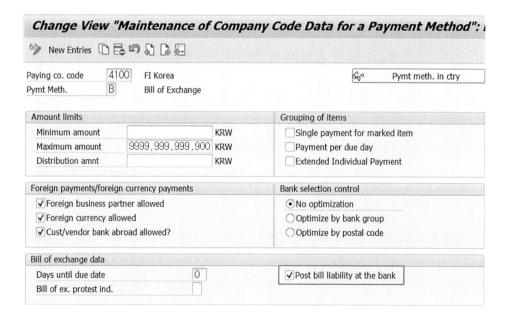

Post bill liability at the bank 체크박스를 체크

○ FI-Accounts Payable-Periodic Processing-F110 - Payments 화면

> 위와 같이 세팅한 후 이전에 처리한 지급전표 역분개(FBRA) 후 다시 AOP 지급을 돌려보자.

> [Proposal] → [Payment Run] 까지 모두 처리해보자.

Time	Message text uncoded	Message ID	Msg.no.	Msg.typ
16:49:58	Job started	00	516	S
16:49:58	Step 001 started (program SAPF110S, variant &0000000003276, user ID SCY00)	00	550	S
16:49:58	Log for payment run for payment on 2018.07.20, identification 07204	FZ	401	S
16:49:58	No check can be made in SAP GTS in an automatic payment process	FIPAY_GTS	001	S
16:49:58	>	FZ	693	S
16:49:58	> Additional log for vendor VEND-KR003 company code 4100	FZ	691	S
16:49:58	>	FZ	693	S
16:49:58	> ────── Posting documents additional log	FZ	798	S
16:49:58	> Document 2000000027 company code 4100 currency KRW payment method B	FZ	741	S
16:49:58	> LIt PK Acct RA Amount Tax	FZ	743	S
16:49:58	>	FZ	744	S
16:49:58	> 001 25 VEND-KR003 30,000 0	FZ	744	S
16:49:58	> 002 39 VEND-KR003 30,000 0	FZ	744	S
16:49:58	> 003 50 0011019000 30,000 0	FZ	744	S
16:49:58	> 004 40 0011019001 30,000 0	FZ	744	S
16:49:58	>	FZ	744	S
16:49:58	End of log	FZ	398	S
16:49:58	Job finished	00	517	S

이전 지급전표보다 Lineitem이 늘어난 것을 확인할 수 있다

> T-Code FB03 에서 전표 조회

Bank Determination - Bank Account 부분에서 설정한 계정이 각각 3, 4번 Lineitem으로 생성되었다. 지급어음을 HNB01 은행에서 발행하면서 추후 어느 은행계좌에서 Cash Out 할지를 계정(11019000)으로 정의한다.

> T-Code : FS00 에서 Bank Subaccount - 11019000 계정을 조회해보자(Create/bank/interest Tab)

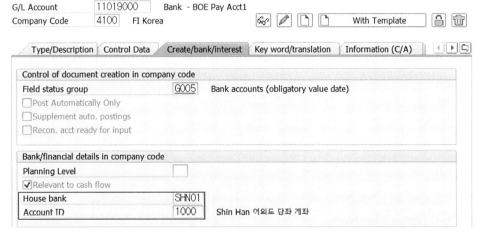

계정에는 위와 같이 House Bank / Account ID가 설정되어 있다.

Account Management in Company Code	
☑ Open Item Management	☐ Clearing Specific to Ledger Groups
☑ Line Item Display	

또한 반드시 Open Item Manangement가 체크되어 있어야 한다.

○ FI-Accounts Payable-Document-Special General Ledger Transaction-FBWD -
Process Bill of Exchange Payable 화면에서 지급어음 반환시 Cash-Out 처리를 할
수 있다.

Returned Bills of Exchange Payable: Selection

Select   Job administration

Company Code   `4100`   FI Korea Seoul
Currncy   `KRW`

⊙ Select.via bill/ex liability acct

G/L Account		
Frm	To	
`11019000`		
Entry	0	/ 0

Dynamic selections

BOE Bank Subaccount를 그림처럼 직접 입력하거나 입력하지 않을 경우 Bill of
Exchange Type의 Payment Method에 연결된 모든 Bank Subaccount 전표리스트
를 불러오게 된다.

〉상단의 Select 버튼을 클릭한다.

Returned Bills of Exchange List via Accounts Selection

File management   List of returned bills of exchange

Company Code   `4100` FI Korea Seoul
Selected amount   `30,000`   Doc. currency   `KRW`
Selected amount   `0`   Number of bills/ex   `1`

Vendor | Bill/ex data | Bank accts | Edit | Totals | Posting params

M	Status	Doc. Number	Reas.	Doc. currency		Vendor	Name	Loc
☑	○○○	2000000027			30,000	VEND-KR003	SFA Consulting	서울시 강남구

AOP 프로그램을 통해 생성된 지급전표가 리스트에 조회된다.

Bank accts Tab을 보면 Return Account(Cash Out 계좌) 를 확인할 수 있다.

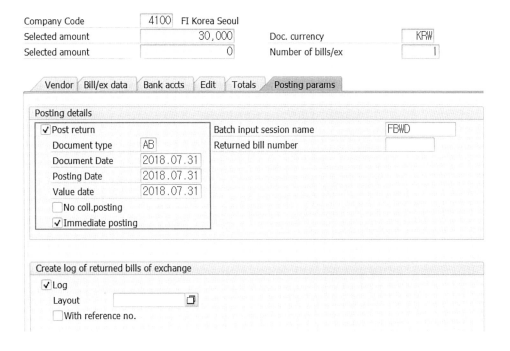

위와 같이 Parameter를 지정한 후 (Save) 버튼을 클릭한다.

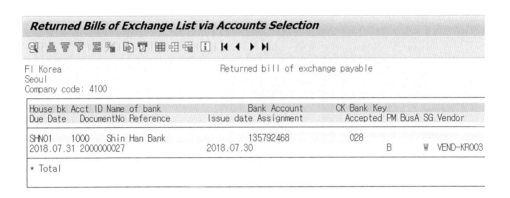

Process Returned Bills of Exchange

Run date	2018.07.31
Run time	00:00:00
Start Immediately	✓
Print immediately	☐
Target computer	
Printer	

즉시 실행으로 Process 수행.

Returned Bills of Exchange List via Accounts Selection

FI Korea   Returned bill of exchange payable
Seoul
Company code: 4100

House bk Acct ID Name of bank	Bank Account	CK Bank Key
Due Date DocumentNo Reference	Issue date Assignment	Accepted PM BusA SG Vendor

SHN01   1000   Shin Han Bank   135792468   028
2018.07.31 2000000027   2018.07.30   B   W VEND-KR003

* Total

>아래와 같은 전표가 생성되었다. 지급어음(29-W)이 차변으로 반제되었고 11019000(Bank Subaccount)가 대변으로 반제되었다. 상대 Clearing 계정 11019001은 차변으로 없어졌고, 최종적으로 Cash Out 계정 110190006이 대변으로 발생하였다.

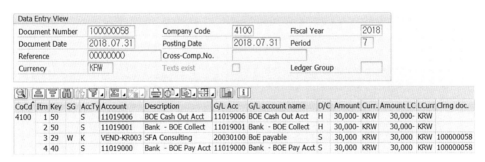

Data Entry View

Document Number	100000058	Company Code	4100	Fiscal Year	2018
Document Date	2018.07.31	Posting Date	2018.07.31	Period	7
Reference	00000000	Cross-Comp.No.			
Currency	KRW	Texts exist	☐	Ledger Group	

CoCd	Itm	Key	SG	AccTy	Account	Description	G/L Acc	G/L account name	D/C	Amount	Curr.	Amount LC	LCurr	Clrng doc.
4100	1	50		S	11019006	BOE Cash Out Acct	11019006	BOE Cash Out Acct	H	30,000-	KRW	30,000-	KRW	
	2	50		S	11019001	Bank - BOE Collect	11019001	Bank - BOE Collect	H	30,000-	KRW	30,000-	KRW	
	3	29	W	K	VEND-KR003	SFA Consulting	20030100	BoE payable	S	30,000	KRW	30,000	KRW	100000058
	4	40		S	11019000	Bank - BOE Pay Acct	11019000	Bank - BOE Pay Acct	S	30,000	KRW	30,000	KRW	100000058

○ 위 11019006-Cash Out 계정을 어디서 세팅하는지 확인해보자.

>IMG-FI-Bank Accounting-Business Transaction-Bill of Exchange Transactions-Bill of Exchange Payable-Returned Bills of Exchange Payable-Define Account for Returned Bills of Exchange

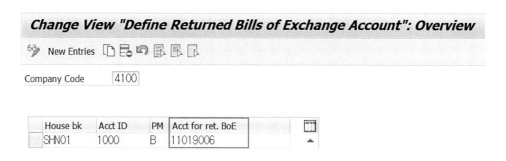

House Bank SHN01, Account ID 1000계좌로 지급시 Cash Out 계정으로 11019006 계정을 사용하겠다는 의미

○ 만약 FBWD 처리시 아래와 같은 메시지가 뜨면서 Posting 처리가 되지 않을 경우

>Bank Determination - Bank Account 설정의 Clearing Account(11019001) 정보 중 Relevant to cash flow 체크가 되어 있는지 확인한다(FS00) 체크가 되어 있을 경우 체크 해제를 하고 재실행하면 정상적으로 Posting 된다.

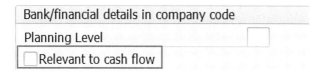

● Alternative payee : 대체수취인

▶ Alternative payee(대체수취인) 기능을 이용해 AOP 지급처리를 해보자.

○ FK02 - Vendor Master 변경 화면 : Alternative payee를 다음 그림처럼 등록해보자.

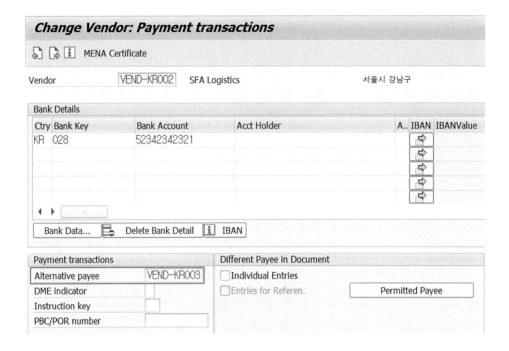

○ FI-Accounts Payable-Document Entry-FB60 - Invoice 화면 (7/1일자 30,000원 AP, Payment Method : T)

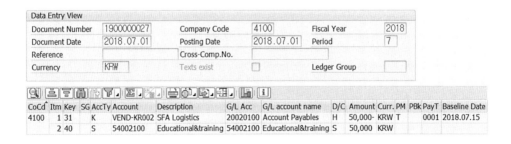

Vendor	VEND-KR002	SFA Logistics		G/L Acc	20020100
Company Code	4100				
FI Korea		서울시 강남구		Doc. no.	1900000027

Line Item 1 / Invoice / 31

Amount	50,000	KRW		
Tax Code			Bus.place/sectn	/

Additional Data

Bus. Area	9900		Trdg part.BA		
Disc. base	50,000	KRW	Disc. Amount	0	KRW
Payt Terms	0001		Days/percent	0 0.000 % 0 0.000 % 0	
Bline Date	2018.07.15		Fixed		
Pmnt Block			Invoice Ref.	/ / 0	
Payment cur.			Pmnt/c amnt	0.00	
Pmt Method	T				
Assignment					
Text				Long text

Payment Method : T, Payment Date : 2018.07.15(Payment Terms : 0001 + Baseline Date 2018.07.15)

O FI-Accounts Payable-Periodic Processing-F110 - Payments 화면 : 자동지급처리

Run Date	2018.07.15
Identification	07151

Status | **Parameter** | Free selection | Additional Log | Printout/data medium

Posting Date	2018.07.15	Docs entered up to	2018.07.15
		Customer items due by	

Payments control

Company codes		Pmt meths	Next p/date	
4100		T	2018.07.16	

Accounts

Vendor	VEND-KR002	to	
Customer		to	

7/15일까지 만기인 Payment Method T인 VEND-KR002 Vendor의 AP를 지급대상으로 설정

> 🖱️ Proposal 버튼 클릭

Display Payment Proposal: Payments

Choose   Display   Back from find   International Address Version

Run On 2018.07.15 07151   Snd. CC 4100

Payments/exceptions

Type	Value Date	Due date	±LC pmt amt	Crcy	Vendor	Name 1	Ctr	BusA	Payment	P	House bk	Charges 1	Clerk	House bank	Acct ID
☐	2018.07.16	2018.07.15	50,000-	KRW	VEND-KR002	SFA Logistics	KR		F110000001	T	SHN01	200	028	1000
			• 50,000-												

Account No	Our account number	Bank acct	Ctry	Pmnt recipient	Payee name	Bank Key	Payee acct no.	Acct hold.	BnkT
11019002	135792468		KR	>VEND-KR003	SFA Consulting	028	12309854321	SFA Con.	0001

Proposal List를 보면 VEND-KR002의 Invoice지만, 지급받는 대상 업체는 VEND-KR003이
며 계좌번호 역시 VEND-KR003의 계좌번호가 찍혀있다(아래 그림 참고)

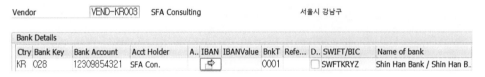

Vendor   VEND-KR003   SFA Consulting   서울시 강남구

Bank Details

Ctry	Bank Key	Bank Account	Acct Holder	A..	IBAN	IBANValue	BnkT	Refe...	D..	SWIFT/BIC	Name of bank
KR	028	12309854321	SFA Con.	⇨			0001		☐	SWFTKRYZ	Shin Han Bank / Shin Han B..

> 🖱️ Payment Run 수행

Time	Message text uncoded	Message ID	Msg.no.
16:25:45	Job started	00	516
16:25:45	Step 001 started (program SAPF110S, variant &0000000003278, user ID SCY00)	00	550
16:25:45	Log for payment run for payment on 2018.07.15, identification 07151	FZ	401
16:25:45	No check can be made in SAP GTS in an automatic payment process	FIPAY_GTS	001
16:25:46	>	FZ	693
16:25:46	> Additional log for vendor VEND-KR002 company code 4100	FZ	691
16:25:46	>	FZ	693
16:25:46	> ———————— Posting documents additional log	FZ	798
16:25:46	> Document 2000000028 company code 4100 currency KRW payment method T	FZ	741
16:25:46	>	FZ	743
16:25:46	> LIt PK Acct RA Amount Tax	FZ	744
16:25:46	> 001 25 VEND-KR002 50,000 0	FZ	744
16:25:46	> 002 50 0011019002 50,000 0	FZ	744
16:25:46	>	FZ	744
16:25:46	End of log	FZ	398
16:25:46	Job finished	00	517

>지급전표 조회 : VEND-KR002의 AP가 반제되었다.

Data Entry View

Document Number	2000000028	Company Code	4100	Fiscal Year	2018
Document Date	2018.07.15	Posting Date	2018.07.15	Period	7
Reference		Cross-Comp.No.			
Currency	KRW	Texts exist	☐	Ledger Group	

CoCd	Itm	Key	SG	AccTy	Account	Description	G/L Acc	G/L account name	D/C	Amount	Curr.	PM	PBk	Clrng doc.
4100	1	25		K	VEND-KR002	SFA Logistics	20020100	Account Payables	S	50,000	KRW	T		2000000028
	2	50		S	11019002	Bank subaccount(1)	11019002	Bank subaccount(1)	H	50,000-	KRW			

>F110 화면에서 [메뉴-Edit-Payment-Payment list] 클릭

```
Payment     House bk Acct ID P Name (in language of country)  Account holder              Amount paid (FC) Crcy
BusA  CoCd DocumentNo Type Document Date B line Date PayT PK    FC gross amount      Tot.ded.in FC  Net amount in FC Crcy  Err Srvc. Rq. Closed
Vendor VEND-KR002                          Payment to VEND-KR003                    Bank Details
SFA Logistics                              SFA Consulting                           Shin Han Bank Shin Han Bank
111333 서울시 강남구                          111333 서울시 강남구                         Seoul
SUDKOREA                                   SUDKOREA                                 SWIFT Code:      SWFTKRYZ
                                                                                    Account Number: 12309854321

  2000000028 SHN01   1000    T Bank Transfer              SFA Con.                              50,000- KRW
  9900   4100 1900000027 KR   2018.07.01    2018.07.15 0001 31      50,000-          0           50,000- KRW

  * 20000000
                                                                    50,000-          0           50,000- KRW
```

```
FI Korea                  Payment settlement list for payment run 2018.07.15/07151          / 16:28:55
Seoul                              Totals per business areas                        Users:
Company Code: 4100                                                                  Page:   2
```

BusA	Payment method	Crcy	Amount paid (FC)	Tot.ded.in FC	LCurr	Local curr.pmnt amnt
9900	T	KRW	50,000-	0	KRW	50,000-
* Corporate Other		KRW	50,000-	0	KRW	50,000-
**		KRW	50,000-	0	KRW	50,000-

대체수취인 VEND-KR003 의 계좌로 지급처리 됨을 볼 수 있다.

>이런 정보들은 AOP 관련 테이블(REGUH/REGUP)에도 정보가 저장되어 있어 펌뱅킹 등 개발 프로그램에서도 이 정보를 활용할 수 있다.

```
Data Browser: Table REGUH Select Entries      2
      Check Table...

Cl. Run Date    ID     Indicator: Only Proposal Run? Paying CC Vendor   Customer Pmnt recipient Payment    Name of the payee Payee bank key Payee's acct no. BnkT Acct holder
800 2018.07.15  07151                                4100     VEND-KR002        >VEND-KR003 2000000028 SFA Consulting  028           12309854321 0001 SFA Con.
800 2018.07.15  07151 X                              4100     VEND-KR002        >VEND-KR003 F110000001 SFA Consulting  028           12309854321 0001 SFA Con.
```

▶ FK02 - Vendor Master Change 화면 : **Alternative payee 설정 3가지 방법**

Payment transactions		Different Payee in Document	
Alternative payee		☐ Individual Entries	
DME indicator		☑ Entries for Referen.	Permitted Payee
Instruction key			
PBC/POR number			

○ Alternative payee : 앞에서 살펴본 내용으로 대체수취인이 1개 업체인 경우 이 필드에 지정한다.

○ Individual Entries : 전표입력 시점에 마치 One-Time 거래처처럼 업체정보와 계좌 정보를 입력하는 화면이 나타나고 여기에 입력된 계좌번호로 지급처리된다. 다음 그림을 보면 전표입력시 'Ind. payee' 필드가 보여지고, 체크한 후 엔터를 치면 다음 화면으로 넘어간다.

Vendor	VEND-KR003	SFA Consulting		G/L Acc	20020100
Company Code	4100				
FI Korea		서울시 강남구			

Item 1 / Invoice / 31 / Account Payables

Amount	100,000		KRW				
Tax Amount							
	☐ Calculate tax			Tax Code	**	BusPlace/Sectn	/
Bus. Area							
Payt Terms	0001			Days/percent		/	/
Bline Date	2018.07.01			Fixed			
Disc. base				Disc. Amount			
				Invoice ref.		/	/
Pmnt Block				Pmt Method			
Payment cur.				Pmnt/c amnt			
				Ind. payee	✓		
Assignment							
Text						Long Texts	

| Vendor | VEND-KR003 | SFA Consulting | G/L | 20020100 |
| Company Code | 4100 | FI Korea | | |

Item 1 / Business partner data

Title		Language Key	EN
Name	Alternative payee(Individual Entry)		
	Test		
Street	Seoul		
PO Box		☐ PO w/o no.	PO Box PCode	
City		Postal Code	
Country	KR	Region	
E-Mail			
Bank Key	081	Bank Country	KR
Bank Account	111222333	Control key	
Reference		Instruction key	

전표입력시마다 지급받는 대상 업체와 계좌번호를 등록할 수 있다.

○ Permitted Payee : 버튼을 클릭하면 Alternative payee를 여러 개 등록할 수 있는 팝업이 뜨며 전표입력시 이곳에 등록한 Payee 중 하나를 선택할 수 있다.

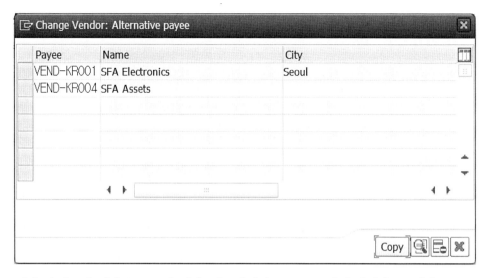

위와 같이 2개 업체를 등록한 경우 전표입력시 Payee를 직접 선택할 수 있다.

▶ F110 - AOP 처리 동작은 앞에서 살펴본 Alternative payee와 동일하다.

New General Ledger

Part 7

1. Overview of New G/L

2. Parallel Accounting

3. Document Splitting

4. Integration with Other Area

5. 결산(Periodic Processing)

6. New G/L Report

이번 장에서는 New General Ledger 기능에 대해서 살펴볼 예정입니다. 그리고 국내에선 잘 사용하지 않는 기능이나 Parallel Accounting(병행회계)에 대해 어떻게 구성되어 있는지, 어떤 방식으로 회계원칙별 재무제표를 구성할 수 있는지 살펴볼 것입니다. 또한 구분회계를 위한 Profit Center별 혹은 Segment별 Reporting을 어떤식으로 구현하는지 이와 관련된 전표 분할 기능에 대해서 살펴보겠습니다. 마지막으로 결산 관련 변화사항과 리포팅에 대해서도 알아보겠습니다.

1. Overview of New General Ledger

● **New G/L Functionality**

▶ New G/L 기능 및 장점 Overview

○ 법적으로 관리되는 리포트 / 내부적으로 관리되어야 하는 리포트를 나누어 관리할 수 있다.

○ CO - FI Data Integration이 실시간으로 처리된다. → 과거에는 CO모듈 배부등의 결과로 FI모듈의 조직구조(Business Area / Profit Center / Segment등)가 변경되었을 경우 결산시점에 Reconciliation Ledger Positing을 통해 FI로 반영을 해주었었는데 New G/L을 사용함으로써 별도의 프로그램 수행 없이 변경된 정보를 실시간 연동하게 되었다.

○ Segment Reporting이 가능해진다. 결산시점에 수행하던 Balance Sheet Adjustment 기능이 없어지고 Document Splitting을 통해 전표 입력시점부터 Business Area / Segment / Profit Center별 Breakdown 처리가 이루어진다. 실시간으로 Document Splitting됨으로써 원하는 영역별 데이터가 조회된다.

※참고)구분조직별 재무제표 : 기존에는 전표 입력시 한 두개 라인에 조직정보가 들어가고 나머지 라인 아이템에는 결산시에 Balance Sheet Adjustment 프로그램을 수행해야만 값이 업데이트 되는 방식이었다. 하지만 New G/L에서는 실시간으로 모든 라인아이템에 조직정보가 입력되도록 Document Splitting 기능을 제공한다.

○ 데이터의 투명성과 일관성이 좋아진다. 일부 결산사항들이 없어지게 되므로써 결산 프로세스가 가속화되어 일정이 단축된다(Reconciliation Ledger Positing / Balance Sheet Adjustment 등의 Step이 사라짐)

○ Parallel Accounting이 가능하다(병행 회계 : K-GAPP뿐 아니라 IFRS 회계원칙도 충족시키는 회계기표가 가능하다.) 여러가지 원장을 관리할 수 있는 기능. 과거 Special Purpose Ledger을 통해 구현했던 기능이나 이젠 New G/L을 통해 바로 Multi Ledger를 관리할 수 있게 되었다.

○ 여러가지 특성(Characteristics)값별로 Report를 조회할 수 있다. Standard 확장을 이용하거나 SAP 사용고객이 원하는 특성값을 추가하여 Reporting이 가능하다.

● Ledger 정의

▶ Activating New G/L Accounting : New G/L 활성화

: New G/L 기능은 기본적으로 활성화 되어 있으나 4.x버전대 SAP시스템에서 단순 업그레이드를 하는 회사의 경우 활성화하지 않을 수도 있다. S/4 HANA Simple Finance(SFin) 버전에서는 New G/L기능이 기본적으로 활성화되어 있고 업그레이드 되었다. 대부분의 회사들이 S/4 HANA 버전을 도입하는 현재 시점에서 아래 내용들은 참고로만 살펴보자.

○ FI-Financial Accounting Global Settings-Activate New General Ledger Accounting 메뉴 : New G/L이 활성화되기 전의 FI IMG 메뉴이다. 미활성 상태의 New G/L을 활성화할 경우 사용한다.

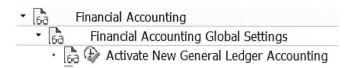

체크가 되어 있는 것은 현재 이 시스템이 이미 New G/L을 적용하고 있다는 의미이다.

○ 위와 같이 활성화 한 후에는 새로운 메뉴가 추가된다. 메뉴이름 끝에 (New) 가 붙는다.

```
▾ 🗁 Financial Accounting
  ▾ 🗁 General Ledger
    ▸ 🗀 Document Entry
    ▸ 🗀 Document
    ▾ 🗁 Account
      · 💠 FS10N - Display Balances
      · 💠 FBL3N - Display/Change Line Items
      · 💠 FBL3H - Line Item Browser
      · 💠 FAGLB03 - Display Balances (New)
      · 💠 FAGLL03 - Display/Change Items (New)
```

○ Ledger 정의

• Ledger 관련 자세한 내용과 S/4 HANA 버전 설정에 대해서는 Parallel Accounting 챕터에서 살펴보기로 하자.

• New G/L이 활성화 되면 기본적으로 Leading Ledger가 하나 생성되고 Total Record 테이블 FAGLFLEXT이 생성된다.

• Leading Ledger는 하나만 지정이 가능하며 CO와의 데이터 통합은 Leading Ledger로만 가능하다.

• 각 Ledger별로 통화, FY Variant, Posting Period Variant 등을 지정해주어야 한다. 하지만 Leading Ledger는 Company Code에 지정된 값과 동일하므로 별도로 지정할 필요가 없다.

• IMG-FI-Financial Accounting Global Settings (New)-Ledgers-Ledger-Define Ledgers for General Ledger Accounting 메뉴

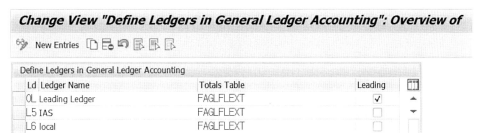

위와 같이 Ledger를 정의하고 Leading Ledger를 하나만 선택할 수 있다.

• Leading Ledger의 Currency, FY Variant, Posting Period Variant는 Company Code에 지정된 값을 따라가게 되며 Non-Leading Ledger의 경우 다른 값을 설정할 수 있다.

>IMG-FI-Financial Accounting Global Settings (New)-Ledgers-Ledger-Define and Activate Non-Leading Ledgers 메뉴

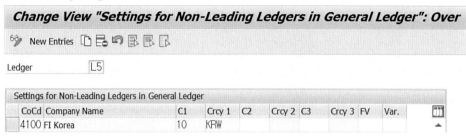

Change View "Settings for Non-Leading Ledgers in General Ledger": Over

😊 New Entries 🗋 🗟 🗥 📑 📑 📑

Ledger   L5

	CoCd	Company Name	C1	Crcy 1	C2	Crcy 2	C3	Crcy 3	FV	Var.	
	4100	FI Korea	10	KRW							

해당 Non-Leading Ledger(L5)를 사용할 회사코드와 그에 따른 통화, Fiscal Year Variant, Posting Period Variant 를 지정할 수 있다.

▶ New Totals Table FAGLFLEXT : Total Record Table FAGLFLEXT가 새로 생성된다

Total Record Table : 구 GLT0 테이블에서 관리하지 않던 Cost Center, Profit Center, Functional Area, Segment 필드 등을 추가로 관리한다.

SE11 - ABAP Dictionary 트랜잭션 화면에서 조회 가능

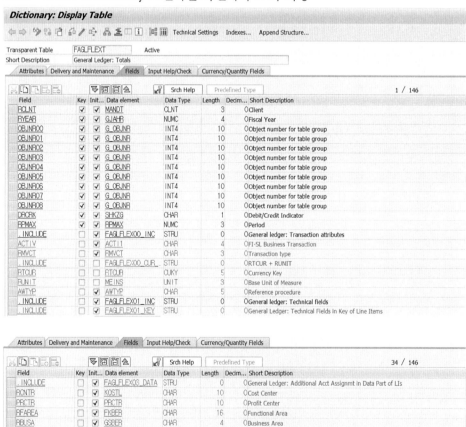

Dictionary: Display Table

⇦ ⇨ 😊 😊 🗂 🗋 ✏ 🗗 🗕 🗐 🗖 🔲 ⓘ 🔲 🔲 Technical Settings Indexes... Append Structure...

Transparent Table   FAGLFLEXT   Active
Short Description   General Ledger: Totals

Attributes Delivery and Maintenance Fields Input Help/Check Currency/Quantity Fields

1 / 146

Field	Key	Init...	Data element	Data Type	Length	Decim...	Short Description
RCLNT	✓	✓	MANDT	CLNT	3	0	Client
RYEAR	✓	✓	GJAHR	NUMC	4	0	Fiscal Year
OBJNR00	✓	✓	G_OBJNR	INT4	10	0	Object number for table group
OBJNR01	✓	✓	G_OBJNR	INT4	10	0	Object number for table group
OBJNR02	✓	✓	G_OBJNR	INT4	10	0	Object number for table group
OBJNR03	✓	✓	G_OBJNR	INT4	10	0	Object number for table group
OBJNR04	✓	✓	G_OBJNR	INT4	10	0	Object number for table group
OBJNR05	✓	✓	G_OBJNR	INT4	10	0	Object number for table group
OBJNR06	✓	✓	G_OBJNR	INT4	10	0	Object number for table group
OBJNR07	✓	✓	G_OBJNR	INT4	10	0	Object number for table group
OBJNR08	✓	✓	G_OBJNR	INT4	10	0	Object number for table group
DRCRK	✓	✓	SHKZG	CHAR	1	0	Debit/Credit Indicator
RPMAX	✓	✓	RPMAX	NUMC	3	0	Period
.INCLUDE	☐	✓	FAGLFLEX00_INC	STRU	0	0	General ledger: Transaction attributes
ACTIV	☐	✓	ACTI1	CHAR	4	0	FI-SL Business Transaction
RMVCT	☐	✓	RMVCT	CHAR	3	0	Transaction type
.INCLUDE	☐	☐	FAGLFLEX00_CUR	STRU	0	0	RTCUR + RUNIT
RTCUR	☐	☐	RTCUR	CUKY	5	0	Currency Key
RUNIT	☐	☐	MEINS	UNIT	3	0	Base Unit of Measure
AWTYP	☐	✓	AWTYP	CHAR	5	0	Reference procedure
.INCLUDE	☐	✓	FAGLFLEX01_INC	STRU	0	0	General ledger: Technical fields
.INCLUDE	☐	✓	FAGLFLEX01_KEY	STRU	0	0	General Ledger: Technical Fields in Key of Line Items

Attributes Delivery and Maintenance Fields Input Help/Check Currency/Quantity Fields

34 / 146

Field	Key	Init...	Data element	Data Type	Length	Decim...	Short Description
.INCLUDE	☐	✓	FAGLFLEX05_DATA	STRU	0	0	General Ledger: Additional Acct Assignmt in Data Part of LIs
RCNTR	☐	✓	KOSTL	CHAR	10	0	Cost Center
PRCTR	☐	✓	PRCTR	CHAR	10	0	Profit Center
RFAREA	☐	✓	FKBER	CHAR	16	0	Functional Area
RBUSA	☐	✓	GSBER	CHAR	4	0	Business Area
KOKRS	☐	✓	KOKRS	CHAR	4	0	Controlling Area
SEGMENT	☐	✓	FB_SEGMENT	CHAR	10	0	Segment for Segmental Reporting

추가적인 Characteristics 필드도 등록이 가능하다.

※참고 S/4 HANA 버전에서는 ACDOCT/ACDOCA 테이블로 변경됨. FAGLFLEXT 테이블은 Compatibility View로 변경

Table/view	Read from	DDL source
View FAGLFLEXT	FGLV_FAGLFLEXT	V_FAGLFLEXT_DDL
View FGLV_FAGLFLEXT	FGLV_GLTT2	FGL_FAGLFLEXT
View FGLV_GLTT2	FGLV_GLTT1	FGL_GLTT2
View FGLV_GLTT1	FGLV_GLTT0	FGL_GLTT1
View FGLV_GLTT0	FGLV_GLSI_ACD	FGL_GLTT0
View FGLV_GLSI_ACD	Tables ACDOCA,	FGL_GLSI_ACD
	FINSC_LEDGER_REP,	
	FINSC_LD_CMP	

(Notes - 2221298 Notes about using views GLT0, FAGLFLEXT, FMGLFLEXT, PSGLFLEXT, and JVGLFLEXT in custom programs in SAP S/4HANA Finance 참고. 그 외 테이블들도 변화가 많다. 예를 들어, BSEG 테이블에 전기일자(H_BUDAT), 전표유형(H_BLART) 필드가 추가되는 등 변화가 많으니 각 테이블들을 한번 쭉 훑어보기 바란다.)

▶ **Assigning Scenarios** : 시나리오 정의 및 Assignment. 시나리오는 전표를 전기할 때 어떠한 필드들에 대해서 총계정원장에 Update 할 것인지를 결정하는 Factor이다.

Cost Center, Transaction type/Trading Partner(for Consolidation), Business Area, Profit Center, Segment, Functional Area : 이 6가지의 시나리오를 SAP에서 제공해주고 있으며 이들 외의 시나리오는 추가가 불가능하다(필요시 Scenario대신 Customer Fields를 추가해야 함) 이러한 시나리오들을 각 Ledger 별로 지정할 수 있다.

>IMG-FI-Financial Accounting Global Settings (New)-Ledgers-Ledger-Assign Scenarios and Customer Fields to Ledgers

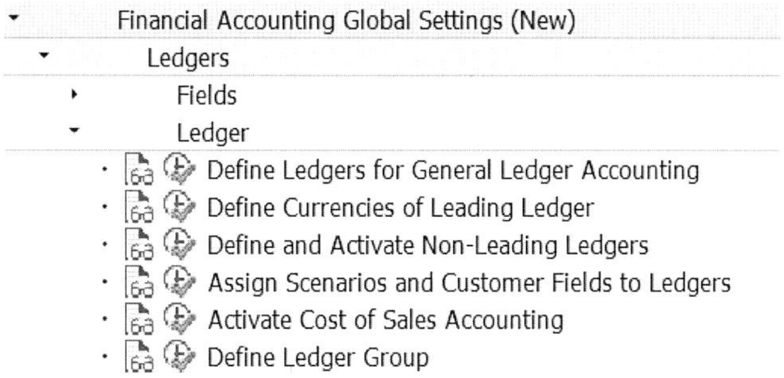
Financial Accounting Global Settings (New)
Ledgers
Fields
Ledger
Define Ledgers for General Ledger Accounting
Define Currencies of Leading Ledger
Define and Activate Non-Leading Ledgers
Assign Scenarios and Customer Fields to Ledgers
Activate Cost of Sales Accounting
Define Ledger Group

> Leading Ledger를 선택하고 Scenarios를 더블클릭

OL Ledger에는 6개의 시나리오가 지정되어 있다. 아래쪽의 Customer Fields는 FAGLFLEXT 테이블에 추가된 Customer Fields 중에서 해당 Ledger에서 사용할 필드를 추가로 지정하는 화면이다.

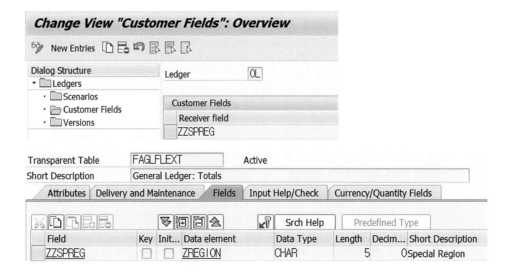

Customer Field는 Coding Block에 추가된 필드이며, Total Table에 추가 되어 있어야 한다. 위와 같이 총계정원장 테이블 FAGLFLEXT에 추가된 필드 중에 Ledger에 추가할 필드를 지정한다.

※참고) **S/4 HANA 버전**에서는 Scenario에 해당하는 필드들이 ACDOCA(Universal Journal Entry Line Items) 테이블에 기본적으로 포함되어 있기 때문에 별도로 시나리오에 대한 설정을 하지 않아도 된다. IMG 메뉴상에도 해당 Configuration 화면이 존재하지 않는다.

기본적으로 Scenario에 해당하는 필드들이 포함되어 있다.

▶ [FI Accounting Documents] - **Entry View and General Ledger View** : FI 전표에서 **Entry View(입력뷰)** vs **G/L View(총계정원장뷰)** 2가지 View로 전표를 조회할 수 있다.

Entry View 는 Subledger View 라고도 하며, General Ledger View는 총계정원장에 반영되는 View이다. Non-leading Ledger의 경우 General ledger view에서 조회가 가능하다.

Ex)아래와 같이 **Entry View**에서 조회하였을 경우(▦Entry View)

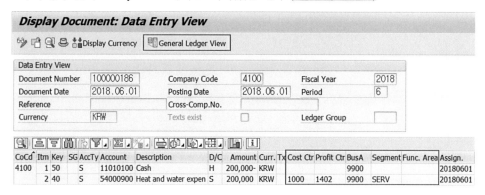

Display Document: Data Entry View

⟨Display Currency⟩ ▦General Ledger View

Data Entry View					
Document Number	100000186	Company Code	4100	Fiscal Year	2018
Document Date	2018.06.01	Posting Date	2018.06.01	Period	6
Reference		Cross-Comp.No.			
Currency	KRW	Texts exist	☐	Ledger Group	

CoCd	Itm	Key	SG	AccTy	Account	Description	D/C	Amount	Curr.	Tx	Cost Ctr	Profit Ctr	BusA	Segment	Func. Area	Assign.
4100	1	50		S	11010100	Cash	H	200,000-	KRW				9900			20180601
	2	40		S	54000900	Heat and water expen	S	200,000	KRW		1000	1402	9900	SERV		20180601

위 화면은 Entry View 화면이다. 사용자가 위와 같이 입력했을 때 Scenario에 지정된 값들은 General Ledger View에 자동으로 입력된다.

〉상단의 ▦ General Ledger View 버튼 클릭 : **General Ledger View**로 전표를 조회해보자.

Display Document: General Ledger View

⟨Display Currency⟩ ▦Entry View ⟨Other Ledger⟩

Data Entry View					
Document Number	100000186	Company Code	4100	Fiscal Year	2018
Document Date	2018.06.01	Posting Date	2018.06.01	Period	6
Reference		Cross-Comp.No.			
Currency	KRW	Texts exist	☐	Ledger Group	

Ledger 0L					
Doc.	100000186	FiscalYear	2018	Period	6

CoCd	Itm	L.item	Key	SG	AccTy	Account	Description	D/C	Amount	Curr.	Tx	Cost Ctr	Profit Ctr	BusA	Segment	Func. Area	Assign.
4100	1	000001	50		S	11010100	Cash	H	200,000-	KRW			1402	9900	SERV		20180601
	2	000002	40		S	54000900	Heat and water expen	S	200,000	KRW		1000	1402	9900	SERV		20180601

Scenario에 Cost Center/Profit Center/Business Area/Segment/Functional Area가 모두 지정되어 있기 때문에 General Ledger View에도 값이 입력되었다. 만약 Scenario에 Segment가 지정되지 않았다면 General Ledger View에는 Segment 값이 입력되지 않는다. 첫번째 Lineitem의 경우 값을 입력하지도 않았는데 값들이 입력된 것을 볼 수 있는데 이 부분은 Document Splitting 챕터에서 자세히 살펴보도록 한다.

● **Segment Reporting**

▶ The Segment Characteristic : Segment를 어떻게 정의하는가?

회사가 Segment 레벨(특정 사업부문 등)로 재무제표를 보고자 할 경우 이 Segment 필드를 이용할 수 있다.

Segment를 반드시 사용해야 하는가? Profit Center, Business Area, PA Segment 등을 이용하여 리포팅 하였을 때 전혀 문제가 없다면 사용하지 않아도 된다.

▶ Deriving the Segment : Segment 값이 유도되는 과정에 대해 알아보자.

〉Segment 특성을 이용하고자 한다면 아래와 같은 순서로 Master Data를 정비한다.

〉IMG-Enterprise Structure-Definition-Financial Accounting-Define Segment 메뉴 : Segment를 정의한다.

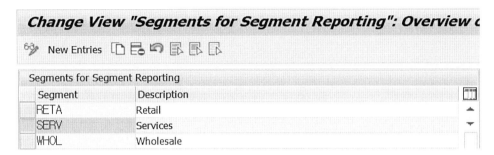

〉Controlling-Profit Center Accounting-Master Data-Profit Center-Individual Processing-KE52 - Change : Profit Center 변경 화면에서 아래 그림과 같이 Segment를 지정한다(Profit Center ← → Segment 연결)

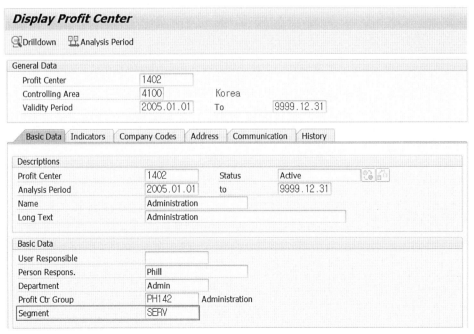

〉CO-Cost Center Accounting-Master Data-Cost Center-Individual Processing-KS02 - Change

: Cost Center 변경 화면에서 Profit Center를 지정한다(Cost Center ← → Profit Center 연결)

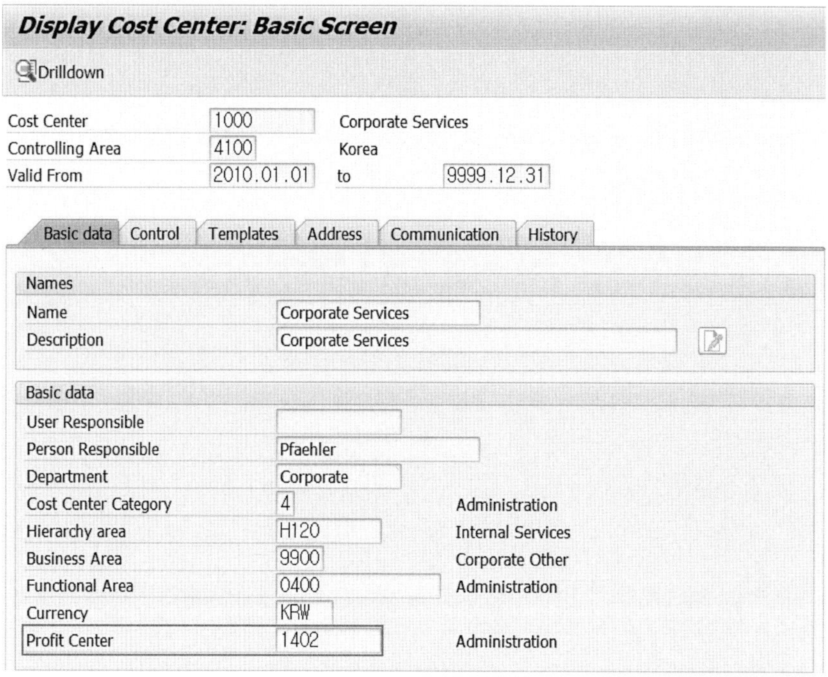

Display Cost Center: Basic Screen

Drilldown

Cost Center	1000	Corporate Services	
Controlling Area	4100	Korea	
Valid From	2010.01.01	to	9999.12.31

Basic data | Control | Templates | Address | Communication | History

Names

Name	Corporate Services
Description	Corporate Services

Basic data

User Responsible		
Person Responsible	Pfaehler	
Department	Corporate	
Cost Center Category	4	Administration
Hierarchy area	H120	Internal Services
Business Area	9900	Corporate Other
Functional Area	0400	Administration
Currency	KRW	
Profit Center	1402	Administration

〉비용계정(CO Object를 필요로 하는)을 이용하여 전기할 때 Cost Center를 입력할 경우 그 Cost Center에 물려있는 Profit Center가 자동으로 할당되고 그 Profit Center에 물려있는 Segment가 자동으로 Deriving된다. 위 그림에서 1000번 Cost Center로 비용 등 Lineitem을 입력하면 자동으로 Profit Center 1402가 결정되어지고, Segment 역시 1402에 지정되어 있는 SERV가 결정되어지는 구조이다.

〉FB50 전표 입력화면에서 아래와 같이 Cost Center 1000번을 입력해보자.

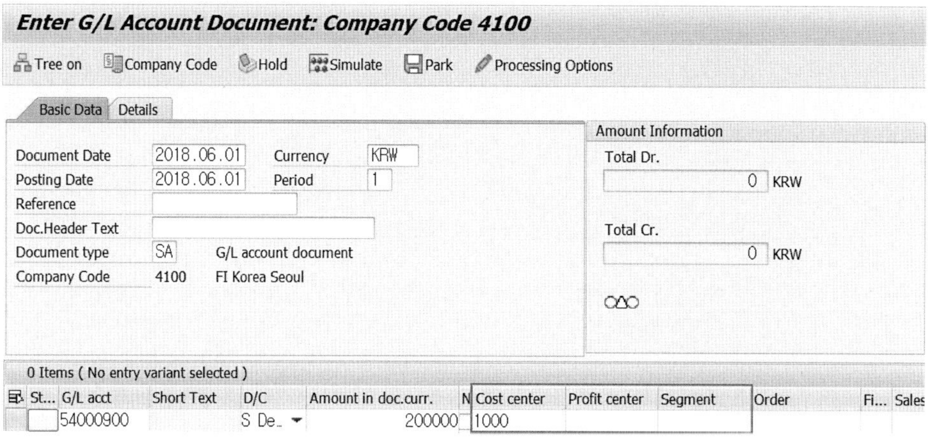

Enter G/L Account Document: Company Code 4100

Tree on Company Code Hold Simulate Park Processing Options

Basic Data | Details

Document Date	2018.06.01	Currency	KRW	
Posting Date	2018.06.01	Period	1	
Reference				
Doc.Header Text				
Document type	SA	G/L account document		
Company Code	4100	FI Korea Seoul		

Amount Information

Total Dr.	0	KRW
Total Cr.	0	KRW

0 Items (No entry variant selected)

St...	G/L acct	Short Text	D/C	Amount in doc.curr.	N	Cost center	Profit center	Segment	Order	Fi...	Sales
	54000900		S De_ ▾	200000		1000					

Cost Center를 입력하고 엔터를 치게 되면

1 Items (No entry variant selected)								
⊞ St...	G/L acct	Short Text	D/C	Amount in doc.curr.	N	Cost center	Profit center	Segment
✓	54000900	Heat and wat...	S De... ▼	200,000		1000	1402	SERV

입력하지 않았던 Profit Center와 Segment가 자동으로 Deriving된 것을 볼 수 있다.

▶ Segment 특성을 사용하기 위해서는 Ledger 시나리오 정의시 세그먼트를 지정해주어야 한다. 세그먼트를 생성하고 해당 세그먼트를 Profit Center에 지정하여 Deriving 될 수 있도록 한다. Field Status Group에 Segment 필드가 최소한 Optional로 지정되어 사용자가 입력할 수 있도록 해준다. Line Item의 Field Status는 FSG 뿐만 아니라 Posting Key에 물린 Field Status에서도 control 하기 때문에 그쪽에서도 최소 Optional 설정을 해준다. 전표 조회시 Segment 필드가 조회될 수 있도록 Layout 설정을 할 필요가 있다. 이와 같은 Setting 들이 되어야만 Segment 필드를 정상적으로 사용할 수 있다.

2. Parallel Accounting : 병행회계

● Parallel Accounting Configuration : 병행회계 IMG 설정

▶ SAP Parallel Accounting : 예전에는 여러 개의 회계기준에 대해 리포팅하고자 했을 경우에 서로 상이한 계정에 전기한 후에 각각에 맞는 재무제표 버전을 설정하여 리포팅 하였다. New General Ledger(New G/L)에서부터는 Ledger라는 개념을 이용하여 병행회계를 구축할 수 있게 구성되었다. → Ledger Approach 방식

○ New G/L에서는 하나의 Leading ledger를 정의하고 추가적인 Non-leading Ledger 를 정의할 수 있다. 그리고 각 원장별로 각기 다른 회계기준을 설정하여 그에 맞는 리포팅을 할 수 있다.

○ Leading Ledger는 Client Level에서 1개만 활성화되고 Non-leading ledger는 Company Code레벨에서 활성화된다.

○ IMG-FI-Financial Accounting Global Settings (New)-Ledgers-Ledger-Define Ledgers for General Ledger Accounting : Ledger 정의(Leading / Non-Leading Ledger)

Leading Ledger는 1개만 지정가능. Totals Table은 총계정원장 테이블 명을 말한다 (FAGLFLEXT Standard Table)

○ IMG-FI-Financial Accounting Global Settings (New)-Ledgers-Ledger-Define and Activate Non-Leading Ledgers : Non-Leading Ledger에 대한 Company Code별 Currency, Fiscal Year Variant, Posting Period Variant 를 지정

L5 - Non-leading Ledger에 대한 회사코드별 Currency를 지정할 수 있다. 이때 통화는 Leading Ledger에서 관리되는 Additional Currency만 세팅할 수 있다. FV - Leading Ledger와 다른 Fiscal Year Variant를 지정할 수 있다. Var. - Leading Ledger와 다른 Posting Period Variant를 지정할 수 있다. Leading Ledger는 Company Code와 동일한 값을 가지므로 위와 같은 설정이 별도로 필요하지 않다.

○ IMG-FI-Financial Accounting Global Settings (New)-Ledgers-Ledger-Define Ledger Group : Ledger를 모아둔 Ledger Group 등록

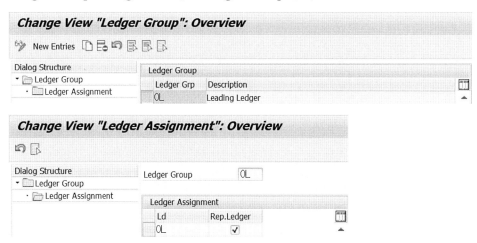

Ledger Group 0L에는 0L 이라는 하나의 Ledger가 assign 되어 있다. Ledger를 생성하면 기본적으로 동일한 이름의 Ledger Group이 생성되고 Ledger가 매핑된다.

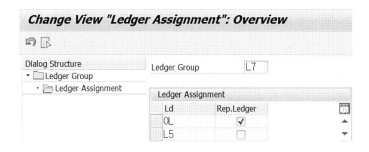

추가적인 Ledger Group을 생성하고 Ledger를 매핑할 수 있다. 위 그림에서 Ledger Group L7에는 0L 과 L5 2개의 Ledger가 assign 되어 있다. 1개의 Rep.Ledger(대표원장)을 지정해야 한다.

→ Ledger Group 0L로 전표를 입력할 경우 0L Ledger에만 반영이 되고, Ledger Group L7로 전표를 입력할 경우 0L / L5 2개의 Ledger에 동시에 전표가 반영된다.

○ IMG-FI-Financial Accounting Global Settings (New)- Ledgers-Parallel Accounting-Define Accounting Principles

Client Level에서 Accounting Principle(회계원칙)을 정의한다.

○ IMG-FI-Financial Accounting Global Settings (New)- Ledgers-Parallel Accounting-Assign Accounting Principle to Ledger Groups

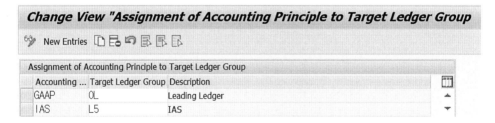

Accounting Principle에 대해 Ledger Group을 설정한다. 이런 설정은 앞서 살펴보았던 외화평가처럼 Valuation Area를 사용하는 경우 이용된다.

[Valuation Area(←Valuation Method) → Accounting Principle → Ledger Group]

○ ※참고) S/4 HANA 버전에서는 아래 화면에서 Ledger를 구성한다.

> IMG-FI-Financial Accounting Global Settings-Ledgers-Ledger-Define Settings for Ledgers and Currency Types

관리하고자 하는 Ledger를 추가할 수 있다. Extension Ledger의 경우 Simulation Ledger 혹은 Extension Ledger로 구분하여 생성할 수 있으며 이러한 확장원장의 경우 일반 원장을 Underlying Ledger로 설정해야 한다. 확장원장은 Underlying Ledger에서 입력된 데이터에 추가적으로 입력된 데이터를 조회할 수 있는 개념이다.

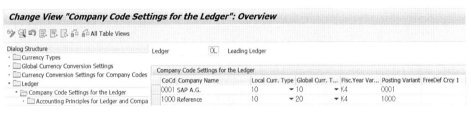

Ledger에 대해 회사코드별 설정을 등록한다. Currency관련 정보, Fiscal Year Variant, Posting Variant 정보를 입력한다.

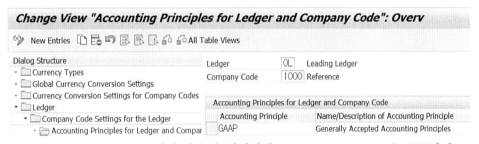

Ledger / Company Code에서 사용할 회계원칙(Accounting Principle)을 등록한다.

〉IMG-FI-Financial Accounting Global Settings-Ledgers-Ledger-Deactivate a Ledger for a Company Code

Change View "Deactivation of a General Ledger": Overview

Analysis ℹ Information

Ledger   OL

Deactivation of a General Ledger				
CoCd	Company Name	FV	From FYear	To FYear
1000	Reference	K4		

Company Code별로 Ledger 사용을 Deactivate 할 수 있다. To FYear 필드에 종료연도를 입력하면 해당년도 이후 발생되는 데이터는 Ledger에 반영되지 않는다.

▶ Ledger Group을 이용한 전표처리

○ 전표를 입력하는 화면에서 그림과 같이 Ledger Group을 선택할 수 있는 필드가 존재하게 된다. 즉, Ledger별로 전표를 입력할 수 있게 된다. T-Code 마지막에 L로 끝나는 전표 입력 T-Code들이 Ledger Group별 전표를 입력할 수 있는 화면들이다.

〉FI-General Ledger-Document Entry-FB50L - Enter G/L Account Document for Ledger Group (신)

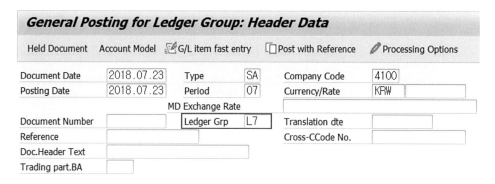

〉FI-General Ledger-Document Entry-FB01L - Enter General Posting for Ledger Group (구)

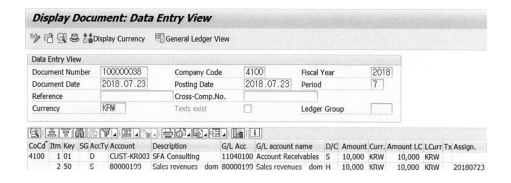

〉위 화면에서 Ledger Grp을 입력하지 말고 아래와 같은 전표를 입력한다.

Display Document: Data Entry View

Document Number	100000038	Company Code	4100	Fiscal Year	2018
Document Date	2018.07.23	Posting Date	2018.07.23	Period	7
Reference		Cross-Comp.No.			
Currency	KRW	Texts exist	☐	Ledger Group	

CoCd	Itm	Key	SG	AccTy	Account	Description	G/L Acc	G/L account name	D/C	Amount	Curr.	Amount LC	LCurr	Tx	Assign.
4100	1	01		D	CUST-KR003	SFA Consulting	11040100	Account Receivables	S	10,000	KRW	10,000	KRW		
	2	50		S	80000100	Sales revenues dom	80000100	Sales revenues dom	H	10,000	KRW	10,000	KRW		20180723

Ledger Group을 지정하지 않고 전표를 입력할 경우 회사코드에 연결된 모든 Ledger에 전표가 반영된다. 모든 회사코드는 Leading Ledger인 'OL' 을 가지고 있고 회사코드 4100의 경우 앞서 L5 Ledger 가 지정되어 있었기 때문에 OL과 L5, 2개의 Ledger에 이 전표 내역이 반영된다.

＞FI-General Ledger-Account-FAGLL03 - Display/Change Items (New) 화면에서 확인 (🔳 G/L View 버튼 클릭)

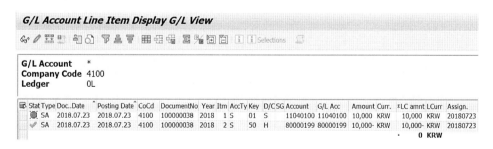

기본적으로 Ledger가 OL 이 지정되어 있다. 이대로 실행하면 방금전에 입력한 전표 내역을 확인할 수 있다.

＞초기화면으로 되돌아가서 🔲Choose Ledger 버튼 클릭

L5 Ledger를 선택하고 실행해보면 아래와 같이 조회된다.

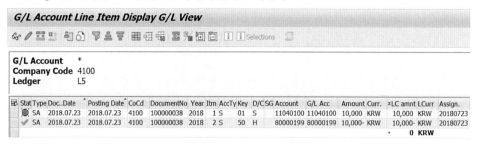

0L과 L5 2개의 Ledger 모두에 전표가 반영된 것을 확인할 수 있다.

> L6 Ledger의 경우 아무 값도 조회되지 않는다. 회사코드 4100은 L6 Ledger를 활성화하지 않았기 때문이다.

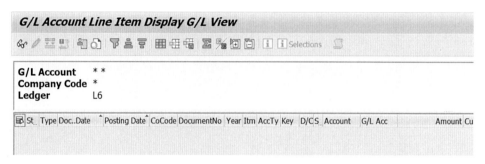

○ 특정 Ledger Group을 지정해서 전표를 입력해보자. 먼저 아래와 같이 Sub Ledger에 해당하는 라인을 입력할 경우 오류가 발생한다.

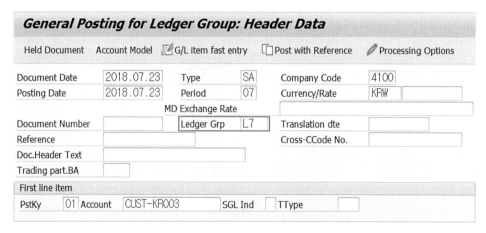

Sub Ledger로 관리되는 Customer/Vendor/Asset 관련 항목들은 Ledger Group을 선택하여 전표를 칠 수 없다. 즉, 회사코드에 정의된 모든 Ledger에 전표가 반영되도록 되어 있다.

＞일반 G/L 계정으로 전표를 입력해보자.

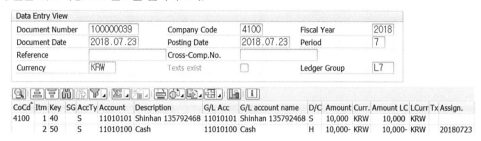

Data Entry View						
Document Number	100000039	Company Code	4100	Fiscal Year	2018	
Document Date	2018.07.23	Posting Date	2018.07.23	Period	7	
Reference		Cross-Comp.No.				
Currency	KRW	Texts exist	☐	Ledger Group	L7	

CoCd	Itm	Key	SG	AccTy	Account	Description	G/L Acc	G/L account name	D/C	Amount	Curr.	Amount LC	LCurr	Tx	Assign.
4100	1	40	S		11010101	Shinhan 135792468	11010101	Shinhan 135792468	S	10,000	KRW	10,000	KRW		
	2	50	S		11010100	Cash	11010100	Cash	H	10,000-	KRW	10,000-	KRW		20180723

위와 같이 Ledger Group L7로 전표를 기표하였다. L7 Ledger Group에는 0L, L5 두 개의 Ledger가 매핑되어 있다.

＞FI-General Ledger-Account-FAGLL03 - Display/Change Items (New) 화면에서 확인

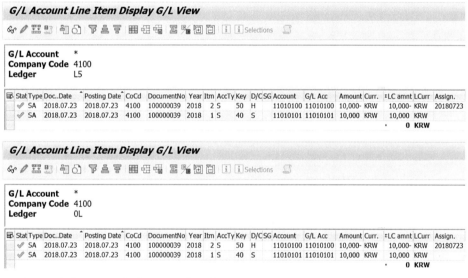

G/L Account Line Item Display G/L View

G/L Account	*
Company Code	4100
Ledger	L5

Stat	Type	Doc..Date	Posting Date	CoCd	DocumentNo	Year	Itm	AccTy	Key	D/C	SG	Account	G/L Acc	Amount	Curr.	=LC amnt	LCurr	Assign.
✓	SA	2018.07.23	2018.07.23	4100	100000039	2018	2	S	50	H		11010100	11010100	10,000-	KRW	10,000-	KRW	20180723
✓	SA	2018.07.23	2018.07.23	4100	100000039	2018	1	S	40	S		11010101	11010101	10,000	KRW	10,000	KRW	
																0	KRW	

G/L Account Line Item Display G/L View

G/L Account	*
Company Code	4100
Ledger	0L

Stat	Type	Doc..Date	Posting Date	CoCd	DocumentNo	Year	Itm	AccTy	Key	D/C	SG	Account	G/L Acc	Amount	Curr.	=LC amnt	LCurr	Assign.
✓	SA	2018.07.23	2018.07.23	4100	100000039	2018	2	S	50	H		11010100	11010100	10,000-	KRW	10,000-	KRW	20180723
✓	SA	2018.07.23	2018.07.23	4100	100000039	2018	1	S	40	S		11010101	11010101	10,000	KRW	10,000	KRW	
																0	KRW	

L5 / 0L 2개의 Ledger에 전표가 반영된 것을 확인할 수 있다.

○ L5 Ledger에만 전표를 반영하고 싶을 경우 Ledger Group L5 선택

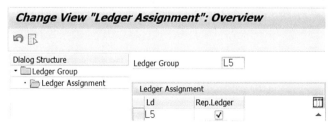

Change View "Ledger Assignment": Overview

Dialog Structure	Ledger Group	L5
▾ ☐Ledger Group		
· ☐Ledger Assignment		

Ledger Assignment		
Ld	Rep.Ledger	
L5	✓	

Ledger Group L5의 경우 L5 Ledger만 assign 되어 있다.

General Posting for Ledger Group: Header Data

Held Document   Account Model   G/L item fast entry   Post with Reference   Processing Options

Document Date	2018.07.24	Type	SA	Company Code	4100
Posting Date	2018.07.24	Period	07	Currency/Rate	KRW

MD Exchange Rate

Document Number		Ledger Grp	L5	Translation dte
Reference				Cross-CCode No.
Doc.Header Text				
Trading part.BA				

> 아래와 같이 전표가 발생되었다.

Data Entry View

Document Number	600000000	Company Code	4100	Fiscal Year	2018
Document Date	2018.07.24	Posting Date	2018.07.24	Period	7
Reference		Cross-Comp.No.			
Currency	KRW	Texts exist	☐	Ledger Group	L5

CoCd	Itm	Key	SG	AccTy	Account	Description	G/L Acc	G/L account name	D/C	Amount	Curr.	Amount LC	LCurr	Tx	Assign.
4100	1	40		S	11010101	Shinhan 135792468	11010101	Shinhan 135792468	S	20,000	KRW	20,000	KRW		
	2	50		S	11010100	Cash	11010100	Cash	H	20,000-	KRW	20,000-	KRW		20180724

> FI-General Ledger-Account-FAGLL03 - Display/Change Items (New) 화면에서 확인

G/L Account Line Item Display G/L View

G/L Account	*		
Company Code	4100		
Ledger	L5		

	Stat	Type	Doc..Date	Posting Date	CoCd	DocumentNo	Year	Itm	AccTy	Key	D/C	SG	Account	G/L Acc	Amount	Curr.	⁼LC amnt	LCurr	Assign.
✓		SA	2018.07.24	2018.07.24	4100	600000000	2018	2	S	50	H		11010100	11010100	20,000-	KRW	20,000-	KRW	20180724
✓		SA	2018.07.24	2018.07.24	4100	600000000	2018	1	S	40	S		11010101	11010101	20,000	KRW	20,000	KRW	
																*	0	KRW	

G/L Account Line Item Display G/L View

G/L Account	* *		
Company Code	*		
Ledger	0L		

	St.	Type	Doc..Date	Posting Date	CoCode	DocumentNo	Year	Itm	AccTy	Key	D/C	S	Account	G/L Acc		Amo

L5 Ledger에는 전표가 반영되어 있으나 0L Ledger에는 반영되지 않았다.

> 이와 같이 특정 Ledger에만 전표를 반영하고자 할 경우 별도의 Number Range 설정이 필요하다.

〉IMG-FI-Financial Accounting Global Settings (New)-Document-Document Types-Define Document Types for Entry View in a Ledger : Ledger에 대한 Document Type 설정 및 Number Range 지정

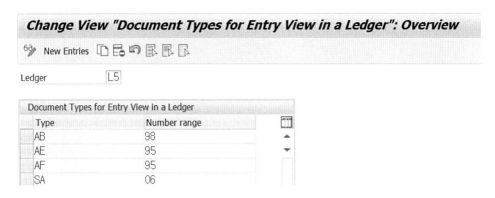

방금 입력한 전표의 전표유형(Document Type) SA는 '06' Number Range No를 가지고 있다.

〉IMG-FI-Financial Accounting Global Settings (New)-Document-Document Number Ranges-Documents in Entry View-Define Document Number Ranges for Entry View

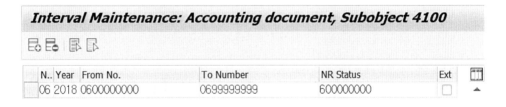

입력한 전표번호가 NR Status(현재번호) 필드에 보여진다.

○ 재무제표 조회 – 각 Ledger 별로 재무제표를 조회할 수 있다.
〉FI-General Ledger-Information System-General Ledger Reports (New)-Financial Statement / Cash Flow-General-Actual/Actual Comparisons-S_ALR_87012284 - Financial Statement
〉Information Systems-Accounting-Financial Accounting-General Ledger-F.01 - Balance Sheet

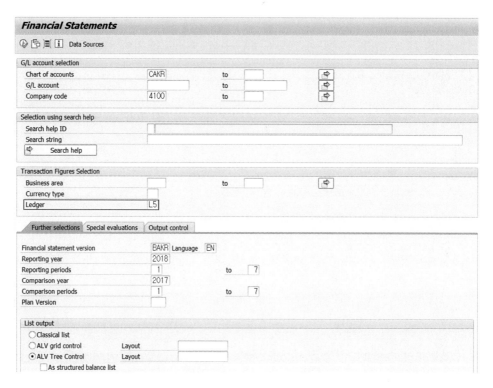

Financial Statements

⊕ ⬚ ≣ ⓘ Data Sources

G/L account selection

Chart of accounts	CAKR	to	⇨
G/L account		to	⇨
Company code	4100	to	⇨

Selection using search help

Search help ID	
Search string	
⇨ Search help	

Transaction Figures Selection

Business area		to	⇨
Currency type			
Ledger	L5		

Further selections	Special evaluations	Output control

Financial statement version	BAKR	Language EN
Reporting year	2018	
Reporting periods	1	to 7
Comparison year	2017	
Comparison periods	1	to 7
Plan Version		

List output

○ Classical list
○ ALV grid control   Layout
⦿ ALV Tree Control   Layout
  ☐ As structured balance list

L5 Ledger로 재무제표를 조회할 수 있다.

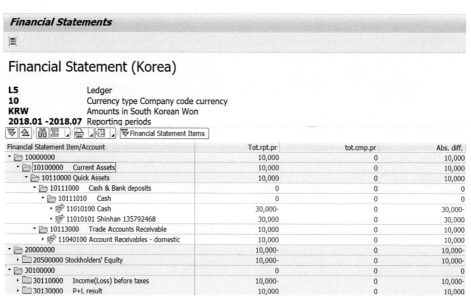

Financial Statements

≣

Financial Statement (Korea)

L5   Ledger
10   Currency type Company code currency
KRW   Amounts in South Korean Won
2018.01 -2018.07 Reporting periods

⬚ ⬚ | ⬚ ⬚ | ⬚ | ⬚ | ⬚ ⬚ Financial Statement Items

Financial Statement Item/Account	Tot.rpt.pr	tot.cmp.pr	Abs. diff.
▾ 🗀 10000000	10,000	0	10,000
▾ 🗀 10100000 Current Assets	10,000	0	10,000
▾ 🗀 10110000 Quick Assets	10,000	0	10,000
▾ 🗀 10111000 Cash & Bank deposits	0	0	0
▾ 🗀 10111010 Cash	0	0	0
▸ 🗊 11010100 Cash	30,000-	0	30,000-
▸ 🗊 11010101 Shinhan 135792468	30,000	0	30,000
▾ 🗀 10113000 Trade Accounts Receivable	10,000	0	10,000
▸ 🗊 11040100 Account Receivables - domestic	10,000	0	10,000
▾ 🗀 20000000	10,000-	0	10,000-
▸ 🗀 20500000 Stockholders' Equity	10,000-	0	10,000-
▾ 🗀 30100000	0	0	0
▸ 🗀 30110000 Income(Loss) before taxes	10,000-	0	10,000-
▸ 🗀 30130000 P+L result	10,000	0	10,000

11010101계정을 보면 앞서 L5원장에만 반영한 20,000원 금액을 포함해서 30,000원으로 금

액이 조회된다.

○ 이런식으로 각 원장별 재무제표를 조회할 수 있다.

○ ※참고)고정자산의 경우 감가상각영역에 따라 병행회계가 가능하다. 01 감가상각 영역은 Leading Ledger에 기표되게 되고 다른 감가상각영역들의 경우 Non-leading Ledger에 기표하도록 설정할 수 있다. 각 회계기준에 맞는 Ledger별로 리포팅이 가능하다.

3. Document Splitting

● Document Splitting : 전표분할 기능

▶ Document Splitting 기능이 왜 필요한가?

○ 앞서 전표가 기표될 때 각 Ledger별 지정된 Scenario대로 총계정원장(General Ledger View)에 값들이 기표되는데 비용계정의 경우 Cost Center-Profit Center-Segment 순으로 자동으로 Segment가 유도되어 총계정원장에 반영되었다. 하지만 AP계정과 Tax계정 등의 경우에는 Cost Center를 입력하지 않기 때문에 총계정원장에 Segment값을 자동으로 유도해 Update 해줄 수 없다.

○ 따라서 이러한 계정들에 대해 Line Item의 Segment 값을 유도해오고 총계정원장에 반영해 줄 수 있게끔 하기 위해 만들어진 기능이 바로 Document Splitting 이다.

○ 만약 AP계정과 Tax 계정에도 Segment 정보를 무조건 입력하도록 만든다면 전표 입력시마다 굉장히 많은 Entry입력사항이 발생할 것이다. 그보다는 무언가의 룰에 의해서 자동으로 Segment값이 지정될 수 있도록 하는 것이 더 효율적이며 이를 Document splitting 기능이 지원해준다.

○ Document Splitting은 총계정원장 레벨에서만 반영이 되며 Sub Ledger레벨에서는 반영되지 않는다. AP발생시 해당 구매처 계정에 해당하는 보조부 금액은 그대로 존재하고 이에 대한 매입채무계정(총계정원장 레벨)에 대해서만 Document Splitting이 발생하게 되는 것이다.

▶ Document Splitting functions

1. Active : Segment등 특성 정보를 가지지 않는 Lineitem에 대해 특정 rule에 의해서 Splitting하는 기능이다. 예를 들어 A/P와 Tax 계정의 경우 상대 비용계정들의 금액 비율대로 Lineitem을 분할하도록 하는 Rule을 지정할 수 있다. 이러한 Rule은 Customizing 해야 한다.

2. Passive Split : A/R, A/P Invoice 전표가 이미 Splitting 되어 있고, 그에 대한 반

제전표(입금/지급)가 발생할 경우 이에 대한 Document Splitting은 원시 전표에 대한 Account Assignment에 따라서 Document Splitting 하겠다는 의미, 별도의 Customizing 없이 디폴트로 제공되는 기능.

3. Inheritance : Active Splitting이 발생하지 않고 상대 Lineitem 특성정보를 그대로 Copy해서 입력하는 기능.

4. Zero Balance : Profit Center/Segment등 특성별로 Splitting하면서 특정 특성값의 잔액이 0이 되지 않을 경우 Balance를 맞추기 위해 Splitting 해주는 기능(회사 전체적인 측면에서 Segment별(혹은 Profit Center등 특성별) 잔액을 0으로 맞춰주기 위한 기능임)

▶ IMG-FI-General Ledger Accounting (New)-Business Transactions-Document Splitting-Define Document Splitting Characteristics for General Ledger Accounting : 어떠한 특성별로 전표를 Splitting 할 것인가?

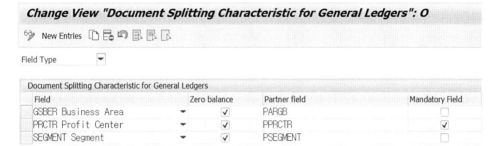

Business Area/Profit Center/Segment 3가지의 특성을 가지고 전표 분할이 이루어질 것이며 각각 모두 회사코드 레벨에서의 잔액을 0으로 맞춰주기 위하여 Zero Balance 필드에 체크가 되어 있음을 확인할 수 있다. Profit Center의 경우 Mandatory Field 필드에 체크되어 있기 때문에 Document Splitting이 일어난 이후에 값이 비어 있을 경우 에러가 발생되어 전표기표가 되지 않는다.

▶ Activating Document Splitting

〉 IMG-FI-General Ledger Accounting (New)-Business Transactions-Document Splitting-Activate Document Splitting 화면 : Document Splitting 기능을 활성화 한다.

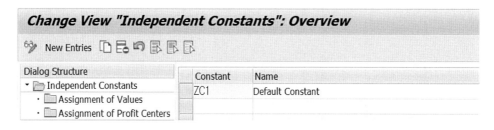

Change View "Activate Document Splitting": Details

Dialog Structure
- Activate Document Splitting
- Deactivation per Company Code

Activate Document Splitting
☑ Document Splitting
Method   Z000000012   Splitting: Same as 0000000002 (Follow-Up Costs Online)

Level of Detail
☑ Inheritance
☐ Standard A/C Assgnmt   Constant
☐ HCM Integration: Compress Entry View
☐ Do Not Summarize SD Tax Items

Client 레벨에서 Document Splitting을 활성화 해야한다. Document Splitting 체크박스 부분이 활성화 체크 부분.

〉특정 Company Code를 사용하지 않고자 할때는 Company Code별로 비활성화 할 수 있다.

Change View "Deactivation per Company Code": Overview

Dialog Structure
- Activate Document Splitting
- Deactivation per Company Code

Deactivation per Company Code

Company Code	Company Name	Inactive
4100	FI Korea	☐
4200	Taiwan Cop.	☑

4200 Company Code의 경우 기능이 비활성화 되어있는 상태이다(체크시 비활성화)

〉Method 필드부분과 Inheritance 설정부분은 뒤에서 살펴보기로 한다. Standard A/C Assignment 체크는 Document Splitting에 의해서 Segment/Profit Center가 입력되지 않는 Lineitem의 경우에 해당 필드에 입력된 Constant 설정값으로 Default하게 값이 Update 되도록 하는 기능이다.

〉IMG-FI-General Ledger Accounting (New)-Business Transactions-Document Splitting-Edit Constants for Nonassigned Processes : Constants 값 설정 화면

Change View "Independent Constants": Overview

New Entries

Dialog Structure
- ▼ Independent Constants
  - Assignment of Values
  - Assignment of Profit Centers

Constant	Name
ZC1	Default Constant

Constant Variant를 설정한다. 좌측의 Assignment of Values 부분 더블클릭.

Constant Variant의 속성값 지정, Document Splitting Characteristics에 따라 자동으로 Field List가 보여지며 Value값만 등록하면 된다. 좌측의 Assignment of Profit Centers 부분 더블클릭

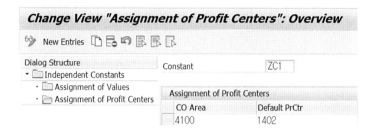

Controlling Area별 Default Profit Center를 지정할 수 있다. 이렇게 설정된 Constant Variant 값을 Standard A/C Assignment체크 후 Constant 필드에 지정하면 Document Splitting 처리시 특성값이 assign되지 않은 Lineitem 필드에 Constant Variant에 설정했던 값들이 자동으로 입력된다.

▶ 실제 전표 기표 Test (T-Code FB60 화면)

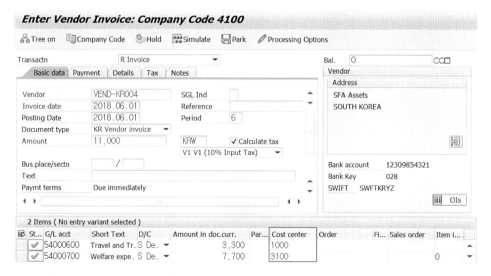

위와 같이 하나의 AP에 두개의 비용계정을 상대계정으로 입력한다. 이때 서로 다른 Segment를 유도하는 Cost Center를 입력한다.

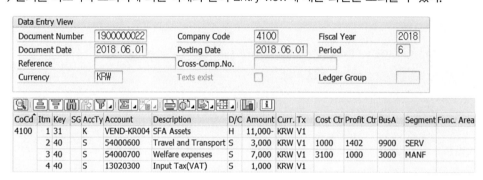

	St..	G/L acct	Short Text	D/C	Amount in doc.curr.	Par..	Cost center	Profit center	Segment
	✓	54000600	Travel and Tr..	S De.. ▼	3,300		1000	1402	SERV
	✓	54000700	Welfare expe..	S De.. ▼	7,700		3100	1000	MANF

2 Items (No entry variant selected)

입력된 Cost Center에 연결된 Profit Center로 또 그 Profit Center에 연결된 Segment가 자동으로 유도 되었다.

〉전기를 하고나서 조회하게 되면 아래와 같이 Entry view에 대한 화면을 조회할 수 있다.

Data Entry View

Document Number	1900000022	Company Code	4100	Fiscal Year	2018
Document Date	2018.06.01	Posting Date	2018.06.01	Period	6
Reference		Cross-Comp.No.			
Currency	KRW	Texts exist	☐	Ledger Group	

CoCd	Itm	Key	SG	AccTy	Account	Description	D/C	Amount	Curr.	Tx	Cost Ctr	Profit Ctr	BusA	Segment	Func. Area
4100	1	31	K		VEND-KR004	SFA Assets	H	11,000-	KRW	V1					
	2	40	S		54000600	Travel and Transport	S	3,000	KRW	V1	1000	1402	9900	SERV	
	3	40	S		54000700	Welfare expenses	S	7,000	KRW	V1	3100	1000	3000	MANF	
	4	40	S		13020300	Input Tax(VAT)	S	1,000	KRW	V1					

Entry View, 즉 Subledger View 이기 때문에 구매처 계정이 조회되고 Segment는 비용계정 라인에만 존재하게 된다.

〉 General Ledger View (총계정원장View) 클릭

Data Entry View

Document Number	1900000022	Company Code	4100	Fiscal Year	2018
Document Date	2018.06.01	Posting Date	2018.06.01	Period	6
Reference		Cross-Comp.No.			
Currency	KRW	Texts exist	☐	Ledger Group	

Ledger 0L

Doc.	1900000022	FiscalYear	2018	Period	6

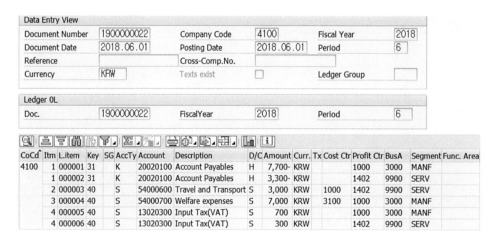

CoCd	Itm	L.item	Key	SG	AccTy	Account	Description	D/C	Amount	Curr.	Tx	Cost Ctr	Profit Ctr	BusA	Segment	Func. Area
4100	1	000001	31	K		20020100	Account Payables	H	7,700-	KRW			1000	3000	MANF	
	1	000002	31	K		20020100	Account Payables	H	3,300-	KRW			1402	9900	SERV	
	2	000003	40	S		54000600	Travel and Transport	S	3,000	KRW		1000	1402	9900	SERV	
	3	000004	40	S		54000700	Welfare expenses	S	7,000	KRW		3100	1000	3000	MANF	
	4	000005	40	S		13020300	Input Tax(VAT)	S	700	KRW			1000	3000	MANF	
	4	000006	40	S		13020300	Input Tax(VAT)	S	300	KRW			1402	9900	SERV	

위와 같이 외상매입금 G/L 계정과 Tax 계정 라인이 <u>비용계정의 금액비율대로 각 세그먼트별로 분할되어 저장되어 있음</u>을 볼 수 있다. Splitting Rule에 의해 이렇게 자동으로 분할이 발생한 것이다. 이렇게 특정 Rule에 의해 분할이 이루어지는 것을 **Active Splitting**이라고 한다.

▶ **Active Splitting** : Splitting Rule은 Splitting Method+Document Type에 의해 결정된다. Splitting Method에는 각각의 Business Transaction+Transaction Variant 값이 지정되어 있고 이 내부에 Splitting Rule이 존재하게 된다. <u>이 Splitting Rule에는 어떤 대상(Item Categories)을 어떤 기준(Base Item Category)으로 분할 할 것인가가 정의되어 있다.</u>

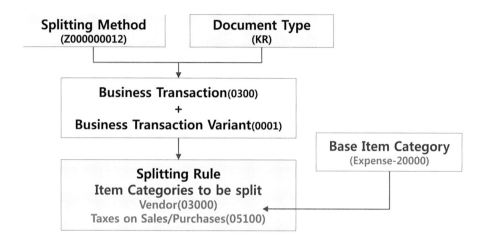

〉Splitting Method는 Document Splitting 활성화 하는 IMG 화면에서 설정한다(앞에서 본 화면)

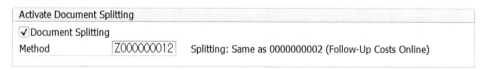

〉IMG-FI-General Ledger Accounting (New)-Business Transactions-Document Splitting-Classify Document Types for Document Splitting : 전표유형별 Business Transaction / Transaction Variant를 지정한다.

Change View "Classify FI Document Type for Document Splitting": Overvi

Type	Description	Transactn.	Variant	Description	Name	
KR	Vendor invoice	0300	0001	Vendor invoice	Standard	▲
KZ	Vendor payment	1000	0001	Payments	Standard	▼
ML	ML settlement	0000	0001	Unspecified posting	Standard	

Test 했던 <u>KR 전표유형은 0300/0001로 설정된 Rule</u>을 따르게 된다.

>IMG-FI-General Ledger Accounting (New)-Business Transactions-Document Splitting-
Extended Document Splitting 폴더 하위 메뉴에서 Splitting Rule을 정의할 수 있다.

>Define Document Splitting Method 화면 : Method Variant를 생성하는 화면

Change View "Splitting method": Overview of Selected Set

New Entries 🗋 🗐 🗂 🗐 🗐 🗐

Method	Text	
0000000012	Splitting: Same as 0000000002 (Follow-Up Costs Online)	▲
Z000000012	Splitting: Same as 0000000002 (Follow-Up Costs Online)	▼

현재 Z000000012번 메소드가 지정되어 있다.

>Define Document Splitting Rule 화면

Change View "Header data": Overview

New Entries 🗋 🗑 🗐 🗐 🗐 🗐

Dialog Structure	Method	Spl...	Transactn.	Business transaction	Variant	Variant
▼ Header data	Z000000012	Splitt.	0000	Unspecified posting	0001	Standard
▼ Item categories to be edited	Z000000012	Splitt.	0000	Unspecified posting	Z001	Standard
· Base item categories	Z000000012	Splitt.	0100	Transfer posting from P&L to B/S a.	0001	Standard
	Z000000012	Splitt.	0200	Customer invoice	0001	Standard
	Z000000012	Splitt.	0300	Vendor invoice	0001	Standard
	Z000000012	Splitt.	0300	Vendor invoice	0002	Invoice Receipt (MIRO) with Retent.
	Z000000012	Splitt.	0400	Bank account statement	0001	Standard
	Z000000012	Splitt.	0500	Advance tax return (regular tax bu.	0001	Standard
	Z000000012	Splitt.	0600	Goods Receipt for Purchase Order	0001	Standard
	Z000000012	Splitt.	1000	Payments	0001	Standard
	Z000000012	Splitt.	1010	Clearing transactions (account mai.	0001	Standard
	Z000000012	Splitt.	1020	Resetting cleared items	0001	Standard

Transaction-어떤 트랜잭션에 대해서 분할 할 것인가? Vendor Invoice란 트랜잭션에 대해서
분할 할 것이다.

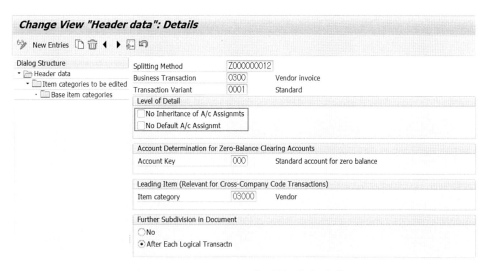

Business Transaction / Transaction Variant에 대한 상세 설정 : No Inheritance of A/C Assignments, No Default A/C Assignment 체크시 Activate Document Splitting 화면에서 설정했던 Inheritance, Default A/C Assignment 기능을 무시할 수 있다. Account Key의 경우 Zero-Balance 기능에서 사용할 계정을 설정하는 부분이다.

>Item Categories to be edited 더블클릭하면 아래와 같이 분할 대상(Vendor/Tax 등등)에 대해 조회 할 수 있다.

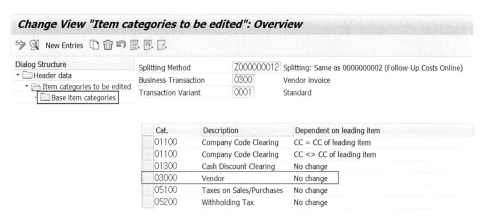

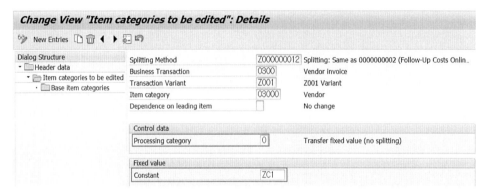

Vendor에 대한 Item Category는 Base Item을 기준으로 Splitting 된다는 의미이다.

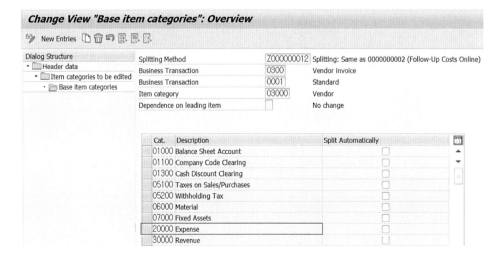

만약 위와 같이 Processing Category를 0으로 선택한 후 Constant값을 지정하면 Constant
에 설정된 Default 값들로 특성값들이 채워진다. 이때 Base Item Category에는 아무값도 등
록되어 있지 않아야 한다.

> Base Item Categories를 더블클릭

Change View "Base item categories": Overview

New Entries

Dialog Structure			
Splitting Method	Z000000012	Splitting: Same as 0000000002 (Follow-Up Costs Online)	
Business Transaction	0300	Vendor invoice	
Business Transaction	0001	Standard	
Item category	03000	Vendor	
Dependence on leading item		No change	

- Header data
  - Item categories to be edited
    - Base item categories

Cat.	Description	Split Automatically
01000	Balance Sheet Account	☐
01100	Company Code Clearing	☐
01300	Cash Discount Clearing	☐
05100	Taxes on Sales/Purchases	☐
05200	Withholding Tax	☐
06000	Material	☐
07000	Fixed Assets	☐
20000	Expense	☐
30000	Revenue	☐

어떤 대상을 기준으로 분할이 이루어질지를 지정할 수 있다. 위 예에서는 20000 비용계정을 기준으로 분할되었음

Split Automatically 체크박스는 Item Category와 동일한 Base Item에 대해 Splitting 하고자 할 경우 체크한다.

> [메뉴-Table View-Print-Current Allocation Rule] 클릭하여 상세내역 확인가능

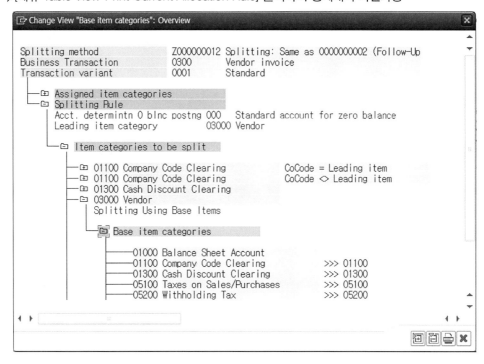

> IMG-FI-General Ledger Accounting (New)-Business Transactions-Document Splitting-Classify G/L Accounts for Document Splitting : 계정별로 Item Category를 지정한다.

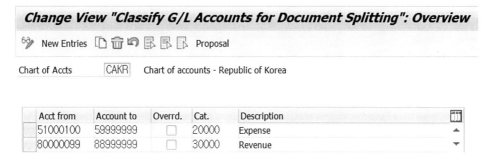

54000600 / 54000700 계정은 Expense(20000) Category에 지정되어 있다. 즉, 이 비용계정들을 Base로 해서 금액이 Splitting 된다.

▶ Document Simulation Expert Mode : 전표를 시뮬레이션 할 때 총계정원장 시뮬레이션-Expert Mode를 이용하여 전표분할 세부항목들을 조회해 볼 수 있다.

Ex)전표 기표 Test(FB60 화면) : 이전에 입력한 전표를 동일하게 다시 입력한 후 시뮬레이션 클릭

Post Document Display Overview

Display currency   Park document   Account Model   G/L item fast entry   Taxes

Document Date	2018.06.01	Type KR	Company Code 4100
Posting Date	2018.06.01	Period 6	Currency KRW
Document Number	INTERNAL	Fiscal Year 2018	Translation dte 2018.06.01
Reference			
Doc.Header Text			

CoCd	Itm	Key	SG	AccTy	Account	Description	D/C	Amount	Crcy	Amount LC	LCurr	Tx	Cost Ctr	Profit Ctr	BusA	Segment
4100	1	31	K		VEND-KR004	SFA Assets	H	11,000-	KRW	11,000-	KRW	V1				
4100	2	40	S		54000600	Travel and Transport	S	3,000	KRW	3,000	KRW	V1	1000	1402	9900	SERV
4100	3	40	S		54000700	Welfare expenses	S	7,000	KRW	7,000	KRW	V1	3100	1000	3000	MANF

〉[메뉴-Document-Simulate General Ledger] 클릭 : 총계정원장 시뮬레이션 클릭

General Ledger Simulation

Ledger   Expert Mode   Currency   Reset

Document Date	2018.06.01	Posting Date 2018.06.01	Fiscal Year 2018
Reference		Cross-Comp Code	Posting 6

CoCode	Item	L.item	Key	S	G/L Account	G/L account name	Σ	Amount	Curr.	Profit Center	Segment
4100	1	000001	31		20020100	Account Payables		7,700-	KRW	1000	MANF
	3	000004	40		54000700	Welfare expenses		7,000	KRW		
	4	000005	40		13020300	Input Tax(VAT)		700	KRW		
							·	0	KRW	1000	
							· ·	0	KRW		MANF
	1	000002	31		20020100	Account Payables		3,300-	KRW	1402	SERV
	2	000003	40		54000600	Travel and Transport		3,000	KRW		
	4	000006	40		13020300	Input Tax(VAT)		300	KRW		
							·	0	KRW	1402	
							· ·	0	KRW		SERV
4100							· · ·	0	KRW		
							· · · ·	0	KRW		

〉 Expert Mode 버튼 클릭

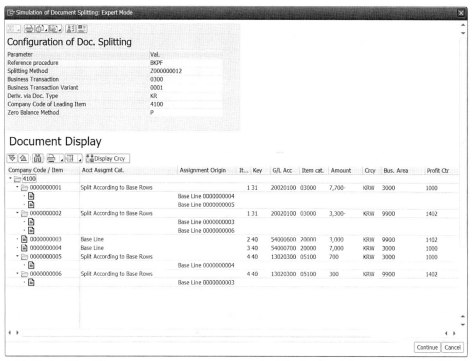

위와 같이 어떤 계정(Split According to Base Rows)이 어떤 라인을 기준(Base Line)으로 분할 되었는지에 대한 상세 정보를 조회할 수 있다.

▶ Document Splitting에 대한 Follow up Process : 앞서 Document Splitting으로 발생한 AP전표에 대한 지급처리를 진행해보자. 이때 300원의 현금할인이 발생하였다고 가정해보자. 은행으로부터 할인된 금액을 제외한 나머지 금액에 대한 지불이 발생하고 현금할인 계정이 발생했으며 이에 대한 세금 조정이 발생하는 전표이다. 이때 각각의 계정에 대한 Segment 등은 원시 AP Invoice 전표에 대한 Splitting Rule 를 가지고 자동으로 Splitting이 발생하게 된다.

→ **Passive Document Splitting**

〉Ex)전표 기표 Test(앞서 기표했던 AP 전표에 대해 반제처리를 해보자.)

Data Entry View

Document Number	1900000022	Company Code	4100	Fiscal Year	2018
Document Date	2018.06.01	Posting Date	2018.06.01	Period	6
Reference		Cross-Comp.No.			
Currency	KRW	Texts exist	☐	Ledger Group	

CoCd	Itm	Key	SG	AccTy	Account	Description	D/C	Amount	Curr.	Tx	Cost Ctr	Profit Ctr	BusA	Segment	Func. Area
4100	1	31		K	VEND-KR004	SFA Assets	H	11,000-	KRW	V1					
	2	40		S	54000600	Travel and Transport	S	3,000	KRW	V1	1000	1402	9900	SERV	
	3	40		S	54000700	Welfare expenses	S	7,000	KRW	V1	3100	1000	3000	MANF	
	4	40		S	13020300	Input Tax(VAT)	S	1,000	KRW	V1					

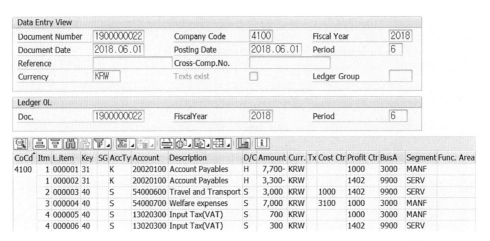

CoCd	Itm	L.item	Key	SG	AccTy	Account	Description	D/C	Amount	Curr.	Tx	Cost Ctr	Profit Ctr	BusA	Segment	Func. Area
4100	1	000001	31		K	20020100	Account Payables	H	7,700-	KRW			1000	3000	MANF	
	1	000002	31		K	20020100	Account Payables	H	3,300-	KRW			1402	9900	SERV	
	2	000003	40		S	54000600	Travel and Transport	S	3,000	KRW		1000	1402	9900	SERV	
	3	000004	40		S	54000700	Welfare expenses	S	7,000	KRW		3100	1000	3000	MANF	
	4	000005	40		S	13020300	Input Tax(VAT)	S	700	KRW			1000	3000	MANF	
	4	000006	40		S	13020300	Input Tax(VAT)	S	300	KRW			1402	9900	SERV	

Entry View와 General Ledger View이다. AP가 비용계정 금액 비율로 3:7로 분할 되어 있는 상태이다.

>FI-Accounts Payable-Document Entry-Outgoing Payment-F-53 - Post 화면 : 위 전표를 지급(현금할인 포함)하는 반제전표를 기표하도록 한다.

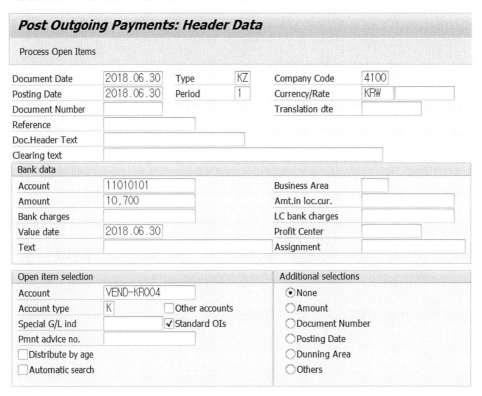

위와 같이 300원 현금할인금액을 제외한 10,700원을 Bank계정으로부터 나가도록 입력한 후에 Open Item선택

> 지급처리 할 원시 AP 송장전표를 선택한 후

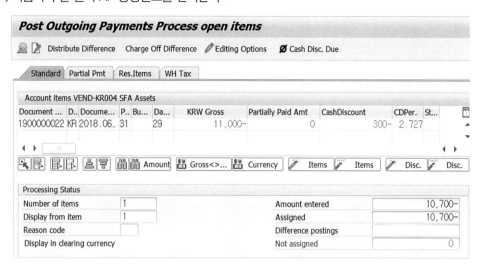

Post Outgoing Payments Process open items

Distribute Difference　Charge Off Difference　Editing Options　∅ Cash Disc. Due

| Standard | Partial Pmt | Res.Items | WH Tax |

Account items VEND-KR004 SFA Assets

Document ...	D..	Docume...	P..	Bu...	Da...	KRW Gross	Partially Paid Amt	CashDiscount	CDPer.	St...	
1900000022	KR	2018.06_	31		29	11,000-	0	300-	2.727		

Amount　Gross<>...　Currency　Items　Items　Disc.　Disc.

Processing Status

Number of items	1		Amount entered	10,700-
Display from item	1		Assigned	10,700-
Reason code			Difference postings	
Display in clearing currency			Not assigned	0

시뮬레이션을 돌려보면 아래와 같이 현금할인 계정이 자동으로 발생되어진다.

Document Date	2018.06.30	Type	KZ	Company Code	4100
Posting Date	2018.06.30	Period	6	Currency	KRW
Document Number	INTERNAL	Fiscal Year	2018	Translation dte	2018.06.30
Reference					
Doc.Header Text					

CoCd	Itm	Key	SG	AccTy	Account	Description	D/C	Amount	Crcy	Amount LC	LCurr	Tx	Cost Ctr	Profit Ctr	BusA	Segment
4100	1	50		S	11010101	Shinhan 135792468	H	10,700-	KRW	10,700-	KRW					
4100	2	50		S	55000900	Procurement discount	H	82-	KRW	82-	KRW	V1		1402	9900	SERV
4100	3	50		S	55000900	Procurement discount	H	191-	KRW	191-	KRW	V1		1000	3000	MANF
4100	4	25		K	VEND-KR004	SFA Assets	S	11,000	KRW	11,000	KRW					
4100	5	50		S	13020300	Input Tax(VAT)	H	27-	KRW	27-	KRW	V1				

> 총계정원장 시뮬레이션을 돌려보게 되면 아래와 같이 7:3의 비율(원시전표 Rule)대로 분할됨을
볼 수 있다.

General Ledger Simulation

Ledger　Expert Mode　Currency　Reset

Document Date	2018.06.30	Posting Date	2018.06.30	Fiscal Year	2018
Reference		Cross-Comp Code		Posting	6

CoCode	Item	L.item	Key	S	G/L Account	G/L account name	Σ	Amount	Curr.	Profit Center	Segment
4100	1	000001			11010101	Shinhan 135792468		7,490-	KRW	1000	MANF
	3	000004	50		55000900	Procurement discount		191-	KRW		
	4	000005	25		20020100	Account Payables		7,700	KRW		
	5	000007	50		13020300	Input Tax(VAT)		19-	KRW		
							*	0	KRW	1000	
							**	0	KRW		MANF
	1	000002			11010101	Shinhan 135792468		3,210-	KRW	1402	SERV
	2	000003	50		55000900	Procurement discount		82-	KRW		
	4	000006	25		20020100	Account Payables		3,300	KRW		
	5	000008	50		13020300	Input Tax(VAT)		8-	KRW		
							*	0	KRW	1402	
							**	0	KRW		SERV
4100							***	0	KRW		
							****	0	KRW		

현금할인 계정 뿐 아니라, Tax 계정, Bank 계정 모두 7:3의 비율로 Splitting 된 것을 볼 수 있다. 이는 반제대상이 되는 원시 AP전표의 Segment별 비율이 7:3이었기 때문에 동일한 비율대로 쪼개진 것이다. → **Passive Splitting**

▶ **Inheritance** in Document Splitting

〉한 전표에 비용계정이 포함되어 있고 이 비용계정에 Segment 값이 유도된다. 비용계정이 한 개이므로 Active 전표 분할이 발생하지 않아도 되며 해당 비용계정에 물려있는 Segment 값을 다른 Line Item으로 복제해주면 된다. 이 기능이 바로 **Inheritance** 기능이다(Active Document Splitting 과는 다른 개념이다.)

〉IMG-FI-General Ledger Accounting (New)-Business Transactions-Document Splitting-Activate Document Splitting

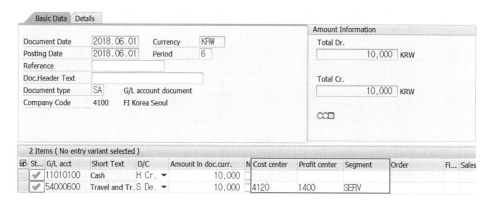

Inheritance 부분에 체크가 되어 있는 경우에 이렇게 동작하게 된다.

〉FB50 화면에서 전기 Test

위와 같이 비용계정과 현금계정 2개의 Line Item으로 구성된 전표를 기표한다고 가정하자. Cost Center는 비용라인에만 지정되었으며 Segment 역시 비용라인에만 유도되었다.

〉총계정원장 시뮬레이션을 돌리면 아래와 같이 조회된다.

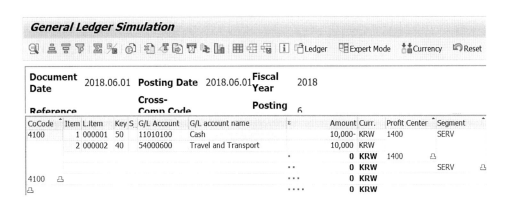

값이 입력되지 않은 첫번째 Lineitem에 두번째 Lineitem의 Profit Center, Segment 특성값이 Copy되어 Update 됨을 볼 수 있다.

▶ Document Splitting - **Zero Balance**

〉예금이 B Profit Center에서 A Profit Center로 이동한 전표의 경우 Profit Center별 차대변 금액 잔액이 0이 되도록 총계정원장 레벨에서 Splitting이 일어난다(분개 : [차)예금(A Profit Center) xxx / 대)예금(B Profit Center) xxx])

〉IMG-FI-General Ledger Accounting (New)-Business Transactions-Document Splitting-Define Document Splitting Characteristics for General Ledger Accounting 메뉴 : 특성별 Zero Balance 세팅

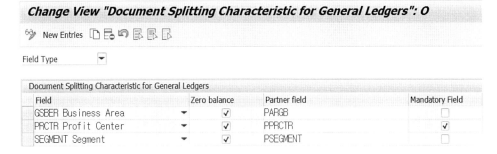

3가지 특성에 대해서만 Document Splitting을 사용할 것이며 모두 Zero Balance 세팅이 되어 있다.

〉IMG-FI-General Ledger Accounting (New)-Business Transactions-Document Splitting-Define Zero-Balance Clearing Account 메뉴 : Zero Balance 발생시 G/L Account를 설정한다.

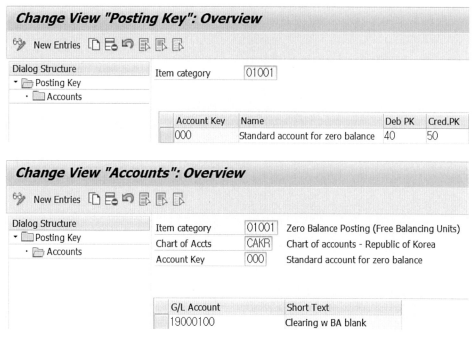

Account Key 000값에 19000100이란 계정(Zero 잔액을 위한 임시계정)이 물려있다.

〉FB50 화면에서 전표 입력 Test

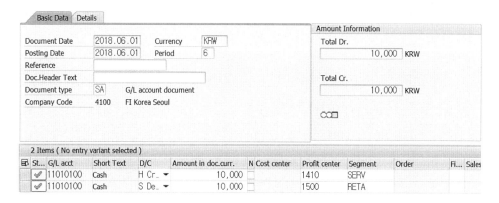

위와 같이 Profit Center를 입력한다. 1410 Profit Center에서 1500 Profit Center로 Cash가 이동하는 전표이다.

> 총계정원장 시뮬레이션

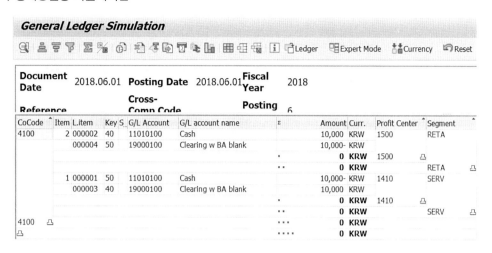

위와 같이 각 세그먼트별 잔액을 0으로 만들어주는 별도 라인 아이템(19000100)이 자동으로 발생한다.

▶ Document Splitting - Modeling

> Cash/Bank 등의 계정의 경우 Splitting Rule에 분할 대상 계정으로 등록되지 않은 계정이다. 이럴 경우 분할되지 않고 Profit Center/Segment 값이 비어있게 된다.

> FB50 화면에서 전표기표 Test

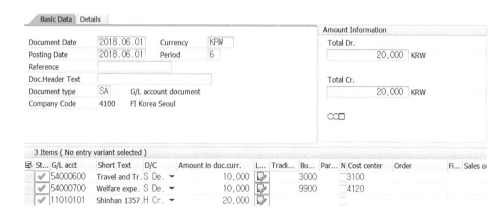

위와 같이 비용계정에는 Cost Center를 Bank 계정에는 아무값도 입력하지 않는다.

>총계정원장 시뮬레이션

CoCode	Item	L.item	Key	S	G/L Account	G/L account name	Σ	Amount	Curr.	Profit Center	Segment
4100	3	000003	50		11010101	Shinhan 135792468		20,000-	KRW		
		000004	40		19000100	Clearing w BA blank		10,000	KRW		
		000006	40		19000100	Clearing w BA blank		10,000	KRW		
							•	0	KRW	凸	
							••	0	KRW		凸
	1	000001	40		54000600	Travel and Transport		10,000	KRW	1000	MANF
		000007	50		19000100	Clearing w BA blank		10,000-	KRW		
							•	0	KRW	1000 凸	
							••	0	KRW		MANF 凸
	2	000002	40		54000700	Welfare expenses		10,000	KRW	1400	SERV
		000005	50		19000100	Clearing w BA blank		10,000-	KRW		
							•	0	KRW	1400 凸	
							••	0	KRW		SERV 凸
4100 凸							•••	0	KRW		
凸							••••	0	KRW		

Bank 계정에는 Profit Center/Segment값이 지정되지 않았으며 Segment별 Zero잔액을 만들기 위해 임시계정이 할당되었다. Bank 계정은 Active Splitting Rule이 지정되있지 않기 때문이며 만약 자동으로 분할되길 원한다면 Rule에 해당 계정을 지정해야 한다. 혹은 Bank Lineitem에 직접 Profit Center를 지정하여 Segment가 유도되도록 해야 한다.

>위 상태에서 Posting 버튼을 클릭할 경우 아래 오류가 발생한다.

🛑 Balancing field "Profit Center" in line item 003 not filled

Balancing field "Profit Center" in line item 003 not filled

Message no. GLT2201

Diagnosis

The field Profit Center marked as balancing is **not** filled with any value in line item 003, even after document splitting.

System Response

The document cannot be posted.

Procedure

First check your entries.

Additional causes could be:

- **No** value can be derived for this field from the current document data.
- You have entered a document type that is **not** designed for this business purpose.

>IMG-FI-General Ledger Accounting (New)-Business Transactions-Document Splitting-Define Document Splitting Characteristics for General Ledger Accounting 화면에서 Profit Center 필드를 Mandatory로 설정했기 때문에 이와 같은 오류가 발생한 것이다.

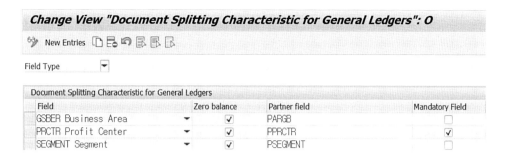

General Ledger Level의 모든 Lineitem에 Profit Center가 필수로 입력되어야만 구분회계용 Profit Center별(혹은 Segement별) 재무제표를 만들어 낼 수 있다.

● ※참고)Document created with document status 'Posting in General Ledger Only' (S/4 HANA)

▶ S/4 HANA 버전에서는 General Ledger View에만 전표가 발생하는 Case가 존재한다.

▶ 전표Lineitem이 ACDOCA 에만 존재하고 BSEG에는 존재하지 않는다(BKPF-BSTAT = 'U' 값을 가진 전표)

외화평가 전표가 이런 경우에 속하며, Entry View에 해당하는 내역이 존재하지 않는다. Entry View 버튼 자체가 없다.

CO Allocation 전표, 금액이 0인 Statistical Item에 대한 Material Movement 전표, GL Allocation 전표, Regrouping 전표들이 이러한 유형의 전표에 해당된다.

▶ 이런 전표들은 FBL3N에선 조회되지 않고 FAGLL03 에서만 조회된다.

▶ ※참고)Notes 2383115 - FI-Document created with document status 'Posting in General Ledger Only'

4. Integration with Other Area

● FI Sub-Ledger와의 Integration

▶ Integration With FI Subledgers - AP / AR

: 앞서 Document Splitting 과정에서 살펴봤던 Inheritance / Active Splitting / Passive Splitting / Zero Balance 기능이 AR/AP Sub-Ledger와의 데이터 통합(Integration)이라고 볼 수 있다.

▶ Integration With FI Subledgers - AA

고정자산이 보조부로 활성화 되어 있어야 하며 최소 2개의 감가상각영역이 활성화 되어 있어야 한다.

고정자산과 관련된 거래내역이 New G/L의 Profit Center나 Segment 정보로 Update 되려면 자산에 Cost Center가 매핑되어 있어야 한다. 그리고 아래와 같은 세팅이 되어 있어야 한다(Asset Master에 지정된 Cost Center→Profit Center→Segment로 유도)

>IMG-FI-Asset Accounting-Integration with General Ledger Accounting-Additional Account Assignment Objects 메뉴

```
▼ Asset Accounting
    ▶ Asset Accounting (Lean Implementation)
    ▶ Organizational Structures
    ▼ Integration with General Ledger Accounting
        · Define How Depreciation Areas Post to General Ledger
        · Assign G/L Accounts
        · Specify Posting Key for Asset Posting
        · Change the Field Status Variant of the Asset G/L Accounts
        · Assign Input Tax Indicator for Non-Taxable Acquisitions
        · Specify Financial Statement Version for Asset Reports
        ▶ Post Depreciation to General Ledger Accounting
        ▶ Segment Reporting
        ▼ Additional Account Assignment Objects
            · Activate Account Assignment Objects
            · Specify Account Assignment Types for Account Assignment Objects
            · Process Error Table
            · Display of Active Account Assignment Objects
        ▶ Post APC Values Periodically to General Ledger Accounting
```

≻Activate Account Assignment Objects

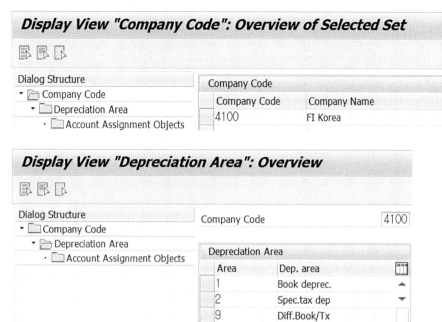

회사코드별로 감가상각영역별로 Account Assignment Object를 설정한다.

≻감가상각영역 01(G/L로 반영되는 영역)선택 후 Account Assignment Object 더블클릭

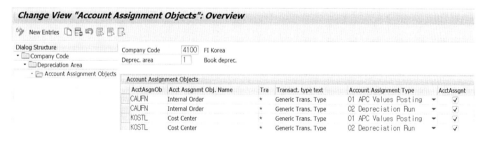

고정자산 관련된 기표가 이루어질 때 Cost Center를 이용하여 PC/Segment 등의 정보를 유

도 하겠다는 의미임

자산 관련 자세한 내용은 〈8장. Asset Accounting〉에서 자세히 살펴볼 예정이며 여기선 간

단한 테스트만 진행해보자.

> 자산취득 Test : 자산 마스터 등록(AS01) 후 취득(F-90) 화면

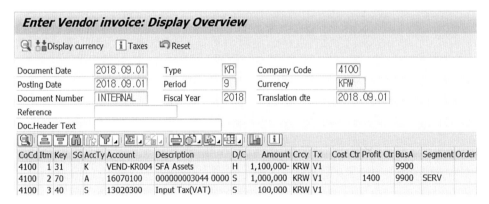

Display Asset: Master data

Asset	3044	0	New G/L Asset Integration
Class	3000		Fixture and fitting	Company Code	4100

General | Time-dependent | Allocations | Origin | Net Worth Tax | Insurance | Leasing | Deprec. Areas

Interval from 1900.01.01 to 9999.12.31

Business Area	9900	Corporate Other
Cost Center	4120	IT Service

해당 자산에 Cost Center가 등록되어 있다. 이 Cost Center를 통해 Profit Center-Segment 까지 derivation 될 것이다.

Enter Vendor invoice: Display Overview

Display currency | Taxes | Reset

Document Date	2018.09.01	Type	KR	Company Code	4100
Posting Date	2018.09.01	Period	9	Currency	KRW
Document Number	INTERNAL	Fiscal Year	2018	Translation dte	2018.09.01
Reference					
Doc.Header Text					

CoCd	Itm	Key	SG	AccTy	Account	Description	D/C	Amount	Crcy	Tx	Cost Ctr	Profit Ctr	BusA	Segment	Order
4100	1	31	K		VEND-KR004	SFA Assets	H	1,100,000-	KRW	V1			9900		
4100	2	70	A		16070100	000000003044 0000	S	1,000,000	KRW	V1		1400	9900	SERV	
4100	3	40	S		13020300	Input Tax(VAT)	S	100,000	KRW	V1					

취득관련 Vendor Invoice 전표를 입력하고 시뮬레이션 한 후의 화면이다.

> 총계정원장 시뮬레이션

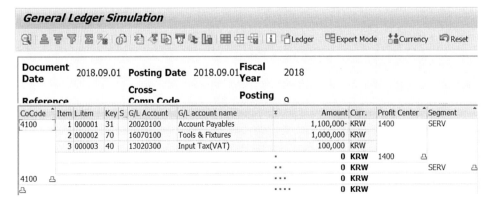

General Ledger Simulation

Ledger | Expert Mode | Currency | Reset

Document Date	2018.09.01	Posting Date	2018.09.01	Fiscal Year	2018
Reference		Cross-Comp Code		Posting	0

CoCode	Item	L.item	Key	S	G/L Account	G/L account name	Σ	Amount	Curr.	Profit Center	Segment
4100	1	000001	31		20020100	Account Payables		1,100,000-	KRW	1400	SERV
	2	000002	70		16070100	Tools & Fixtures		1,000,000	KRW		
	3	000003	40		13020300	Input Tax(VAT)		100,000	KRW		
							*	0	KRW	1400	
							**	0	KRW		SERV
4100							***	0	KRW		
							****	0	KRW		

자산Master의 Cost Center를 기준으로 Profit Center/Segment 값이 유도되었다(다른 라인은 Inheritance 기능 동작)

> 취득 후 지급전표 기표시 현금할인이 발생한 경우(New G/L 이전 버전에서는 현금할인 된 금액만큼 자산가액을 조정해주는 F.50(SAPF181) - Profit and Loss Adjustment 프로그램을 결산시점에 돌려주는 작업이 필요했다.) New G/L에서는 자동으로 자산가액을 조정해주는 처리를 해준다(국내에서는 잘 사용되지 않는 기능이다.)

> IMG-FI-General Ledger Accounting (New)-Business Transactions-Document Splitting-Define Post-Capitalization of Cash Discount to Assets 메뉴

위와 같이 고정자산을 지정한다. Cash Discount 발생시 Asset 가액에 자동으로 Update 하겠다는 의미

> AW01N 화면에서 앞서 취득처리했던 자산을 조회해보자.

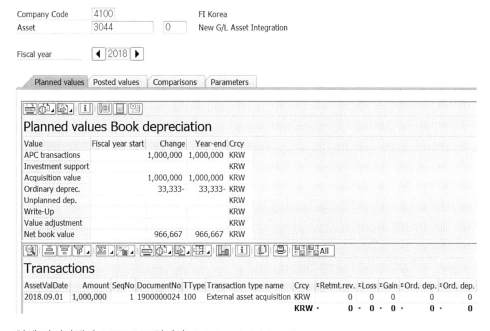

현재 자산가액이 1,000,000원이다(앞서 취득 처리했던 금액)

>F-53 화면 : 지급처리시 현금할인을 받은 케이스 Test

Post Outgoing Payments: Header Data

Process Open Items

Document Date	2018.09.15	Type	KZ	Company Code	4100
Posting Date	2018.09.15	Period	1	Currency/Rate	KRW
Document Number				Translation dte	
Reference					
Doc.Header Text					
Clearing text					

Bank data

Account	11010101	Business Area		
Amount	1,067,000	Amt.in loc.cur.		
Bank charges		LC bank charges		
Value date	2018.09.15	Profit Center		
Text		Assignment		

Open item selection

Account	VEND-KR004
Account type	K ☐ Other accounts
Special G/L ind	☑ Standard OIs
Pmnt advice no.	
☐ Distribute by age	
☐ Automatic search	

Additional selections

- ⦿ None
- ◯ Amount
- ◯ Document Number
- ◯ Posting Date
- ◯ Dunning Area
- ◯ Others

| Standard | Partial Pmt | Res.Items | WH Tax |

Account items VEND-KR004 SFA Assets

Document ...	D..	Docume...	P..	Bu..	Da...	KRW Gross	Partially Paid Amt	CashDiscount	CDPer.	St...	
1900000024	KR	2018.09_	31	9900	14	1,100,000-	0	33,000-	3.000		

◀ ▶ [=]   ◀ ▶

🔲🔲 🔲🔲 🔲🔲 🔛🔛 Amount 🔛 Gross<>... 🔛 Currency ✏ Items ✏ Items ✏ Disc. ✏ Disc.

Processing Status

Number of items	1	Amount entered	1,067,000-
Display from item	1	Assigned	1,067,000-
Reason code		Difference postings	
Display in clearing currency		Not assigned	0

은행 계정으로부터 1,067,000 금액이 지급되고 원시 AP를 반제하는 화면이다. 33,000의 할

인 발생

>시뮬레이션

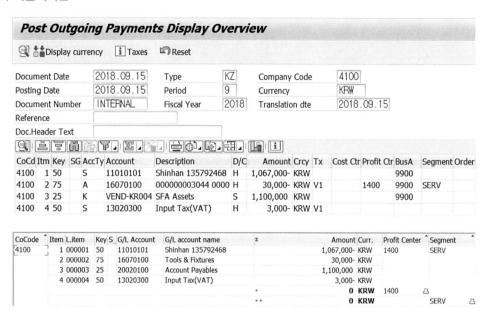

Post Outgoing Payments Display Overview

Document Date	2018.09.15	Type	KZ	Company Code	4100
Posting Date	2018.09.15	Period	9	Currency	KRW
Document Number	INTERNAL	Fiscal Year	2018	Translation dte	2018.09.15
Reference					
Doc.Header Text					

CoCd	Itm	Key	SG	AccTy	Account	Description	D/C	Amount	Crcy	Tx	Cost Ctr	Profit Ctr	BusA	Segment	Order
4100	1	50	S		11010101	Shinhan 135792468	H	1,067,000-	KRW				9900		
4100	2	75	A		16070100	000000003044 0000	H	30,000-	KRW	V1		1400	9900	SERV	
4100	3	25	K		VEND-KR004	SFA Assets	S	1,100,000	KRW				9900		
4100	4	50	S		13020300	Input Tax(VAT)	H	3,000-	KRW	V1					

CoCode	Item	L.item	Key	S	G/L Account	G/L account name	Σ	Amount	Curr.	Profit Center	Segment
4100	1	000001	50		11010101	Shinhan 135792468		1,067,000-	KRW	1400	SERV
	2	000002	75		16070100	Tools & Fixtures		30,000-	KRW		
	3	000003	25		20020100	Account Payables		1,100,000	KRW		
	4	000004	50		13020300	Input Tax(VAT)		3,000-	KRW		
								0	KRW	1400	
								0	KRW		SERV

자산번호 3044에 현금할인 된 금액만큼 차감이 되는 라인아이템이 생성되었다.

>AW01N 자산탐색기에서 해당 자산을 다시 조회해보면 아래와 같다.

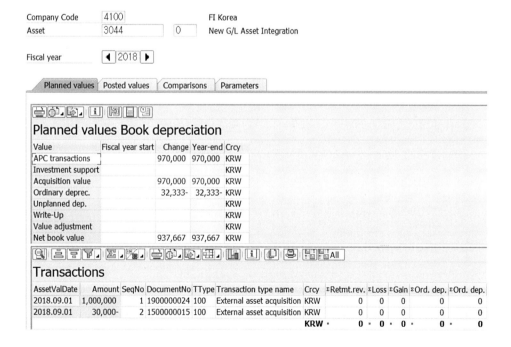

Company Code	4100		FI Korea
Asset	3044	0	New G/L Asset Integration
Fiscal year	◀ 2018 ▶		

Planned values | Posted values | Comparisons | Parameters

Planned values Book depreciation

Value	Fiscal year start	Change	Year-end	Crcy
APC transactions		970,000	970,000	KRW
Investment support				KRW
Acquisition value		970,000	970,000	KRW
Ordinary deprec.		32,333-	32,333-	KRW
Unplanned dep.				KRW
Write-Up				KRW
Value adjustment				KRW
Net book value		937,667	937,667	KRW

Transactions

AssetValDate	Amount	SeqNo	DocumentNo	TType	Transaction type name	Crcy	ΣRetmt.rev.	ΣLoss	ΣGain	ΣOrd. dep.	ΣOrd. dep.
2018.09.01	1,000,000	1	1900000024	100	External asset acquisition	KRW	0	0	0	0	0
2018.09.01	30,000-	2	1500000015	100	External asset acquisition	KRW	0	0	0	0	0
						KRW	0	0	0	0	0

자산가액이 970,000원으로 줄었으며 발생했던 트랜잭션 내역이 하단에 조회된다.

● CO모듈과의 Integration

▶ New G/L에서는 CO모듈과 실시간 데이터 통합이 이루어져 결산 Task 중 하나인 <u>Reconciliation Ledger 프로그램을 수행하지 않아도 된다</u>. 이것과 관련된 자세한 설명은 〈9장. Financial Closing〉CO-FI Real time Integration챕터에서 살펴보도록 한다.

5. 결산(Periodic Processing)

● 결산 관련 변화사항

▶ Reduction of TCO with New G/L Accounting : New G/L을 사용하게 되면 이전 버전에서 해야 했던 결산작업 중 일부를 수행하지 않아도 되므로 TCO(Total Cost of Ownership)가 감소한다.

○ Reconciliation Ledger(T-Code : KALC) : CO모듈 내에서 조직간 금액 조정이 발생할 경우 이를 결산시점에 경관일치를 위해 FI로 조정분을 반영해주는 프로그램 → CO-FI 데이터 통합이 실시간으로 이루어지므로 더 이상 Reconciliation ledger를 사용할 필요가 없다.

○ Balance Sheet Adjustment(T-Code : F.5D/F.5E(SAPF180)) : 전표의 Profit Center/Business Area를 물고 있지 않은 Line item에 대해 상대계정 비율로 Profit Center/Business Area를 Breakdown 해주는 작업 → 이 역시 Document Splitting 기능이 도입되면서 필요 없어졌다.

○ Profit and Loss adjustment(T-Code : F.50(SAPF181)) : 비용계정, 자산 등을 가지고 발생한 외상매입에 대해 후에 현금할인이 적용될 경우 금액을 조정해주는 프로그램 → A/P 지급시 현금할인 부분에 대해 자산가액을 자동으로 조정해준다. 또한 Profit Center/Segment 등의 정보를 실시간 업데이트 해주므로 필요 없어졌다.

○ Multi Ledger 도입으로 Parallel Accounting이 가능해졌다. 따라서 SPL(Special Purpose Ledger)는 더 이상 사용할 필요가 없어졌다

○ Segment Report를 위한 Technical support가 가능해져 결산 Task가 줄어들었다.

○ 수행 필요한 결산 항목 : 고정자산 감가상각 실행, 외화전표에 대한 외화평가 등은 계속 수행해야 한다.

▶ Foreign Currency Valuation(FAGL_FC_VAL)

○ 외화평가 관련하여서는 앞서 Foreign Currency Valuation 챕터에서 관련 내용을 살펴보았었다. 병행회계에 대한 회계처리를 하기 위해 Valuation Area를 선택했었다. [Valuation Area → Accounting Principle → Ledger Group]

○ 연말 평가시점의 평가금액을 지급/입금 반제처리 후 외화평가시 반영되도록 할 수 있는 Delta Logic Activation 기능이 추가되었다.

○ 외화평가시 발생되는 외화환산손익 계정들에 대해서도 Document Splitting이 적용되어 Profit Center/Segment 정보등이 입력 되어진다.

○ 이런 부분이 New G/L에서 업그레이드 된 사항이다.

▶ 감가상각 실행(AFAB)

○ 감가상각 수행 관련한 부분은 다음 〈8장. Asset Accounting〉에서 자세히 살펴보도록 한다.

6. New G/L Report

● **Report 관련 변화사항**

▶ Comparison of data in classic General Ledger Accounting and New G/L Accounting

>Data Source : 시스템 업그레이드시 New G/L을 활성화 하게 되면 새로운 Total Table FAGLFLEXT가 생성된다. 기본적으로 이 테이블을 이용하여 리포트를 생성하지만 기존에 GLT0라는 테이블로부터 리포트를 생성할 수 있도록 세팅할 수 있다. 이렇게 하면 현재 Total 테이블과 과거 Total 테이블을 동시에 사용하게 되므로 이렇게 사용할 필요성이 있는지 검토가 필요하다. 신규 구축하는 회사의 경우 이러한 고민을 할 필요가 없으며 구 총계정원장 테이블인 GLT0를 사용했었던 회사의 경우에만 검토하면 된다.

>IMG-FI-Financial Accounting Global Settings (New)-Tools-Deactivate Update of Classic General Ledger (GLT0)화면

Display View "Update/Read Classic General Ledger": Details

Update/Read Classic General Ledger
☑ Write Classic General Ledger (GLT0)
☐ Read Classic General Ledger (GLT0)

Read Classic G/L을 체크할 경우 GLT0 테이블 데이터를 이용하여 Old리포트에 대한 리포팅을 할 수 있다.

Default로는 체크해제가 되어 있어 기존 테이블에서 데이터를 읽어오지 않도록 되어 있다.

>New G/L을 활성화하면 New G/L Ledger 0L과 과거 GLT0시점의 Ledger 0을 비교할 수 있는 화면이 제공된다.

Ledger Comparison

◆ 🖺 ⓘ

Base Ledger Selection Data

Ledger	0				
Version	1				
Company Code	4100	to			⇨
Company		to			⇨
Fiscal Year	2018				
From Period	06				
To Period	06				

Comparison Ledger Selection Data

Ledger	OL
Version	1

Ledger Comparison: Totals

Other key figure   Messages 🔍 ▤▤ ▽ Σ⅚ ▦ ◁▦▽▨ ▦ ⓘ |◀ ◀ ▶ ▶|

Comparison of Comp. code currency

```
Record Type          0
Base Ledger          00    G/L Accnt Transaction Figures
Base Ledger Version  001   FI planning version 0 ledger 0
Comparison Ledger    OL    Leading Ledger
Comparison Ldgr Vers 001
Fiscal Year          2018
From Period          06
To Period            06
```

CoCd	Account	Crcy	Year	Base ledger	CompLedger	Difference
4100	11010100	KRW	2018	195,000-	195,000-	0
4100	11010101	KRW	2018	10,100-	10,100-	0
4100	11010102	KRW	2018	0	0	0

위와 같이 기존 원장(Base Ledger : GLT0)과 신규 원장(Comparison Ledger : FAGLFLEXT)을 비교

해 볼 수 있다.

▶ 재무제표 조회의 경우 New G/L에서 원장을 지정하여 조회가 가능하게 되었다(앞서

Parallel Accounting에서 봤던 내용)

▶ Use of FI drilldown reporting in New G/L Accounting

〉재무제표를 드릴다운해서 조회할 수 있는 리포트들이 제공된다. Flexible한 리포트를 제공해

준다. 다양한 특성별(Profit Center, Business Area, Functional Area, Segment, Company Code,

Account Number, Partner Object) 드릴다운이 제공된다. Classic drilldown / Graphical drill-

down 형태로 초기화면에서 선택이 가능하다.

\>FI-General Ledger-Information System-General Ledger Reports (New)-Financial State-
ment / Cash Flow-General-Actual/Actual Comparisons-S_PL0_86000028 - Financial
Statement: Actual/Actual Comparison 프로그램 실행

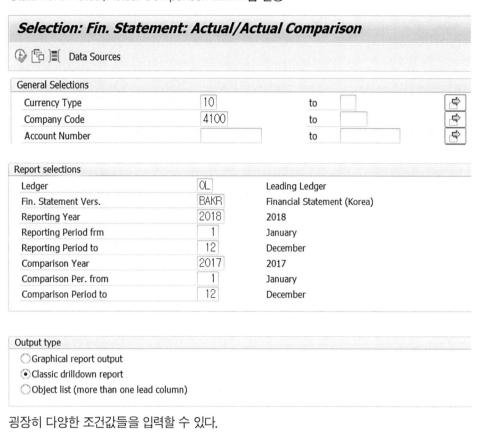

Selection: Fin. Statement: Actual/Actual Comparison

⊕ ⓖ]≣[Data Sources

General Selections

Currency Type	10	to	
Company Code	4100	to	
Account Number		to	

Report selections

Ledger	OL	Leading Ledger
Fin. Statement Vers.	BAKR	Financial Statement (Korea)
Reporting Year	2018	2018
Reporting Period frm	1	January
Reporting Period to	12	December
Comparison Year	2017	2017
Comparison Per. from	1	January
Comparison Period to	12	December

Output type

○ Graphical report output
◉ Classic drilldown report
○ Object list (more than one lead column)

굉장히 다양한 조건값들을 입력할 수 있다.

\>Classic drilldown report 선택 후 조회시

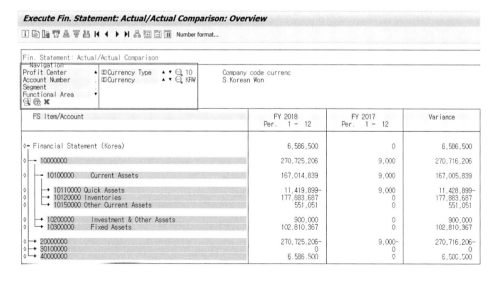

Execute Fin. Statement: Actual/Actual Comparison: Overview

ⓘ ⓖ ⓛ ▽ ♣ ➇ ♨ ⏮ ◀ ▶ ⏭ ♣ ⓖ ⊡ ⊞ Number format...

Fin. Statement: Actual/Actual Comparison

Navigation
Profit Center   ▲ ⊡ Currency Type ▲ ▼ ⊝ 10   Company code currenc
Account Number   ⊡ Currency   ▲ ▼ ⊝ KRW   S.Korean Won
Segment
Functional Area   ▼
⊝ ⊝ ✖

FS Item/Account	FY 2018 Per. 1 - 12	FY 2017 Per. 1 - 12	Variance
◊- Financial Statement (Korea)	6,586,500	0	6,586,500
◊-- 10000000	270,725,206	9,000	270,716,206
◊- 10100000　　Current Assets	167,014,839	9,000	167,005,839
◊→ 10110000 Quick Assets	11,419,899-	9,000	11,428,899-
◊→ 10120000 Inventories	177,883,687	0	177,883,687
◊→ 10150000 Other Current Assets	551,051	0	551,051
◊- 10200000　　Investment & Other Assets	900,000	0	900,000
◊→ 10300000　　Fixed Assets	102,810,367	0	102,810,367
◊→ 20000000	270,725,206-	9,000-	270,716,206-
◊→ 30100000	0	0	0
◊→ 40000000	6,586,500	0	6,586,500

클래식한 리포트 조회 화면이다. Navigation 부분에서 각 특성별 조회를 할 수 있다.

> Navigation 부분의 Profit Center를 클릭하여 선택한 후, 아래 계정리스트 중에서 10111000 계정의 ◊ 버튼을 클릭하면 아래와 같이 Drilldown 된다.

```
Fin. Statement: Actual/Actual Comparison
─Navigation─
Account Number      ☒Currency Type    ▲ ▼ ⊖ 10          Company code currenc
Segment             ☒Currency         ▲ ▼ ⊖ KRW         S.Korean Won
Functional Area     ☒FS Item/Account  ▲ ▼ ⊖ 10111000    Cash & Bank deposits
Period/year
⊟ ⊛ ✖
```

Profit Center		FY 2018 Per. 1 - 12	FY 2017 Per. 1 - 12	Variance
◊4100/	Not assigned	267,235	485,789	218,554-
◊4100/1400	Internal Service	120,655	0	120,655
◊4100/1402	Administration	200,000-	0	200,000-
◊4100/9999	Dummy Profit Center	14,709,789-	485,789-	14,224,000-
◆Result		14,521,899-	0	14,521,899-

> Segment를 선택한 후, 4100/1400 Profit Center의 ◊버튼을 클릭한다.

```
Fin. Statement: Actual/Actual Comparison
─Navigation─
Account Number      ☒Currency Type    ▲ ▼ ⊖ 10          Company code currenc
Segment             ☒Currency         ▲ ▼ ⊖ KRW         S.Korean Won
Functional Area     ☒FS Item/Account  ▲ ▼ ⊖ 10111000    Cash & Bank deposits
Period/year
⊟ ⊛ ✖
```

Profit Center		FY 2018 Per. 1 - 12	FY 2017 Per. 1 - 12	Variance
◊4100/	Not assigned	267,235	485,789	218,554-
◊4100/1400	Internal Service	120,655	0	120,655
◊4100/1402	Administration	200,000-	0	200,000-
◊4100/9999	Dummy Profit Center	14,709,789-	485,789-	14,224,000-
◆Result		14,521,899-	0	14,521,899-

```
Fin. Statement: Actual/Actual Comparison
─Navigation─
Account Number      ☒Currency Type    ▲ ▼ ⊖ 10          Company code currenc
Functional Area     ☒Currency         ▲ ▼ ⊖ KRW         S.Korean Won
Period/year         ☒FS Item/Account  ▲ ▼ ⊖ 10111000    Cash & Bank deposits
⊟ ⊛ ✖               ☒Profit Center    ▲ ▼ ⊖ 4100/1400   Internal Service
```

Segment	FY 2018 Per. 1 - 12	FY 2017 Per. 1 - 12	Variance
◊Services	120,655	0	120,655
◆Result	120,655	0	120,655

1400 Profit Center내의 Segment별로 데이터를 조회할 수 있다.

> ▲ ▼ 화살표 버튼을 클릭하여 다른 계정이나 다른 Profit Center에 대해서도 이동하면서 조회 해 볼 수 있다.

```
Fin. Statement: Actual/Actual Comparison
─Navigation─
Account Number      ⊠Currency Type   ▲ ▼ ⊖ 10        Company code currenc
Functional Area     ⊠Currency        ▲ ▼ ⊖ KRW       S.Korean Won
Period/year         ⊠FS Item/Account ▲ ▼ ⊖ 10113000    Trade Accounts Receivable 2
⊖ ⊖ ✖              ⊠Profit Center    ▲ ▼ ⊖ 4100/1402  Administration
```

Segment	FY 2018 Per. 1 - 12	FY 2017 Per. 1 - 12	Variance
◊Services	1,100,000	0	1,100,000
♦Result	1,100,000	0	1,100,000

〉Graphical report output 선택시 아래와 같이 조회된다.

Execute Drilldown Report Fin. Statement: Actual/Actual Comparison

Navigation	Text	FS Item/Account		FY 2018	...	FY 2017	...	Variance
▾ Currency Type		▾ Financial Statement (Korea)		6,586,500		0		6,586,500
· 10	Company cc	▾ 10000000		270,725,206		9,000		270,716,206
▾ Currency		▾ 10100000	Current Assets	167,014,839		9,000		167,005,839
· KRW	S.Korean W	▾ 10110000 Quick Assets		11,419,899-		9,000		11,428,899-
· ⬚ FS Item/Account		· 10111000	Cash & Bank deposits	14,521,899-		0		14,521,899-
· Profit Center		· 10113000	Trade Accounts Receivable	1,992,000		9,000		1,983,000
· Account Number		· 10113000	Trade Accounts Receivable 2	1,100,000		0		1,100,000
· Segment		· 10113010	Trade Accts Rece. - AFBD	0		0		0
· Functional Area		· 10114000	Trade notes Receivable(BoE)	0		0		0
· Period/year		· 10116000	Other Accounts Receivable	10,000		0		10,000
		· 10120000 Inventories		177,883,687		0		177,883,687
		· 10150000 Other Current Assets		551,051		0		551,051
		· 10200000	Investment & Other Assets	900,000		0		900,000
		· 10300000	Fixed Assets	102,810,367		0		102,810,367
		· 20000000		270,725,206-		9,000-		270,716,206-
		· 30100000		0		0		0
	◀ ▶	· 40000000		6,586,500		0		6,586,500

Key Figure	
FY 2018 1 - 12	6,586,500
FY 2017 1 - 12	0
Variance	6,586,500

위와 같이 데이터는 동일하나 다른 모습으로 조회된다. 우측 화면에서 계정을 선택한 후 Drag&Drop으로 좌측 Navigation 화면의 Profit Center에 가져다 놓을 경우 아래와 같이 조회된다.

Navigation	P.	N.	Text	Profit Center		FY 2018	...	FY 2017	...	Variance
▾ Currency Type				· 4100/	Not assigned	267,235		485,789		218,554-
· 10			Company co	· 4100/1400	Internal Service	120,655		0		120,655
▾ Currency				· 4100/1402	Administration	200,000-		0		200,000-
· KRW			S.Korean Wc	· 4100/9999	Dummy Profit Center	14,709,789-		485,789-		14,224,000-
▾ ⬚ FS Item/Accc				· Result		14,521,899-		0		14,521,899-
· BAKR/14	▲	▼	10111000							
· Profit Center										
· Account Number										
· Segment										
· Functional Area										
· Period/year										

계정별 / Profit Center별로 금액이 조회되었다.

> Profit Center / Account Number / Segment / Functional Area는 드릴다운 리포트에서 제공되는 Default 특성이다. Business Area / Cost Center등의 필드를 추가해서 특성별 드릴다운 리포트를 작성할 수 있다. 이것이 가능한 이유는 New G/L Document Splitting기능을 통해서 모든 총계정원장 뷰에 속한 Lineitem들에 대해서 각 특성에 대한 값들을 Update 할 수 있기 때문이다.

> New G/L에서 제공하는 새로운 드릴다운 리포트 T-Code - FGI0, 모든 계정의 계정별 잔액 리스트를 조회할 수 있다.

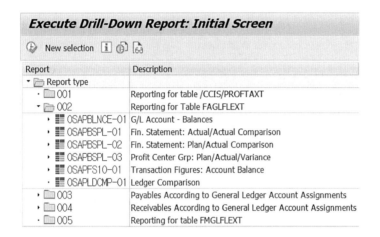

다양한 형태의 드릴다운 리포트가 조회된다. Report 더블클릭 후 조건 입력하여 조회 하는 부분은 동일

▶ Line Item and balance display in New G/L Accounting

> FAGLB03 화면에서 계정잔액을 조회할 수 있다. 구Classic 화면과 다른 점은 Ledger별로 조회가 가능하며 특성별 조회가 가능하다. 더블클릭시 라인아이템 조회화면으로 이동하는 기능은 기존과 동일하다.

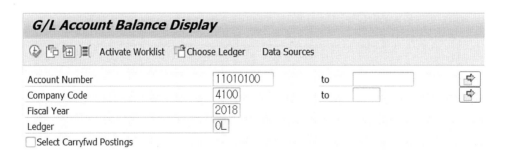

Choose Ledger 버튼을 이용하여 Ledger를 선택할 수 있다.

(Select Carryfwd Postings : Italy에서 사용하는 Balance Carryforward(T-Code : FAGL_IT_01) 프로그램에서 처리한 내역을 조회하기 위한 체크박스, 국내에서는 사용하지 않는 기능이다.)

Balance Display: G/L Accounts For the Ledger 0L

Document Currency   Document Currency   Document Currency   Individual Account

Account Number	11010100	Cash	
Company Code	4100	FI Korea	
Fiscal Year	2018		

Display More Chars

All Documents in Currency   *   Display Currency   KRW   Company code currenc

Period	Debit	Credit	Balance	Cumulative balance
Bal.Carryforw				485,789
1				485,789
2				485,789
3				485,789
4		12,345	12,345-	473,444
5				473,444
6	30,000	225,000	195,000-	278,444
7	1,000	6,011,000	6,010,000-	5,731,556-
8				5,731,556-
9	2,050	2,050		5,731,556-
10				5,731,556-
11	1,000,100	1,020,000	19,900-	5,751,456-
12				5,751,456-
13				5,751,456-
14				5,751,456-
15				5,751,456-
16				5,751,456-
Total	1,033,150	7,270,395	6,237,245-	5,751,456-

〉Display More Chars 를 클릭하여 특성별로 조회하도록 할 수 있다.

Account Number	11010100	Cash	
Company Code	4100	FI Korea	
Fiscal Year	2018		

Hide Additional Chars

Functional Area	*		
Cost Center	*		
Sender cost ctr	*		
Partner PC	*		
Partner FArea	*		
Trading part.BA	*		
Partner Segment	*		
Profit Center	0000001400		Change
Segment	SERV	Services	Change
Business Area	9900	Corporate Other	Change
Trading partner	*		Change
Transaction type	*		Change

All Documents in Currency   *   Display Currency   KRW   Company code currenc

Period	Debit	Credit	Balance	Cumulative balance
Bal.Carryforw				
1				
2				
3				
4		12,345	12,345-	12,345-
5				12,345-

위와 같이 원하는 특성값에 해당하는 시산금액을 조회해 볼 수 있다.

> Line Item 조회하는 화면도 동일(FAGLL03) : Ledger 별로 조회가능하며 입력뷰/총계정원장뷰로 조회가능

기존에는 Line Item을 관리하겠다는 체크가 되어있지 않은 조정계정 같은 경우에 Line Item 조회가 불가능했었으나 New G/L에서는 모든 계정에 대해서 Line Item별 총계정원장 조회가 가능하도록 되었다.

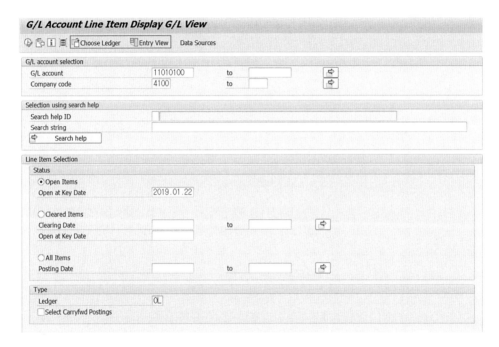

Entry View 버튼으로 Subledger 레벨에서 조회가 가능하다.

각 Lineitem 항목별로 조회가 된다.

> 스탠다드 드릴다운 리포트를 이용하여 AR/AP 내역들도 조회가 가능하다. PC/Segment 별 AR/AP등을 조회할 수 있는 장점이 있다.

> FI-General Ledger-Information System-General Ledger Reports (New)-Line Items-Open Items 메뉴를 이용해 조회

- ▼ 📂 Information System
  - ▶ 🗀 General Ledger Reports
  - ▼ 📂 General Ledger Reports (New)
    - ▶ 🗀 Financial Statement / Cash Flow
    - ▶ 🗀 Account Balances
    - ▶ 🗀 Reports for Profit Center Accounting
    - ▶ 🗀 Reports for Segment Reporting
    - ▼ 📂 Line Items
      - · 🔘 S_ALR_87012282 - G/L Line Items, List for Printing
      - · 🔘 S_ALR_87012332 - G/L Account Statements
      - · 🔘 FAGLP03 - Display Plan Line Items
      - ▼ 📂 Open Items
        - · 🔘 S_AC0_52000887 - Receivables: Profit Center
        - · 🔘 S_AC0_52000888 - Payables: Profit Center
        - · 🔘 S_PCO_36000218 - Receivables: Segment
        - · 🔘 S_PCO_36000219 - Payables: Segment

> S_AC0_52000887 - Receivables: Profit Center 화면

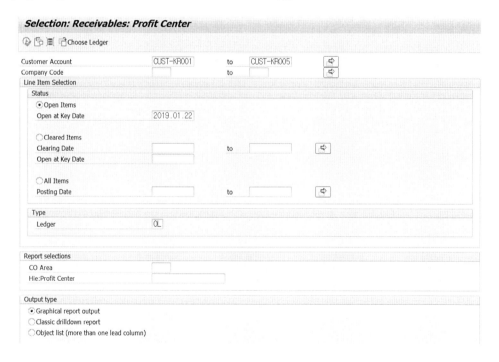

Execute Drilldown Report Receivables: Profit Center

Navigation	P.	N.	Text		Customer		Receivables LC
▾ Local Currency					· CUST-KR001	SFA Electronics LTD.	1,042,000
· KRW			S.Korean Won		· CUST-KR003	SFA Consulting	550,000
· G/L					· CUST-KR004	SFA Assets	1,100,000
· Profit Center					· CUST-KR005	SFA Expert	1,800,000
· Customer					· Result		4,492,000
· Company Code							
· Document Numb							
· Fiscal Year							
· Line item							
· CO Area							

원하는 특성별로 Drilldown 하여 데이터를 조회할 수 있다.

＞Output Type : Object List - Document No.까지 조회해주는 화면임

Output type

○ Graphical report output
○ Classic drilldown report
◉ Object list (more than one lead column)

Object List:0SAPRECIEV01 -Receivables: Profit Center

0SAPRECIEV01	Receivables: Profit Center
Data from	18:48:16
Acct type	D
Ledger	0L Leading Ledger
Customer From	CUST-KR001 SFA Electronics LTD.
Customer To	CUST-KR005 SFA Expert

LCurr	G/L Account	Profit Center	Customer	CoCd	DocumentNo	Year	Item	CO Area	Receivables LC
KRW	CAKR/11040100	4100/	CUST-KR001	4100	1800000004	2018	1	Korea	1,000,000
KRW	CAKR/11040100	4100/	CUST-KR001	4100	1800000005	2018	2	Korea	5,000
KRW	CAKR/11040100	4100/	CUST-KR001	4100	1800000005	2018	3	Korea	3,000
KRW	CAKR/11040100	4100/	CUST-KR001	4100	1800000005	2018	4	Korea	2,000
KRW	CAKR/11040100	4100/	CUST-KR001	4100	1800000006	2018	1	Korea	11,000
KRW	CAKR/11040100	4100/	CUST-KR001	4100	1800000007	2018	1	Korea	11,000
KRW	CAKR/11040100	4100/	CUST-KR003	4100	1400000027	2018	2	Korea	9,500-
KRW	CAKR/11040100	4100/	CUST-KR003	4100	1400000028	2018	2	Korea	10,500-
KRW	CAKR/11040100	4100/	CUST-KR003	4100	1400000029	2018	2	Korea	10,000-

Document Level의 각 특성별 데이터를 조회할 수 있다.

＞FI 드릴다운 리포트를 통해서 Cost Center 리포팅이 가능해진다. FI와 CO 리포팅의 차이점은 FI쪽에서는 추가한 특성에 대해 드릴다운이 가능하지만 CO쪽에서는 CO Object별 Plan/ Actual 금액만을 조회할 수 있다. 특성값을 잘 관리할 경우 FI관점에서 조회하는 것이 더 다양한 드릴다운 리포팅이 가능하다.

Asset Accounting

Part 8

1. Asset Accounting Organizational Structure

2. Asset Transactions

3. Periodic Processing

4. Information system

5. Legacy Data Transfer

6. Asset Accounting (S/4 HANA)

enterprise

software

resource

planning

system

SAP

program

development

analysis

이번 장에서는 Asset Accounting에 대해 살펴볼 예정입니다. FI-AA컴포넌트에서 사용하는 조직구조에 대해 살펴보고, 어떻게 SAP에서 자산을 취득/대체/처분하는지 알아보도록 하겠습니다. 매월 결산시점에 어떤 IMG 세팅으로 감가상각비가 계산 되는지 알아볼 것입니다. 각 자산별 Reporting 방법과 최초 SAP시스템 오픈시 Legacy Asset Data를 어떻게 New ERP로 Migration하는지에 대해서도 알아보겠습니다. S/4 HANA 버전에서 달라진 사항이 무엇이 있는지도 살펴보겠습니다.

1. Asset Accounting Organizational Structure

● **AA Organizational Structure Overview**

▶ Asset Accounting 관련하여 아래 사항들에 대해 살펴볼 예정이다.

▶ Asset Accounting 관련 조직구조 - Client, Company Code, Chart of Depreciation(감가상각표) - Chart of Account(계정과목표) 관계

▶ Cost Accounting Assignment : CO와 FI-AA가 어떤 관계를 가지고 있는가? → 감가상각비를 CO에 반영하는 부분

▶ Asset Class : 유사한 고정자산을 묶은 Group 코드, 자산클래스가 어떤 기능을 수행하는가?

▶ Depreciation Area : 감가상각영역이 무엇을 의미하며 어떤 기능을 수행하는가?

● **Chart of Depreciation(감가상각표-COD)** - Chart of Account(계정과목표-COA) 관계

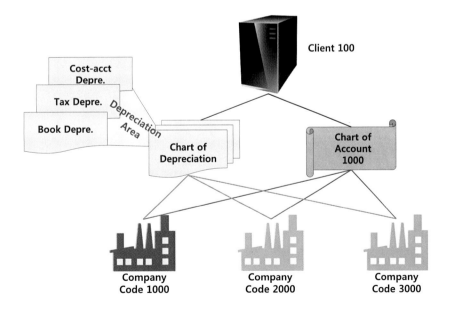

▶ COD는 Depreciation Area들을 묶어놓은 대표 키값이다.

▶ COA는 Client 레벨에서 먼저 생성(COA Data Segment)하고 Company Code 레벨 (Company Code Data Segment)에서 각 Company Code별 세부정보를 입력한다.

▶ COD(Chart of Depreciation) 역시 Client 레벨에서 먼저 생성하고 Company Code 레벨에서 각 Company Code별로 세부정보를 관리한다.

▶ Asset Accounting Company Code : Company Code에 COA와 COD가 모두 Assign 된 상태로 Asset Master Data를 이용해 Asset Transaction을 수행할 수 있는 회사코드를 의미한다(=고정자산 회계 처리 가능 Company Code)

▶ IMG-FI-Asset Accounting-Organizational Structures-Copy Reference Chart of Depreciation/Depreciation Areas 화면 : Chart of Depreciation 생성

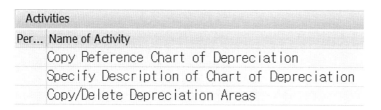

○ 레퍼런스 카피하여 COD를 생성할 수 있다.

＞Activity - Copy Reference Chart of Depreciation 항목 더블클릭

＞아래 그림처럼 아무런 내용도 보이지 않는다.

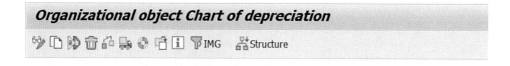

＞상단의 (Reference Copy)아이콘 클릭

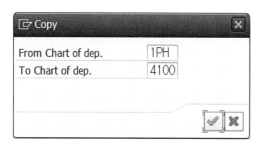

1PH라는 대한민국 견본 COD를 복사하여 4100이라는 COD를 만든다. 관련된 테이블을 Copy 한다.

카피가 완료되면 위와 같이 정보 창이 뜬다.

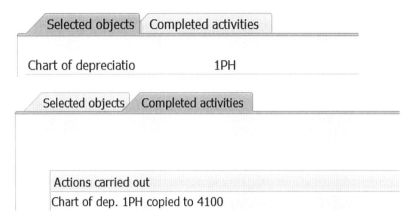

완료된 결과 내역이 나타난다. Back 버튼(F3)을 이용하여 초기화면으로 돌아온다.

○ 생성된 COD의 Description을 수정

  〉Activity - Specify Description of Chart of Depreciation 항목 더블클릭

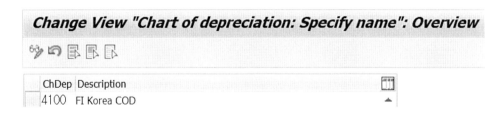

4100 COD의 Description을 수정한다. Back 버튼을 이용하여 초기화면으로 돌아온다.

○ 생성된 COD의 Depreciation Areas를 수정. 사용하지 않는 Depreciation Area는 삭제, 필요한 영역 추가

>Activity - Copy/Delete Depreciation Areas 항목 더블클릭

4100 선택 후 실행- 1PH로부터 Copy된 Depreciation Area 내역이 조회된다.

위와 같이 필요 없는 Depreciation Area는 삭제()하거나 변경/추가한다.

▶ IMG-FI-Asset Accounting-Organizational Structures-Assign Chart of Depreciation to Company Code 화면 : 해당 COD를 사용하고자 하는 Company Code를 Assign

>Company Code에 앞에서 생성한 4100 COD를 assign 한다.

Change View "Maintain company code in Asset Accounting": Overview

CoCd	Company Name	Chrt dep	Description
4100	FI Korea	4100	FI Korea COD

▶ ※참고) IMG-FI-General Ledger Accounting (New)-Master Data-G/L Accounts-Preparations-Assign Company Code to Chart of Accounts 화면 : COA를 Company Code에 Assign 한다.

CoCd	Company Name	City	Chrt/Accts	Cty ch/act	
4100	FI Korea	Seoul	CAKR	CAKR	▲

● Depreciation Areas : 감가상각 영역

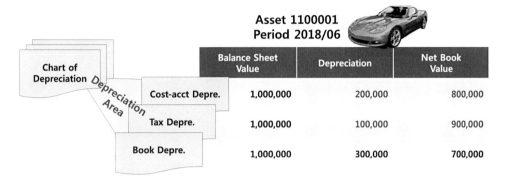

	Balance Sheet Value	Depreciation	Net Book Value
Cost-acct Depre.	1,000,000	200,000	800,000
Tax Depre.	1,000,000	100,000	900,000
Book Depre.	1,000,000	300,000	700,000

Asset 1100001 Period 2018/06

▶ COD는 감가상각 영역이라는 영역별 설정정보를 가지고 있으며 Book용, Tax용, CO용등 99개의 감가상각 영역을 지정할 수 있다.

▶ 동일한 고정자산이라고 하더라도 여러가지 상황에 따라 감가상각 방식이 달라질 수 있기 때문에 이 각각의 상황을 감가상각 영역으로 나누어 정의한다.

▶ 참고 : APC(취득가 Acquisition Product Cost), Accumulated Depreciation(감가상각누계액), NBV(장부가-Net Book Value)-잔존가액, ex)취득가 100,000 자산 취득 후 2년 경과시

Dep.Area	내용년수	상각법	APC (취득가)	Acc.Dep.Amt (감가상각누계액)	NBV (잔존가액)
Book(01)	10	정액법	100,000	100,000 * 2 / 10 = 20,000	80,000
Tax(02)	5	정액법	100,000	100,000 * 2 / 5 = 40,000	60,000
CO(20)	20	정액법	100,000	100,000 * 2 / 20 = 10,000	90,000

▶ 모든 클라이언트의 COD안에는 01-Book depreciation 영역이 필수로 존재해야 한다(= Major Depreciation Area)

1. Asset Accounting Organizational Structure　185

▶ 30, 31 영역의 경우 01영역과 동일한 감가상각 룰이나 Currency만 다르게 한 경우
이다(이런 방식으로도 적용 가능)

▶ **각각의 Depreciation Area별로 FI-G/L쪽으로 반영되는 계정과목코드를 지정**한다.

● **Cost Accounting Assignment** : CO와 FI-AA가 어떤 관계를 가지고 있는가(감가상
각비를 CO에 반영하는 부분)

▶ Asset Master Data : 정의시 CO Object(Cost Center, Order)를 입력해야 한다.

○ FI-Fixed Assets-Asset-Create-AS01 - Asset 화면에서 고정자산 마스터 생성

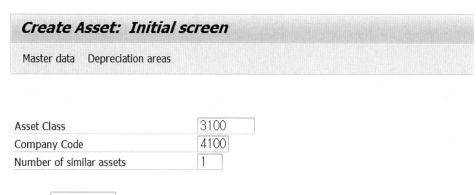

> 상단의 Master data 버튼 클릭

Description 입력

>Time-dependent tab에서 <u>CO Object를 assign</u>한다.

Business Area, Cost Center, Int.Order등 CO Object를 지정한다.

▶ Depreciation : 감가상각을 돌리게 되면 감가상각비가 CO Object(Cost center, Order)로 반영이 된다.

● Asset Class and Asset Master Data

▶ Asset Class : 유형이 비슷한 고정자산을 묶어놓은 Grouping Key값, 고정자산의 계정별 분류기준임

▶ 1000(Buildings), 2000(Machines), 3000(Fixtures and fittings-비품 및 부속품), 3100(Vehicle-차량운반구), 4000(Assets Under Construction-건설중자산), 5000(Low Value Assets-부외자산) 등의 유형으로 구분한다. 우리나라의 경우 토지, 건물, 구축물, 기계장치, 차량운반구, 비품, 건설중자산, 부외자산 등으로 구분한다(여기서 건설중자산과 부외자산은 Special Asset Class라고 한다.)

▶ Customer/Vendor Account Group은 Customer/Vendor의 마스터 데이터 작성시 토대가 되는 정보들을 가지고 있었다. 이것과 마찬가지로 Asset Class 역시 Asset 마스터 데이터 작성시 필요한 기준 정보들을 가지게 된다

→ Field Status, Number Range Control, G/L Account 결정, Depreciation Key결정 각 Asset Class에는 Control Data와 Default Values를 지정하여 관리한다.

▶ Asset Class(Client레벨) - COD(Company Code레벨)의 관계

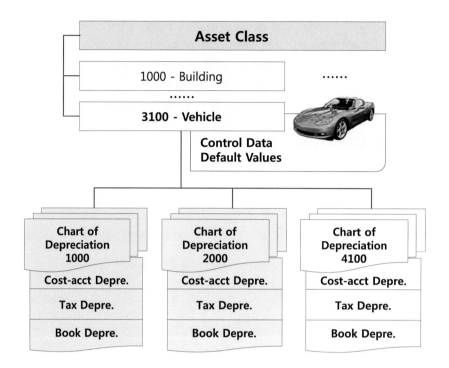

○ Asset Class는 Client레벨에 단 한가지의 유형만을 가진다. COD의 경우 Client레벨에서 정의한 후 Company Code 레벨에서 상세하게 지정이 가능하다(COD : Client Level data + Company Code Level data)

○ Client 레벨에서 정의된 하나의 Asset Class는 Client레벨에서 정의된 여러 개의 COD중에서 해당 Company Code와 연결된 하나의 COD와 assign되어 사용된다 (Company Code-COD-Asset Class로 정보가 관리됨)

○ IMG-FI-Asset Accounting-Organizational Structures-Assign Chart of Depreciation to Company Code 화면

Change View "Maintain company code in Asset Accounting": Overview

CoCd	Company Name	Chrt dep	Description
4100	FI Korea	4100	FI Korea COD

4100 Company Code에 4100이라는 COD가 assign 되어 있다.

○ IMG-FI-Asset Accounting-Valuation-Set Chart of Depreciation 화면 : Configu-
ration시 사용할 COD를 지정

>4100 Company Code에서는 4100 COD를 사용하므로 4100을 선택한다.

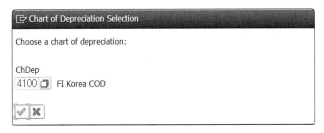

○ IMG-FI-Asset Accounting-Valuation-Determine Depreciation Areas in the
Asset Class 화면

Change View "Asset class": Overview

	Asset class	Asset class description
	1100	Buildings
	2000	Machines declining depr.
	2100	Machines straight-line-depr.
	2110	Machines straight-line-depr.
	2200	Group assets (USA/Canada only)
	3000	Fixture and fittings
	3100	Vehicles
	3200	Personal computers
	4000	Assets under construction

Dialog Structure
- Asset class
  - Depreciation areas

>3100 Vehicles을 선택한 후 좌측 Depreciation areas 더블클릭

Asset Class	3100	Vehicles
Chart of dep.	4100	FI Korea COD

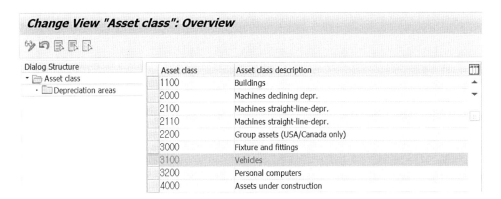

Ar.	Dep. area	Deact	DepKy	Use	Per	Index	Layou
01	Book deprec.	☐	KRL3	5			1000
02	Spec.tax dep	☐	KRL3	5			1000
20	Cost-acc.	☐	KRL3	7			1000
30	Group DEM	☐	KRL3	5			1000
31	Group USD	☐	KRL3	5	0		1000

4100 COD에 속한 Asset Class별 상세 정보를 입력할 수 있다 IMG-FI-Asset Accounting-
Valuation-Set Chart of Depreciation 화면에서 4100을 지정하였기 때문에 위와 같이 조회된
다. 만약 1DE를 지정하였다면 아래와 같은 화면이 조회된다

| Asset Class | 3100 | Vehicles |
| Chart of dep. | 1DE | Sample chart of depreciation: Germany |

	Ar.	Dep. area	Deact	DepKy	Use	Per	Index	Layou	
	01	Book deprec.	☐	LINS	5			2000	▲
	02	Book deprec.	☐	LINS	5	0		2000	▼
	03	Book deprec.	☐	LINS	5	0		2000	
	20	Cost-acc.	☐	LINB	7		00060	2000	
	51	Inv.subs. 2	☐	LINS	5	0		2000	
	60	Book deprec.	☐	LINR	5			2000	
	61	Spec.tax dep	☐	LINR	5			2000	
	63	Tax bal.sht.	☐	LINR	5			2000	

● Asset Master Data Overview

아래 사항들에 대해 자세히 살펴보도록 한다.

▶ Posting Values to G/L : AA에서 발생된 Transaction들을 어떻게 FI-G/L로 넘길 것 인지에 대한 룰 지정

▶ Asset Class 의 4가지 기능

○ Screen Layout : 고정자산 마스터 화면의 구조를 결정

○ Account Allocation : 고정자산 계정을 결정

○ Number assignment : 고정자산 마스터 데이터의 Number Range를 Control

○ Depreciation Terms : Depreciation Area별로 감가상각 조건값을 결정하는 기능

▶ Master Data

○ Create Master Data : Asset Master Data 생성 방법

○ Time-Dependent Data : 시간종속 필드 설정

○ Changing and displaying Asset Master Data : 생성 후 변경이 발생할 경우 시스템 에서 Tracking 할 수 있다.

○ Asset Sub-number 의 개념(Main No와 Sub No의 관계)

● **Posting Values to G/L** : AA에서 발생된 Transaction들을 어떻게 FI-G/L로 넘길 것인지에 대한 룰 지정

▶ Depreciation Area 별로 B/S(Values), P&L(Periodic Depreciation)에 반영될 계정과목 지정 Rule을 설정한다.

Depreciation Area	B/S Values		Depreciation		No Values/ Depre.Posted	Posting Rule Key
	Realtime	Periodic	Realtime	Periodic		
①Book Depre.	●		●			1
②Cost-Account. Depre.			●			3
③Your Own Depre.Area		●		●		2
④Area XX					●	0
Report		Periodic Asset Postings	Depreciation Posting Run		FI-AA Info System	

○ Case ① : 고정자산 취득/감가상각 포스팅이 일어날 경우 실시간(Realtime)으로 G/L 로 포스팅 하겠다는 의미

○ Case ② : 고정자산 취득시 G/L쪽으로 포스팅 하지 않고 감가상각비에 대해서만 G/L로 포스팅 한다는 의미

○ Case ③ : 고정자산 취득/감가상각 처리시 G/L로 포스팅 하지 않고 있다가 T-Code : ASKBN - Periodic Asset Postings 프로그램을 이용 G/L로 포스팅하겠다(Periodic 의 의미는 ASKBN 프로그램을 돌린다는 의미임)

○ Case ④ : 포스팅을 아무것도 하지 않고 고정자산 분석 시스템(AA Info System)에서 만 사용하겠다는 의미

▶ IMG-FI-Asset Accounting-Integration with General Ledger Accounting-Define How Depreciation Areas Post to General Ledger 화면

○ COD - 4100 선택 후 실행

Change View "Define Depreciation Areas": Overview

Chart of dep.   4100 FI Korea COD

Define Depreciation Areas

Ar.	Name of depreciation area	Real	G/L
1	Book depreciation	☑	1
2	Spec. tax dep. per Corporate Tax Law (CTL)	☑	0
9	Difference bt Book and Tax	☐	0
20	Cost-accounting depreciation	☑	3
30	Consolidated balance sheet in local currency	☑	0
31	Consolidated balance sheet in reporting currency	☑	0

Dom. lower value (2)   7 Entries found

Restrictions

Fixed Val.	Short text
0	Area Does Not Post
1	Area Posts in Realtime
2	Area Posts APC and Depreciation Periodically
3	Area Posts Depreciation Only
4	Area Posts APC Directly and Depreciation
5	Area Posts APC Only
6	Area Posts Only APC Directly

감가상각 영역별로 G/L로 업데이트 되는 Posting Rule을 정의한다.

01-Book용 감가상각영역은 무조건 1번 포스팅 룰(Area Posts in Realtime)이 지정되어

있다. 변경 불가능

〉Posting Rule Key 필드의 Possible Entry 클릭

Fixed Val.	Short text
0	Area Does Not Post
1	Area Posts in Realtime
2	Area Posts APC and Depreciation Periodically
3	Area Posts Depreciation Only
4	Area Posts APC Directly and Depreciation
5	Area Posts APC Only
6	Area Posts Only APC Directly

0번 : G/L로 Posting 처리를 하지 않는다. Case ④

1번 : G/L로 실시간 Posting 처리하도록 되어 있다. Case ①

2번 : Periodical 하게 G/L로 APC/Depreciation Posting 처리한다. Case ③ (ASKBN 프로그램
　　　사용)

3번 : B/S Value 는 G/L로 넘기지 않고 감가상각비 금액만 G/L로 Posting 한다. Case ②

4번 : APC와 감가상각비 금액을 G/L로 Posting 처리한다(Direct Mode : Error발생시 ASKBN 프
　　　로그램 사용)

5번 : APC 금액만 G/L로 Posting 한다(ASKBN 프로그램 사용)

6번 : APC 금액만 즉시 G/L로 Posting 처리한다(ASKBN 프로그램 사용)

>S/4 HANA에서는 실시간 통합으로 ASKBN(RAPERBxxxx) **프로그램이 Obsolete됨** → 2,5,6 **Rule Key가 없어짐.**

Define Depreciation Areas

	Ar.	Name of Depreciation Area	Real	Trgt Group	Acc.Princ.	G/L	
	1	Book depreciation	✓	0L	GAAP	1 Area Posts in Real Time	▼
	51	Book depreciation	✓	0L	GAAP	1 Area Posts in Real Time	▼

0 Area Does Not Post
1 Area Posts in Real Time
3 Area Posts Depreciation Only
4 Area Posts APC Immediately and Depreciation

▶ ※감가상각비와 관련된 Posting은 특정 주기별로 처리한다. Depreciation Posting Run 프로그램(T-Code : AFAB)

○ Periodic Interval을 지정할 수 있다(월별/분기별/반기별 등)

○ IMG-FI-Asset Accounting-Integration with General Ledger Accounting-Post Depreciation to General Ledger Accounting-Specify Intervals and Posting Rules 화면

>Company Code마다 감가상각처리 주기를 지정해줄 수 있다.

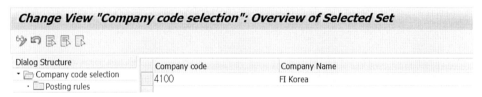

Change View "Company code selection": Overview of Selected Set

Dialog Structure
▾ 🗀 Company code selection
· 🗀 Posting rules

Company code	Company Name
4100	FI Korea

>Company Code 1000 선택 후 🗀 Posting rules 더블클릭

>아래 그림에서 01-Book depreciation 더블클릭

Company Code 　4100

	Deprec.area	Name of depreciation area	
	01	Book depreciation	
	20	Cost-accounting depreciation	

>아래 그림과 같이 Interval을 정의할 수 있다.

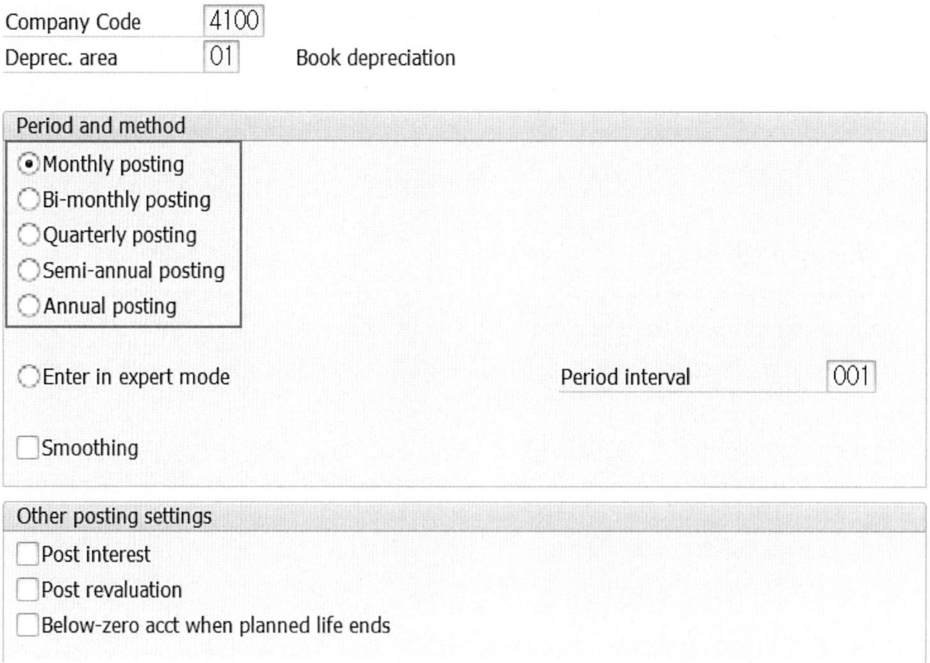

Company Code	4100	
Deprec. area	01	Book depreciation

Period and method
- ⦿ Monthly posting
- ○ Bi-monthly posting
- ○ Quarterly posting
- ○ Semi-annual posting
- ○ Annual posting

○ Enter in expert mode   Period interval   001

☐ Smoothing

Other posting settings
- ☐ Post interest
- ☐ Post revaluation
- ☐ Below-zero acct when planned life ends

▶ Depreciation Area and the Balance Sheet

○ 각 Depreciation Area별로 감가상각비 금액이 다르게 계산된다. 목적(외부공시용-FI, 내부보고용-CO)에 맞는 재무제표를 생성하기 위해서는 이 Depreciation Area 별로 다르게 계산된 감가상각비 금액을 서로 다른 계정에 assign 하여야 한다(동일 원장 내에서 계정을 구분할 수 있음)

○ 만약 원장을 구분하여 목적별 재무제표를 생성할 경우 Depreciation Area별 Target Ledger Group을 지정하여 원장별 병행회계처리를 할 수 있다.

● **Asset Class의 4가지 Functions**

▶ ①Depreciation Terms / ②Account Determination / ③Number Range / ④ Screen Layout Rule

▶ FI-Fixed Assets-Asset-Create-AS01 - Asset 화면

○ Asset Master Data를 입력하기 위해서는 초기화면에서 반드시 Asset class 필드를
입력해야 한다.

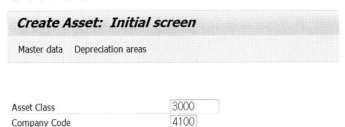

○ 고정자산 마스터 데이터 조회해 보면 Master data 부분(　Master data　버튼 클릭시 화면

　: General tab ~ Leasing tab 까지를 말함)과 Depreciation Areas 부분

(　Depreciation areas　버튼 클릭시 화면 : Deprec.Areas tab 화면을 말함)으로 나누어져 있다.

○ 　Master data　버튼 클릭

| General | Time-dependent | Allocations | Origin | Net Worth Tax | Insurance | Leasing | Deprec. Areas |

Master Data 관장하는 3가지 기능 : ②Account Determination, ③Number
Range, ④Screen Layout Rule 을 결정

○ 　Depreciation areas　버튼 클릭

Depreciation Area를 관장하는 1가지 기능 : Asset Master Data의 ①Depreciation
Term을 결정

▶ ①Depreciation Terms : 감가상각 조건(Depre.Key/Useful Life) - 마스터 데이터 생성
시 Default 값을 세팅해주는 역할

○ Depre.Key(감가상각키) + Useful Life(내용연수) → Depreciation Terms(감가상각조건)

○ IMG-FI-Asset Accounting-Valuation-Determine Depreciation Areas in the
Asset Class 화면에서 세팅

Change View "Asset class": Overview of Selected Set

Dialog Structure
- Asset class
  - Depreciation areas

Asset class	Asset class description
1100	Buildings
2000	Machines declining depr.
3000	Fixture and fittings
3100	Vehicles

>3000 번 Asset Class 선택 후 📁Depreciation areas 더블클릭

Asset Class   3000   Fixture and fittings
Chart of dep.   4100   FI Korea COD

	Ar.	Dep. area	Deact	DepKy	Use	Per	Index	Layou
	01	Book deprec.	☐	KRL3	10			1000
	02	Spec.tax dep	☐	KRL3	10			1000
	20	Cost-acc.	☐	KRL5	10			1000
	30	Group DEM	☐	KRL3	10			1000
	31	Group USD	☐	KRL3	10	0		1000

Depreciation Area 01과 20이 서로 다른 Depre.Key(KRL3/KRL5)를 가지고 있다. 이는 두 영역 간 감가상각계산 로직이 다르기 때문이다. Book용과 CO용 각 목적에 맞는 감가상각비 계산을 하도록 설정한 것이다.

○ 고정자산 마스터 생성시 여기서 세팅된 값을 이용해 디폴트 값들을 뿌려준다.

>AS01 트랜잭션 화면(자산 마스터 생성)에서 3000번 Asset Class를 이용하여 자산을 생성해보자.

Create Asset: Initial screen

Master data   Depreciation areas

Asset Class   3000
Company Code   4100
Number of similar assets   1

> ｜Depreciation areas｜ tab으로 이동

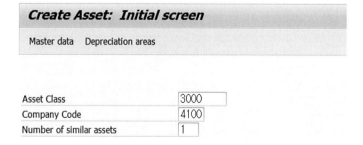

Deact	A..	Depreciation area	DKey	UseLife	Prd	ODep Start	Index	
☐	01	Book deprec.	KRL3	10				
☐	02	Spec.tax dep	KRL3	10				
☐	20	Cost-acc.	KRL5	10				
☐	30	Group DEM	KRL3	10				
☐	31	Group USD	KRL3	10	0			

위와 같이 Default 값으로 Asset Class에서 정의했던 세팅 내역이 그대로 보여진다. 마스터 생성시 변경가능하다.

▶ Master Data 부분(Account Determination, No.Range, Screen Layout Rule)의 Default 값을 세팅해주는 역할

○ IMG-FI-Asset Accounting-Organizational Structures-Asset Classes-Define Asset Classes 화면

○ ②**Account Determination**

• COD상의 Depreciation Area별로 Asset Class별 Account Determination Key(← → COA)를 지정하게 된다.

• Account Determination Key(Account.Det.Key) : 고정자산 Master와 G/L Account 를 연결시켜준다.

• COD + COA + **Account.Det.Key** + Depreciation Area = G/L Account (4100 + CAKR + 30000 + 01 = 16070100-Tools & Fixtures)

• IMG-FI-Asset Accounting-Organizational Structures-Asset Classes-Define Asset Classes 화면

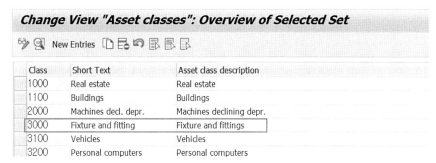

>3000번 Asset Class 더블클릭

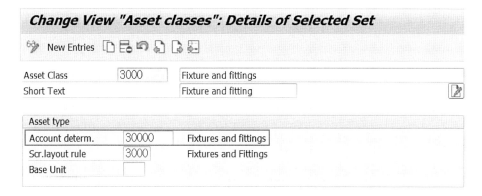

3000번 Asset class는 30000번 Account.Det.Key 값을 가진다.

>AS01 - 자산 마스터 생성 트랜잭션 화면에서 3000번 Asset Class를 이용하여 자산을 생성

해보자.

| Asset | INTERN-00001 | 0 | Fixture and fitting Test | | |
| Class | 3000 | | Fixture and fitting | Company Code | 4100 |

| General | Time-dependent | Allocations | Origin | Net Worth Tax | Insurance | Leasing | Deprec. Are |

General data	
Description	Fixture and fitting Test
Asset main no. text	Fixture and fitting Test
Acct determination	30000 Fixtures and fittings
Inventory number	

자동으로 Account.Det.Key 값에 30000번이 지정되어 있음을 볼 수 있다.

- IMG-FI-Asset Accounting-Integration with General Ledger Accounting-Assign
  G/L Accounts 화면 : Account.Det.Key 값의 G/L 계정 설정부분

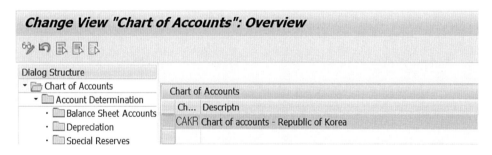

>CAKR COA를 선택한 후에 📁 Account Determination 더블클릭

Chart of Accts	CAKR	

Account Determination	
Account determ.	Name for account determination
10000	Real estate and similar rights
11000	Buildings
20000	Technical assets and machines
30000	Fixtures and fittings
31000	Vehicles
40000	Down payments paid and assets under construction
50000	Low-value assets

>30000번 Account.Det.Key값을 선택한 후 원하는 계정분야 선택(🗁 Depreciation-감가상각

비 더블클릭)

| Chart of Accts | CAKR | Chart of accounts - Republic of Korea |
| Account determ. | 30000 | Fixtures and fittings |

Account determinations are not chart of depreciation-dependent.
The chart of deprec. is only used for the selection of depreciation areas to be displayed.

Depreciation	
Area	Name of depreciation area
1	Book depreciation
20	Cost-accounting depreciation

>1번 Depreciation Area를 선택하고 더블클릭

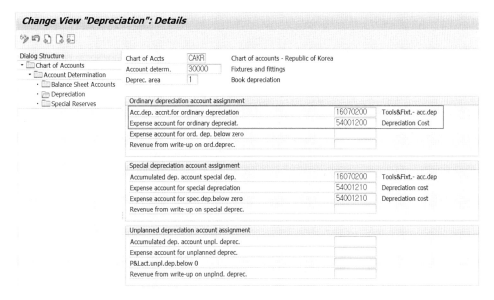

감가상각과 관련된 계정들이 매핑되어 있다. 16070200-감가상각충당금, 54001200-감가상각비 [COD + COA + **Account.Det.Key** + Deprec.Area] 의 조합으로 G/L 계정이 등록되어 있다.

> 🗁 Balance Sheet Accounts 더블클릭

위 화면과 동일한 형태로 B/S 계정 매핑 내역을 보여준다.

Chart of Accts	CAKR	Chart of accounts - Republic of Korea
Account determ.	30000	Fixtures and fittings
Deprec. area	1	Book depreciation

Acquisition account assignment

Bal.sh.acct APC	16070100	Tools & Fixtures
Acquisition: down payments		
Contra account: Acquisition value	51008920	Clrg Asset Acqui.
Down-payments clearing account		
Acquisition from affiliated company		
Revenue frm post-capitaliz:	57000500	gain asset contribut

Retirement account assignment

Loss made on asset retirement w/o reven.	58000100	Loss on disposal/sal
Clearing acct. revenue from asset sale	50049999	Suspense a/c - dispo
Gain from asset sale	57000100	Gains from fixed ass
Loss from asset sale	58000100	Loss on disposal/sal
Clear.revenue sale to affil.company		

자산 취득계정- 16070100, 취득임시계정- 51008920, 처분 손익 계정- 57000100, 58000100 등등 계정 설정

>AS01 - 자산 마스터 생성 트랜잭션 화면에서 3000번 Asset Class를 이용하여 자산을 생성 해보자.

| Asset | INTERN-00001 | 0 | Fixture and fitting Test | | |
| Class | 3000 | | Fixture and fitting | Company Code | 4100 |

General | Time-dependent | Allocations | Origin | Net Worth Tax | Insurance | Leasing | Deprec. Are

General data

Description	Fixture and fitting Test	
Asset main no. text	Fixture and fitting Test	
Acct determination	30000	Fixtures and fittings
Inventory number		

>Time-dependent tab에서 CO Object를 assign한다.

General | **Time-dependent** | Allocations | Origin | Net Worth Tax

Interval from 1900.01.01 to 9999.12.31

| Business Area | 9900 | Corporate Other |
| Cost Center | 4120 | IT Service |

>저장 버튼을 클릭하여 자산 생성

☑ The asset 3001 0 is created

>FI-Fixed Assets-Posting-Acquisition-External Acquisition-ABZON - Acquis. w/Autom. Offsetting Entry 트랜잭션 화면에서 취득거래를 일으켜보자. [회계분개 : 차)자산 xxx / 대)취득임시계정 xxx](여기서 취득 임시계정은 추후 AP등으로 대체처리 되어야 한다.)

Enter Asset Transaction: Acquis. w/Autom. Offsetting Entry

▦ ⟨ᵧLine items   🔒Change company code   ▥ Multiple assets   ▯

Company Code	4100		FI Korea
⦿ Existing asset	3001	0	Fixture and fitting Test
○ New asset			
	Description		
	Asset Class		
	Cost Center		

— Transaction data — Additional Details — ⟨ᵧNote —

Document Date	2018.08.01
Posting Date	2018.08.01
Asset Value Date	2018.08.01
Amount posted	1,000,000	KRW
Quantity	
Text	

>8월1일에 1,000,000원 자산 취득, 상단의 ▦(Simulate) 버튼 클릭

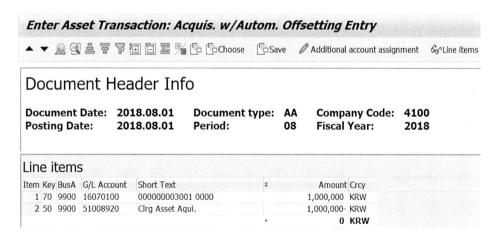

Enter Asset Transaction: Acquis. w/Autom. Offsetting Entry

▲ ▼ 🔍⎙☰▽⊞🗐Σ%🗗 🗗Choose 🗗Save ✎Additional account assignment ⟨ᵧLine items

Document Header Info

Document Date: 2018.08.01   **Document type:** AA   **Company Code:** 4100
Posting Date: 2018.08.01   **Period:** 08   **Fiscal Year:** 2018

Line items

Item	Key	BusA	G/L Account	Short Text	Σ	Amount	Crcy
1	70	9900	16070100	000000003001 0000		1,000,000	KRW
2	50	9900	51008920	Clrg Asset Aqui.		1,000,000-	KRW
					·	0	KRW

PK-70 자산취득계정으로 16070100이 발생한 것을 확인할 수 있다. 앞에서 살펴본 Bal. sh.Account APC 계정

상대계정은 취득임시계정인 51008920(Contra account: Acquisition value) 계정이 자동으로 발생되었다.

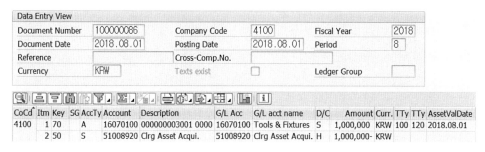

전표분개 : [차)16070100(Tools & Fixtures) 1,000,000 / 대)51008920(Clrg Asset Aqui.) 1,000,000]

(※참고- Asset 취득 Lineitem을 보면 전기키가 70(차변)인 것을 볼 수 있다. Asset이 대변발생일 경우 75)

○ ③Number Range

• IMG-FI-Asset Accounting-Organizational Structures-Asset Classes-Define Asset Classes 화면

>3000번 Asset Class 선택 후 더블클릭. Number Range No 03이 지정되어 있다.

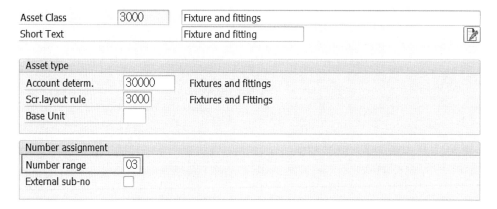

- Number range 필드는 Interval range 값을 갖는 Number Range No.값을 선택하도록 되어 있다.
- IMG-FI-Asset Accounting-Organizational Structures-Asset Classes-Define Number Range Interval 화면 : Number Range No별 Interval 지정

〉Company Code Dependent 하게 정의(4100번 선택)

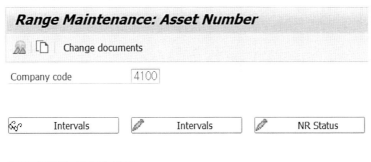

Range Maintenance: Asset Number

🔍 📋 Change documents

Company code   `4100`

| 🔧 Intervals | ✏️ Intervals | ✏️ NR Status |

〉 ✏️ Intervals 버튼 클릭

Interval Maintenance: Asset Number, Subobject 4100

N..	From No.	To Number	NR Status	Ext
01	000000001000	000000001999	0	☐
02	000000002000	000000002999	0	☐
03	000000003000	000000003999	3001	☐
04	000000004000	000000004999	0	☐
05	000000005000	000000005999	0	☐
06	000000006000	000000006999	0	☐
08	000000008000	000000008999	0	☐
09	000000900000	000000999999	0	☐
XX	A	ZZZZZZZZZZZZ	0	☑

Ext 부분에 체크가 안되어 있으면 Internal로 시스템이 자동으로 번호를 생성시켜주게 된다.

Internal인 경우 NR Status(Current No.)를 보게 되면 현재까지 생성되어 있는 코드No를 볼 수 있다.

앞서 생성했던 자산번호 3001이 NR Status필드에 업데이트 된 것을 확인할 수 있다.

○ ④**Screen Layout Rule** : Field status 결정

① Master Data의 Screen Layout을 Control : 3가지 기능 (1)Screen Layout, (2)Maintenance Levels, (3)Copy

- IMG-FI-Asset Accounting-Organizational Structures-Asset Classes-Define Asset Classes 화면

Asset Class	3000	Fixture and fittings
Short Text		Fixture and fitting

Asset type

Account determ.	30000	Fixtures and fittings
Scr.layout rule	3000	Fixtures and Fittings
Base Unit		

Number assignment

Number range	03
External sub-no	☐

3000번 Asset Class는 3000번 Screen Layout Rule 키값을 가진다.

- IMG-FI-Asset Accounting-Master Data-Screen Layout-Define Screen Layout for Asset Master Data 화면 : Screen Layout 속성값 제어

Activities

Per...	Name of Activity
	Define Screen Layout for Asset Master Data
	Create Screen Layout Rules for Asset Master Record
	Configurable Entry Screen for Creating Multiple Assets

>Activity - Define Screen Layout for Asset Master Data 더블클릭

Change View "Screen layout": Overview

Dialog Structure
- ▼ 🗀 Screen layout
  - ▼ ☐ Logical field groups
    - · ☐ Field group rules

Layou	Name of screen layout rule
3000	Fixtures and Fittings
3100	Vechicles

>3000번 Asset class 선택 후 🗀 Logical field groups 더블클릭

Dialog Structure
- ▼ ☐ Screen layout
  - ▼ 🗀 Logical field groups
    - · ☐ Field group rules

Log.fld.gr	Log.field group name
1	General data
2	Posting information
3	Time-dependent data
4	Allocations

Asset Master Data의 필드 그룹들을 logical 하게 그룹핑 해놓은 화면이다.

Logical field group은 마스터 데이터 입력화면상의 각 tab 별로 존재하는 필드 그룹을 의미한다.

>1번 General Data의 경우 Asset Master Data 등록 화면의 아래 그림에 해당한다.

General data		
Description	Fixture and fitting Test	
Asset main no. text	Fixture and fitting Test	
Acct determination	30000	Fixtures and fittings
Inventory number		
Quantity	0.000	
	☐ Manage historically	

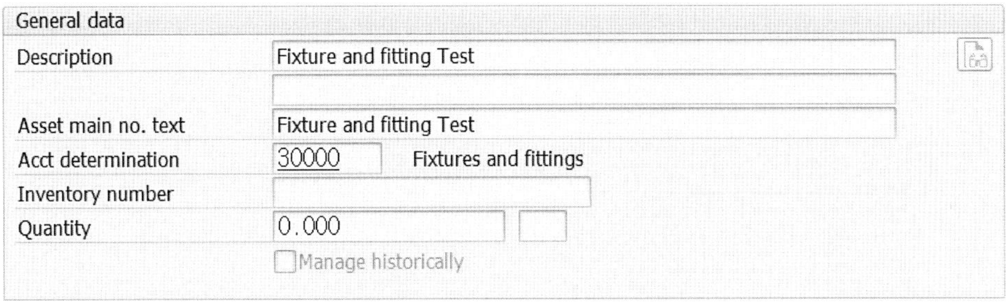

>2번 Posting information의 경우 Asset Master Data 등록 화면의 아래 그림에 해당한다.

Posting information			
Capitalized on	2018.08.01	Deactivation on	
First acquisition on	2018.08.01	Plnd. retirement on	
Acquisition year	2018 008	Ordered on	

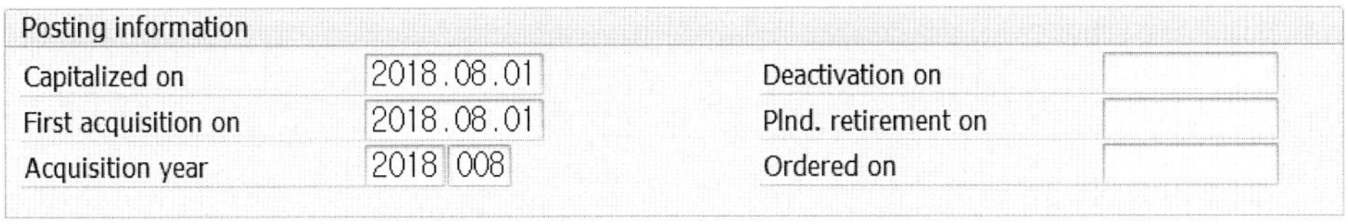

>3번 Time-dependent data 의 경우 Asset Master Data 등록 화면의 아래 그림에 해당한다.

General	Time-dependent	Allocations	Origin	Net Worth Tax	Insurance

Interval from 1900.01.01 to 9999.12.31

Business Area	9900	Corporate Other
Cost Center	4120	IT Service
Resp. cost center		
Activity Type		
Int. order		

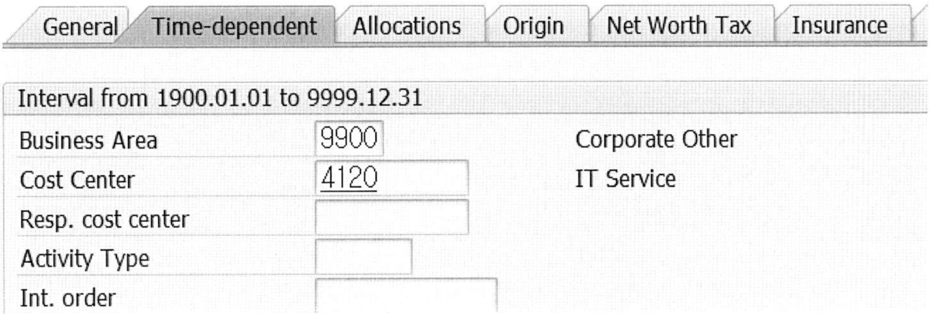

>1번 General data의 필드 Status를 보고자 할 경우

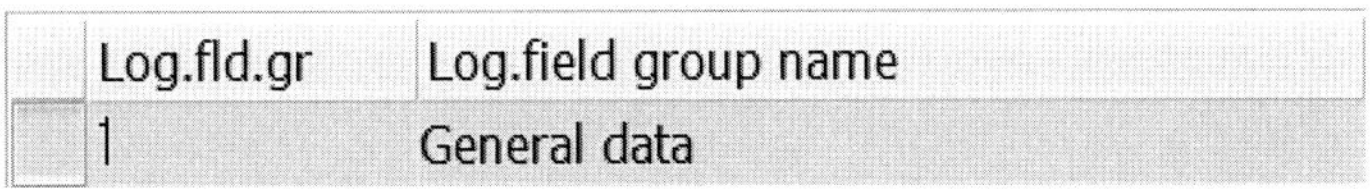

	Log.fld.gr	Log.field group name
	1	General data

>1번 선택 후 📂 Field group rules 더블클릭

Screen layout   3000   Fixtures and Fittings
Logical fld grp   1   General data

| | FG | Field group name | (1)Screen Layout | | | | (2)Maintenance Levels | | | (3)Copy |
			Req.	Opt.	No	Disp	Class	MnNo.	Sbno.	Copy
	01	Description 1	⊙	○	○			✔	✔	✔
	02	Description 2	○	⊙	○			☐	✔	✔
	03	General long text	○	⊙	○			☐	✔	
	04	Inventory number	○	⊙	○			☐	✔	☐
	05	Unit of measure	○	⊙	○		✔	✔	✔	✔
	06	Quantity	○	⊙	○	○		✔	✔	✔
	07	Asset main no. text	○	⊙	○			✔	☐	
	09	Account allocation	⊙				✔			
	75	Serial number	○	○	⊙			☐	☐	☐
	79	Longtxt.:C-acc.view	○	⊙	○			☐	✔	
	80	Longtxt.:Tech.view	○	⊙	○			☐	✔	
	82	History indicator	○	⊙	○		✔	✔	✔	☐

- 그림의 좌측 **빨간색** 부분이 Field Status 설정이다. → Required, Optional, Suppress(No), Display

(S, D, R, O에 관련된 사항은 앞에서도 살펴본 내용이므로 자세한 내용은 생략한다.)

3가지 기능 (1)Screen Layout, (2)Maintenance Levels, (3)Copy 중 (1)Screen Layout 기능에 해당한다.

- 중간 **파란색** 부분의 Class, MainNo, SubNo 란 속성이 있는데 이 속성들은 Maintenance 할 때 필요한 속성이다. 3가지 기능 (1)Screen Layout, (2)Maintenance Levels, (3)Copy 중 (2) Maintenance Levels 기능임. 어떤 Level에서 해당 필드의 유지보수를 허용 할 것인가를 지정 한다.

→ 05: Unit of measure 필드상태가 Optional일지라도 Class필드에만 체크가 되어 있을 경우 Master Data 유지보수 단계에서는 Display처럼 동작한다(Asset Class Level에서 수정하라는 의 미-Asset Class 정의하는 화면에서 Base Unit이란 필드가 이 Unit of measure 필드와 동일한 의미의 필 드이다.)

	FG	Field group name	Req.	Opt.	No	Disp	Class	MnNo.	Sbno.	Copy
	05	Unit of measure	○	⊙	○		✔	☐	☐	✔

위 그림과 같이 세팅이 되어있을 경우

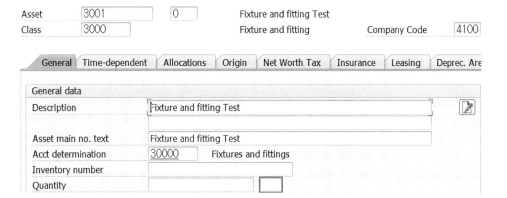

위와 같이 AS02 자산변경 화면에서 수정이 불가하다.

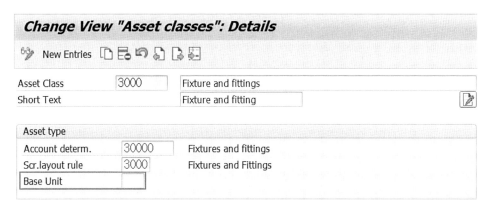

Asset Class 유지보수레벨 : IMG 세팅 Asset Class의 Base Unit이란 부분에서 관리된다.

→ MnNo. 부분에 체크된 경우에는 고정자산 Main No레벨(마스터등록)에서 수정이
   가능하다는 의미

위와 같이 수정할 수 있도록 필드가 Optional 상태가 된다.

→ Sbno. 부분에 체크된 경우에는 고정자산 Sub No레벨에서 수정이 가능하다는 의미

- 우측 녹색 부분 Copy 필드에 체크된 경우 자산 마스터를 Reference Copy해서 만들 때 해당 필드의 Value 값까지 그대로 카피는 것을 허용하겠다는 의미이다. 3가지 기능((1)Screen Layout, (2)Maintenance Levels, (3)Copy) 중 (3)Copy 기능에 해당한다.

② Depreciation Areas 의 Screen Layout을 Control
- IMG-FI-Asset Accounting-Master Data-Screen Layout-Define Screen Layout for Asset Depreciation Areas 화면

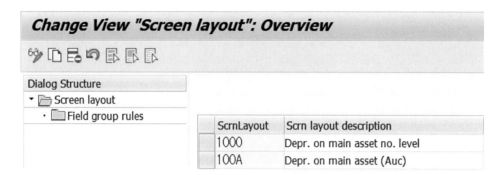

Change View "Screen layout": Overview

Dialog Structure
- 📂 Screen layout
  - 📁 Field group rules

	ScrnLayout	Scrn layout description
	1000	Depr. on main asset no. level
	100A	Depr. on main asset (Auc)

>Screen Layout 1000번을 선택 한 후 📂Field group rules 더블클릭

Screen layout   1000   Depr. on main asset no. level

	FG	Field group name	(1)Screen Layout				(2)Maintenance Levels			(3)Copy
			Req.	Opt.	No	Disp	Class	MnNo.	Sbno.	Copy
	01	Depreciation keys	◉				✓	✓	☐	✓
	02	Useful life	○	◉			✓	✓	☐	✓
	03	Ord.dep.start date	○	◉	○	○		✓	☐	☐
	04	Spec.dep.start date	○	◉	○	○		✓	☐	☐

>기본적인 화면 구조는 Master Data 쪽과 동일하다.

- IMG-FI-Asset Accounting-Valuation-Determine Depreciation Areas in the Asset Class 화면 : Layout 필드에 앞에서 설정한 Variant값을 지정할 수 있다.

Change View "Asset class": Overview

Dialog Structure
- 📂 Asset class
  - 📁 Depreciation areas

Asset class	Asset class description
3000	Fixture and fittings
3100	Vehicles

>3000번 Asset Class 선택 후 📂Depreciation areas 더블클릭

Asset Class	3000	Fixture and fittings
Chart of dep.	4100	FI Korea COD

	Ar.	Dep. area	Deact	DepKy	Use	Per	Index	Layou
	01	Book deprec.	☐	KRL3	10			1000
	02	Spec.tax dep	☐	KRL5	20			1000
	20	Cost-acc.	☐	KRL3	10			1000
	30	Group DEM	☐	KRL3	10			1000
	31	Group USD	☐	KRL3	10	0		1000

Depreciation Area별로 지정하도록 되어있다.

③ Master Data의 Tab Layout을 Control
• IMG-FI-Asset Accounting-Master Data-Screen Layout-Specify Tab Layout for Asset Master Record 화면
>Define Tab Layout for Asset Master Data : Tab Layout을 생성하고 Page/Tab 순서를 지정할 수 있다.

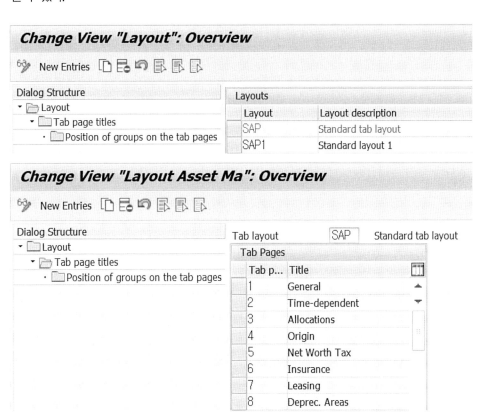

8 Asset Accounting

Tab Layout의 각 Tab Page를 수정하거나 생성할 수 있다. 원하는 Tab 구성을 만들 수 있다.

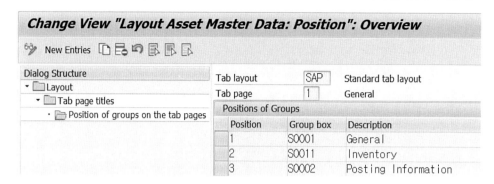

해당 Tab Page의 Group Box에 대한 위치 순번을 지정할 수 있다.

Gr.box	Description
S0001	General
S0002	Posting Information
S0003	Time-Dependent Data
S0004	Allocations
S0005	Leasing
S0006	Net Worth Valuation
S0007	Real Estate
S0008	Insurance
S0009	Origin
S0010	Account Assignment for Investment
S0011	Inventory
S0012	Investment Support
S0013	Equipment
S0100	Depreciation Areas

이미 Standard에서 제공하는 Group Box의 경우 'S'로 시작하는 Key값을 가지고 있으며, User Exit을 통해 별도의 Custom Screen을 생성한 경우 'U'로 시작하는 Key값을 선택할 수 있다.

>Assign Tab Layouts to Asset Classes : 자산Class에 Tab Layout을 지정한다.

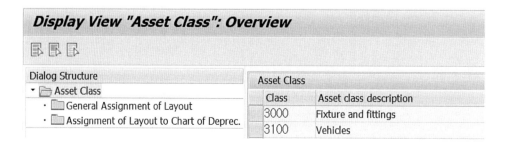

Change View "General Assignment of Layout": Overview

Dialog Structure
- ▼ ☐ Asset Class
  - · 🗁 General Assignment of Layout
  - · ☐ Assignment of Layout to Chart of Deprec.

Asset Class   3000   Fixture and fittings

General Assignment of Layout

Trans.grp	Name	Tab layout	Layout des
CCRESP	Cost center manager	SAPE	Standard Self Service layout
EMPLOYEE	Employee Self-Service	SAPE	Standard Self Service layout
OTHERS	Asset accountant	SAP	Standard tab layout

OTHERS 세팅 부분에서 정의한 Tab Layout을 지정한다. 즉, 3000번 Asset Class의 경우 'SAP' Tab Layout 정보를 가지고 Master Data 등록 화면의 Tab 화면을 구성한다.

● IMG : Lean Implementation

- ▼ 📁   Asset Accounting
  - ▼ 📁   Asset Accounting (Lean Implementation)
    - ▸ 📁   Organizational Structures
    - ▸ 📁   Special Valuation
    - ▸ 📁   Asset Data Transfer
    - ▸ 📁   Preparing for Production Startup

▶ IMG-FI-Asset Accounting-Asset Accounting (Lean Implementation) 부분에 들어가면 4가지 메뉴폴더를 볼 수 있다. 자산 규모가 소규모인 회사들을 위한 IMG 세팅메뉴, 자산에 대한 전체 IMG세팅 부분은 복잡한 구조로 되어 있기 때문에 소규모 회사의 경우는 이 메뉴 내 프로그램을 이용하여 세팅 할 수 있다.

▶ 이 메뉴는 꼭 필요하다고 보이는 원래 IMG 화면들을 모아놓은 IMG 메뉴이다 (Organizational Structures, Special Valuation, Asset Data Transfer, Preparing for Production Startup)

● Special Asset Class

▶ Asset under Construction(AuC Asset Class-4000,4001) : 건설중자산 Asset Class

○ IMG-FI-Asset Accounting-Organizational Structures-Asset Classes-Define
Asset Classes 화면

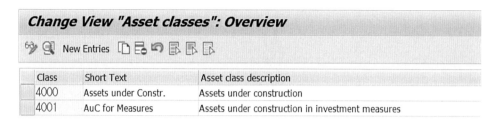

>4000번 코드를 더블클릭해보자. 그 부분에 AuC의 상태값을 선택할 수 있는 부분이 있다(Line
Item Settlement)

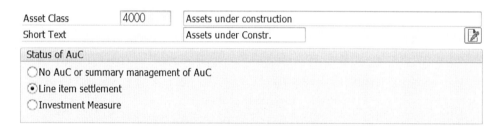

>4001코드를 더블클릭(Investment Measure)

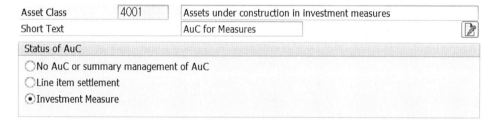

○ **AuC Status** : 예를 들어 1/1~12/31 기간동안 건물을 짓는다고 가정할 경우 기간 중
투입되는 비용이 여러가지 존재할 것이다(투입비용 : 인건비-1,000, 재료비-2,000, 기
타-3,000)

•**AuC for Summary Settlement** : 이 방식은 아무리 많은 비용이 자주 발생한다고 해
도 Summary하여 하나의 AuC자산으로 관리하겠다는 의미임(AuC 6,000 → 건물
4,000, 구축물 2,000 Settle처리)

- **Line Item Settlement** : 이 방식은 건별로 발생하는 Line Item별 AuC계정으로 모두 관리하겠다는 의미(AuC 1,000, AuC 2,000, AuC 3,000 → 건물 4,000(1,000+3,000 합산 대체), 구축물 2,000으로 Settle처리)
- **Investment Measure** : 투입되는 모든 비용을 Investment Measure라는 통에 담아 관리하겠다는 의미(Investment Measure : Investment Order(CO), Project/WBS(PS) 등) 원시 비용의 History를 모두 관리하겠다는 의미(비용기표 : 인건비-1,000, 재료비-2,000, 기타-3,000 → AuC 6,000 Settle처리 → 건물 4000, 구축물 2000 Settle처리) 투자가 빈번히 발생하고 기간이 길 경우 이 방식을 권장한다.

○ AuC 자산은 감가상각처리를 하지 않는 자산임 : Depre.Key를 0000으로 지정, 만약 CO목적으로 감가상각처리를 하겠다면 CO감가상각영역에 대해 별도로 Depre. Key를 지정해서 관리해도 된다.
- FI-Fixed Assets-Asset-Create-AS01-Asset 화면 : 자산 Master Data 등록

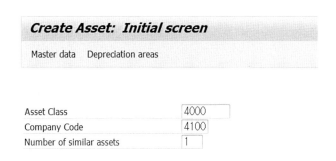

>4000번 Asset Class를 입력한 후 엔터

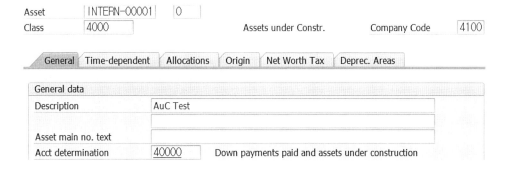

>Depreciation Areas tab 내용을 살펴보자.

	Deact	A..	Depreciation area	DKey	UseLife	Prd	ODep Start	Index
General / Time-dependent / Allocations / Origin / Net Worth Tax / **Deprec. Areas**								
Valuation								
	☐	01	Book deprec.	0000				
	☐	02	Spec.tax dep	0000				
	☐	20	Cost-acc.	0000				
	☐	30	Group DEM	0000				
	☐	31	Group USD	0000		0	0	

DepKy 값이 모두 0000으로 지정된 것을 확인할 수 있다. → 감가상각 처리를 하지 않음

▶ Low Value Asset(LVA-5000, 5001) : 소액자산, 부외자산 관리

○ IMG-FI-Asset Accounting-Organizational Structures-Asset Classes-Define Asset Classes 화면

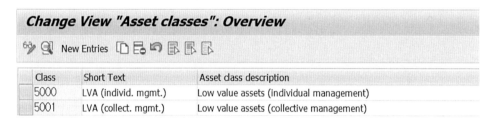

Change View "Asset classes": Overview

New Entries

	Class	Short Text	Asset class description
	5000	LVA (individ. mgmt.)	Low value assets (individual management)
	5001	LVA (collect. mgmt.)	Low value assets (collective management)

○ ①Individual Check방식(5000) : 얼마 미만까지만 LVA로 지정하겠다는 Max amount값을 지정할 것이다. 그 Max Limit를 개별자산별로 체크를 해서 관리하겠다는 의미(자산번호별 체크)

○ ②Quantity Check방식(5001-Collective Check방식) : [취득누계금액/누계취득수량=누계취득단가] 자산의 누계 취득단가를 가지고 Max Limit를 체크하겠다는 의미, 초과하지 않는 자산만 부외자산으로 관리하겠다는 의미

○ IMG-FI-Asset Accounting-Valuation-Amount Specifications (Company Code/Depreciation Area)-Specify Max. Amount for Low-Value Assets + Asset Classes 화면 : Maximum Amount Limit 지정

Activities

Per...	Name of Activity
	Specify LVA asset classes
	Specify amount for low value assets

>Activity - Specify LVA asset classes 더블클릭

Change View "Asset class": Overview

	Asset class	Asset class description
Dialog Structure	5000	Low value assets (individual management)
▾ 📂 Asset class	5001	Low value assets (collective management)
· 🗌 Low-val. asset check		

>5000번 코드 선택 후 📂 Low-val. asset check 더블클릭

Asset Class   5000   Low value assets (individual management)
Chart of dep.   4100   FI Korea COD

Ar.	Dep. area	LVA	Description
01	Book deprec.	1	Value based maximum amount check
02	Spec.tax dep	1	Value based maximum amount check
09	Diff.Book/Tx		No maximum amount check
20	Cost-acc.		No maximum amount check
30	Group DEM	1	Value based maximum amount check
31	Group USD	1	Value based maximum amount check

>LVA필드 지정(1:Value based maximum amount check(5000), 2:Check maximum amount with quantity(5001))

Low-val. asset check	Short Descript.
0	No maximum amount check
1	Value based maximum amount check
2	Check maximum amount with quantity

1:Individual Check방식①, 2:Quantity Check방식②, 5001번 Asset Class는 2번으로 지정되어 있다

Asset Class   5001   Low value assets (collective management)
Chart of dep.   4100   FI Korea COD

Ar.	Dep. area	LVA	Description
01	Book deprec.	2	Check maximum amount with quantity
02	Spec.tax dep	2	Check maximum amount with quantity
09	Diff.Book/Tx		No maximum amount check
20	Cost-acc.		No maximum amount check
30	Group DEM	2	Check maximum amount with quantity
31	Group USD	2	Check maximum amount with quantity

>Activity - Specify amount for low value assets 더블클릭

Change View "Company code selection": Overview of Selected Set

Dialog Structure	Company code	Company Name
▾ ☐ Company code selection	4100	FI Korea
· ☐ Amount for low-value assets		

>금액정의는 Company Code별로 지정가능하다. 4100번 Company Code를 선택한 후

> ☐ Amount for low-value assets 더블클릭

Company Code 4100 FI Korea

Ar.	Name of depreciation area	LVA amount	MaxLVA pur	Crcy
01	Book depreciation	1,000	1,100	KRW
02	Spec. tax dep. per Corporate Tax Law (CT..	1,000	1,100	KRW
20	Cost-accounting depreciation			KRW
30	Consolidated balance sheet in local curren..	1,000	1,100	KRW
31	Consolidated balance sheet in reporting c..	1,000	1,100	KRW

LVA amount 필드 금액보다 취득금액이 적은 경우 부외자산으로 등록된다.

MaxLVA pur필드는 Purchase Order(MM)를 이용한 자산 구매시 부대비용까지 포함한 Maximum 금액이다.

○ Test - ①Individual Check방식(Asset Class - 5000)

• FI-Fixed Assets-Asset-Create-AS01 - Asset 화면 : 자산 Master Data 등록

>아래와 같이 입력

Asset Class	5000
Company Code	4100
Number of similar assets	1

| General | Time-dependent | Allocations | Origin | Net Worth Tax | Deprec. Areas |

General data			
Description	LVA-Individual Check Test		
Acct determination	50000	Low-value assets	

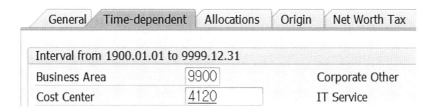

| General | Time-dependent | Allocations | Origin | Net Worth Tax |

Interval from 1900.01.01 to 9999.12.31

| Business Area | 9900 | | Corporate Other |
| Cost Center | 4120 | | IT Service |

>저장버튼(💾) 클릭

✔ The asset 5000 0 is created

- FI-Fixed Assets-Posting-Acquisition-External Acquisition-ABZON - Acquis. w/ Autom. Offsetting Entry 자산취득화면(취득임시계정 이용)

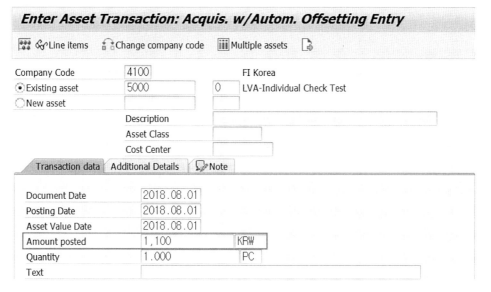

Enter Asset Transaction: Acquis. w/Autom. Offsetting Entry

🔳 👓 Line items   🔒 Change company code   📊 Multiple assets   🗗

Company Code	4100		FI Korea
⊙ Existing asset	5000	0	LVA-Individual Check Test
○ New asset			
	Description		
	Asset Class		
	Cost Center		

| Transaction data | Additional Details | 📝 Note |

Document Date	2018.08.01	
Posting Date	2018.08.01	
Asset Value Date	2018.08.01	
Amount posted	1,100	KRW
Quantity	1.000	PC
Text		

위와 같이 입력 - 금액이 1,100이다. LVA Amount가 1,000이기 때문에 등록이 되지 않아야 정상이다.

>상단의 🔳(simulate)아이콘 클릭

⚠ Low value asset max.amount exceeded. No posting allowed

예상대로 오류 메시지가 발생하여 취득처리를 할 수 없다

>금액을 1,000원으로 수정

| Amount posted | 1,000 | KRW |

> 상단의 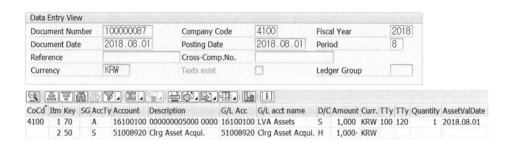(simulate)아이콘 클릭

Document Header Info

Document Date: 2018.08.01   **Document type:** AA   **Company Code:** 4100
Posting Date: 2018.08.01   **Period:** 08   **Fiscal Year:** 2018

Line items

Item	Key	BusA	G/L Account	Short Text	Σ	Amount	Crcy
1	70	9900	16100100	000000005000 0000		1,000	KRW
2	50	9900	51008920	Clrg Asset Aqui.		1,000-	KRW
					.	0	KRW

16100100이란 부외자산 계정으로 포스팅 처리가 된 것을 확인할 수 있다.

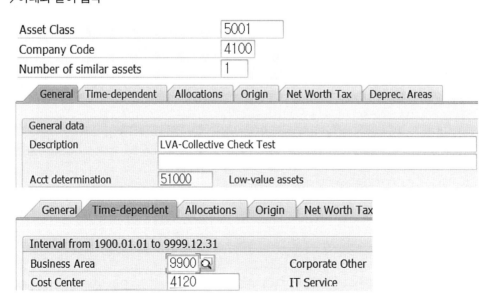

Data Entry View

Document Number	100000087	Company Code	4100	Fiscal Year	2018
Document Date	2018.08.01	Posting Date	2018.08.01	Period	8
Reference		Cross-Comp.No.			
Currency	KRW	Texts exist	☐	Ledger Group	

CoCd	Itm	Key	SG	AccTy	Account	Description	G/L Acc	G/L acct name	D/C	Amount	Curr.	TTy	TTy	Quantity	AssetValDate
4100	1	70		A	16100100	000000005000 0000	16100100	LVA Assets	S	1,000	KRW	100	120	1	2018.08.01
	2	50		S	51008920	Clrg Asset Acqui.	51008920	Clrg Asset Acqui.	H	1,000-	KRW				

○ Test - ②Quantity Check방식(Asset Class - 5001-Collective Check방식)

• FI-Fixed Assets-Asset-Create-AS01 - Asset 화면 : 자산 Master Data 등록

> 아래와 같이 입력

Asset Class	5001
Company Code	4100
Number of similar assets	1

| General | Time-dependent | Allocations | Origin | Net Worth Tax | Deprec. Areas |

General data

Description	LVA-Collective Check Test
Acct determination	51000	Low-value assets

| General | Time-dependent | Allocations | Origin | Net Worth Tax |

Interval from 1900.01.01 to 9999.12.31

Business Area	9900 🔍	Corporate Other
Cost Center	4120	IT Service

>저장버튼 클릭

☑ The asset 5001 0 is created

- FI-Fixed Assets-Posting-Acquisition-External Acquisition-ABZON - Acquis. w/ Autom. Offsetting Entry 자산취득화면(취득임시계정 이용)

Enter Asset Transaction: Acquis. w/Autom. Offsetting Entry

  ⚏ ♧Line items   ⚏Change company code   ▥ Multiple assets   ☐

Company Code	4100		FI Korea
⦿ Existing asset	5001	0	LVA-Collective Check Test
◯ New asset			

	Description	
	Asset Class	
	Cost Center	

| Transaction data | Additional Details | 📝 Note |

Document Date	2018.08.01	
Posting Date	2018.08.01	
Asset Value Date	2018.08.01	
Amount posted	10,000	KRW
Quantity	10.000	PC
Text		

위와 같이 입력-금액:10,000, 수량:10, 개별 단가=1,000원이므로 등록 가능

>포스팅(💾) 버튼 클릭. 정상적으로 처리된다.

Data Entry View

Document Number	100000088	Company Code	4100	Fiscal Year	2018
Document Date	2018.08.01	Posting Date	2018.08.01	Period	8
Reference		Cross-Comp.No.			
Currency	KRW	Texts exist	☐	Ledger Group	

CoCd	Itm Key	SG	AccTy	Account	Description	G/L Acc	G/L acct name	D/C	Amount	Curr.	TTy	TTy	Quantity	AssetValDate
4100	1 70		A	16100100	000000005001 0000	16100100	LVA Assets	S	10,000	KRW	100	120	10	2018.08.01
	2 50		S	51008920	Clrg Asset Acqui.	51008920	Clrg Asset Acqui.	H	10,000-	KRW				

>동일한 형식으로 아래와 같이 입력해보자.

| Transaction data | Additional Details | 📝 Note |

Document Date	2018.08.02	
Posting Date	2018.08.02	
Asset Value Date	2018.08.02	
Amount posted	2,000	KRW
Quantity	1.000	PC

누계금액 : 12,000, 누계수량 : 11, 개별단가=1,091원이므로 Maximum amount 1,000원을 초과하므로 오류가 발생한다.

🔔 Mean amount from 12,000 KRW exceeds low value asset maximum amount

수량을 2개 입력할 경우, 누계금액:12,000, 누계수량:12, 개별단가=1,000원이 되어 취득처리가 가능하다

- Low Value Asset의 경우 위와 같이 취득 회계처리를 통해 자산을 관리할 수도 있고 회사의 요구사항에 따라 Asset Master Data에 수량만 관리할 수도 있다(취득시 소모품비 등으로 바로 비용처리. 이 경우 전표와 자산마스터와의 연결고리가 없어 별도의 개발 프로그램에서 매핑 데이터를 관리해야 할 수도 있다.)

● Create Asset Master Data

▶ FI-Fixed Assets-Asset-Create-AS01-Asset 화면(자산 MD 등록)

Create Asset: Initial screen

Master data   Depreciation areas

Asset Class	3000
Company Code	4100
Number of similar assets	1

Reference	
Asset	
Sub-number	
Company code	

○ ①Using Asset Class : Asset Class에 정의된 값이 Default값으로 뿌려지며 이를 수정 등록하는 방식(붉은색 박스)

○ ②Using a Reference : 비슷한 자산을 레퍼런스 카피한 후 이를 수정해 등록하는 방식(파란색 박스)

● **Create Multiple Similar Asset Data** : 여러 개의 유사한 자산을 한꺼번에 등록하는 방식

▶ FI-Fixed Assets-Asset-Create-AS01 - Asset 화면

〉아래와 같이 Number of similar assets 필드에 생성하고자 하는 자산의 개수를 입력

〉General tab에서 description 등 입력하고자 하는 필드값 입력

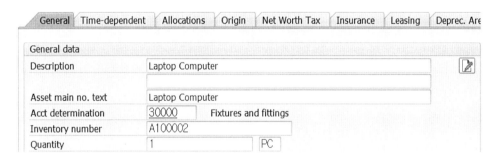

Inventory number : 해당 자산의 재고번호, 장비번호-PC ID번호 등

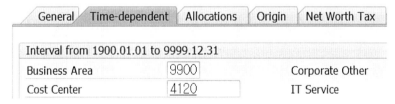

〉저장버튼(💾)을 클릭하는 순간 다음과 같은 메시지가 뜬다.

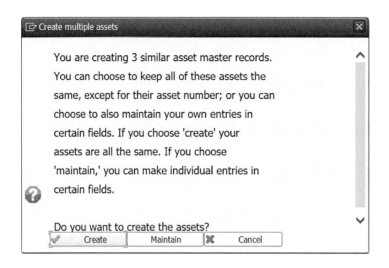

바로 생성할 것인지 수정(Maintain) 할 것인지를 묻는다.

바로 생성처리를 하게 되면 3개의 자산이 모두 동일한 데이터를 가지고 생성되게 된다. 이를 하나씩 조회하여 수정하는 것은 번거로운 일이기 때문에 Maintain 버튼을 클릭하여 각 자산에 맞는 정보를 수정해야 한다.

> **Maintain** 버튼 클릭. 아래와 같이 마스터 생성 전에 원하는 필드값을 수정할 수 있다.

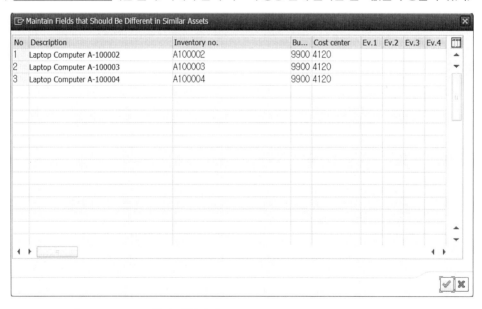

Description / Inventory No 를 수정하였다.

> 다 수정한 후 엔터를 치면 다시 생성할 것인지 질문한다.

>모두 수정을 하였으므로 ✅ Create 버튼을 클릭하여 생성한다.

✅ Assets 3003 0 to 3005 0 have been created 3003~3005 3개의 자산이 생성된다.

>T-Code : AS03 - Asset Master Data Display 화면에서 생성된 자산 내역을 확인해 볼 수 있다.

● Time-Dependent Data

▶ Time-Dependent tab에 존재하는 필드들을 설정하는 부분, 시간의 흐름에 따라 필드값이 변경될 수 있는 속성이다.

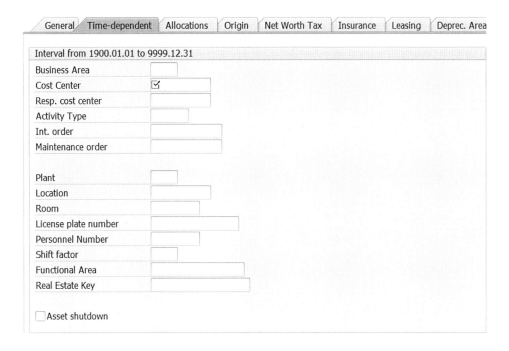

▶ 자산이동이 발생할 경우 Cost Center/Business Area등은 위치에 따라 값이 변경될 수 있다.

▶ FI-Fixed Assets-Asset-Change-AS02 - Asset 화면에서 고정자산 마스터를 수정해보자.

>수정하고자 하는 자산의 Cost Center값이 4120번으로 등록되어 있는 상태이다

Test - Cost Center가 변경된 경우

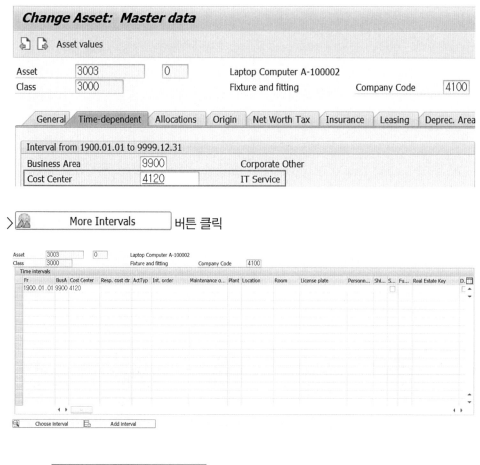

> 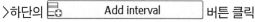 버튼 클릭

> 하단의 ▤ Add interval 버튼 클릭

> New interval 의 시작값을 지정하면 아래와 같이 한 줄의 수정할 수 있는 Line이 보여지게 된다.

Fr	BusA	Cost Center	Resp. cost ctr	ActTyp	Int. order	Maintenance o...	Plant	Location
2018.08.01	9900	4130						
1900.01.01	9900	4120						

그림처럼 Cost Center를 4130으로 변경한다.

>저장버튼(💾) 클릭. 해당 자산을 다시 조회한다. Time-dependent tab으로 들어간다.

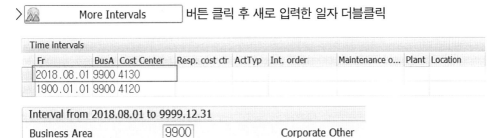

변경전 일자까지의 데이터를 보여준다.

>  버튼 클릭 후 새로 입력한 일자 더블클릭

변경후 일자부터의 데이터를 보여준다. Cost Center 4130으로 조회됨

▶ IMG-FI-Asset Accounting-Master Data-Specify Time-Independent Management of Organiz. Units : 조직구조에 대한 Time Independent 설정을 할 수 있다 (앞서 살펴본 내용은 Time Dependent한 설정이다.)

Change View "Time-dependent management of organizational units": Overv

CoCd	Company Name	Time-independent organiz. units	
4100	FI Korea	✓	▲

위 IMG 세팅 화면에서 Time-independent organiz. Units 필드에 체크하게 되면, 아래와 같이 동작한다.

>FI-Fixed Assets-Posting-Acquisition-External Acquisition-ABZON - Acquis. w/Autom. Offsetting Entry 자산취득화면(취득임시계정 이용)

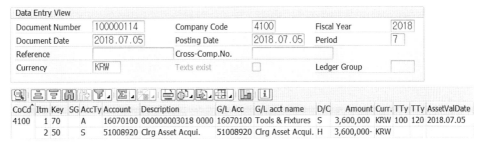

3018 자산에 대해 7/5일자로 3,600,000원 취득처리를 하였다.

>FI-Fixed Assets-Asset-Change-AS02 - Asset 화면에서 Cost Center 변경처리

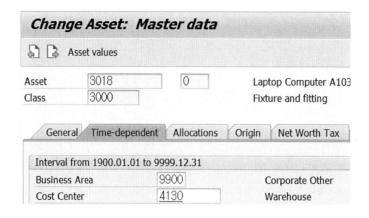

>Business Area가 다른 3100 Cost Center로 변경한다. 아래와 같이 변경하고 저장버튼(💾)

클릭

>전표가 생성되었다는 메시지가 발생하면서 저장이 완료된다.

Data Entry View													
Document Number	100000117		Company Code	4100		Fiscal Year	2018						
Document Date	2018.12.17		Posting Date	2018.12.17	Period		12						
Reference			Cross-Comp.No.										
Currency	KRW		Texts exist	☐		Ledger Group							

CoCd	Itm	Key	SG	AccTy	Account	Description	G/L Acc	G/L account name	D/C	Amount	Curr.	TTy	TTy	AssetValDate	BusA	Text
4100	1	75		A	16070100	000000003018 0000	16070100	Tools & Fixtures	H	3,600,000-	KRW	300	170	2018.12.17	9900	Retirement from transfer of organiz. units
	2	70		A	16070200	000000003018 0000	16070200	Tools&Fixt.- acc.dep	S	30,000	KRW	390	140	2018.12.17	9900	Retirement from transfer of organiz. units
	3	70		A	16070100	000000003018 0000	16070100	Tools & Fixtures	S	3,600,000	KRW	310	170	2018.12.17	3000	Acquisition from transfer of organiz. units
	4	75		A	16070200	000000003018 0000	16070200	Tools&Fixt.- acc.dep	H	30,000-	KRW	395	140	2018.12.17	3000	Acquisition from transfer of organiz. units

Business Area 9900 에서 Retirement 처리되고, 3000번 Business Area에서 Acquisition

처리되었다.

이렇듯 조직의 변경이 발생할 때 이를 Master 변경사항으로 관리하는 것이 아니라 회계처리로

관리해준다.

● Depreciation Area를 구성하는 필드

▶ FI-Fixed Assets-Asset-Create-AS01 - Asset 화면 : 자산 Master Data 등록

〉Depreciation Area tab

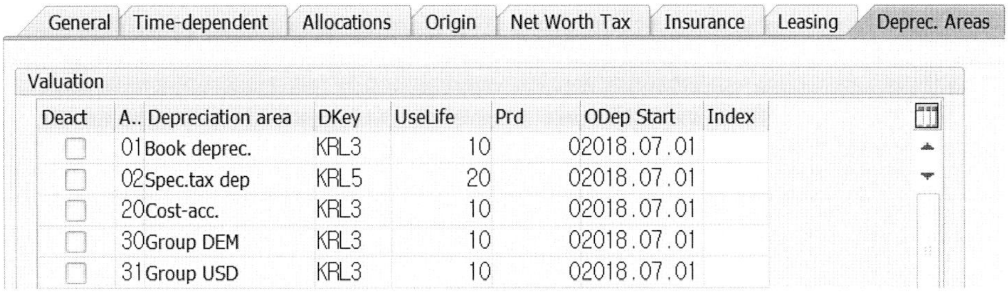

Deact	A.. Depreciation area	DKey	UseLife	Prd	ODep Start	Index
☐	01 Book deprec.	KRL3	10		02018.07.01	
☐	02 Spec.tax dep	KRL5	20		02018.07.01	
☐	20 Cost-acc.	KRL3	10		02018.07.01	
☐	30 Group DEM	KRL3	10		02018.07.01	
☐	31 Group USD	KRL3	10		02018.07.01	

각 Depreciation Area를 더블클릭하면 상세 정보를 등록하는 화면이 나타난다. - 아래그림참조

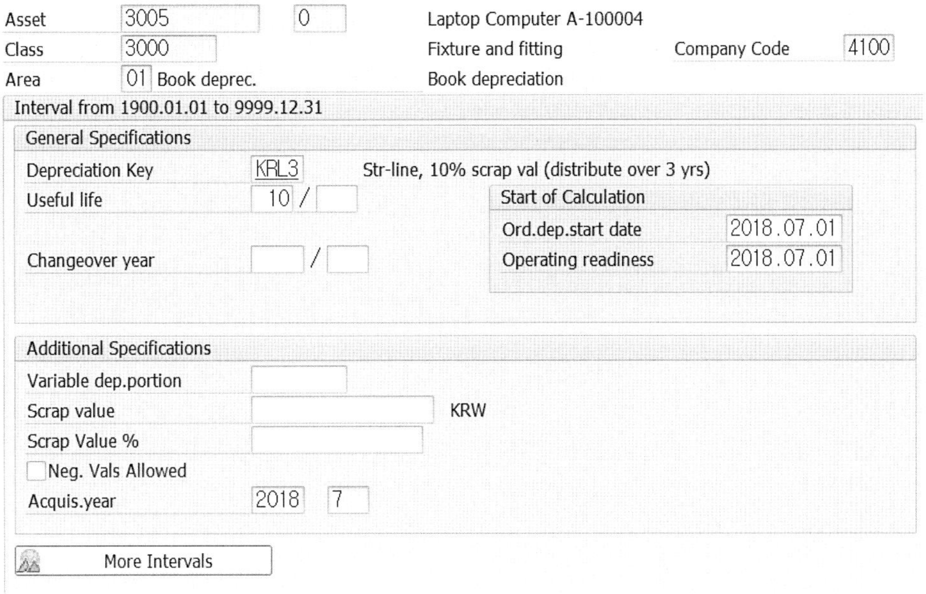

Asset 3005 0 Laptop Computer A-100004
Class 3000 Fixture and fitting Company Code 4100
Area 01 Book deprec. Book depreciation
Interval from 1900.01.01 to 9999.12.31

General Specifications

Depreciation Key KRL3 Str-line, 10% scrap val (distribute over 3 yrs)
Useful life 10 /

Changeover year /

Start of Calculation
Ord.dep.start date 2018.07.01
Operating readiness 2018.07.01

Additional Specifications
Variable dep.portion
Scrap value KRW
Scrap Value %
☐ Neg. Vals Allowed
Acquis.year 2018 7

More Intervals

▶ Depre.Key : 감가상각 방법(정액법/정률법)을 지정하는 감가상각 키(이후 Periodic Processing 챕터에서 살펴볼 예정)

▶ Useful life : 내용연수

▶ Changeover year : 감가상각 방법이 변경된 경우 변경된 년도를 입력

▶ Ordinary Deprecation Start Date : 감가상각이 시작되는 일자(취득되면 취득일자를 가지고 시스템에 의해 자동으로 업데이트되며 변경가능)

▶ Index series : 원시 취득가는 일반적으로 Depreciation Area별로 동일하나 반드시 그런 것은 아니다. Depreciation Area-CO의 경우 원시취득가를 재평가된 금액(Replacement amount)으로 지정할 수도 있다. 내부적으로 감가상각을 정확하게 계산하기 위해 이런 방식을 사용할 수 있다. 이런 경우 사용할 도매 물가상승률이 Assign된 키값을 이곳에 지정한다.

Additional Specifications	
Index series	

▶ Variable Dep. Portion(Amount) : 일종의 가속상각률(금액), Shift Factor에 의해서 가중치를 적용하겠다는 의미(1교대 자산과 2교대 자산은 서로 가중치가 다를 수 있다.)
▶ Scrap value : 잔존가액을 정의하는 필드
▶ Neg.Vals allowed : 마이너스 잔존가액을 갖는 자산을 허용할 것인가? 를 선택. 건설중자산 정산 등 처리시 AA617- Acquisition value negative in area 01 오류가 발생할 경우 이 체크박스를 체크해야 정산처리를 할 수 있다.

● **Changing Assets**

▶ 자산변경이 발생할 경우 그에 대한 이력을 시스템이 자동으로 관리해준다.
▶ FI-Fixed Assets-Asset-Change-AS02 - Asset or Display-AS03 - Asset 화면(변경 이력내역 조회)
○ [메뉴-Environment-Change documents-On Asset](자산 레벨로 하나하나의 이력을 본다.)

> 앞에서 Cost Center를 변경한 자산에 대해 이력내역을 조회한다.

Display Change Documents

Asset Master Record
Display Change Documents

CoCode   4100
Asset   000000003003
Sub-number   0000

Date //Time / Business Transaction / Changer // Object Value	EnhObjVal	Name	New Value	Old Value
▾ 🗁 2018				
▾ 🗁 19:12:35 / Acquis. w/Autom. Offsetting Entry /				
• 📄 Asset: 3003-0 Laptop Computer A-100002		Acquisition year	2018	
• 📄 Asset: 3003-0 Laptop Computer A-100002		First acquis.period	007	000
• 📄 Asset: 3003-0 Laptop Computer A-100002		First acquisition on	2018.07.01	0000.00.00
• 📄 Asset: 3003-0 Laptop Computer A-100002		Capitalized on	2018.07.01	0000.00.00
• 📄 Asset: 3003-0 Laptop Computer A-100002		Quantity	2 PC	1 PC
▾ 🗁 19:01:09 / Change Asset Master Record /				
• 📄 Asset: 3003-0 Laptop Computer A-100002	To: 99991231	Valid from	2018.08.01	1900.01.01
• 📄 Asset: 3003-0 Laptop Computer A-100002	To: 99991231	Cost Center	4130	4120
▾ 🗁 18:45:02 / Create Asset Master Record /				
• 📄 Asset: 3003-0 Laptop Computer A-100002			*** Created ***	

> 해당 내역을 더블클릭하면 세부정보를 볼 수 있다.

Field Label	Technical Value	Prepared Value
Change Document Object	ANLA	ANLA
Object Value	41000000000030030000	Asset: 3003-0 Laptop Computer A-100002
Document Number	0001492161	
Date	2018.	
Time	19:01:09	
User		
Department		
Transaction Code	AS02	Change Asset Master Record
Table Name	ANLZ	Time-Dependent Asset Allocations
Table Key Long	80041000000000300300099991231	To: 99991231
Field Name	ADATU	Date for beginning of validity
Attribute Descr.		Valid from
New value	2018.08.01	2018.08.01
Old value	1900.01.01	1900.01.01
Change Indicator	U	Changed

8

Asset Accounting

○ [메뉴-Environment-Change Doc. For Asset-On Field](변경된 필드 각각의 레벨에서 본다.)

Asset Master Record
Display Change Documents

CoCode 4100
Asset 000000003003
Sub-number 0000

Date //Time / Business Transaction / Changer // Object Value	EnhObjVal	Name	New Value	Old Value
▾ 🗀 2018.				
▾ 🗀 19:01:09 / Change Asset Master Record /				
· 📄 Asset: 3003-0 Laptop Computer A-100002	To: 99991231 Cost Center 4130			4120

Cost Center 필드를 선택한 후 실행한 모습

● Asset Sub-Number

▶ PC의 경우 본체를 Main-No로 관리하고 키보드를 Sub-No1, 모니터를 Sub-No2로 설정할 수 있다.

▶ 취득가액이 본체-10,000, 모니터-3,000, 키보드-2,000인 경우 개별적으로 각각 다 관리할 수 있다. 전체 15,000에 해당하는 금액도 시스템이 관리해줄 수 있다(Sub 자산에 대한 히스토리 내역도 관리해줌)

▶ FI-Fixed Assets-Asset-Create-AS01 - Asset 화면 : 자산 Master Data 등록
>아래와 같이 입력

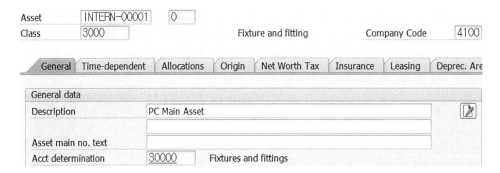

Asset	INTERN-00001	0			
Class	3000		Fixture and fitting	Company Code	4100

General | Time-dependent | Allocations | Origin | Net Worth Tax | Insurance | Leasing | Deprec. Are

General data
Description	PC Main Asset	
Asset main no. text		
Acct determination	30000	Fixtures and fittings

>저장버튼 클릭

☑ The asset 3007 0 is created 생성 후 자산코드 뒤에 0 라는 숫자가 붙는데 이것이 메인No를 의미한다.

▶ FI-Fixed Assets-Asset-Create-Subnumber-AS11 - Asset 화면에서 고정자산 Sub. No를 생성할 수 있다.

〉아래와 같이 입력(원 자산번호를 입력하여 Sub 자산을 생성한다)

Create Subnumber: Initial screen

Master data   Depreciation areas

Asset	3007
Company Code	4100
Number of similar subnumbers	1

Asset	3007	1			
Class	3000		Fixture and fitting	Company Code	4100

| General | Time-dependent | Allocations | Origin | Net Worth Tax | Insurance | Leasing | Deprec. Are |

General data

Description	PC Monitor(Sub Asset)
Asset main no. text	PC Main Asset
Acct determination	30000 Fixtures and fittings

| General | Time-dependent | Allocations | Origin | Net Worth Tax | I |

Interval from 1900.01.01 to 9999.12.31

Business Area	9900	Corporate Other
Cost Center	4120	IT Service

Main Asset의 Cost Center/Business Area 정보가 그대로 보여진다.

〉저장버튼 클릭

☑ The asset 3007 1 is created 생성하게 되면 해당 자산코드 뒤에 1이란 숫자가 붙는다.

〉동일한 방식으로 하나 더 등록 할 경우 뒤의 숫자가 1씩 증가하여 자산 마스터가 생성된다.

▶ FI-Fixed Assets-Posting-Acquisition-External Acquisition-ABZON - Acquis. w/ Autom. Offsetting Entry 자산취득화면(취득임시계정 이용) 취득처리

＞3007/0 자산 취득처리

Company Code   4100   FI Korea
- ⦿ Existing asset   3007   0   PC Monitor(Sub Asset)
- ◯ New asset

Description
Asset Class
Cost Center

Transaction data | Additional Details | 📝Note

Document Date	2018.07.01
Posting Date	2018.07.01
Asset Value Date	2018.07.01
Amount posted	10,000	KRW

Data Entry View

Document Number	100000097	Company Code	4100	Fiscal Year	2018
Document Date	2018.07.01	Posting Date	2018.07.01	Period	7
Reference		Cross-Comp.No.		
Currency	KRW	Texts exist	☐	Ledger Group	

CoCd	Itm	Key	SG	AccTy	Account	Description	G/L Acc	G/L acct name	D/C	Amount	Curr.	TTy	TTy	Quantity
4100	1	70	A		16070100	000000003007 0000	16070100	Tools & Fixtures	S	10,000	KRW	100	120	
	2	50	S		51008920	Clrg Asset Acqui.	51008920	Clrg Asset Acqui.	H	10,000-	KRW			

＞3007/1 자산 취득처리

Company Code   4100   FI Korea
- ⦿ Existing asset   3007   1   PC Monitor(Sub Asset)
- ◯ New asset

Description
Asset Class
Cost Center

Transaction data | Additional Details | 📝Note

Document Date	2018.07.01
Posting Date	2018.07.01
Asset Value Date	2018.07.01
Amount posted	3,000	KRW

Data Entry View

Document Number	100000098	Company Code	4100	Fiscal Year	2018
Document Date	2018.07.01	Posting Date	2018.07.01	Period	7
Reference		Cross-Comp.No.		
Currency	KRW	Texts exist	☐	Ledger Group	

CoCd	Itm	Key	SG	AccTy	Account	Description	G/L Acc	G/L acct name	D/C	Amount	Curr.	TTy	TTy	Quantity
4100	1	70	A		16070100	000000003007 0001	16070100	Tools & Fixtures	S	3,000	KRW	100	120	
	2	50	S		51008920	Clrg Asset Acqui.	51008920	Clrg Asset Acqui.	H	3,000-	KRW			

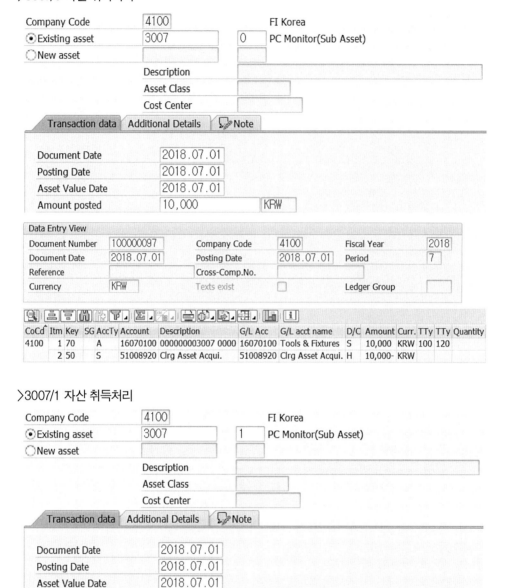

그림처럼 2개의 자산은 개별자산처럼 각기 취득할 수 있다.

▶ FI-Fixed Assets-Information System-Reports on Asset Accounting-Asset Balances-Asset Lists-S_ALR_87011963 - ... by Asset Number 화면. 추후에 다시 살펴볼 Asset Reporting 화면이다. 여기서 개별 자산별, Main 자산별 자산 금액을 조회할 수 있다.

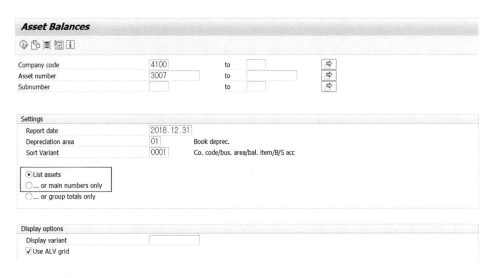

> List 별 조회시

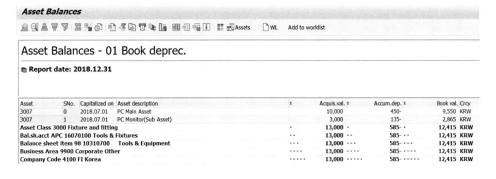

각 개별 자산별로 리스트가 조회됨

> Main Number only 로 조회시

Asset Balances - 01 Book deprec.

📖 Report date: 2018.12.31

Asset	Capitalized on	Asset description	Σ	Acquis.val. Σ	Accum.dep. Σ	Book val.	Crcy
3007	2018.07.01	PC Main Asset		13,000	585-	12,415	KRW
Asset Class 3000 Fixture and fitting			•	13,000 •	585- •	12,415	KRW
Bal.sh.acct APC 16070100 Tools & Fixtures			• •	13,000 • •	585- • •	12,415	KRW
Balance sheet item 98 10310700　Tools & Equipment			• • •	13,000 • • •	585- • • •	12,415	KRW
Business Area 9900 Corporate Other			• • • •	13,000 • • • •	585- • • • •	12,415	KRW
Company Code 4100 FI Korea			• • • • •	13,000 • • • • •	585- • • • • •	12,415	KRW

Main Asset No로 합산된 금엑이 조회된다.

2 Asset Transactions

● **Asset Accounting as Subsidiary Ledger** : 고정자산 회계도 하나의 S/L 레벨로 관리된다.

▶ Vendor로부터 1,000원짜리 기계장치를 구입한 경우 G/L쪽에 [차)Asset 1,000 / 대)Vendor A/P 1,000]로 포스팅 될 것이다. Customer는 고정자산 매각시 G/L로 업데이트 되는 부분에 관련이 있을 것이다.

▶ 고정자산도 하나의 SubLedger 레벨로 볼 수 있다.

● **Integrated Asset Acquisitions** : 고정자산 취득의 3가지 Integration Point

①. FI-AA ← → FI-A/P(Asset Acquisition without MM Integration : 고정자산을 MM모듈 [PO-GR-IV] Process를 이용하지 않고 FI-AP,AA 부분에서 취득하는 방식. 비품 등을 구매할 경우)

▶ [차)Asset 1,000 / 대)A/P(Vendor) 1,000]   - F-90

②. FI-AA ← → FI-G/L Clearing(G/L 쪽의 Clearing 계정을 이용해서 취득하는 경우)(Asset Acquisition without MM Integration : 고정자산을 MM모듈 [PO-GR-IV] Process를 이용하지 않고 FI-AP,AA 부분에서 취득하는 방식. 앞서 테스트 했던 ABZON T-Code 가 이 방식이다.)

▶ ②-1)고정자산은 입고되었는데 매입 세금계산서는 오지 않은(매입채무 미확정) 경우

○ 자산입고 : [차)Asset 1,000 / 대)A.Clng 1,000] - ABZON(취득 트랜잭션)(A.Clng=고정자산 취득Clearing 계정)

○ 채무확정 : [차)A.Clng 1,000 / 대)A/P 1,000]   - F-91 트랜잭션

▶ ②-2)매입채무(세금계산서)는 확정 됐는데 고정자산이 도착하지 않은 경우

○ 채무확정 : [차)A.Clng 1,000 / 대)A/P 1,000] - FB60/F-43 트랜잭션

○ 자산입고 : [차)Asset 1,000 / 대)A.Clng 1,000] - F-91 트랜잭션

③. FI-AA ← → MM(Asset Acquisition with MM Integration : MM 모듈의 **[PO-GR-IV]** Process를 타고 고정자산 취득이 일어나는 방식)

▶ [(PR) → PO(ME21N) → G/R → IV]의 구매 프로세스를 태워서 처리하는 방식(G/R과 IV의 순서는 바뀔 수 있다.)

▶ G/R : [차)Asset 1,000 / 대)GR/IR Clearing 1,000] - MIGO 트랜잭션

▶ IV : [차)GR/IR Clearing 1,000 / 대)A/P 1,000] - MIRO 트랜잭션

⊙ **Integrated Asset Acquisitions : ①번 내용에 대해 상세하게 살펴보도록 하자(②③ 번은 뒤에서 살펴보도록 한다.)**

①. FI-AA ← → FI-A/P(Asset Acquisition without MM Integration : 고정자산을 MM모듈 [PO-GR-IV] Process를 이용하지 않고 FI-AP,AA 부분에서 취득하는 방식. 비품 등을 구매할 경우)

▶ 구매(MM)프로세스를 이용하지 않고 바로 FI-A/P를 이용해서 자산을 취득하는 경우

▶ [차)Asset 1,000 / 대)A/P(Vendor) 1,000] - F-90 트랜잭션 화면

▶ 자산 마스터를 먼저 생성 후에 취득처리 Test

○ FI-Fixed Assets-Asset-Create-AS01 - Asset 화면 : 자산 Master Data 등록

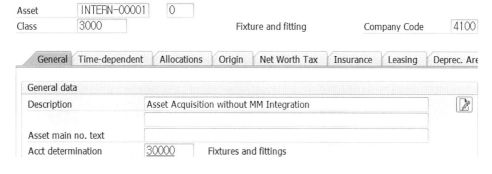

☑ The asset 3008 0 is created

○ FI-Fixed Assets-Posting-Acquisition-External Acquisition-F-90 - With Vendor 화면(F-43 화면과 유사)

> 아래와 같이 입력한다.

Acquisition from purchase w. vendor: Header Data

Held Document   Account Model   📝 G/L item fast entry   🗂 Post with Reference   ✏ Processing Options

Document Date	2018.07.01	Type	KR	Company Code	4100	
Posting Date	2018.07.01	Period	07	Currency/Rate	KRW	
Document Number				Translation dte		
Reference						
Doc.Header Text						

> 1번 Line item(대변 PK-31, Account-Vendor)

First line item

PstKy	31	Account	VEND-KR004	SGL Ind	TType

Vendor   VEND-KR004   SFA Assets   G/L Acc   20020100
Company Code   4100
FI Korea

Item 1 / Invoice / 31 / Account Payables

Amount	1,000,000	KRW		
Tax Amount				
☐ Calculate tax		Tax Code	**	BusPlace/Sectn	/
Bus. Area				
Payt Terms	0001	Days/percent	/	/
Bline Date	2018.07.01	Fixed		
Disc. base		Disc. Amount		
		Invoice ref.	/	/
Pmnt Block		Pmt Method		
Payment cur.		Pmnt/c amnt		
Assignment				
Text				📝 Long Texts

Next line item

PstKy	70	Account	3008	SGL Ind	TType	100

〉2번 Line item(차변 PK-70, Account-Asset No, **Transaction Type-100** 자산 취득시에는 반드시 이 필드를 입력해야 한다.)

G/L Account	16070100	Tools & Fixtures	
Company Code	4100	FI Korea	Trans.type 120 ☐
Asset	3008 0	Asset Acquisition without MM Integration	

Item 2 Debit asset / 70 External asset acqui / 100

Amount	1,000,000	KRW
		Bus.place/sectn ☐ / ☐
Business Area	9900	Profit Center 1400
Asset	3008 0	Asset Acquisition without MM Integration
Order	☐ ☐	WBS element ☐
Reference date	2018.07.01	⇨ More
Assignment	☐	
Text	☐	✎ Long Texts

Reference Date-Asset Value Date(취득일자) 입력

〉포스팅(💾) 처리. 16070100이라는 자산계정으로 전표가 발생하는 것을 확인할 수 있다.

Data Entry View

Document Number	1900000018	Company Code	4100	Fiscal Year	2018
Document Date	2018.07.01	Posting Date	2018.07.01	Period	7
Reference		Cross-Comp.No.			
Currency	KRW	Texts exist	☐	Ledger Group	

CoCd	Itm	Key	SG	AccTy	Account	Description	G/L Acc	G/L acct name	D/C	Amount	Curr.	TTy	TTy
4100	1	31	K		VEND-KR004	SFA Assets	20020100	Account Payables	H	1,000,000-	KRW		
	2	70	A		16070100	000000003008 0000	16070100	Tools & Fixtures	S	1,000,000	KRW	100	120

▶ S/L Level ← → G/L Level : Test 내역처럼 자산 등록시 S/L와 G/L에는 다음과 같은 거래가 발생한다.

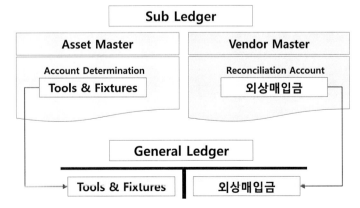

○ **SubLedger Level** : [차)Asset 1,000 / 대)Vendor 1,000]

○ **G/L Level** : [차)Tools & Fixtures 1,000 / 대)Account Payable 1,000]

▶ Asset Explorer 트랜잭션 프로그램으로 위 자산을 조회해보자.

● **Asset Explorer**

▶ FI-Fixed Assets-Asset-AW01N - Asset Explorer 화면 : 자산탐색기. 개별자산을 가장 상세히 조회해볼 수 있는 화면

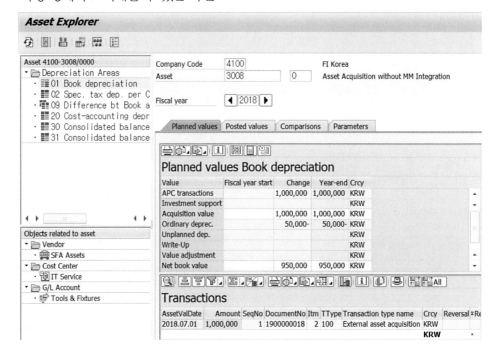

▶ 좌측 상단의 [Asset 4100-3008/0000] 부분 혹은 [📋]버튼을 클릭하게 되면 해당 자산 마스터쪽으로 이동한다. 이동 후 화면에서 상단의 [Asset values]버튼을 클릭하면 다시 Asset Explorer쪽으로 이동하게 된다.

▶ 개별 자산의 Depreciation Area별 정보를 쉽고 Detail하게 볼 수 있다(좌측 Depreciation Areas 트리메뉴 각 항목 더블클릭만으로 조회가능)

▶ 좌측 하단의 [Objects related to asset] : 해당 자산과 관련된 오브젝트 (Vendor, Cost Center, G/L Account) Master Data를 더블 클릭하여 확인할 수 있다. (만약 [🚌] **SFA Assets** 를 더블클릭하면 Vendor Master 조회 화면으로 이동한다.)

▶ 우측화면 Tab 구성을 보면 ⟋ Planned values ⟍ : 앞으로 발생할 감가상각비 등 연간 계획을 볼 수 있는 탭 - 하단의 트랜잭션 부분은 현재까지 발생한 트랜잭션 리스트를 보여준다.

Transactions

AssetValDate	Amount	SeqNo	DocumentNo	Itm	TType	Transaction type name	Crcy	Reversal
2018.07.01	1,000,000	1	1900000018	2	100	External asset acquisition	KRW	

더블클릭시 해당 전표 조회화면으로 이동한다. 아래와 같이 FB03 화면으로 이동

Data Entry View					
Document Number	1900000018	Company Code	4100	Fiscal Year	2018
Document Date	2018.07.01	Posting Date	2018.07.01	Period	7
Reference		Cross-Comp.No.			
Currency	KRW	Texts exist	☐	Ledger Group	

CoCd	Itm	Key	SG	AccTy	Account	Description	G/L Acc	G/L acct name	D/C	Amount	Curr.	TTy	TTy
4100	1	31	K		VEND-KR004	SFA Assets	20020100	Account Payables	H	1,000,000-	KRW		
	2	70	A		16070100	000000003008 0000	16070100	Tools & Fixtures	S	1,000,000	KRW	100	120

▶ Posted values : 실제 포스팅 된 내역을 확인 - 하단에는 월별 감가상각비 발생 금액을 보여준다. 상태가 Planned로 되어 있을 경우 앞으로 감가상각처리 될 부분이고, 감가상각 처리가 되게 되면 Posted 상태로 변경된다.

Posted dep. values Book depreciation

Value	Fiscal year start	Change	Posted values	Crcy
APC transactions		1,000,000	1,000,000	KRW
Investment support				KRW
Acquisition value		1,000,000	1,000,000	KRW
Ordinary deprec.				KRW
Unplanned dep.				KRW
Write-Up				KRW
Value adjustment				KRW
Net book value		1,000,000	1,000,000	KRW

Depreciation posted/planned

	Status	Status	Per	Σ Ord. dep.	ΣUplnd dep.	ΣReserves	ΣRevaluat.	Crcy
△	Planned	Planned	9	8,333-	0	0	0	KRW
△	Planned	Planned	10	8,333-	0	0	0	KRW
△	Planned	Planned	11	8,334-	0	0	0	KRW
△	Planned	Planned	12	8,333-	0	0	0	KRW
			·	50,000- ·	0 ·	0 ·	0	KRW

▶ Comparisons : Depreciation Area별로 비교해가면서 정보를 볼 수 있는 탭

〉아래 그림에서 윗부분에 있는 Depreciation Area 버튼을 클릭하면 클릭한 Depreciation Area

별로 금액을 비교할 수 있다(Depreciation Area 01/02를 비교한 그림)

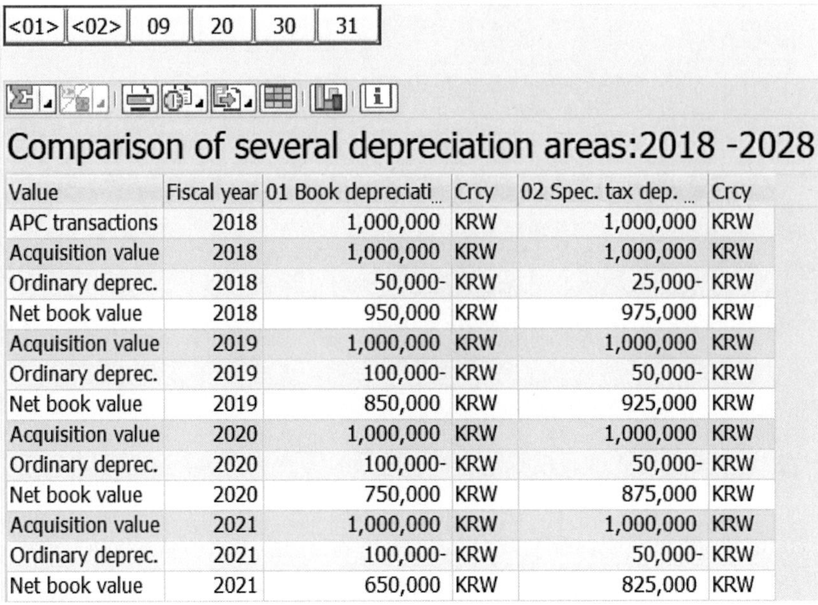

<01>	<02>	09	20	30	31

Comparison of several depreciation areas:2018 -2028

Value	Fiscal year	01 Book depreciati...	Crcy	02 Spec. tax dep. ...	Crcy
APC transactions	2018	1,000,000	KRW	1,000,000	KRW
Acquisition value	2018	1,000,000	KRW	1,000,000	KRW
Ordinary deprec.	2018	50,000-	KRW	25,000-	KRW
Net book value	2018	950,000	KRW	975,000	KRW
Acquisition value	2019	1,000,000	KRW	1,000,000	KRW
Ordinary deprec.	2019	100,000-	KRW	50,000-	KRW
Net book value	2019	850,000	KRW	925,000	KRW
Acquisition value	2020	1,000,000	KRW	1,000,000	KRW
Ordinary deprec.	2020	100,000-	KRW	50,000-	KRW
Net book value	2020	750,000	KRW	875,000	KRW
Acquisition value	2021	1,000,000	KRW	1,000,000	KRW
Ordinary deprec.	2021	100,000-	KRW	50,000-	KRW
Net book value	2021	650,000	KRW	825,000	KRW

▶ Parameters : 감가상각키에 대한 상세정보를 볼 수 있다.

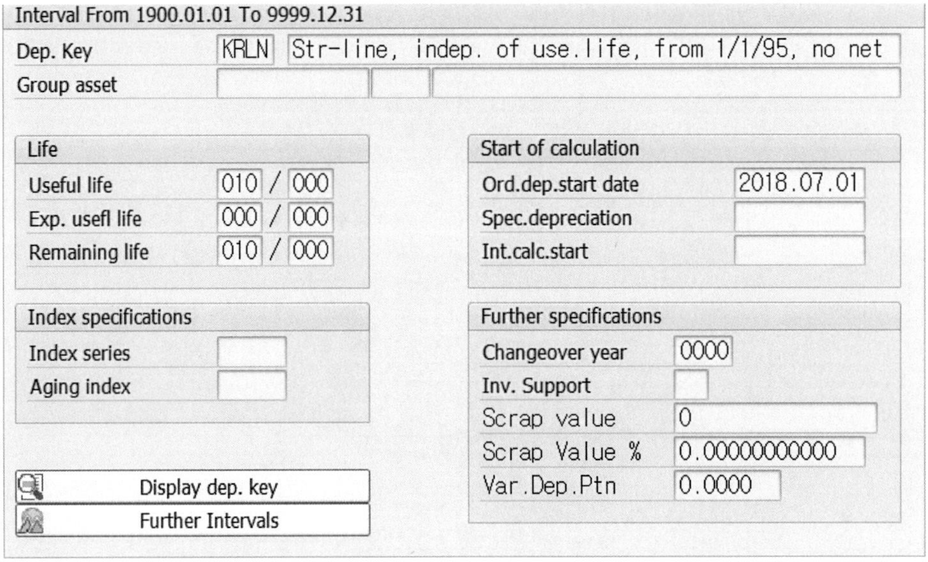

Interval From 1900.01.01 To 9999.12.31		
Dep. Key	KRLN	Str-line, indep. of use.life, from 1/1/95, no net
Group asset		

Life

Useful life	010 / 000
Exp. usefl life	000 / 000
Remaining life	010 / 000

Start of calculation

Ord.dep.start date	2018.07.01
Spec.depreciation	
Int.calc.start	

Index specifications

Index series	
Aging index	

Further specifications

Changeover year	0000
Inv. Support	
Scrap value	0
Scrap Value %	0.00000000000
Var.Dep.Ptn	0.0000

Display dep. key
Further Intervals

〉 Display dep. key 버튼 클릭. 해당 감가상각 키값에 대한 상세내역을 볼

수 있다.

Depreciation key KRLN in chart of depreciation 4100

Depreciation Key	
Group description	Value
Chart of dep.	4100
Dep. key	KRLN
Status	Active
Cutoff val. key	
No ordinary dep. with special dep.	No
No interest	No
Acq.only allowed in capitalization year	No
FY-depend.	No
No. of places	0
Dep. to the day	No
Not reduce	No

Phases						
Typ	Phase	Max. amt	Shift	Scrap	Sdown	Class
N	1			3	☐	1

Base Methods

Typ	Phase	Base	Description of the method	P	Below0	Curb
N	1	0007	Ordinary: percentage from life (after end of life)	✓	☐	☐

Multi-Level Methods

Typ	Phase	M-lev.meth	Descriptn	Acq.year	Years	Per	BaseVal.	Percent	Rem. life	Reduct.	Level	Valid from Dep.period
N	1	009	0.0000%	9999	999	12	01	0.0000		0.0000	2	

Ded.-Balance Methods

Typ	Phase	Decl.-bal.	Description of the method	DecFact	Max.perc.	Min.Perc.
N	1	001	0.00x / 0.0000% / 0.0000%	0.00	0.0000	0.0000

Period Control Methods

Typ	Phase	Prd.c.meth	Description	Acq	Add	Ret	Trn	Rev.	InvS	UpDp	WUpR	AVDate
N	1	006	04/01/15/06	04	01	15	06	04	04	04		04

Changeover Methods

Typ	Phase	C	Description of the method	Chan%
N	1	0	No automatic changeover	0.0

▶ 화면상의 툴바 버튼들을 이용한 처리가 가능하다. 🖶(Print) 버튼을 이용하여 자산 내역을 출력할 수 있다. 📤(Export) 버튼을 클릭해서 엑셀등의 파일로 Download 가 가능하다.

● **Asset Acquisition and Values In Master Data** : 고정자산 취득전과 후의 마스터 데이터의 모양이 다르다.

▶ FI-Fixed Assets-Asset-Create-AS01 - Asset 화면 : 자산 Master Data 등록 - 최초 생성시

〉General tab-취득정보 : 아무런 값이 입력되지 않은 상태임

Posting information			
Capitalized on		Deactivation on	
First acquisition on		Plnd. retirement on	
Acquisition year	000	Ordered on	

〉Deprec.Area tab-ODep.Start : 감가상각시작일 정보가 입력되지 않은 상태임

Valuation								
Deact	A..	Depreciation area	DKey	UseLife	Prd	ODep Start	Index
☐	01	Book deprec.	KRLN	10		0	
☐	02	Spec.tax dep	KRLN	20		0	
☐	20	Cost-acc.	KRLN	10		0	
☐	30	Group DEM	KRLN	10		0	
☐	31	Group USD	KRLN	10		0	

>Origin tab-Vendor(자산 구매처) : 아무런 값이 입력되지 않은 상태임

Origin			
Vendor			

▶ FI-Fixed Assets-Asset-Display-AS03 - Asset 화면(자산 Master Data 조회)에서 취득했던 자산(3008)의 마스터 내역을 살펴보자.

Display Asset: Master data

Asset values

Asset	3008	0	Asset Acquisition without MM Integration		
Class	3000		Fixture and fitting	Company Code	4100

>General tab-취득정보가 조회됨

Posting information			
Capitalized on	2018.07.01	Deactivation on	
First acquisition on	2018.07.01	Plnd. retirement on	
Acquisition year	2018 007	Ordered on	

>Deprec.Area tab

Valuation							
Deact	A..	Depreciation area	DKey	UseLife	Prd	ODep Start	Index
☐	01	Book deprec.	KRLN	10		02018.07.01	
☐	02	Spec.tax dep	KRLN	20		02018.07.01	
☐	20	Cost-acc.	KRLN	10		02018.07.01	
☐	30	Group DEM	KRLN	10		02018.07.01	
☐	31	Group USD	KRLN	10		02018.07.01	

>01번 코드 더블클릭. 감가상각 시작일 정보가 업데이트 되어 있다(Operating readiness : 가동준비일(=취득일))

Start of Calculation	
Ord.dep.start date	2018.07.01
Operating readiness	2018.07.01

>Origin tab-Vendor(자산 구매처) 정보가 업데이트 되어 있다. 더블클릭시 해당 Vendor Master 조회화면으로 이동)

Origin			
Vendor	VEND-KR004	SFA Assets	

▶ 감가상각시작일 정보는 해당 자산의 Depre.Key값의 설정 정보를 바탕으로 정해지
며 지정된 감가상각 시작일을 토대로 Asset Explorer 화면 Planned Depreciation
금액을 계산하게 된다, Ex)**취득일=2018/08/18**, 취득가=1,000,000, 내용연수=10년인
자산의 경우 아래 그림과 같이 <u>감가상각키에 따라 감가상각 시작일(ODep Start)이</u>
<u>결정</u>된다.

Valuation

Deact	A..	Depreciation area	DKey	UseLife	Prd	ODep Start	Index
☐	01	Book deprec.	KRLN	10		02018.08.01	
☐	02	Spec.tax dep	KRLH	10		02018.07.01	

○ Depre.Key값이 KRLN(Str-line, indep. of use.life, from 1/1/95, no net : 정액법/취득월 1
일을 감가상각시작일로 보는 방식)일 경우 Depre.Start가 2018/08/01이 된다. 이때
Planned Depre.값은 1,000,000/10 * 5/12 = 41,666.66원이 된다(앞으로 감가상각 되어
야 할 계획금액)(8~12월 : 5개월)

⊞01 Book depreciation

Planned values Book depreciation

Value	Fiscal year start	Change	Year-end	Crcy
APC transactions		1,000,000	1,000,000	KRW
Investment support				KRW
Acquisition value		1,000,000	1,000,000	KRW
Ordinary deprec.		41,667-	41,667-	KRW
Unplanned dep.				KRW
Write-Up				KRW
Value adjustment				KRW
Net book value		958,333	958,333	KRW

○ Depre.Key값이 KRLH(Str-line, indep. of use.life, Half year rule : 정액법/반기법)일 경
우 Depre.Start가 2018/07/01이 된다. 이때 Planned Depre.값은 1,000,000/10 *
6/12 = 50,000 이 된다(7~12월 : 6개월)

⊞02 Spec. tax dep. per C

Planned values Spec. tax dep. per Corporate Tax Law (CTL)

Value	Fiscal year start	Change	Year-end	Crcy
APC transactions		1,000,000	1,000,000	KRW
Investment support				KRW
Acquisition value		1,000,000	1,000,000	KRW
Ordinary deprec.		50,000-	50,000-	KRW
Unplanned dep.				KRW
Write-Up				KRW
Value adjustment				KRW
Net book value		950,000	950,000	KRW

이렇듯 감가상각키값에 따라 감가상각시작일이 결정되고, 이에 따라 감가상각계획 금액이 달라진다.

● **Document Type and Number Ranges** : 전표에 Assign되는 Document Type(AA)과 전표 No. Ranges

▶ FI Document Number : Document Type에 의해서 전표 No Range가 결정된다 (Document Type 기능 중 하나)

▶ FI-Fixed Assets-Posting-Acquisition-External Acquisition-F-90 - With Vendor 화면

>앞서 테스트 했던 전표의 Document Type(전표유형)은 KR 이었다.

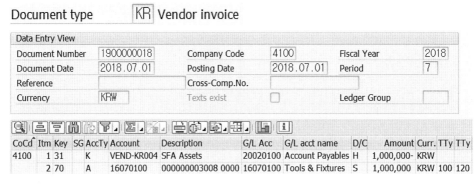

전표번호는 1900000018 이다.

▶ 포스팅 하는 순간 발생한 Document Number는 IMG-FI-Financial Accounting Global Settings (New)-Document-Document Types-Define Document Types for Entry View 화면에서 확인해 볼 수 있다.

Change View "Document Types": Overview

🔧 🔍 New Entries 📋 🗑 ↩ 📥 📥 📥

	Type	Description	▦
	KR	Vendor invoice	▲

Document type   `KR`   `Vendor invoice`

Properties

Number range	`19`	[Number range information]
Reverse DocumentType	`KA`	
Authorization Group	` `	

>19번 Number range가 assign 되어 있다. [**Number range information**] 버튼 클릭

Interval Maintenance: Accounting document, Subobject 4100

N..	Year	From No.	To Number	NR Status	Ext
19	2018	1900000000	1999999999	1900000018	☐

앞서 테스트로 발생한 전표 번호가 NR Status(Current number)로 들어간 것을 확인할 수 있다.

▶ 만약 고정자산과 관련된 Document Type은 모두 AA로 지정하고자 할 경우 전표 입력시 Type필드의 전표유형 값을 AA로 수정한 후에 포스팅하면 된다.

Document Date	`2018.07.01`	Type	`AA`	Company Code	`4100`
Posting Date	`2018.07.01`	Period	`07`	Currency/Rate	`KRW` ` `
Document Number	` `			Translation dte	` `
Reference	` `				
Doc.Header Text	` `				

>매번 변경해서 포스팅하기 싫을 경우 자동으로 AA로 세팅 되도록 수정한다. IMG-FI-Financial Accounting Global Settings (New)-Document-Default Values-Define Default Values

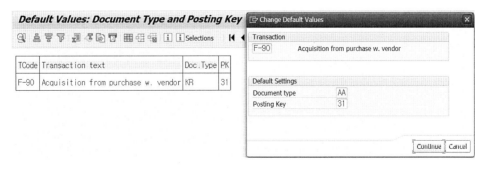

Default Values: Document Type and Posting Key

🔍 📊 📉 🔻 📋 📥 🔽 ▦ 🔲 📊 ⓘ ⓘ Selections ◀ ◀

TCode	Transaction text	Doc.Type	PK
F-90	Acquisition from purchase w. vendor	KR	31

☞ Change Default Values   ✕

Transaction

`F-90`   Acquisition from purchase w. vendor

Default Settings

Document type   `AA`
Posting Key   `31`

[Continue] [Cancel]

● **Transaction Types(TTY)** : 고정자산의 거래유형(이동유형)을 나타내는 키값

▶ 고정자산 관련 트랜잭션을 발생시킬때는 3자리 Transaction Type(TTY)이 반드시
입력되어야 한다.

▶ [70(PK) + Asset Master Account + TTY] : Customer, Vendor의 경우는 TTY를 입
력하지 않는다(Ex : [01(PK) + Customer Account] or [31(PK) + Vendor Account])
시스템은 차변에 Customer일 경우는 A/R 발생, 대변에 Vendor일 경우는 A/P 발생
이라는 것을 전기키를 통해 판단할 수 있다. 그러나 고정자산의 경우는 차변에
Asset이 발생했을 경우 이 트랜잭션이 어떠한 의미를 지닌 트랜잭션인지 판단하기가
어렵기 때문에 TTY 필드가 필요하다(신규취득? AuC Settle? 자본적지출? 이관입?)

▶ TTY를 이용하여 Asset History Sheet(고정자산 관리대장)를 생성할 수 있다. 취득, 매
각, 폐기, 이동, Closing 잔액 등

▶ IMG-FI- Asset Accounting-Transactions 하위 폴더에서 각각 지정이 가능하다.

○ IMG-FI-Asset Accounting-Transactions-Acquisitions-Define Transaction Types
for Acquisitions 화면(취득관련 TTY)

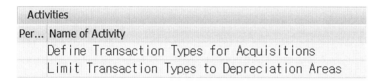

>Activity - Define Transaction Types for Acquisitions 더블클릭

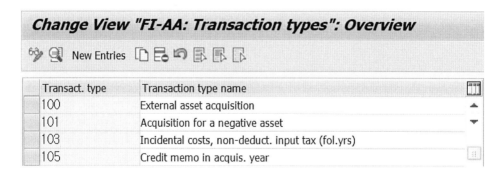

취득과 관련된 TTY는 Standard상에 100번대로 지정이 된다. 각 TTY별로 기본적인 설정값들
을 입력할 수 있다.

〉100번 TTY 더블클릭

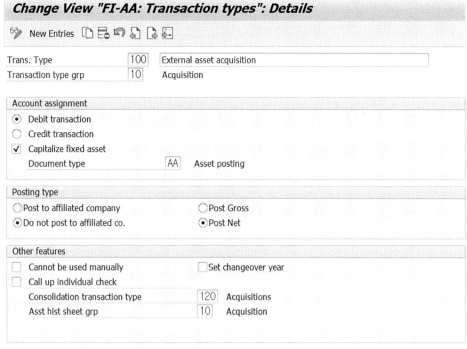

○ IMG-FI-Asset Accounting-Transactions-Retirements-Define Transaction Types for Retirements 화면(처분관련 TTY)

〉Define Transaction Types for Retirements 더블클릭

Change View "FI-AA: Transaction types": Overview

New Entries

Transact. type	Transaction type name
200	Retirement without revenue
201	Retirement due to force majeur without revenue
206	Retirement without revenue - EVL Finland
209	Retirmt of prior-year acquis. from IM w/o rev.
20A	Retirement without revenue
210	Retirement with revenue

200번대는 처분과 관련된 TTY - 더블클릭하면 상세내역을 확인해 볼 수 있다.

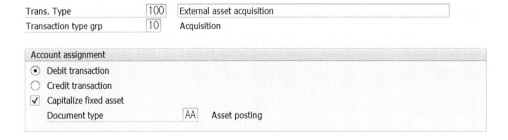

Change View "FI-AA: Transaction types": Details

New Entries

Trans. Type　200　Retirement without revenue
Transaction type grp　20　Retirement

Account assignment
☑ Deactivate fixed asset
　Document type　AA　Asset posting

Transfer/retirement/current-yr acquis.
☐ Retirement with revenue
☑ Repay investment support
☐ Post gain/loss to asset
　Acquisition in same year　250　Retirement of current-year acquisition w/o re

Posting type
○ Post to affiliated company　　○ Post Gross
◉ Do not post to affiliated co.　◉ Post Net

Other features
☐ Cannot be used manually
☐ Call up individual check
　Consolidation transaction type　140　Retirements
　Asst hist sheet grp　20　Retirement

▶ Transaction Type 세팅 세부내역

○ 일반적으로 주로 사용하게 될 TTY들은 Standard에서 정의된 설정을 그대로 사용하기 때문에 어떤 TTY를 이용해 처리하면 되는지만 인지하면 된다.

○ Account assignment 부분

Trans. Type　100　External asset acquisition
Transaction type grp　10　Acquisition

Account assignment
◉ Debit transaction
○ Credit transaction
☑ Capitalize fixed asset
　Document type　AA　Asset posting

취득/이관 TTY의 경우 차변/대변 어느 부분에 해당하는 트랜잭션인지 선택하는 부분이 있다.

| Trans. Type | 200 | Retirement without revenue |
| Transaction type grp | 20 | Retirement |

Account assignment
- ☑ Deactivate fixed asset
- Document type   AA   Asset posting

Deactivate fixed asset : 200/210번 TTY의 경우 이 필드가 체크되어 있다. 고정자산 처분거래가 발생한 마스터 데이터의 경우 더 이상 유저가 사용하지 못하도록 Deactivate 할 것인지를 체크하는 부분

○ Transfer/retirement/current-ye acquis. 부분 : 처분/이관 TTY 에만 존재하는 설정

| Trans. Type | 200 | Retirement without revenue |
| Transaction type grp | 20 | Retirement |

Transfer/retirement/current-yr acquis.
- ☐ Retirement with revenue
- ☑ Repay investment support
- ☐ Post gain/loss to asset
- Acquisition in same year   250   Retirement of current-year acquisition w/o re

| Trans. Type | 210 | Retirement with revenue |
| Transaction type grp | 20 | Retirement |

Transfer/retirement/current-yr acquis.
- ☑ Retirement with revenue
- ☑ Repay investment support
- ☐ Post gain/loss to asset
- Acquisition in same year   260   Retirement of current-year acquis. with reven

- Retirement with revenue : 처분시 수익이 발생하는 거래유형인지 지정, TTY 200번 언체크, 210번 체크

- Repay investment support : 국고보조금, 공사부담금 등을 의미, 내용연수 만기 전에 처분할 때 그 금액을 되돌리는 트랜잭션 처리인지를 체크하는 부분

- Acquisition in same year : 취득과 동일한 연도에 처분할 경우 별도의 Alternative한 TTY를 assign할 수 있다.

▶ TTY Groups(Transaction Type Group)

○ 유사한 TTY를 그룹핑하는 그룹핑 키값을 의미한다(100번대:취득-10, 200번대:처분-20, 300번대:이관-30)

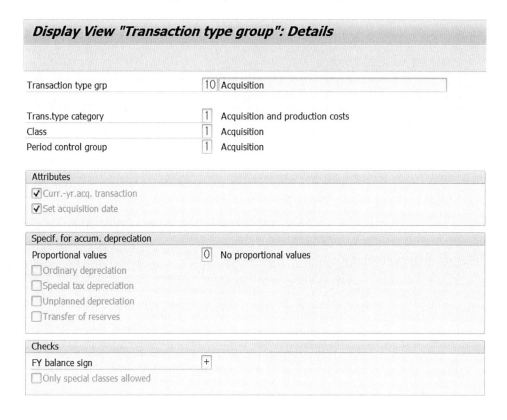

| Trans. Type | 100 | External asset acquisition |
| Transaction type grp | 10 | Acquisition |

| Trans. Type | 210 | Retirement with revenue |
| Transaction type grp | 20 | Retirement |

| Trans. Type | 300 | Retirmt transfer: Prior-yr acq. from cap. asset |
| Transaction type grp | 30 | Retirmt transfer of prior-yr acquis. |

○ [메뉴-Goto-Transaction Type Group] 클릭 : TTY Group은 변경이 불가능하다.

Display View "Transaction type group": Details

| Transaction type grp | 10 | Acquisition |

Trans.type category	1	Acquisition and production costs
Class	1	Acquisition
Period control group	1	Acquisition

Attributes
☑ Curr.-yr.acq. transaction
☑ Set acquisition date

Specif. for accum. depreciation
| Proportional values | 0 | No proportional values |
☐ Ordinary depreciation
☐ Special tax depreciation
☐ Unplanned depreciation
☐ Transfer of reserves

Checks
| FY balance sign | + |
☐ Only special classes allowed

○ TTY 그룹과 Asset History Sheet Group이 서로 연동되어 Reporting을 만들어낸다. TTY그룹-20과 Asst hist sheet grp-20은 동일하게 지정되어 있다. TTY그룹은 변경이 불가능하지만 Asset History Sheet Group은 변경이 가능하다. 이를 이용하여 원하는 Reporting을 할 수 있다. 이에 대한 설명은 Information System 챕터에서 살펴보도록 한다.

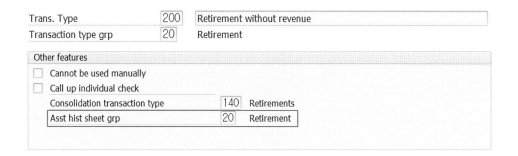

| Trans. Type | 200 | Retirement without revenue |
| Transaction type grp | 20 | Retirement |

Other features

- ☐ Cannot be used manually
- ☐ Call up individual check
- Consolidation transaction type | 140 | Retirements
- Asst hist sheet grp | 20 | Retirement

● **Integrated Asset Acquisitions** : 고정자산 취득의 3가지 Integration Point. 남은 2가지 방식에 대해 살펴보자.

② FI-AA ← → FI-G/L Clearing(G/L 쪽의 Clearing 계정을 이용해서 취득하는 경우)(Asset Acquisition without MM Integration : 고정자산을 MM모듈 [PO-GR-IV] Process를 이용하지 않고 FI-AP,AA 부분에서 취득하는 방식. 앞서 테스트 했던 ABZON T-Code 가 이 방식이다.)

▶ ②-1)고정자산은 입고되었는데 매입 세금계산서는 오지 않은(매입채무 미확정) 경우

○ 자산입고 : [차)Asset 1,000 / 대)A.Clng 1,000] - ABZON(취득 트랜잭션)(A.Clng=고정자산 취득Clearing 계정)

○ 채무확정 : [차)A.Clng 1,000 / 대)A/P 1,000] - F-91 트랜잭션

▶ ②-2)매입채무(세금계산서)는 확정 됐는데 고정자산이 도착하지 않은 경우

○ 채무확정 : [차)A.Clng 1,000 / 대)A/P 1,000] - FB60/F-43 트랜잭션

○ 자산입고 : [차)Asset 1,000 / 대)A.Clng 1,000] - F-91 트랜잭션

③ FI-AA ← → MM(Asset Acquisition with MM Integration : MM 모듈의 [PO-GR-IV] Process를 타고 고정자산 취득이 일어나는 방식)

▶ [(PR) → PO(ME21N) → G/R → IV]의 구매 프로세스를 태워서 처리하는 방식(G/R과 IV의 순서는 바뀔 수 있다.)

▶ G/R : [차)Asset 1,000 / 대)GR/IR Clearing 1,000] - MIGO 트랜잭션

▶ IV : [차)GR/IR Clearing 1,000 / 대)A/P 1,000] - MIRO 트랜잭션

Asset Accounting

8

⊙Integrated Asset Acquisitions : ②, ③번 내용에 대해 상세하게 살펴보도록 하자.

② FI-AA ←→ FI-G/L Clearing(G/L 쪽의 Clearing 계정을 이용해서 취득하는 경우)

▶ ②-1)고정자산은 입고되었는데 매입 세금계산서는 오지 않은(매입채무 미확정) 경우

○ 자산입고 : [차)Asset 1,000 / 대)A.Clng 1,000] - ABZON(취득 트랜잭션)(A.Clng=고 정자산 취득Clearing 계정)

• FI-Fixed Assets-Posting-Acquisition-External Acquisition-ABZON - Acquis. w/ Autom. Offsetting Entry 자산취득화면(취득임시계정 이용)

＞아래와 같이 자산관련 정보를 입력

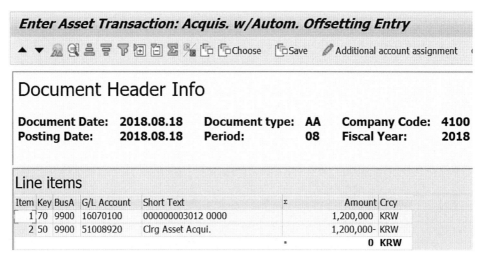

＞ (Simulate) 아이콘 클릭(아래 내역 조회) / 포스팅( ) 처리한다.

Enter Asset Transaction: Acquis. w/Autom. Offsetting Entry

▲ ▼ 　　　　　　　　　　　Choose 　Save 　　Additional account assignment

Document Header Info

Document Date:	**2018.08.18**	**Document type:**	**AA**	**Company Code:**	**4100**
Posting Date:	**2018.08.18**	**Period:**	**08**	**Fiscal Year:**	**2018**

Line items

Item	Key	BusA	G/L Account	Short Text	Σ	Amount	Crcy
1	70	9900	16070100	000000003012 0000		1,200,000	KRW
2	50	9900	51008920	Clrg Asset Acqui.		1,200,000-	KRW
					·	0	**KRW**

자산 내역만 입력했지만 상대 Clearing 계정까지 자동으로 기표해준다(고정자산 취득임시계정-51008920)

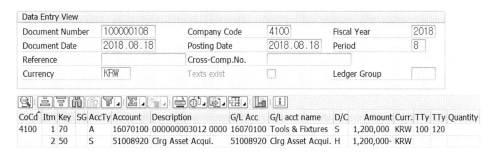

>AS02 트랜잭션 화면에서 3012번 자산의 Account Determination Key값을 보자.

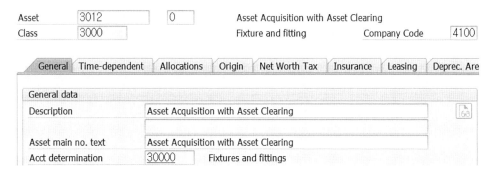

Account.Det.Key값 30000번을 물고 있다. 더블클릭하면 16070100-취득계정 내역이 조회된다.

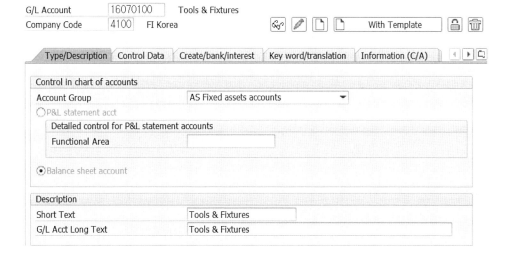

- IMG-FI-Asset Accounting-Integration with General Ledger Accounting-Assign G/L Accounts 화면

>COD : 4100 선택, COA : CAKR 선택

> 📂 Account Determination 더블클릭

Change View "Account Determination": Overview

Chart of Accts   CAKR

Dialog Structure
- ▾ ☐ Chart of Accounts
  - ▾ 📂 Account Determination
    - · ☐ Balance Sheet Accounts
    - · ☐ Depreciation
    - · ☐ Special Reserves

Account Determination

Account determ.	Name for account determination
30000	Fixtures and fittings

>30000번 선택 후 📂 Balance Sheet Accounts 더블클릭

Chart of Accts	CAKR	Chart of accounts - Republic of Korea
Account determ.	30000	Fixtures and fittings
Deprec. area	1	Book depreciation

Acquisition account assignment

Bal.sh.acct APC	16070100	Tools & Fixtures
Acquisition: down payments		
Contra account: Acquisition value	51008920	Clrg Asset Acqui.
Down-payments clearing account		
Acquisition from affiliated company		
Revenue frm post-capitaliz:	57000500	gain asset contribut

위와 같이 [COA+COD+Account.Det.Key+Depreciation Area] 조합에 설정된 계정으로 전표가 발생한 것이다. 취득 클리어링 계정이 설정되어 있다(Contra account: Acquisition value-51008920)

○ 채무확정 : [차)A.Clng 1,000 / 대)A/P 1,000] - F-91 트랜잭션

- FI-Fixed Assets-Posting-Acquisition-External Acquisition-F-91 - Clearing Off-setting Entry 화면

Asset Acquis. Posted w/Clearing Acct: Header Data

Choose open items   Account Model

Document Date	2018.08.19	Type	KR	Company Code	4100
Posting Date	2018.08.19	Period	08	Currency/Rate	KRW
Document Number				Translation dte	
Reference					
Doc.Header Text					
Clearing text	Asset Acquis.Clearing Account Clear				

> 1번 Line Item : Vendor 정보를 먼저 입력(매입채무 확정:PK-31)

First line item						
PstKy	31	Account	VEND-KR004	SGL Ind	TType	

Vendor	VEND-KR004	SFA Assets		G/L Acc	20020100
Company Code	4100				
FI Korea					

Item 1 / Invoice / 31 / Account Payables		
Amount	1,200,000	KRW
Tax Amount		

> Choose open items 버튼 클릭. 찾고자 하는 Asset Clearing 계정 51008920을 입력한다.

Asset Acquis. Posted w/ClearinSelect open items

Process Open Items

Open item selection		Additional selections
Account	51008920	⦿ None
Account type	S	○ Amount
Special G/L ind	☑ Normal OI	○ Document Number
Pmnt advice no.		○ Posting Date
		○ Dunning Area
☐ Other accounts		○ Reference
☐ Distribute by age		○ Collective invoice
☐ Automatic search		○ Document type
		○ Business Area

> 상단의 Process Open Items 버튼을 클릭하면 Open Item 내역이 조회된다.

Asset Acquis. Posted w/ClearinProcess open items

🔍 📝 Distribute Difference   Charge Off Difference   ✏ Editing Options

| Standard | Partial Pmt | Res.Items | WH Tax |

Account items 51008920 Clearing account - Asset Acquisition

Assignment	Document ...	D..	P..	Posting ...	Docume...	KRW Gross
	100000108	AA	50	2018.08.	2018.08.	1,200,000-

Amount   Gross<>...   Currency   Items   Items   Disc.   Disc.

Processing Status			
Number of items	1	Amount entered	1,200,000-
Display from item	1	Assigned	1,200,000-
Display in clearing currency		Not assigned	0

Clear 대상이 되는 건만 Activate 시킨 후 Not assigned 금액이 0이 되었는지 확인한다.

8

Asset Accounting

> Overview 후 [메뉴-Document-Simulate] 클릭

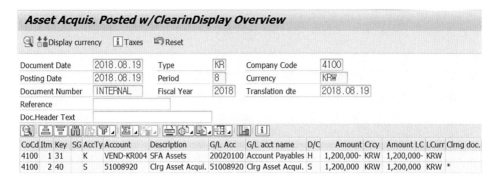

Asset Acquis. Posted w/ClearinDisplay Overview

Display currency   Taxes   Reset

Document Date	2018.08.19	Type	KR	Company Code	4100
Posting Date	2018.08.19	Period	8	Currency	KRW
Document Number	INTERNAL	Fiscal Year	2018	Translation dte	2018.08.19
Reference			
Doc.Header Text			

CoCd	Itm	Key	SG	AccTy	Account	Description	G/L Acc	G/L acct name	D/C	Amount	Crcy	Amount LC	LCurr	Clrng doc.
4100	1	31	K		VEND-KR004	SFA Assets	20020100	Account Payables	H	1,200,000-	KRW	1,200,000-	KRW	
4100	2	40	S		51008920	Clrg Asset Acqui.	51008920	Clrg Asset Acqui.	S	1,200,000	KRW	1,200,000	KRW	*

위와 같이 Asset Clearing 계정이 차변으로 상계되고 A/P Invoice가 발생하였다.

> 포스팅( ) 처리

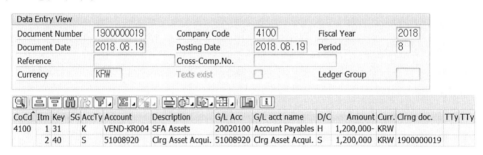

Data Entry View

Document Number	1900000019	Company Code	4100	Fiscal Year	2018
Document Date	2018.08.19	Posting Date	2018.08.19	Period	8
Reference		Cross-Comp.No.		
Currency	KRW	Texts exist		Ledger Group	

CoCd	Itm	Key	SG	AccTy	Account	Description	G/L Acc	G/L acct name	D/C	Amount	Curr.	Clrng doc.	TTy	TTy
4100	1	31	K		VEND-KR004	SFA Assets	20020100	Account Payables	H	1,200,000-	KRW			
	2	40	S		51008920	Clrg Asset Acqui.	51008920	Clrg Asset Acqui.	S	1,200,000	KRW	1900000019		

▶ ②-2)매입채무(세금계산서)확정 됐는데 고정자산이 도착하지 않은 경우

○ 채무확정 : [차)A.Clng 1,000 / 대)A/P 1,000]   - FB60/F-43 트랜잭션

• FI-Accounts Payable-Document Entry-FB60 - Invoice 화면에서 A/P Invoice 발생

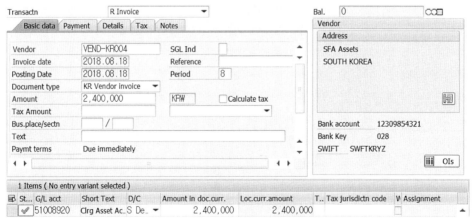

Transactn	R Invoice				Bal.	0	

Basic data | Payment | Details | Tax | Notes   Vendor

Address

SFA Assets
SOUTH KOREA

Vendor	VEND-KR004	SGL Ind	
Invoice date	2018.08.18	Reference	
Posting Date	2018.08.18	Period	8
Document type	KR Vendor invoice	
Amount	2,400,000	KRW	☐ Calculate tax
Tax Amount		
Bus.place/sectn	/	
Text		
Paymt terms	Due immediately	

Bank account   12309854321
Bank Key   028
SWIFT   SWFTKRYZ   OIs

1 Items (No entry variant selected)

St...	G/L acct	Short Text	D/C	Amount in doc.curr.	Loc.curr.amount	T..	Tax jurisdictn code	V	Assignment
✓	51008920	Clrg Asset Ac.. S De..		2,400,000	2,400,000				

상대계정은 자산취득 Clearing 계정 51008920을 직접 입력한다.

〉포스팅(💾) 버튼 클릭

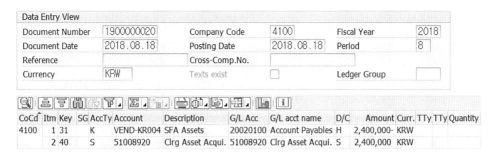

차변에 자산취득 Clearing 계정과 대변에 A/P Invoice 내역이 발생하였다.

자산이 입고되면서 자산취득 Clearing계정이 상계 될 것이다.

○ 자산입고 : [차)Asset 1,000 / 대)A.Clng 1,000] - F-91 트랜잭션

• FI-Fixed Assets-Posting-Acquisition-External Acquisition-F-91 - Clearing Offsetting Entry 화면

Asset Acquis. Posted w/Clearing Acct: Header Data

Choose open items   Account Model

Document Date	2018.08.19	Type	KR	Company Code 4100
Posting Date	2018.08.19	Period	08	Currency/Rate KRW

〉1번 Line Item : 자산정보를 먼저 입력(자산취득:PK-70 / TTY-100)

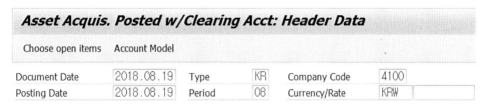

G/L Account	16070100	Tools & Fixtures	
Company Code	4100	FI Korea	Trans.type 120
Asset	3013 0	Asset Acquisition with Asset Clearing2	

Item 1 Debit asset / 70 External asset acqui / 100		
Amount	2,400,000	KRW
		☐Calculate tax
		Bus.place/sectn ___ / ___
Business Area	9900	Profit Center 1400
Asset	3013 0	Asset Acquisition with Asset Clearing2

> Choose open items 버튼 클릭. 찾고자 하는 Asset Clearing 계정 51008920을 입력한다.

Open item selection		Additional selections
Account	51008920	⦿ None
Account type	S	○ Amount
Special G/L ind	☑ Normal OI	○ Document Number

> 상단의 Process Open Items 버튼을 클릭하면 Open Item 내역이 조회된다

Standard | Partial Pmt | Res.Items | WH Tax

Account items 51008920 Clearing account - Asset Acquisition

Assignment	Document ...	D..	P..	Posting ...	Docume...	KRW Gross
	1900000020	KR	40	2018.08.	2018.08.	2,400,000

◀ ▶ [   ]   ◀ ▶

🔲🔳 🔳🔳 📊🖨 🔍🔍 Amount | 📊 Gross<>... | 📊 Currency | ✏ Items | ✏ Items | ✏ Disc. | ✏ Disc.

Processing Status			
Number of items	1	Amount entered	2,400,000
Display from item	1	Assigned	2,400,000
Display in clearing currency		Not assigned	0

Clear 대상이 되는 건만 Activate 시킨 후 Not assigned 금액이 0이 되었는지 확인한다.

> 포스팅(💾) 처리

Data Entry View

Document Number	1900000021	Company Code	4100	Fiscal Year	2018
Document Date	2018.08.19	Posting Date	2018.08.19	Period	8
Reference		Cross-Comp.No.			
Currency	KRW	Texts exist	☐	Ledger Group	

CoCd	Itm	Key	SG	AccTy	Account	Description	G/L Acc	G/L acct name	D/C	Amount	Curr.	Clrng doc.	TTy	TTy	AssetValDate
4100	1	70		A	16070100	000000003013 0000	16070100	Tools & Fixtures	S	2,400,000	KRW		100	120	2018.08.19
	2	50		S	51008920	Clrg Asset Acqui.	51008920	Clrg Asset Acqui.	H	2,400,000-	KRW	1900000021			

위와 같이 Asset Clearing 계정이 대변으로 상계되고 차변에 자산 취득이 발생하였다.

③ FI-AA ← → MM(Asset Acquisition with MM Integration : MM 모듈의 [PO-GR-IV] Pro-cess를 타고 고정자산 취득이 일어나는 부분)

▶ [(PR) → PO(ME21N) → G/R → IV]의 구매 프로세스를 태워서 처리하는 방식(G/R과 IV의 순서는 바뀔 수 있다.)

○ Purchase Requisition은 Optional한 작업

○ PO처리는 Valuated, Non-Valuated방식이 존재한다.

- Valuated 방식 : G/R 시점(자산입고시점)에 자산화 된다.
- Non-Valuated 방식 : IV시점(매입세금계산서 확정시점)에 자산화 된다.

  (자산화된다는 것은 자산취득이 되면서 G/L쪽에 포스팅 된다는 의미이다.)

○ Logistics-Materials Management-Purchasing-Purchase Order-Create-ME21N - Vendor/Supplying Plant Known 화면 : Purchase Order(구매오더)생성

- 구매관련 정보를 입력

> 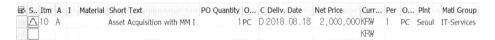 Item Overview 버튼 클릭(고정자산 구매 내역 입력)

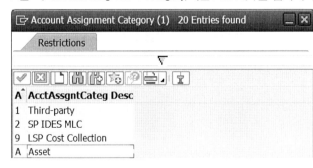

자산명(Short Text), 수량(PO Quantity), 구매일자(Delivery Date), Plant, Material Group 등을 입력한다.

A필드(Account Assignment Category)에는 Asset(A)를 입력해야 한다.

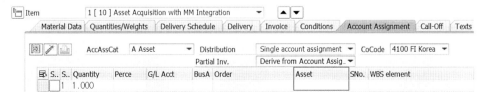

>Item 상세 항목 입력 화면에 Asset Number를 입력해야 한다.

- 구매할 자산을 입력해야 하는데 아직 자산마스터 생성이 되어 있지 않은 경우에는 하단의 [🗋   Assets   ] 버튼을 클릭해서 자산 마스터를 생성할 수 있다.

> [Additional data   ] 버튼을 클릭하면 자산 Master 등록화면으로 이동하게 된다(상세 정보 입력가능)

>엔터를 치면 아래와 같은 화면이 된다.

🗟	S..	S..	Quantity	Perce	G/L Acct	BusA	Order	Asset	SNo.
		1	1.000		16070100	9900		INTERN-00001	0

생성된 자산 마스터는 Internal하게 번호가 채번될 것이며 해당 필드에 입력되게 된다.

- [Delivery] tab에 보면 GR non-valuated 체크박스가 있다.

  ☑ Goods receipt
  ☐ GR non-valuated

- 여기서는 Valuated 방식(언체크)을 선택하고 Save(🖫)하게 되면 PO가 생성된다.

    ☑ Standard PO created under the number 4500019675

▶ G/R : [차)Asset 1,000 / 대)GR/IR Clearing 1,000] - MIGO 트랜잭션

○ Logistics-MM-Inventory Management-Goods Movement-Goods Receipt-For Purchase Order-MIGO_GR - GR for Purchase Order (MIGO) 화면 : 입고처리

- PO No를 입력해서 입고처리를 한다.

| A01 Goods Receipt ▼ | R01 Purchase Order ▼ | 4500019675 |

> PO No를 입력한 후 엔터

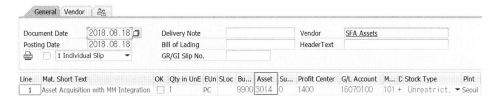

위와 같이 PO내역이 조회된다. Asset Master가 3014로 생성되어 있는 것을 볼 수 있다.

> 하단의 PO data tab에서 PO에 대한 내역을 조회할 수 있다(PO Number 더블클릭)

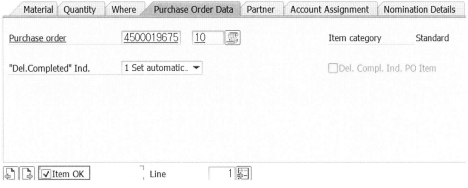

- 정보가 맞는지 확인한 후 PO Data tab 하단의 'Item OK' 체크박스 체크후 포스팅(🖫)

    ☑ Material document 5000012532 posted

○ Valuated 방식은 G/R 시점에 고정자산이 자산화 된다.

- Display모드로 입고내역 조회(아래처럼 입력 후 엔터)

>우측의  FI Documents 버튼 클릭

>Accounting document -5000000000 더블클릭

자산이 차변에 발생하면서 GR/IR Clearing 계정이 대변에 발생하였다.

- AW01N 트랜잭션 화면 : 아래와 같이 입고처리된 내역을 조회할 수 있다.

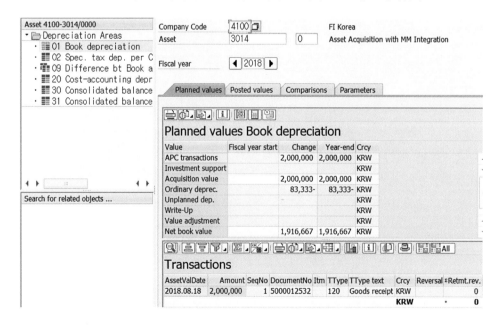

Transactions 부분을 보면 입고 전표에 대한 거래 내역을 확인할 수 있다.

※ Non-Valuated 방식은 입고되었어도 자산화되지 않기 때문에 FI Doc버튼을 클릭해도 내역이 나타나지 않는다.

○ MM-Purchasing-Purchase Order-Create-ME21N - Vendor/Supplying Plant
   Known 화면 : PO 생성

• Valuated 방식과 동일한 형식으로 입력

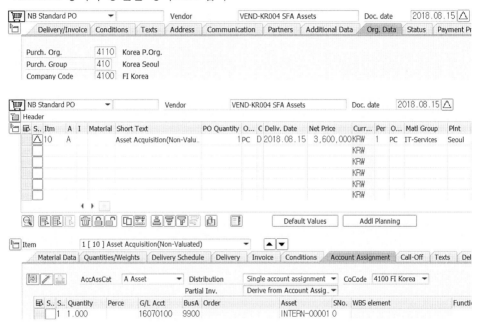

• Delivery tab에 보면 GR non-Valuated 체크박스가 있다.

   ☑ Goods receipt
   ☑ GR non-valuated

• 여기서 GR non-Valuated 방식을 선택하고 Save(💾)하게 되면 PO가 생성된다.

   ☑ Standard PO created under the number 4500019676

○ MM-Inventory Management-Goods Movement-Goods Receipt-For Purchase Order-MIGO_GR - GR for Purchase Order (MIGO) 화면 : 입고처리

- Valuated 방식과 동일한 형식으로 처리

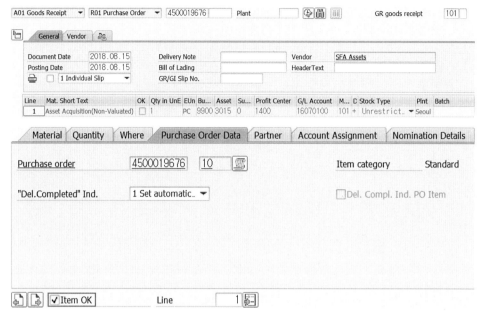

- 정보가 맞는지 확인해본(PO Data tab) 하단의 'Item OK' 체크박스 체크후 포스팅(💾)

☑ Material document 5000012536 posted

- Display모드로 입고내역 조회(아래처럼 입력 후 엔터)

>우측의 ⠿ FI Documents 버튼 클릭

☑ No subsequent document found in Accounting

Non-Valuated 방식이므로 FI Document 내역이 나타나지 않는다.

▶ IV : [차)GR/IR Clearing 1,000 / 대)A/P 1,000] - MIRO 트랜잭션

○ MM-Logistics Invoice Verification-Document Entry-MIRO - Enter Invoice 화면

• 위에서 등록했던 Non-Valuated 방식의 구매 프로세스에 대해 IV처리해보자.

〉IV일자, PO No를 입력하고 엔터, AP 금액 3,600,000원 입력

〉 Simulate 버튼 클릭

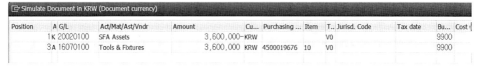

대변에 A/P Invoice 3,600,000원이 발생하고 차변에 자산 3,600,000원 발생

〉포스팅(💾) 처리. Non-Valuated 방식은 이때 자산화되며 자산관련 정보도 업데이트 된다.

• [메뉴-Invoice document-Display] 로 등록된 전표 내역을 확인

〉상단의 Follow-On Documents ... 버튼 클릭

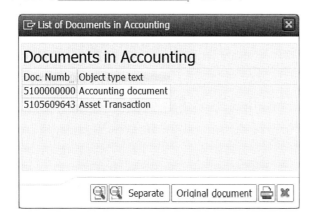

>첫번째 항목 더블클릭. 자산이 취득되면서 A/P Invoice가 발생한다.

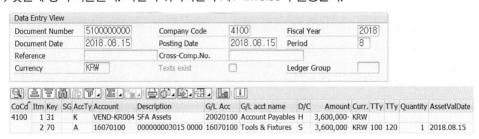

- AW01N 트랜잭션 화면(아래와 같이 처리된 내역을 조회할 수 있다.)

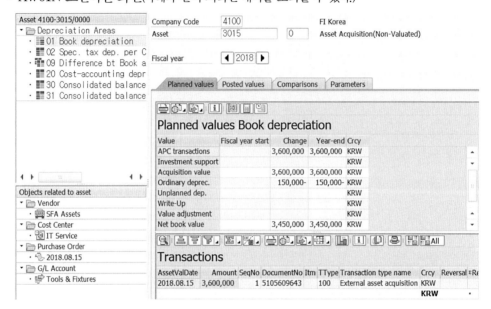

(자산화 된 것을 확인할 수 있다.)

● Asset Transfer : 자산 대체처리

▶ 자산 대체 처리

○ 다음과 같은 자산이 존재한다. 이 자산에 대해 대체 처리를 해보자.

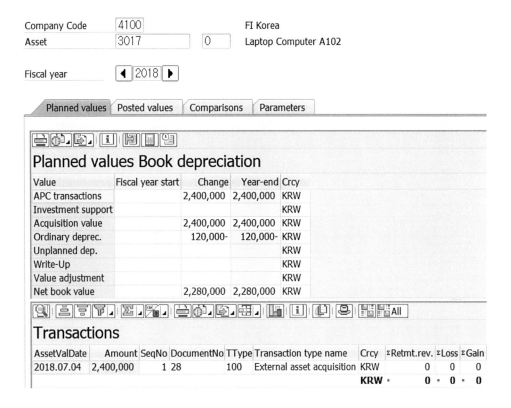

Planned values Book depreciation

Value	Fiscal year start	Change	Year-end	Crcy
APC transactions		2,400,000	2,400,000	KRW
Investment support				KRW
Acquisition value		2,400,000	2,400,000	KRW
Ordinary deprec.		120,000-	120,000-	KRW
Unplanned dep.				KRW
Write-Up				KRW
Value adjustment				KRW
Net book value		2,280,000	2,280,000	KRW

Transactions

AssetValDate	Amount	SeqNo	DocumentNo	TType	Transaction type name	Crcy	ΣRetmt.rev.	ΣLoss	ΣGain
2018.07.04	2,400,000	1	28	100	External asset acquisition	KRW	0	0	0
						KRW ·	**0 ·**	**0 ·**	**0**

○ FI-Fixed Assets-Posting-Transfer-ABUMN - Transfer within Company Code 화면에서 처리

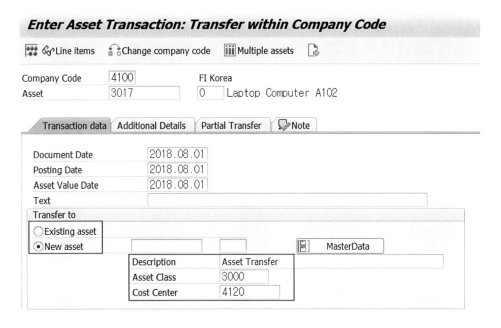

대체 대상이 되는 Asset Master가 생성되어 있을 경우 Existing asset을 선택하여 자산번호를 직접 입력하면 된다. 여기서는 신규 Asset Master를 생성하면서 대체처리를 진행해보자.

> 🖫　MasterData 　를 클릭하면 생성할 자산에 대한 더 자세한 정보를 입력할 수 있다.

> 확인 버튼을 누른 후 Posting(🖫) 처리

> 신규로 생성된 3037 자산을 조회해보자.

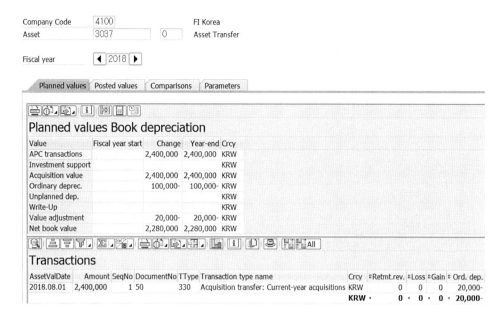

| Company Code | 4100 | | FI Korea |
| Asset | 3037 | 0 | Asset Transfer |

Fiscal year ◀ 2018 ▶

Planned values | Posted values | Comparisons | Parameters

Planned values Book depreciation

Value	Fiscal year start	Change	Year-end	Crcy
APC transactions		2,400,000	2,400,000	KRW
Investment support				KRW
Acquisition value		2,400,000	2,400,000	KRW
Ordinary deprec.		100,000-	100,000-	KRW
Unplanned dep.				KRW
Write-Up				KRW
Value adjustment		20,000-	20,000-	KRW
Net book value		2,280,000	2,280,000	KRW

Transactions

AssetValDate	Amount	SeqNo	DocumentNo	TType	Transaction type name	Crcy	ΣRetmt.rev.	ΣLoss	ΣGain	Σ Ord. dep.
2018.08.01	2,400,000	1	50	330	Acquisition transfer: Current-year acquisitions	KRW	0	0	0	20,000-
						KRW ·	0 ·	0 ·	0 ·	20,000-

330 Transaction Type으로 대체처리가 된 것을 볼 수 있다. 전표를 조회해보자.

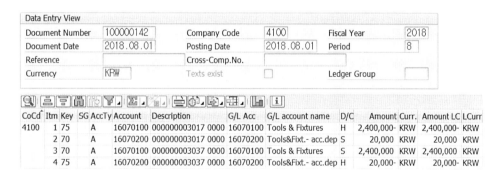

Data Entry View

Document Number	100000142	Company Code	4100	Fiscal Year	2018
Document Date	2018.08.01	Posting Date	2018.08.01	Period	8
Reference		Cross-Comp.No.			
Currency	KRW	Texts exist	☐	Ledger Group	

CoCd	Itm	Key	SG	AccTy	Account	Description	G/L Acc	G/L account name	D/C	Amount	Curr.	Amount LC	LCurr
4100	1	75		A	16070100	000000003017 0000	16070100	Tools & Fixtures	H	2,400,000-	KRW	2,400,000-	KRW
	2	70		A	16070200	000000003017 0000	16070200	Tools&Fixt.- acc.dep	S	20,000	KRW	20,000	KRW
	3	70		A	16070100	000000003037 0000	16070100	Tools & Fixtures	S	2,400,000	KRW	2,400,000	KRW
	4	75		A	16070200	000000003037 0000	16070200	Tools&Fixt.- acc.dep	H	20,000-	KRW	20,000-	KRW

3017자산에서 3037자산으로 대체해처리 되었다.

>3017 자산도 조회해보자.

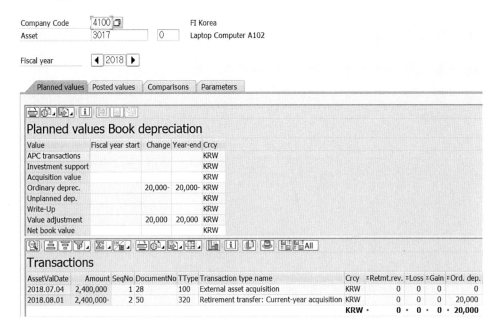

Company Code   4100   FI Korea
Asset   3017   0   Laptop Computer A102

Fiscal year   ◀ 2018 ▶

| Planned values | Posted values | Comparisons | Parameters |

Planned values Book depreciation

Value	Fiscal year start	Change	Year-end	Crcy
APC transactions				KRW
Investment support				KRW
Acquisition value				KRW
Ordinary deprec.		20,000-	20,000-	KRW
Unplanned dep.				KRW
Write-Up				KRW
Value adjustment		20,000	20,000	KRW
Net book value				KRW

Transactions

AssetValDate	Amount	SeqNo	DocumentNo	TType	Transaction type name	Crcy	ΣRetmt.rev.	ΣLoss	ΣGain	ΣOrd. dep.
2018.07.04	2,400,000	1	28	100	External asset acquisition	KRW	0	0	0	0
2018.08.01	2,400,000-	2	50	320	Retirement transfer: Current-year acquisition	KRW	0	0	0	20,000
						KRW ·	0 ·	0 ·	0 ·	20,000

3017자산에서는 처분처리 되어있다.

▶ 자산 분할 처리

○ 위에서 대체처리해서 생성된 3037 자산에 대해 1/3 금액만큼 분할 처리를 해보자.

○ FI-Fixed Assets-Posting-Transfer-ABUMN - Transfer within Company Code 화면

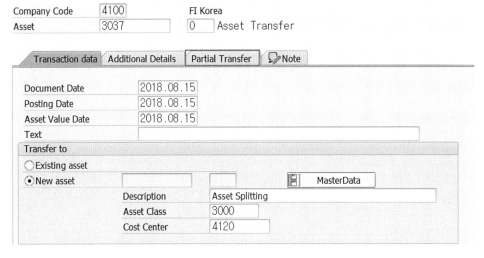

Company Code   4100   FI Korea
Asset   3037   0   Asset Transfer

| Transaction data | Additional Details | Partial Transfer | Note |

Document Date   2018.08.15
Posting Date   2018.08.15
Asset Value Date   2018.08.15
Text

Transfer to
○ Existing asset
● New asset   MasterData
              Description   Asset Splitting
              Asset Class   3000
              Cost Center   4120

위와 같이 입력한 후 Partial Transfer Tab으로 이동한다.

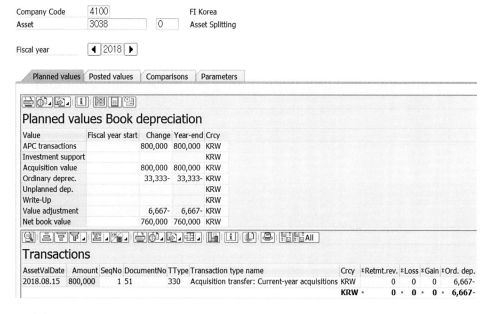

| Transaction data | Additional Details | Partial Transfer | Note |

Amount posted 800,000

Percentage rate

Quantity

Related to

○ Prior-year acquis.

⦿ From curr.-yr aquis.

금액을 직접 입력하는 방식. %(Percentage)를 입력하는 방식. 수량을 관리하는 자산의 경우 해당 수량 중 일부 수량만큼을 분할하도록 지정할 수 있다. 당해년도 취득 자산이므로 From Curr.-yr aquis. 라디오 버튼 선택

>Posting(🖫) 처리

Typ	Ite	Message text
☐	001	Asset transaction posted with document no. 4100 0100000143
☐	002	Asset 000000003038-0000 created in company code 4100

>3038 자산을 조회해보자.

Company Code	4100		FI Korea
Asset	3038	0	Asset Splitting

Fiscal year ◀ 2018 ▶

| Planned values | Posted values | Comparisons | Parameters |

Planned values Book depreciation

Value	Fiscal year start	Change	Year-end	Crcy
APC transactions		800,000	800,000	KRW
Investment support				KRW
Acquisition value		800,000	800,000	KRW
Ordinary deprec.		33,333-	33,333-	KRW
Unplanned dep.				KRW
Write-Up				KRW
Value adjustment		6,667-	6,667-	KRW
Net book value		760,000	760,000	KRW

Transactions

AssetValDate	Amount	SeqNo	DocumentNo	TType	Transaction type name	Crcy	ΣRetmt.rev.	ΣLoss	ΣGain	ΣOrd. dep.
2018.08.15	800,000	1	51	330	Acquisition transfer: Current-year acquisitions	KRW	0	0	0	6,667-
						KRW ‧	0 ‧	0 ‧	0 ‧	6,667-

분할된 800,000원만큼 이관처리된 것을 확인할 수 있다.

8

＞분할 전 자산 3037 자산도 조회해보자.

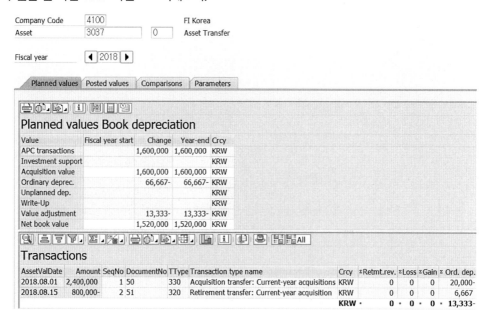

Company Code	4100		FI Korea
Asset	3037	0	Asset Transfer

Fiscal year ◀ 2018 ▶

Planned values | Posted values | Comparisons | Parameters

Planned values Book depreciation

Value	Fiscal year start	Change	Year-end	Crcy
APC transactions		1,600,000	1,600,000	KRW
Investment support				KRW
Acquisition value		1,600,000	1,600,000	KRW
Ordinary deprec.		66,667-	66,667-	KRW
Unplanned dep.				KRW
Write-Up				KRW
Value adjustment		13,333-	13,333-	KRW
Net book value		1,520,000	1,520,000	KRW

Transactions

AssetValDate	Amount	SeqNo	DocumentNo	TType	Transaction type name	Crcy	≈Retmt.rev.	≈Loss	≈Gain	≈ Ord. dep.
2018.08.01	2,400,000	1	50	330	Acquisition transfer: Current-year acquisitions	KRW	0	0	0	20,000-
2018.08.15	800,000-	2	51	320	Retirement transfer: Current-year acquisition	KRW	0	0	0	6,667
						KRW ·	0 ·	0 ·	0 ·	13,333-

800,000원 만큼 대체처리되면서 자산가액이 줄어든 것을 확인할 수 있다.

＞전표를 조회해보자.

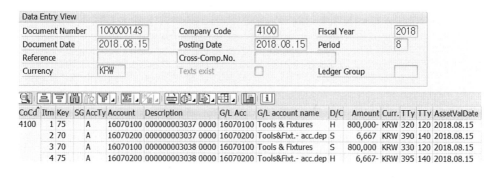

Data Entry View

Document Number	100000143	Company Code	4100	Fiscal Year	2018
Document Date	2018.08.15	Posting Date	2018.08.15	Period	8
Reference		Cross-Comp.No.			
Currency	KRW	Texts exist		Ledger Group	

CoCd	Itm	Key	SG	AccTy	Account	Description	G/L Acc	G/L account name	D/C	Amount	Curr.	TTy	TTy	AssetValDate
4100	1	75		A	16070100	000000003037 0000	16070100	Tools & Fixtures	H	800,000-	KRW	320	120	2018.08.15
	2	70		A	16070200	000000003037 0000	16070200	Tools&Fixt.- acc.dep	S	6,667	KRW	390	140	2018.08.15
	3	70		A	16070100	000000003038 0000	16070100	Tools & Fixtures	S	800,000	KRW	330	120	2018.08.15
	4	75		A	16070200	000000003038 0000	16070200	Tools&Fixt.- acc.dep	H	6,667-	KRW	395	140	2018.08.15

▶ 자산 병합 처리

○ 앞서 분할 처리한 자산 3037을 신규생성 자산 3038 자산으로 병합해보자.

Company Code	4100		FI Korea
Asset	3037	0	Asset Transfer

Transaction data	Additional Details	Partial Transfer	Note

Document Date	2018.08.20
Posting Date	2018.08.20
Asset Value Date	2018.08.20
Text	

Transfer to

⦿ Existing asset	3038		Asset Splitting
◯ New asset			
	Description		
	Asset Class		
	Cost Center		

3037 자산 가액 전체를 3038 자산으로 대체처리

>Posting(💾) 처리

☑ Asset transaction posted with document no. 4100 0100000144

Data Entry View

Document Number	100000144	Company Code	4100	Fiscal Year	2018
Document Date	2018.08.20	Posting Date	2018.08.20	Period	8
Reference		Cross-Comp.No.			
Currency	KRW	Texts exist	☐	Ledger Group	

CoCd	Itm	Key	SG	AccTy	Account	Description	G/L Acc	G/L account name	D/C	Amount	Curr.	TTy	TTy	AssetValDate
4100	1	75	A	16070100	000000003037	0000	16070100	Tools & Fixtures	H	1,600,000-	KRW	320	120	2018.08.20
	2	70	A	16070200	000000003037	0000	16070200	Tools&Fixt.- acc.dep	S	13,333	KRW	390	140	2018.08.20
	3	70	A	16070100	000000003038	0000	16070100	Tools & Fixtures	S	1,600,000	KRW	330	120	2018.08.20
	4	75	A	16070200	000000003038	0000	16070200	Tools&Fixt.- acc.dep	H	13,333-	KRW	395	140	2018.08.20

>3038 자산을 조회해보자.

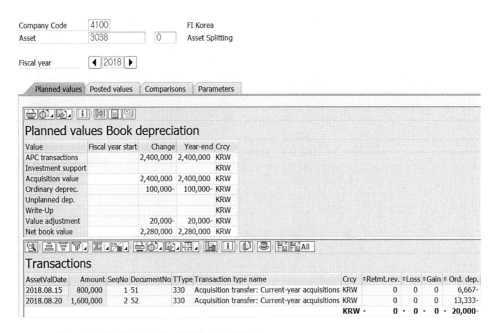

3037자산 자산가액이 3038로 대체처리되어 있다.

>3037 자산을 조회해보자.

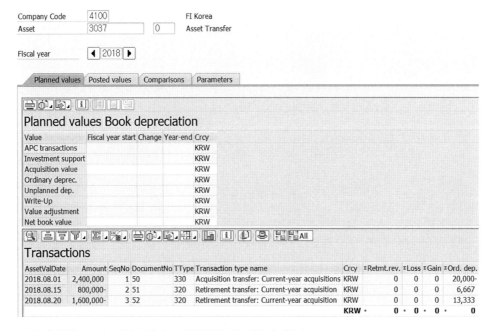

모두 대체처리되어 자산가액이 0이 된 것을 확인할 수 있다.

● Asset Retirement : 자산 처분(개별/통합 방식)

▶ SAP에서는 일반적인 처분 분개와는 다른 방식으로 회계처리하게 됨으로 주의해야 한다.

▶ Ex)APC(취득가) : 10,000, Accumulated Depreciation(감가상각누계액) : 6,000 → NBV(잔존가액) : 4,000, Sales Amount(처분액) : 3,000인 경우 처분손실 1,000이 발생한다.

○ 일반적인 분개 : [차)A.Dep 6,000, Bank 3,000, Loss 1,000 / 대)Asset 10,000]

○ SAP 처분분개 : [차)A/R 3,000 / 대)R.Clearing 3,000]

　　　　　　　　[차)A.Dep 6,000, Loss 1,000, R.Clearing 3,000 / 대)Asset 10,000]

○ 보면 SAP의 경우에는 R.Clearing(Asset Retirement Clearing Account)세정 3,000이 발생하는 부분이 크게 다른 부분이다(고정자산 매각에 따른 수익을 현금 흐름표상 계산하기 위해 이러한 분개방식을 사용한다고 한다) (R.Clearing : 50049999(Asset Retirement Clearing Account) 고정자산처분임시 Clearing계정)

○ A/R 라인 입력시 발생하는 R.Clearing과, Asset 처분처리시 발생되는 R.Clearing 계정은 각기 다른 계정을 사용해도 무방하나 일반적으로는 동일계정으로 처리한다.

▶ FI-Fixed Assets-Asset-AW01N - Asset Explorer 화면

○ 7월에 취득가 1,200,000원으로 취득한 자산 3016이 아래 그림처럼 있을 때, 7월 감가상각 처리가 수행되어 감가상각비 10,000원이 발생된 상태이다.

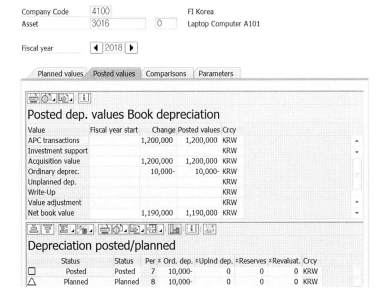

Transactions

AssetValDate	Amount	SeqNo	DocumentNo	Itm	TType	Transaction type name	Crcy	Reversal	ΣRetmt.r
2018.07.03	1,200,000	1	27		100	External asset acquisition	KRW		
							KRW		▪

○ 위 자산에 대해 매각 처리를 진행해보자. 현재 잔존가액(NBV)이 1,190,000원이므로
1,100,000원에 매각해보자.

▶ FI-Fixed Assets-Posting-Retirement-Retirement w/Revenue F-92 - With Customer 화면에서 매각처리

○ 아래와 같이 입력

Asset Retire. frm Sale w/ Customer: Header Data

Held Document   Account Model   G/L item fast entry   □ Post with Reference   Processing Options

Document Date	2018.08.19	Type	DR	Company Code	4100
Posting Date	2018.08.19	Period	08	Currency/Rate	KRW

○ 1번 Line Item : PK-01로 차변에 A/R내역을 입력한다.

First line item

PstKy [01] Account [CUST-KR004] SGL Ind [ ] TType [ ]

Customer [CUST-KR004] SFA Assets   G/L Acc [11040100]
Company Code [4100]
FI Korea   서울시 강남구

Item 1 / Invoice / 01 / Account Receivables

Amount	1,100,000	KRW
Tax Amount		

○ 2번 Line Item : 대변에는 PK-50, Account-50049999으로 고정자산처분임시계정을
기표한다(고정자산 조정계정이 아님을 주의해야 한다. 일반 G/L 계정 입력)

Next line item

PstKy [50] Account [50049999] SGL Ind [ ] TType [ ]

G/L Account [50049999] Suspense a/c - disposal/sale fixed assets
Company Code [4100] FI Korea

Item 2 / Credit entry / 50

Amount	1,100,000	KRW
Business place		
Segment		
Profit Ctrs		Partner PC

⇨ More

Assignment [ ]   Asst retirement [✓]
Text [ ]   Long Texts

해당 화면으로 들어가게 되면 일반적인 G/L계정 입력화면과 다른 부분이 있는데 우측 중간에 보이는 **Asset retirement 체크박스**이다. 자산매각 관련한 자산정보를 입력하겠다는 의미이다. 이는 50049999계정을 입력한 경우에만 보여지는 필드이다. FSG 설정에 Asset retirement 필드가 Optional로 설정되어 있다.

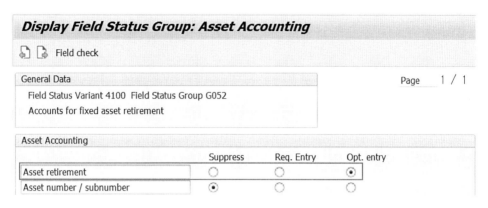

체크를 한 후 엔터를 치게 되면 매각대상이 되는 고정자산의 정보를 입력하는 팝업 화면이 뜬다.

>TTY는 210(매각수익 있는 처분-210   Retirement with revenue)으로 보여진다.

자산번호 / 처분일자를 입력하고 Complete retirement(전부매각처리)부분을 체크. 부분 매각일 경우 아래쪽 정보 입력

>확인(✅) 버튼 클릭

○ Overview 화면

Enter Customer invoice: Display Overview

Display currency　Park document　Account Model　G/L item fast entry　Taxes

Document Date	2018.08.19	Type	DR	Company Code	4100		
Posting Date	2018.08.19	Period	8	Currency	KRW		
Document Number	INTERNAL	Fiscal Year	2018	Translation dte	2018.08.19		
Reference							
Doc.Header Text							

CoCd	Itm	Key	SG	AccTy	Account	Description	G/L Acc	G/L account name	D/C	Amount	Crcy	Amount LC	LCurr
4100	1	01		D	CUST-KR004	SFA Assets	11040100	Account Receivables	S	1,100,000	KRW	1,100,000	KRW
4100	2	50		S	50049999	Suspense a/c - dispo	50049999	Suspense a/c - dispo	H	1,100,000-	KRW	1,100,000-	KRW

입력했던 Customer A/R Invoice 내역과 고정자산처분 임시계정에 대한 내역만 조회된다.

○ [메뉴-Document-Simulate] 처리하게 되면 앞에서 살펴본 SAP방식의 처분분개가 발생한다.

CoCd	Itm	Key	SG	AccTy	Account	Description	G/L Acc	G/L account name	D/C	Amount	Crcy	Amount LC	LCurr
4100	1	01		D	CUST-KR004	SFA Assets	11040100	Account Receivables	S	1,100,000	KRW	1,100,000	KRW
4100	2	50		S	50049999	Suspense a/c - dispo	50049999	Suspense a/c - dispo	H	1,100,000-	KRW	1,100,000-	KRW
4100	3	75		A	16070100	000000003016 0000	16070100	Tools & Fixtures	H	1,200,000-	KRW	1,200,000-	KRW
4100	4	70		A	16070200	000000003016 0000	16070200	Tools&Fixt.- acc.dep	S	10,000	KRW	10,000	KRW
4100	5	40		S	50049999	Suspense a/c - dispo	50049999	Suspense a/c - dispo	S	1,100,000	KRW	1,100,000	KRW
4100	6	40		S	58000100	Loss on disposal/sal	58000100	Loss on disposal/sal	S	90,000	KRW	90,000	KRW

1,2번 라인은 Overview 화면에서 본 직접 입력한 라인이고, 3번 라인의 경우 자산이 대변으로 떨리면서 없어진다. 4번 라인은 이에 대한 감가상각누계액이 차변으로 떨렸으며 6번 라인은 고정자산 처분손실이 발생하였다. 5번 라인이 2번 라인에서 입력한 고정자산처분임시 계정을 상계하는 라인이다. 2번 라인 계정과 5번 라인 계정은 서로 다를 수 있으나 국내 프로젝트시 일반적으로 동일 계정을 사용한다.

잔존가액(NVB) 1,190,000원짜리를 1,100,000에 매각하였으므로 처분손실 90,000원이 발생하였다

○ 포스팅(💾) 처리

Data Entry View						
Document Number	1800000038	Company Code	4100	Fiscal Year	2018	
Document Date	2018.08.19	Posting Date	2018.08.19	Period	8	
Reference		Cross-Comp.No.				
Currency	KRW	Texts exist	☐	Ledger Group		

CoCd	Itm	Key	SG	AccTy	Account	Description	G/L Acc	G/L account name	D/C	Amount	Curr.	TTy	TTy	AssetValDate
4100	1	01		D	CUST-KR004	SFA Assets	11040100	Account Receivables	S	1,100,000	KRW			
	2	50		S	50049999	Suspense a/c - dispo	50049999	Suspense a/c - dispo	H	1,100,000-	KRW			
	3	75		A	16070100	000000003016 0000	16070100	Tools & Fixtures	H	1,200,000-	KRW	260	140	2018.08.19
	4	70		A	16070200	000000003016 0000	16070200	Tools&Fixt.- acc.dep	S	10,000	KRW	290	140	2018.08.19
	5	40		S	50049999	Suspense a/c - dispo	50049999	Suspense a/c - dispo	S	1,100,000	KRW			
	6	40		S	58000100	Loss on disposal/sal	58000100	Loss on disposal/sal	S	90,000	KRW			

▶ FI-Fixed Assets-Asset-AW01N-Asset Explorer 화면에서 처분된 내역을 조회해보면 매각정보를 보여준다.

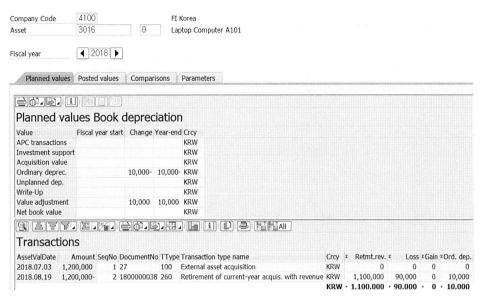

TTY를 보면 전표입력시 210번 TTY를 선택하고 처리했음에도 불구하고 260번으로 등록되어 있는 것을 볼 수 있다. 이는 당해년도 취득자산인 경우 입력한 TTY에 매핑되어 있는 TTY로 자동 변환된 것이다. 아래 그림 : TTY 설정화면

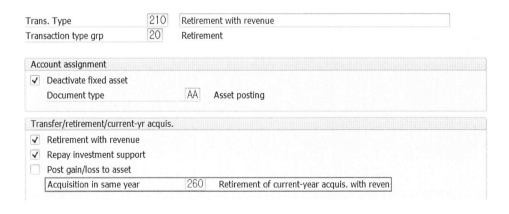

▶ Mass Retirement : Individual Retirement 방식이 아니라 여러건을 동시에 매각 처리하는 방식

① 매각 대상 자산의 리스트를 생성하고 조회

○ 신규자산 마스터를 생성(여러 자산을 한꺼번에 생성하는 방식으로 생성)

>아래와 같이 입력(Number of similar assets 필드에 생성하고자 하는 자산의 개수를 입력)

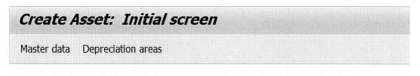

Asset Class	3000
Company Code	4100
Number of similar assets	3

3개의 유사한 자산 마스터를 생성해보자.

>General tab에서 description 등 필요한 필드값 입력

>저장버튼을 클릭하는 순간 바로 생성할 것인지 Maintain 할 것인지를 묻는다|

[　　Maintain　　] 버튼 클릭(수정이 필요한 필드의 값을 수정)

No	Description	Inventory no.	Bu...	Cost center
1	Mass Retirement Test1		9900	4120
2	Mass Retirement Test2		9900	4120
3	Mass Retirement Test3		9900	4120

>모두 수정을 하였으므로 [✅ 　Create　] 버튼을 클릭하여 생성한다.

✅ Assets 3029 0 to 3031 0 have been created

3029~3031 3개의 자산이 생성된다.

○ 자산 취득 역시 Multiple Assets 버튼을 클릭해서 한꺼번에 취득 등록을 한다.

>ABZON 트랜잭션 화면(상단의 [iii Multiple assets] 버튼 클릭)

>아래와 같이 자산 3건에 대해 값을 입력한다.

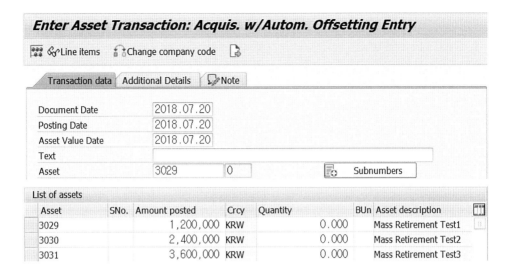

Enter Asset Transaction: Acquis. w/Autom. Offsetting Entry

▦ 𝒢∿Line items   🔒Change company code   ▯

| Transaction data | Additional Details | 🖉Note |

Document Date	2018.07.20
Posting Date	2018.07.20
Asset Value Date	2018.07.20
Text	
Asset	3029 0 ▣ Subnumbers

List of assets

Asset	SNo.	Amount posted	Crcy	Quantity	BUn	Asset description	▦
3029		1,200,000	KRW	0.000		Mass Retirement Test1	
3030		2,400,000	KRW	0.000		Mass Retirement Test2	
3031		3,600,000	KRW	0.000		Mass Retirement Test3	

> ▦(시뮬레이션) 아이콘 클릭

Enter Asset Transaction: Acquis. w/Autom. Offsetting Entry

▲ ▼ ▦ 🔍 ▦ ▦ ▦ ▦ ▦ ▦ Σ ▦ ▯ ▯Choose   ▯Save   🖉 Additional account assignment   𝒢∿Line items   ▦Display currency

Document Header Info

Document Date:	2018.07.20	**Document type:**	AA	**Company Code:**	4100
Posting Date:	2018.07.20	**Period:**	07	**Fiscal Year:**	2018

Line items

Item	Key	BusA	G/L Account	Short Text	Σ	Amount	Crcy
1	70	9900	16070100	000000003029 0000		1,200,000	KRW
2	50	9900	51008920	Clrg Asset Acqui.		1,200,000-	KRW
3	70	9900	16070100	000000003030 0000		2,400,000	KRW
4	50	9900	51008920	Clrg Asset Acqui.		2,400,000-	KRW
5	70	9900	16070100	000000003031 0000		3,600,000	KRW
6	50	9900	51008920	Clrg Asset Acqui.		3,600,000-	KRW
					·	0	**KRW**

위와 같이 포스팅 내역이 조회된다. 확인 후 포스팅(💾) 처리

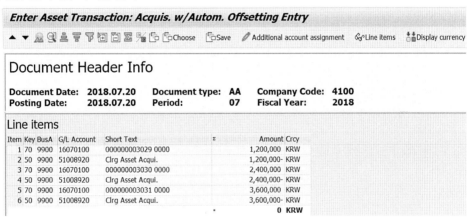

Data Entry View					
Document Number	100000119	Company Code	4100	Fiscal Year	2018
Document Date	2018.07.20	Posting Date	2018.07.20	Period	7
Reference		Cross-Comp.No.			
Currency	KRW	Texts exist	☐	Ledger Group	

CoCd	Itm	Key	SG	AccTy	Account	Description	G/L Acc	G/L acct name	D/C	Amount	Curr.	TTy	TTy	AssetValDate
4100	1	70		A	16070100	000000003029 0000	16070100	Tools & Fixtures	S	1,200,000	KRW	100	120	2018.07.20
	2	50		S	51008920	Clrg Asset Acqui.	51008920	Clrg Asset Acqui.	H	1,200,000-	KRW			
	3	70		A	16070100	000000003030 0000	16070100	Tools & Fixtures	S	2,400,000	KRW	100	120	2018.07.20
	4	50		S	51008920	Clrg Asset Acqui.	51008920	Clrg Asset Acqui.	H	2,400,000-	KRW			
	5	70		A	16070100	000000003031 0000	16070100	Tools & Fixtures	S	3,600,000	KRW	100	120	2018.07.20
	6	50		S	51008920	Clrg Asset Acqui.	51008920	Clrg Asset Acqui.	H	3,600,000-	KRW			

○ FI-Fixed Assets-Environment-Worklist-AR01 - Generate 화면에서 매각대상 자산 리스트를 조회할 수 있다.

>매각 대상 자산 조회 조건을 입력한다.

앞서 취득 처리했던 3건의 자산을 조회조건에 입력한다.

개별 자산 리스트를 조회한다.

Display options	
Display variant	
✓ Use ALV grid	

ALV Grid 형식으로 조회

Further settings	
✓ Current book value	

체크시 전기된 감가상각 금액을 기준으로 잔존가액(NVB) 계산, 체크를 하지 않을 경우 Report Date까지의 감가상각 계획금액을 차감한 금액이 잔존가액을 보여준다.

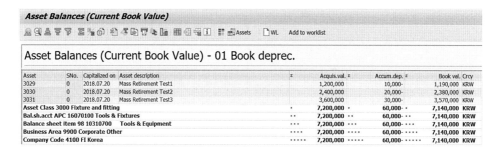

3건의 자산이 조회된다. [취득금액(Acquis.val) / 감가상각누계액(Accum.dep.) / 잔존가액(Book val.)]

② Worklist 생성

○ 조회한 자산리스트를 확인한 후에 상단의 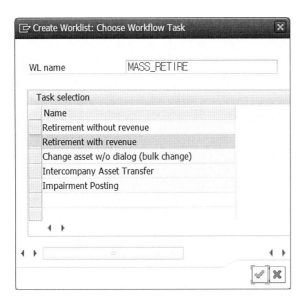WL (Create worklist)버튼을 클릭한다.

　WL name을 입력

③ Worklist에 Task 타입을 선택한다.

○ 처분 Revenue가 있는지 없는지 선택 (Retirement with revenue 선택)

④ 대량처리시 발생하는 Revenue를 안분하는 기준을 세팅(Dist. of Reven. - 3가지 기준

　중 하나를 선택)

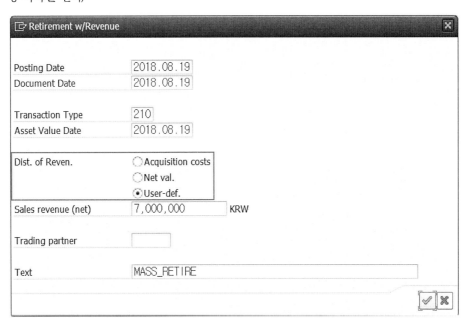

○ ①원시 취득가 기준 안분, ②Net Book Value 기준 안분, ③User defined기준이 존재한다. 여기서는 테스트를 위해 처분 금액을 직접 입력하는 ③User-def. 방식선택.

○ Sales revenue : 확정된 Total Revenue금액을 입력(Customer로부터 받을 금액 : 여기서는 총잔존가액 7,140,000원 중에서 7,000,000원에 대한 금액만 받은 것으로 가정)

○ 엔터를 치게 되면 Work queue가 생성된다.
(☑ Work queue 000001965745 added)

⑤ Worklist를 Process 하고 Release

○ FI-Fixed Assets-Environment-Worklist-AR31 - Edit 화면에서 Work queue No를 지정하고 실행

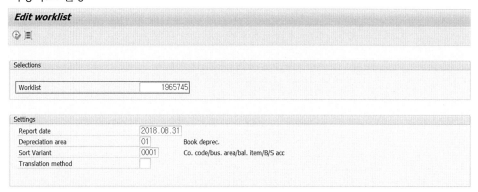

>현재는 Reserved Status이다. 이 상태에서는 Work List 수정이 가능하다
(🖱Change worklist header 버튼)

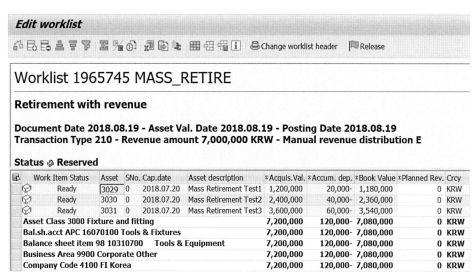

Planned Rev. 필드에 사용자가 원하는 금액을 직접 입력한다.

	Work Item Status	Asset	SNo.	Cap.date	Asset description	≡Acquis.Val.	≡Accum. dep.	≡Book Value	≡Planned Rev.	Crcy
⊘	Ready	3029	0	2018.07.20	Mass Retirement Test1	1,200,000	20,000-	1,180,000	1,000,000	KRW
⊘	Ready	3030	0	2018.07.20	Mass Retirement Test2	2,400,000	40,000-	2,360,000	2,000,000	KRW
⊘	Ready	3031	0	2018.07.20	Mass Retirement Test3	3,600,000	60,000-	3,540,000	3,000,000	KRW

최초 입력한 Total Revenue 금액은 7,000,000원이었는데 위와 같이 6,000,000원을 입력하고 저장하면 아래 오류가 발생하고 저장되지 않는다.

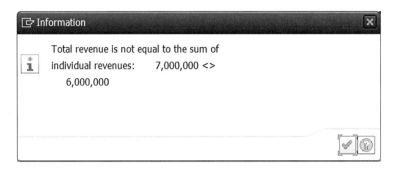

>아래와 같이 금액을 7,000,000원을 맞춘 후 저장한다. ☑ Your changes were saved

	Work Item Status	Asset	SNo.	Cap.date	Asset description	≡Acquis.Val.	≡Accum. dep.	≡Book Value	≡Planned Rev.	Crcy
⊘	Ready	3029	0	2018.07.20	Mass Retirement Test1	1,200,000	20,000-	1,180,000	1,000,000	KRW
⊘	Ready	3030	0	2018.07.20	Mass Retirement Test2	2,400,000	40,000-	2,360,000	2,000,000	KRW
⊘	Ready	3031	0	2018.07.20	Mass Retirement Test3	3,600,000	60,000-	3,540,000	4,000,000	KRW

>모두 확인이 끝난 후 상단의 ▣Release 버튼을 클릭한 후 ⟳(refresh)버튼 클릭

☑ Work queue 000001965745 released

Worklist 1965745 MASS_RETIRE

Retirement with revenue

Document Date 2018.08.19 - Asset Val. Date 2018.08.19 - Posting Date 2018.08.19
Transaction Type 210 - Revenue amount 7,000,000 KRW - Manual revenue distribution E

Status ⊘ Completed

	Work Item Status	Asset	SNo.	Cap.date	Asset description	≡Acquis.Val.	≡Accum. dep.	≡Book Value	≡Planned Rev.	Crcy
⊘	Completed	3029	0	2018.07.20	Mass Retirement Test1	0	0	0	1,000,000	KRW
⊘	Completed	3030	0	2018.07.20	Mass Retirement Test2	0	0	0	2,000,000	KRW
⊘	Completed	3031	0	2018.07.20	Mass Retirement Test3	0	0	0	4,000,000	KRW
	Asset Class 3000 Fixture and fitting					0	0	0	7,000,000	KRW
	Bal.sh.acct APC 16070100 Tools & Fixtures					0	0	0	7,000,000	KRW
	Balance sheet item 98 10310700 Tools & Equipment					0	0	0	7,000,000	KRW
	Business Area 9900 Corporate Other					0	0	0	7,000,000	KRW
	Company Code 4100 FI Korea					0	0	0	7,000,000	KRW

Completed 상태로 변경. 금액들이 매각처리 되면서 0으로 변경된 것을 확인할 수 있다.

⑥ FI-Fixed Assets-Asset-AW01N - Asset Explorer 화면에서 제대로 매각처리되었는지 확인(각 자산별로 확인해보자.)

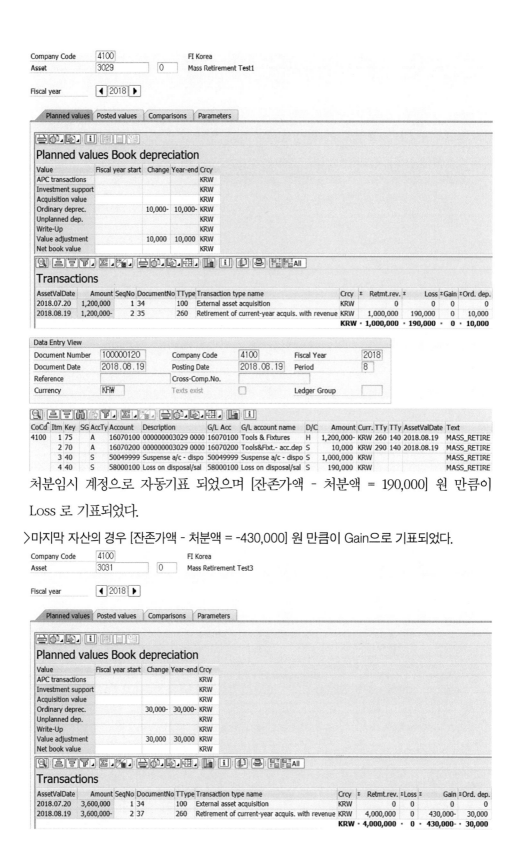

Company Code 4100 | FI Korea
Asset 3029 | 0 | Mass Retirement Test1

Fiscal year ◀ 2018 ▶

Planned values | Posted values | Comparisons | Parameters

Planned values Book depreciation

Value	Fiscal year start	Change	Year-end	Crcy
APC transactions				KRW
Investment support				KRW
Acquisition value				KRW
Ordinary deprec.		10,000-	10,000-	KRW
Unplanned dep.				KRW
Write-Up				KRW
Value adjustment		10,000	10,000	KRW
Net book value				KRW

Transactions

AssetValDate	Amount	SeqNo	DocumentNo	TType	Transaction type name	Crcy	Σ Retmt.rev.	Σ Loss	Σ Gain	Σ Ord. dep.
2018.07.20	1,200,000	1	34	100	External asset acquisition	KRW	0	0	0	0
2018.08.19	1,200,000-	2	35	260	Retirement of current-year acquis. with revenue	KRW	1,000,000	190,000	0	10,000
						KRW · 1,000,000 · 190,000 · 0 · 10,000				

Data Entry View

Document Number	100000120	Company Code	4100	Fiscal Year	2018
Document Date	2018.08.19	Posting Date	2018.08.19	Period	8
Reference		Cross-Comp.No.			
Currency	KRW	Texts exist	☐	Ledger Group	

CoCd	Itm	Key	SG	AccTy	Account	Description	G/L Acc	G/L account name	D/C	Amount	Curr.	TTy	TTy	AssetValDate	Text
4100	1	75		A	16070100	000000003029 0000	16070100	Tools & Fixtures	H	1,200,000-	KRW	260	140	2018.08.19	MASS_RETIRE
	2	70		A	16070200	000000003029 0000	16070200	Tools&Fixt.- acc.dep	S	10,000	KRW	290	140	2018.08.19	MASS_RETIRE
	3	40		S	50049999	Suspense a/c - dispo	50049999	Suspense a/c - dispo	S	1,000,000	KRW				MASS_RETIRE
	4	40		S	58000100	Loss on disposal/sal	58000100	Loss on disposal/sal	S	190,000	KRW				MASS_RETIRE

처분임시 계정으로 자동기표 되었으며 [잔존가액 - 처분액 = 190,000] 원 만큼이 Loss 로 기표되었다.

> 마지막 자산의 경우 [잔존가액 - 처분액 = -430,000] 원 만큼이 Gain으로 기표되었다.

Company Code 4100 | FI Korea
Asset 3031 | 0 | Mass Retirement Test3

Fiscal year ◀ 2018 ▶

Planned values | Posted values | Comparisons | Parameters

Planned values Book depreciation

Value	Fiscal year start	Change	Year-end	Crcy
APC transactions				KRW
Investment support				KRW
Acquisition value				KRW
Ordinary deprec.		30,000-	30,000-	KRW
Unplanned dep.				KRW
Write-Up				KRW
Value adjustment		30,000	30,000	KRW
Net book value				KRW

Transactions

AssetValDate	Amount	SeqNo	DocumentNo	TType	Transaction type name	Crcy	Σ Retmt.rev.	Σ Loss	Σ Gain	Σ Ord. dep.
2018.07.20	3,600,000	1	34	100	External asset acquisition	KRW	0	0	0	0
2018.08.19	3,600,000-	2	37	260	Retirement of current-year acquis. with revenue	KRW	4,000,000	0	430,000-	30,000
						KRW · 4,000,000 · 0 · 430,000- · 30,000				

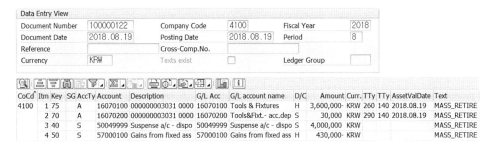

Data Entry View

Document Number	100000122	Company Code	4100	Fiscal Year	2018
Document Date	2018.08.19	Posting Date	2018.08.19	Period	8
Reference		Cross-Comp.No.			
Currency	KRW	Texts exist	☐	Ledger Group	

CoCd	Itm	Key	SG	AccTy	Account	Description	G/L Acc	G/L account name	D/C	Amount	Curr.	TTy	TTy	AssetValDate	Text
4100	1	75		A	16070100	000000003031 0000	16070100	Tools & Fixtures	H	3,600,000-	KRW	260	140	2018.08.19	MASS_RETIRE
	2	70		A	16070200	000000003031 0000	16070200	Tools&Fixt.- acc.dep	S	30,000	KRW	290	140	2018.08.19	MASS_RETIRE
	3	40		S	50049999	Suspense a/c - dispo	50049999	Suspense a/c - dispo	S	4,000,000	KRW				MASS_RETIRE
	4	50		S	57000100	Gains from fixed ass	57000100	Gains from fixed ass	H	430,000-	KRW				MASS_RETIRE

위와 같이 개별자산별로 처분전표가 발생되었으며, 고정자산처분임시 계정(5004999)은 A/R Invoice 전표처리시 정리 되어야 한다.

● **Capitalization of Asset Under Construction(AuC)** : 건설중 자산으로 관리되던 자산을 본 자산으로 Settlement

▶ 건물/기계같은 자산의 경우 기간에 걸쳐 건설 중에는 건설중자산으로 관리하다가 건설이 완료된 후에 본자산으로 취득처리 한다.

▶ AuC Settlement 방식은 3가지가 있다 **[AuC for summary settlement, Line Item settlement, Investment measure]** 이 방식은 앞에서 한번 살펴본 바 있다(Asset Class - **AuC Status**) FI에서 AuC를 직접 취득하는 방식과 CO에서 Internal Order등 CO Object로 비용을 관리하다가 AuC로 대체하는 방식이 있다. 여기서는 우선 FI에서 직접 AuC를 취득 처리한 후 본자산으로 대체처리 하는 것을 살펴보고, 뒤에서 Internal Order를 통한 Settlement 처리를 살펴보도록 한다.

▶ Asset History Sheet(자산이력대장)에서 AuC에서의 현황, 취득후의 자산(Buildings 등)현황을 각각 조회할 수 있다.

▶ Ex) AuC : Line Item Settlement

○ FI-Fixed Assets-Asset-Create-AS01 - Asset 화면에서 AuC 마스터 생성(Asset Class-4000)

Create Asset: Initial screen

Master data   Depreciation areas

Asset Class	4000
Company Code	4100
Number of similar assets	1

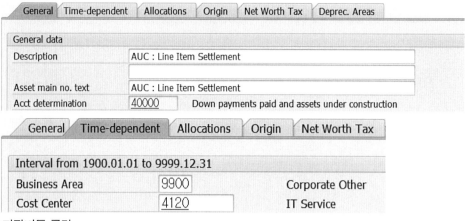

>저장버튼 클릭

✔ The asset 4000 0 is created

○ FI-Fixed Assets-Posting-Acquisition-External Acquisition-ABZON - Acquis. w/ Autom. Offsetting Entry 자산취득화면에서 취득 포스팅(다른 취득방식으로 처리해도 관계없음), 건설중에 발생한 비용을 해당일자에 건설중자산 취득으로 포스팅한다.

>7/1 - 1,000,000원 비용발생

Enter Asset Transaction: Acquis. w/Autom. Offsetting Entry

&ᎧᎿLine items   Change company code   Multiple assets

Company Code	4100		FI Korea
⦿ Existing asset	4000	0	AUC : Line Item Settlement
○ New asset			
	Description		
	Asset Class		
	Cost Center		

Transaction data   Additional Details   Note

Document Date	2018.07.01	
Posting Date	2018.07.01	
Asset Value Date	2018.07.01	
Amount posted	1,000,000	KRW
Quantity		
Text	1st exp.	

Data Entry View

Document Number	100000123	Company Code	4100	Fiscal Year	2018
Document Date	2018.07.01	Posting Date	2018.07.01	Period	7
Reference		Cross-Comp.No.			
Currency	KRW	Texts exist	☐	Ledger Group	

CoCd	Itm	Key	SG	AccTy	Account	Description	G/L Acc	G/L account name	D/C	Amount	Curr.	TTy	TTy	AssetValDate
4100	1	70		A	16500000	000000004000 0000	16500000	Construction in Prog	S	1,000,000	KRW	100	120	2018.07.01
	2	50		S		51008920	Clrg Asset Acqui.	51008920	Clrg Asset Acqui.	H	1,000,000-	KRW			

〉동일한 방식으로 7/15 - 2,000,000, 8/10 - 3,000,000 취득 포스팅 처리를 한다.

○ FI-Fixed Assets-Asset-AW01N - Asset Explorer 화면 : 생성된 건설중자산 마스터
의 포스팅 된 내역 확인

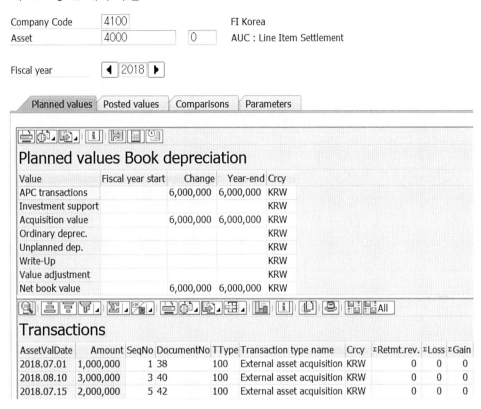

| Company Code | 4100 | | FI Korea |
| Asset | 4000 | 0 | AUC : Line Item Settlement |

Fiscal year ◀ 2018 ▶

| Planned values | Posted values | Comparisons | Parameters |

Planned values Book depreciation

Value	Fiscal year start	Change	Year-end	Crcy
APC transactions		6,000,000	6,000,000	KRW
Investment support				KRW
Acquisition value		6,000,000	6,000,000	KRW
Ordinary deprec.				KRW
Unplanned dep.				KRW
Write-Up				KRW
Value adjustment				KRW
Net book value		6,000,000	6,000,000	KRW

Transactions

AssetValDate	Amount	SeqNo	DocumentNo	TType	Transaction type name	Crcy	ΣRetmt.rev.	ΣLoss	ΣGain
2018.07.01	1,000,000	1	38	100	External asset acquisition	KRW	0	0	0
2018.08.10	3,000,000	3	40	100	External asset acquisition	KRW	0	0	0
2018.07.15	2,000,000	5	42	100	External asset acquisition	KRW	0	0	0

3건의 건설중자산 취득 내역이 조회된다.

○ FI-Fixed Assets-Posting-Capitalize Asset u. Const.-AIAB - Distribute (or AIBU-
Settle) 화면 : AuC자산 Settle을 위한 Rule을 정의

Settlement AuC: Initial screen

⊙)Ξ[Further selection criteria

Company Code	4100
Asset	4000
Sub-number	

Settings	
Layout	1SAP
Addit. area	

Settlement 처리할 건설중자산 입력

〉실행하면 아래 그림처럼 AuC 자산을 Line Item별로 관리할 수 있도록 화면에 보여준다.

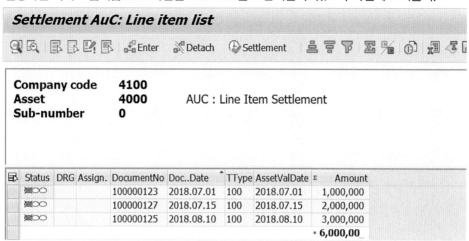

〉Settlement 처리할 Line을 선택한 후 상단의 🔳Enter 버튼을 클릭하여 Settlement Rule을 정의할 수 있다.

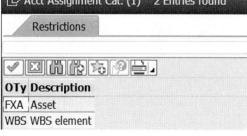

본자산으로 정산처리를 해야 하므로 Account Assignment Category 는 'FXA'-Asset을 선택한다.

Settlement Receiver 필드에 대체할 자산을 입력하는데 본자산의 마스터가 없을 경우 미리 생성한다.

>AS01 트랜잭션 화면(자산 Master 등록)에서 Building 자산 2개 생성

Create Asset: Initial screen

Master data   Depreciation areas

Asset Class	1200
Company Code	4100
Number of similar assets	2

☞ Maintain Fields that Should Be Different in Similar Assets

No	Description	Inventory no.	Bu...	Cost center	Ev.1	Ev.2	Ev.3	Ev.4
1	Building A		9900	4120				
2	Building B		9900	4120				

>저장버튼 클릭

☑ Assets 1000 0 to 1001 0 have been created

>다시 Settlement 화면으로 돌아와서 다음과 같이 입력한다(생성한 자산번호 입력)

Maintain Settlement Rule: Overview

🔍 🗋 🖥 🎞 🎜 🎜

Fixed asset   4000   0   AUC : Line Item Settlement
Actual settlement

Distribution rule group 1							
Cat	Settlement Receiver	Receiver Short Text	%	Equivalence no.	Amount	A..	No.
FXA	1000-0	Building A	70.00				1
FXA	1001-0	Building B	30.00				2

Cat 필드에 고정자산타입(FXA)등을 입력하고 Settlement Receiver 필드에 대체할 본자산 마스터번호를 입력한다. 위와 같이 여러개의 자산으로 대체할 경우 각각의 라인에 %(비율)혹은 배분금액을 직접 입력할 수 있다. 4000번 AuC 자산에 입력된 비용을 70:30의 비율로 1000/1001 자산으로 대체처리 하겠다는 Rule을 지정한 것이다.

>Back 버튼으로 이전 화면으로 돌아오면 아래와 같이 상태가 녹색으로 변한다(정산규칙이 잘 입력됨)

	Status	DRG	Assign.	DocumentNo	Doc..Date	TType	AsstValDat	Σ	Amoun
	∞∞◻	1		100000123	2018.07.01	100	2018.07.01		1,000,000
	∞∞◻	1		100000127	2018.07.15	100	2018.07.15		2,000,000
	∞∞◻	1		100000125	2018.08.10	100	2018.08.10		3,000,000
								▪	**6,000,00**

>여기까지 입력한 후 저장(💾)만 하고 나가게 되면 Settlement Rule만 지정한 것이다.

○ 상단의 🔷Settlement 버튼을 클릭하여 바로 Settle처리할 수 있다. 혹은 FI-Fixed Assets-Posting-Capitalize Asset u. Const.-AIBU - Settle 화면으로 들어 가 처리해도 된다.

AuC Settlement: Initial Screen

🔷Execute   ▦ 🔍Line Items

Company code	4100
Asset	4000
Sub-number	0

Date specifications
Document Date	2018.08.31
Asset Val. Date	2018.08.31
Posting Date	2018.08.31
Period	8

Additional specifications
Text	AUC Settlement -> Main Asset
Document type	AA
Assignment	
Reference	

Processing options
☐ Test Run
☑ Detail List

본자산으로 대체할 AuC 자산번호/기준일자를 입력한다. Test Run:시뮬레이션 할 것인가 체크

Detail List : 상세리스트를 보여줄 것인가, 체크하고 실행하면 처리된 내역이 디테일 하게 보여진다.

> 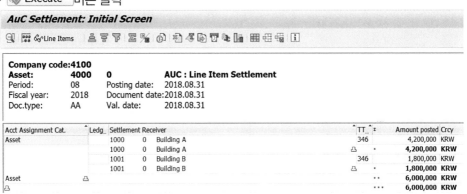 Execute 버튼 클릭

> **Asset transaction posted with document no. 100000128**

70% : 30% 의 비율로 금액이 배분되면서 Settlement 처리된 것을 확인할 수 있다.

○ FI-Fixed Assets-Asset-AW01N - Asset Explorer 화면에서 자산대체된 내용을 확인
한다.

> AuC 4000 자산을 조회해보면 아래와 같이 대체처리되어 금액이 없어진 것을 볼 수 있다.

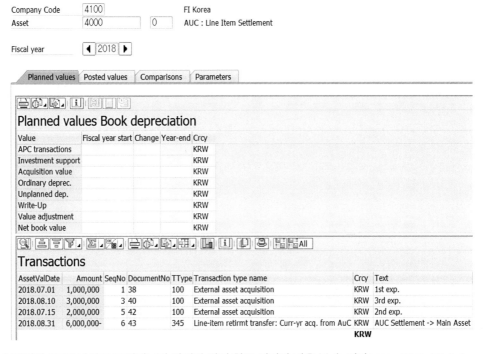

> 대체된 1000 자산을 조회해보면 아래와 같이 취득 처리된 것을 볼 수 있다(1001 자산도 마찬가지)

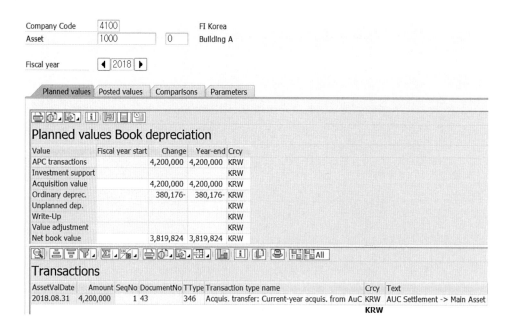

| Company Code | 4100 | | FI Korea |
| Asset | 1000 | 0 | Building A |

Fiscal year ◀ 2018 ▶

| Planned values | Posted values | Comparisons | Parameters |

Planned values Book depreciation

Value	Fiscal year start	Change	Year-end	Crcy
APC transactions		4,200,000	4,200,000	KRW
Investment support				KRW
Acquisition value		4,200,000	4,200,000	KRW
Ordinary deprec.		380,176-	380,176-	KRW
Unplanned dep.				KRW
Write-Up				KRW
Value adjustment				KRW
Net book value		3,819,824	3,819,824	KRW

Transactions

AssetValDate	Amount	SeqNo	DocumentNo	TType	Transaction type name	Crcy	Text
2018.08.31	4,200,000	1	43	346	Acquis. transfer: Current-year acquis. from AuC	KRW	AUC Settlement -> Main Asset
						KRW	

● **Asset Under Construction(AuC) with Investment Order** : Investment
Order를 이용한 AuC취득 및 정산처리

▶ Controlling(CO) 모듈에서 관리하는 Master Data중 Internal Order라는 하나의 통
에다 비용을 담아 관리할 수 있는 Master가 존재한다. 이 Internal Order 중
Investment Measure 기능을 이용한 Investment Order Master를 관리할 수 있는
데, 이를 이용하여 AuC 취득 및 자산취득 처리를 할 수 있다. 관련 IMG Setting은
CO모듈에서 세팅하는 것이므로 여기서는 간단히 중요한 부분만 살펴보도록 한다
(PS모듈의 WBS도 원리는 유사하다)

▶ 예를 들어, 빌딩을 건설하는 중이라고 가정해보자. 앞서 FI에서 관리하는 AuC
Asset Master에 비용이 발생할 때마다 전표를 입력하여 건설중인자산금액을 관리
하였다. 그리고, 이 AuC에 쌓인 금액들을 빌딩이 완성되는 시점에 본자산인 빌딩
Asset으로 Settlement 처리하였다. 이것과 비슷하게, 빌딩을 건설하는 중에 발생하
는 비용들을 Internal Order라는 통에다 담아 관리한다. 월중에 발생된 비용들을
이 Internal Order에 담아두었다가 월말에 AuC Asset Master로 Settlement 처리한
다. 그리고, 매월 이렇게 처리하다가 빌딩이 완성되는 시점에 최종적으로 빌딩Asset
으로 Settlement 처리하는 것이다. 이 과정을 하나씩 수행해보자.

▶ Internal Order 생성

○ 월중에 발생하는 비용을 담을 통인 Internal Order Master를 생성해보자.

○ Controlling-Internal Orders-Master Data-Special Functions-Order-KO01 - Create 화면에서 생성

Create Internal Order: Initial screen

🗐 Master Data

Controlling Area   4100   Korea

Order Type   IM41   Invst.Measure -Summary Settlmnt CoCd4100

Order Type : Order의 성격과 Number Range, Field Selection, 각종 Profile값들을 결정짓는 역할을 한다. 특히 해당 Order가 비용을 관리하는 목적인 Overhead Order인지, 현재 테스트하고자 하는 Investment Order인지, Accrual Order인지, Revenue 관리 목적의 Order인지를 결정짓는 역할을 한다.

Create Internal Order: Master data

🗎 🗎 Settlement Rule

| Order | | Order type | IM41 | Invst.Measure -Summary Settlmnt... |

| Description | Investment Order Building Prj 1 | | 🖉 |

| Assignments | Control data | Prd-end closing | General data | Investments |

Assignments

Controlling Area	4100	Korea
Company Code	4100	FI Korea
Business Area	9900	Corporate Other
Plant		
Functional Area	0100	
Object Class	INVST Investment ▾	
Profit Center		
Responsible CCtr	4120	IT Service
User Responsible		
WBS element		
Requesting CCtr		
Requesting Co.Code		
Requesting order		
Sales Order		
External order no.		

Description, 회사코드 정보를 입력한다. Object Class는 Order Type에 의해 Investment로 설정되어 있다. 책임 Cost Center/Business Area 정보를 입력한다.

〉Investments Tab에서 Investment Profile을 입력한다. 이것을 입력함으로써 Investment Order로 인식된다.

〉Control data Tab을 보면 현재 Internal Order의 상태가 CRTD(Created) 상태임을 알 수 있다.

Release 버튼을 클릭하고 저장하게 되면 Order 번호가 생성되면서 동시에 AuC Asset Master 가 생성된다.

System status   REL AUC   System Status가 이렇게 변경된다.

☑ Order was created with number 65000425

>[메뉴-Order-Display] 클릭하여 다시 Order 번호를 조회해보자.

>[메뉴-Extras-Asset under Construction] 클릭

Display Asset: Master data

Asset values

Order	65000425		Investment Order Building Prj 1	
Asset	4003	0	Investment Order Building Prj 1	
Class	4001		AuC for Measures	Company Code 4100

General | Time-dependent | Allocations | Origin | Deprec. Areas

General data

Description	Investment Order Building Prj 1
Acct determination	40000 Down payments paid and assets under construction
	☐Manage historically

Posting information

Capitalized on		Deactivation on	
First acquisition on			
Acquisition year	000	Ordered on	
Capitalization key			

General | Time-dependent | Allocations | Origin | Deprec. Areas

Interval from 1900.01.01 to 9999.12.31

Business Area	9900	Corporate Other
Cost Center	4120	IT Service

앞서 Internal Order를 생성하면서 Release 시점에 AuC Asset Master가 생성된 것을 확인할 수 있다.

○ 생성한 Internal Order 번호를 이용하여 전표를 입력해보자.

>FB50 화면에서 비용전표를 입력한다. 이때 비용 Lineitem에 Order 번호를 입력한다.

Basic Data | Details

Document Date	2018.07.01	Currency	KRW	
Posting Date	2018.07.01	Period	7	
Reference				
Doc.Header Text				
Document type	SA	G/L account document		
Company Code	4100	FI Korea Seoul		

Amount Information

Total Dr.
2,400,000 KRW

Total Cr.
2,400,000 KRW

2 Items (No entry variant selected)

St...	G/L acct	Short Text	D/C	Amount in doc.curr.	Par...	N	Cost center	Order	Fi...	Sales order	Item i...	Sc...
✓	54000600	Travel and Tr...	S De... ▾	2,400,000				65000425				
✓	11010100	Cash	H Cr... ▾	2,400,000							0	0

> 유사한 형태로 2개의 전표를 더 입력해보자.

> CO-Internal Orders-Information System-Reports for Internal Orders-Plan/Actual Comparisons-S_ALR_87012993 - Orders: Actual/Plan/Variance 화면 : Internal Order에 입력된 실적을 확인해보자.

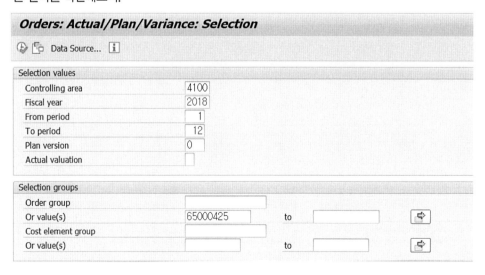

2018년도에 발생한 65000425 Order에 대한 실적을 조회해보자.

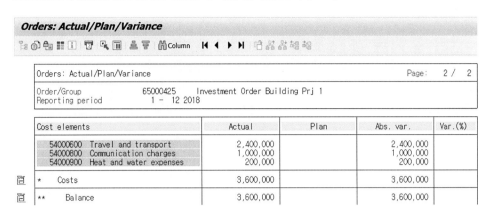

앞서 입력한 3개의 전표에 대한 실적이 조회된다.

▶ AuC Settlement 처리 : Internal Order 실적을 AuC로 정산해보자.

○ CO-Internal Orders-Period-End Closing-Single Functions-Settlement-KO88 -
Individual Processing

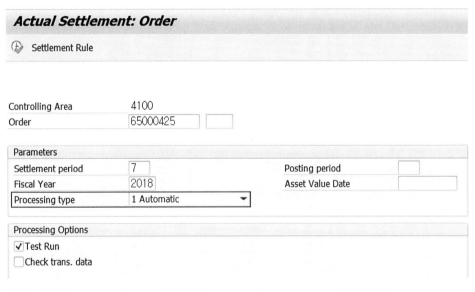

정산 처리할 Order 번호를 입력한다. AuC로만 Settlement 처리할 때는 Processing
Type을 1-Automatic을 선택한다.

〉정산처리를 하기 전에 상단의 Settlement Rule 버튼을 클릭해보자.

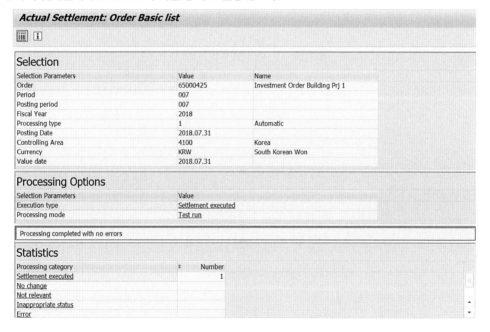

Display Settlement Rule: Overview

Order 65000425 Investment Order Building Prj 1
Actual settlement

Default distribution rules

Cat	Settlement Receiver	Receiver Short Text	%	Equivalence no.	Set...	No.	St...	Fro...	From ...

등록된 Settlement Rule이 없다. AuC로 Settlement 처리될 때는 Internal Order에 연결된
AuC로 자동 연결된다

>다시 첫화면에서 Test Run이 찍힌 상태로 실행해보자.

Actual Settlement: Order Basic list

Selection

Selection Parameters	Value	Name
Order	65000425	Investment Order Building Prj 1
Period	007	
Posting period	007	
Fiscal Year	2018	
Processing type	1	Automatic
Posting Date	2018.07.31	
Controlling Area	4100	Korea
Currency	KRW	South Korean Won
Value date	2018.07.31	

Processing Options

Selection Parameters	Value
Execution type	Settlement executed
Processing mode	Test run

Processing completed with no errors

Statistics

Processing category	Σ	Number
Settlement executed		1
No change		
Not relevant		
Inappropriate status		
Error		

>상단의 📰 버튼을 클릭하여 상세 내역을 조회해보자.

Actual Settlement: Order Detail list

Basic list 📋 🔍 🔍Sender 🔍Receiver 📋 Settlement rule 📊 🔽 🔽 Σ ‰ 📋 📋Save 📋Select

Detail list - Settled values

Senders	Short text: Sender	Receivers	Σ ValCOArCur	Inform.
ORD 65000425	Investment Order Building Prj 1	FXA 4100/4003/0	3,600,000	AUC capitaliz.
			• 3,600,000	

65000425 Order에 있던 비용 3,600,000원이 4003 Asset 자산으로 Settlement 되는 모습을 보여준다.

〉Test Run 체크를 해제하고 실행해보자.

Actual Settlement: Order Detail list

Basic list   Sender   Receiver   Accounting documents   Settlement rule   Save   Select

Detail list - Settled values

Senders	Short text: Sender	Receivers	Σ ValCOArCur	Inform.
ORD 65000425	Investment Order Building Prj 1	FXA 4100/4003/0	3,600,000	AUC capitaliz.
			• **3,600,000**	

앞서 Test와 다른 부분은 Accounting documents 버튼이 생성되어 있다. 클릭해보자.

Data Entry View

Document Number	100000140	Company Code	4100	Fiscal Year	2018
Document Date	2018.12.29	Posting Date	2018.07.31	Period	7
Reference		Cross-Comp.No.			
Currency	KRW	Texts exist	☐	Ledger Group	

CoCd	Itm	Key	SG	AccTy	Account	Description	G/L Acc	G/L account name	D/C	Amount	Curr.	Amount LC	LCurr	Order
4100	1	50	S		54000600	Travel and Transport	54000600	Travel and Transport	H	2,400,000-	KRW	2,400,000-	KRW	65000425
	2	50	S		54000800	Communication charge	54000800	Communication charge	H	1,000,000-	KRW	1,000,000-	KRW	65000425
	3	50	S		54000900	Heat and water expen	54000900	Heat and water expen	H	200,000-	KRW	200,000-	KRW	65000425
	4	70	A		16500000	000000004003 0000	16500000	Construction in Prog	S	3,600,000	KRW	3,600,000	KRW	

65000425 Order에 쌓여있던 비용이 대변으로 빠지면서 4003 AuC 자산이 취득처리된 것을 확인할 수 있다.

○ FI-Fixed Assets-Asset-AW01N - Asset Explorer 화면에서 4003 자산 조회

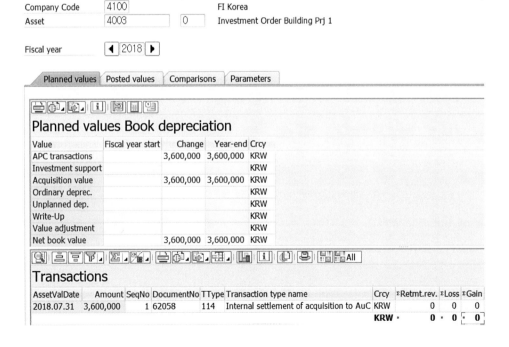

Company Code	4100		FI Korea
Asset	4003	0	Investment Order Building Prj 1

Fiscal year   ◀ 2018 ▶

| Planned values | Posted values | Comparisons | Parameters |

Planned values Book depreciation

Value	Fiscal year start	Change	Year-end	Crcy
APC transactions		3,600,000	3,600,000	KRW
Investment support				KRW
Acquisition value		3,600,000	3,600,000	KRW
Ordinary deprec.				KRW
Unplanned dep.				KRW
Write-Up				KRW
Value adjustment				KRW
Net book value		3,600,000	3,600,000	KRW

Transactions

AssetValDate	Amount	SeqNo	DocumentNo	TType	Transaction type name	Crcy	Σ Retmt.rev.	Σ Loss	Σ Gain
2018.07.31	3,600,000	1	62058	114	Internal settlement of acquisition to AuC	KRW	0	0	0
						KRW •	0 •	0 •	0

Transaction Type 114로, 3,600,000원이 취득되어 있는 것을 확인할 수 있다.

○ CO-Internal Orders-Information System-Reports for Internal Orders-Plan/Actual Comparisons-S_ALR_87012993 - Orders: Actual/Plan/Variance 화면 : Order 를 다시 조회해보자.

```
Order/Group          65000425    Investment Order Building Prj 1
Reporting period        1 - 12 2018
```

Cost elements		Actual	Plan	Abs. var.	Var.(%)
54000600	Travel and transport	2,400,000		2,400,000	
54000800	Communication charges	1,000,000		1,000,000	
54000900	Heat and water expenses	200,000		200,000	
*	Costs	3,600,000		3,600,000	
54000600	Travel and transport	2,400,000-		2,400,000-	
54000800	Communication charges	1,000,000-		1,000,000-	
54000900	Heat and water expenses	200,000-		200,000-	
*	Settled costs	3,600,000-		3,600,000-	
**	Balance				

Debit에 발생되어 있던 비용금액들이 동일계정으로 Credit으로 Settle되면서 Balance 금액이 0이 되었다.

▶ 본자산 Settlement 처리 : AuC로 취득된 금액을 본자산으로 정산처리 해보자. 만약 AuC정산처리가 안 되어 있을 경우 AuC정산처리를 포함하여 본자산 대체처리가 함께 이루어진다.

○ FI-Fixed Assets-Asset-Create-AS01 - Asset 화면에서 자산 Master 2개를 생성해보자.

Create Asset: Initial screen

Master data   Depreciation areas

Asset Class	1200
Company Code	4100
Number of similar assets	2

☞ Maintain Fields that Should Be Different in Similar Assets

No	Description	Inventory no.	Bu...	Cost center
1	Building (Investment Order Test) A		9900	4120
2	Building (Investment Order Test) B		9900	4120

2개의 Similar Asset을 생성하였다.

☑ Assets 1003 0 to 1004 0 have been created

○ CO-Internal Orders-Master Data-Special Functions-Order-KO02 - Change 화면
에서 Settlement Rule 등록

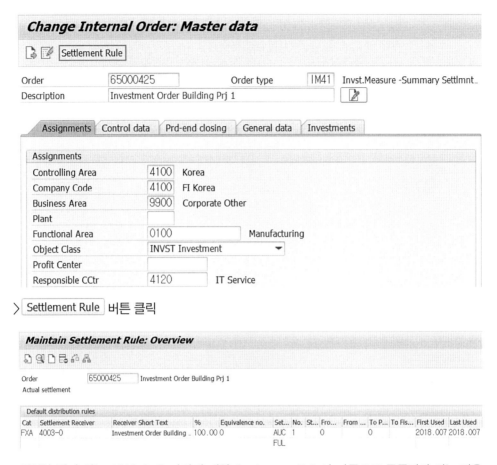

> Settlement Rule 버튼 클릭

입력한 적이 없는 4003 AuC 자산에 대한 Settlement Rule이 자동으로 등록되어 있는 것을
볼 수 있다. 앞서 AuC 정산처리를 수행할 때 자동으로 등록된 것이다.

>여기에 본자산으로 대체처리할 1003/1004 자산을 직접 등록해보자.

Default distribution rules

Cat	Settlement Receiver	Receiver Short Text	%	Equivalence no.	Set...	No.
FXA	4003-0	Investment Order Building ...	100.00 0		AUC	1
FXA	1003-0	Building (Investment Order ...	40.00		FUL	2
FXA	1004-0	Building (Investment Order ...	60.00		FUL	3

자산으로 정산처리해야 하므로 Category를 FXA를 선택한다. Receiver에 자산번호를 입력하
고 비율(%)정보를 입력하거나 Equivalence no.를 입력하여 비율을 지정한다.

>다 입력한 후 저장(💾) 버튼을 클릭한다.

○ CO-Internal Orders-Period-End Closing-Single Functions-Settlement-KO8G -
Collective Processing 화면

〉이번에는 여러 개의 Order를 한꺼번에 Settlement 처리할 수 있는 KO8G 화면에서 처리해보
자. KO88 화면에서는 Order 개별건별로만 처리가 가능하다.

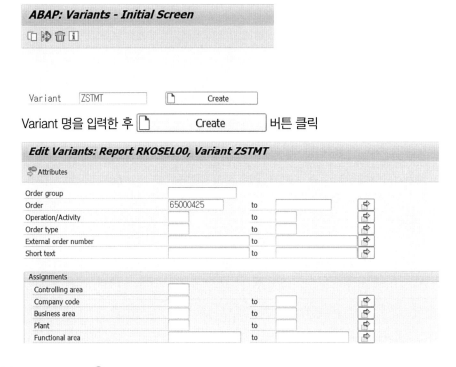

다른 부분은 KO88과 동일하나 Order 번호를 입력하는 부분 대신 Variant를 선택할 수 있게끔

되어 있다.

〉Variant 우측부분의 [⬜] 버튼을 클릭하여 Variant를 생성해보자.

Settlement 처리 할 대상 Order를 Select 할 수 있는 조건을 입력한다. 여기서는 Order 번호를 직접 지정.

〉 ⚙️ Attributes 버튼을 클릭하여

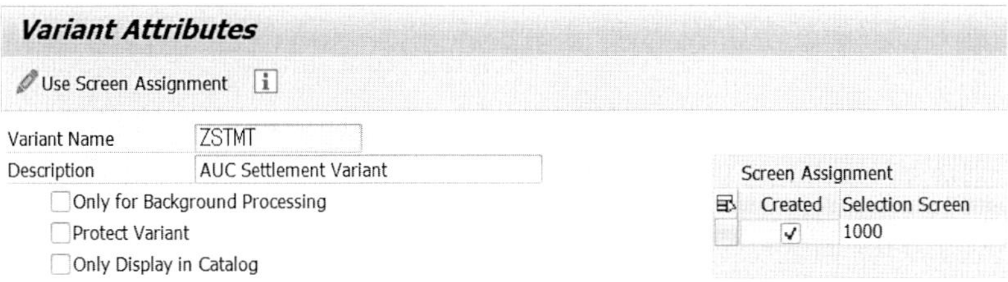

Variant Attributes

🖉 Use Screen Assignment   [i]

Variant Name	ZSTMT
Description	AUC Settlement Variant
☐ Only for Background Processing	
☐ Protect Variant	
☐ Only Display in Catalog	

Screen Assignment		
📇	Created	Selection Screen
	✓	1000

Variant 명을 입력한 후 저장(💾) 한다

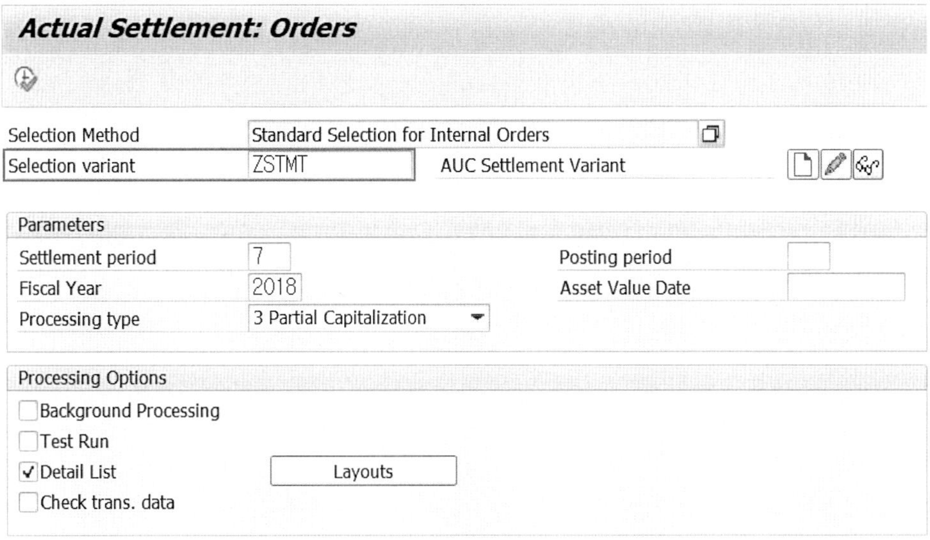

Actual Settlement: Orders

🔶

Selection Method	Standard Selection for Internal Orders	🗗		
Selection variant	ZSTMT	AUC Settlement Variant	📄 🖉 👓

Parameters

Settlement period	7	Posting period	
Fiscal Year	2018	Asset Value Date	
Processing type	3 Partial Capitalization ▼		

Processing Options

☐ Background Processing
☐ Test Run
☑ Detail List   [Layouts   ]
☐ Check trans. data

앞서 생성한 Variant명을 지정한다. Processing Type은 3 Partial Capitalization를 선택한다.

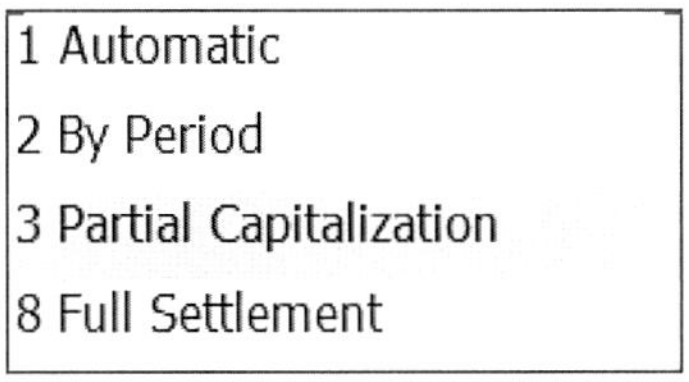

1 Automatic
2 By Period
3 Partial Capitalization
8 Full Settlement

Order Status에 따라 Full Settlement를 선택해도 된다.

> 실행() 버튼 클릭

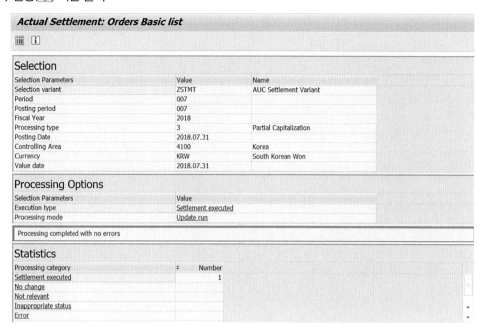

Actual Settlement: Orders Basic list

Selection

Selection Parameters	Value	Name
Selection variant	ZSTMT	AUC Settlement Variant
Period	007	
Posting period	007	
Fiscal Year	2018	
Processing type	3	Partial Capitalization
Posting Date	2018.07.31	
Controlling Area	4100	Korea
Currency	KRW	South Korean Won
Value date	2018.07.31	

Processing Options

Selection Parameters	Value
Execution type	Settlement executed
Processing mode	Update run

Processing completed with no errors

Statistics

Processing category	Σ Number
Settlement executed	1
No change	
Not relevant	
Inappropriate status	
Error	

> 버튼 클릭하여 상세내역을 조회해보자.

Actual Settlement: Orders Detail list

Basic list Sender Receiver Accounting documents Settlement rule

Detail list - Settled values

Senders	Short text: Sender	Receivers	Σ ValCOArCur Inform.
ORD 65000425	Investment Order Building Prj 1	FXA 4100/1003/0	1,440,000
		FXA 4100/1004/0	2,160,000
		·	3,600,000

Variant에서 선택된 Order에 대해 한꺼번에 Settlement(정산)처리된다. Settlement Rule에 등록된 비율대로 1003/1004 Asset으로 대체 처리가 되었다.

> Accounting documents 클릭

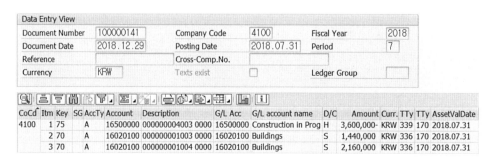

Data Entry View					
Document Number	100000141	Company Code	4100	Fiscal Year	2018
Document Date	2018.12.29	Posting Date	2018.07.31	Period	7
Reference		Cross-Comp.No.			
Currency	KRW	Texts exist		Ledger Group	

CoCd	Itm	Key	SG	AccTy	Account	Description	G/L Acc	G/L account name	D/C	Amount	Curr.	TTy	TTy	AssetValDate
4100	1	75	A	16500000	000000004003 0000	16500000	Construction in Prog	H	3,600,000-	KRW	339	170	2018.07.31
	2	70	A	16020100	000000001003 0000	16020100	Buildings	S	1,440,000	KRW	336	170	2018.07.31
	3	70	A	16020100	000000001004 0000	16020100	Buildings	S	2,160,000	KRW	336	170	2018.07.31

AuC 4003 자산에서 1003/1004 자산으로 본자산 대체처리가 되었다.

>FI-Fixed Assets-Asset-AW01N - Asset Explorer 화면에서 자산들을 조회해보자.

Company Code   4100   FI Korea
Asset   4003   0   Investment Order Building Prj 1

Fiscal year   ◀ 2018 ▶

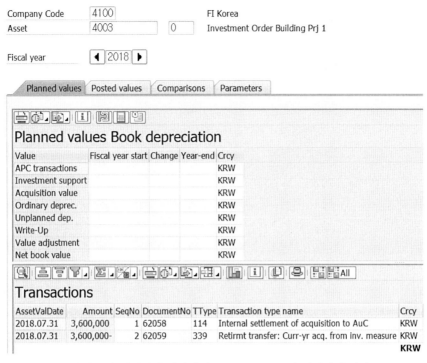

| Planned values | Posted values | Comparisons | Parameters |

Planned values Book depreciation

Value	Fiscal year start	Change	Year-end	Crcy
APC transactions				KRW
Investment support				KRW
Acquisition value				KRW
Ordinary deprec.				KRW
Unplanned dep.				KRW
Write-Up				KRW
Value adjustment				KRW
Net book value				KRW

Transactions

AssetValDate	Amount	SeqNo	DocumentNo	TType	Transaction type name	Crcy
2018.07.31	3,600,000	1	62058	114	Internal settlement of acquisition to AuC	KRW
2018.07.31	3,600,000-	2	62059	339	Retirmt transfer: Curr-yr acq. from inv. measure	KRW
						KRW

4003 건설중자산에서 대체되어 빠져나가는 Transaction이 생성되어 있다.

Company Code   4100   FI Korea
Asset   1003   0   Building (Investment Order Test) A

Fiscal year   ◀ 2018 ▶

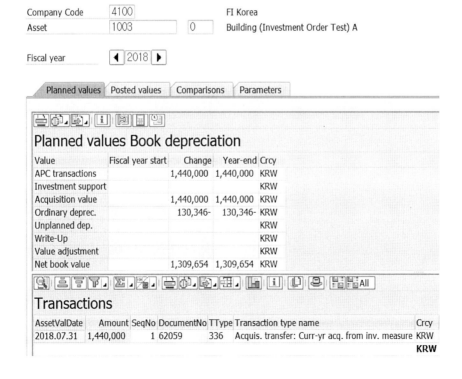

| Planned values | Posted values | Comparisons | Parameters |

Planned values Book depreciation

Value	Fiscal year start	Change	Year-end	Crcy
APC transactions		1,440,000	1,440,000	KRW
Investment support				KRW
Acquisition value		1,440,000	1,440,000	KRW
Ordinary deprec.		130,346-	130,346-	KRW
Unplanned dep.				KRW
Write-Up				KRW
Value adjustment				KRW
Net book value		1,309,654	1,309,654	KRW

Transactions

AssetValDate	Amount	SeqNo	DocumentNo	TType	Transaction type name	Crcy
2018.07.31	1,440,000	1	62059	336	Acquis. transfer: Curr-yr acq. from inv. measure	KRW
						KRW

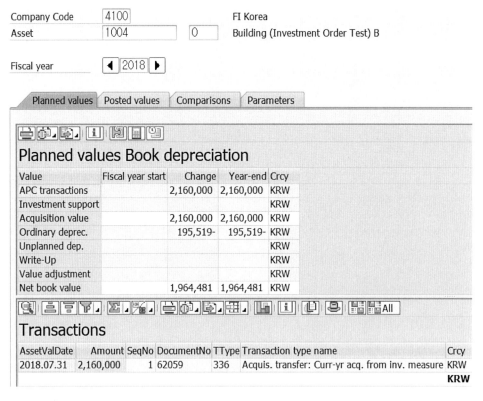

Company Code 4100   FI Korea
Asset   1004   0   Building (Investment Order Test) B

Fiscal year ◀ 2018 ▶

| Planned values | Posted values | Comparisons | Parameters |

Planned values Book depreciation

Value	Fiscal year start	Change	Year-end	Crcy
APC transactions		2,160,000	2,160,000	KRW
Investment support				KRW
Acquisition value		2,160,000	2,160,000	KRW
Ordinary deprec.		195,519-	195,519-	KRW
Unplanned dep.				KRW
Write-Up				KRW
Value adjustment				KRW
Net book value		1,964,481	1,964,481	KRW

Transactions

AssetValDate	Amount	SeqNo	DocumentNo	TType	Transaction type name	Crcy
2018.07.31	2,160,000	1	62059	336	Acquis. transfer: Curr-yr acq. from inv. measure	KRW
						KRW

1003/1004 자산은 AuC 자산으로부터 받은 금액으로 취득대체 처리가 이루어져 있다.

○ 위와 같이 Internal Order → AuC 대체 → 본자산 대체 처리까지 해보았다.

▶ Investment Order 처리를 위한 IMG Setting에 대해 살펴보자(CO Module에서 설정 하는 부분이므로 간단히 살펴본다.)

○ IMG-Investment Management-Internal Orders as Investment Measures-Master Data-Define Investment Profile : Internal Order Master 생성시 Investments Tab 에서 입력한 Investment profile에 대해 살펴보자.

Change View "Investment profile": Overview

⚙ 🔍 New Entries 📋 🗐 🕤 📑 📑 📑

	InvProfile	Name of investment profile
	1000	Investment profile - manage asset under constr.

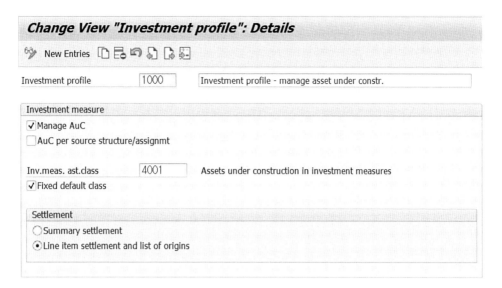

- Manage AuC : Internal Order 마스터생성시 Release상태에서 저장하면 AuC Asset Master 가 함께 생성되었었다. 이 세팅이 체크되어 있어야 자동으로 AuC Asset Master가 생성된다. 체크 해제된 경우 수동으로 생성해야 한다.

- Investment Measure Asset Class : AuC Asset Class를 지정한다. 여기서 지정한 Asset Class는 Status가 Investment Measure로 설정되어 있어야 한다. IMG-FI-Asset Accounting-Organizational Structures-Asset Classes-Define Asset Classes 화면에서 4001 Asset Class를 조회해보자.

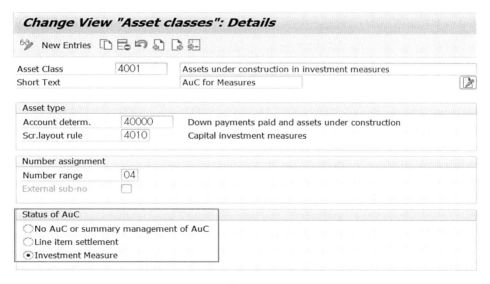

Status of AuC가 Investment Measure로 선택되어 있어야 한다.

○ IMG-CO- Internal Orders-Order Master Data-Define Order Types : Internal Order Master 생성시 입력한 Order Type에 대해 살펴보자.

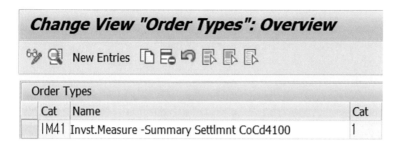

앞서 사용했던 IM41 Order Type 더블클릭

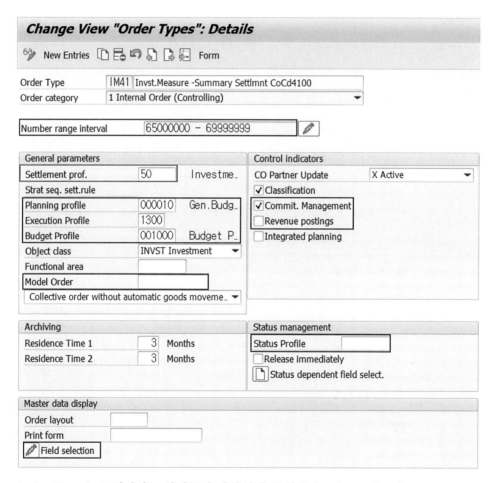

Order Type으로 결정되는 설정들이 다양하게 존재한다. Object class는 Investment 로 설정되어 있고, Number range interval 지정, 각종 Profile 지정, Model Order 지

정, Field Selection 지정, Commitment 관리여부, Revenue Posting 여부 등 많은 설정들이 있는데 여기서는 Settlement Profile에 대해서만 살펴보도록 한다.

○ IMG-CO-Internal Orders-Actual Postings-Settlement-Maintain Settlement Profiles : 정산 프로파일 설정

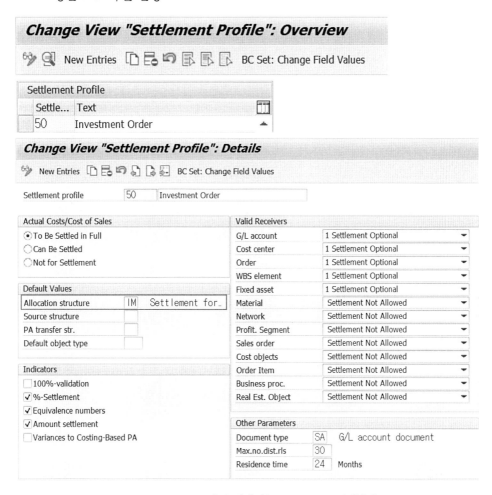

- Valid Receivers : AuC로 Settlement 하기 위해서는 Fixed asset 부분에 Settlement Optional로 설정되어야 한다.

- Indicators : Settlement Rule 입력시 %, Equivalence numbers, Amount를 이용해 배분 Rule을 지정할 수 있다.

- Other Parameters : 전표유형, Max.no.dist.rls : Settlement Rule 입력 라인수 지정 등

- To Be Settled in Full : Internal Order Close 처리시 잔액이 남아있을 경우 Error 발생

- Allocation structure : Settlement 처리시 어떤식으로 처리될지 구조를 정의한다. 이 부분 설정을 살펴보사.

○ IMG-CO-Internal Orders-Actual Postings-Settlement-Maintain Allocation Structures

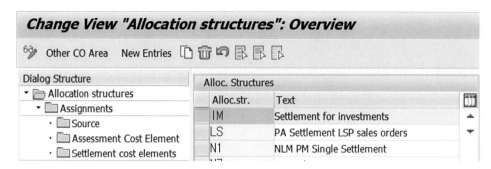

>IM 선택 후 📂 Assignments 더블클릭

Assignment	Text	Overla...
001	External procurement	
002	Material	
003	Internal services	
004	Interest	

Allocation structure IM Settlement for investments

비용 계정별로 Grouping하여 Assignment Code를 생성한다. 001 선택 후 📂 Source 더블클릭

Alloc.structure IM Settlement for investments
Assignment 001 External procurement
CO Area 4100 Korea

From cost el.	To cost elem.	Cost Elem.Group
54000000	59999999	

비용계정 범위를 지정한다. 54000000~59999999 사이의 계정으로 발생된 비용들은 Assignment 001로 지정된다

Allocation structure IM Settlement for investments
Assignment 001 External procurement
Controlling Area 4100 Korea

	Receiver cat.	By cost element	Settlement cost elem	Name
	FXA	✓		

📂Settlement cost elements 더블클릭. Settlement 처리시 Assignment 001로 지정된 비용들은 Receiver cat. FXA인 경우 원래 비용계정으로 Credit 처리하면서 Settlement 처리된다는 의미이다. By cost element가 체크해제되어 있고 Settlement cost elem필드에 Cost Element가 지정되어 있을 경우 해당 Cost Element로 합산되어 Credit 처리된다.

〉앞서 테스트 했던 전표를 보면, 최초 Internal Order로 입력된 비용계정 그대로 대변으로 빠지면서 AuC로 대체된 것을 볼 수 있다(By cost element 필드가 체크되어 있기 때문)

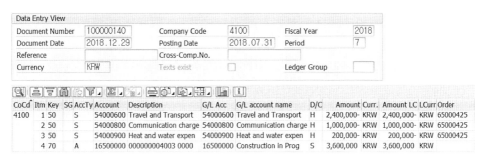

○ IMG 설정을 간단히 살펴보았으나 실제 CO설정은 더 복잡하고 설정할 것이 많으니 Internal Order Settlement 기능에 대해서만 참고하도록 한다.

● **Current Value Depreciation** : Unplanned Depreciation 비계획 상각

▶ 비계획 상각 : 일반적인 감가상각은 계획적으로 일정률(Depreciation Key)에 의해 상각이 된다. 그러나 자동차 사고 등 갑작스런 돌발 상황발생으로 인해 비계획적인 상각을 할 필요가 발생하게 된다. 그런 경우 이 방식을 이용한다(TTY:640번 사용) 일반적인 감가상각 처리에 대해서는 뒤에서 살펴볼 예정이며, 여기서는 비계획상각 금액을 어떻게 입력하는지만 알아보도록 한다.

▶ 다음과 같은 자산이 존재한다(AW01N 화면 조회) 7월 감가상각 처리가 된 상태이다.

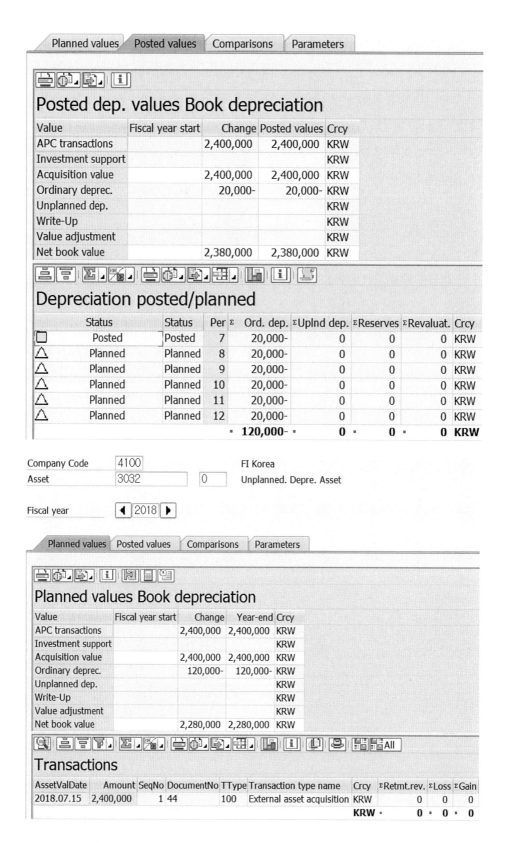

Posted dep. values Book depreciation

Value	Fiscal year start	Change	Posted values	Crcy
APC transactions		2,400,000	2,400,000	KRW
Investment support				KRW
Acquisition value		2,400,000	2,400,000	KRW
Ordinary deprec.		20,000-	20,000-	KRW
Unplanned dep.				KRW
Write-Up				KRW
Value adjustment				KRW
Net book value		2,380,000	2,380,000	KRW

Depreciation posted/planned

	Status	Status	Per	Σ	Ord. dep.	ΣUplnd dep.	ΣReserves	ΣRevaluat.	Crcy
	Posted	Posted	7		20,000-	0	0	0	KRW
	Planned	Planned	8		20,000-	0	0	0	KRW
	Planned	Planned	9		20,000-	0	0	0	KRW
	Planned	Planned	10		20,000-	0	0	0	KRW
	Planned	Planned	11		20,000-	0	0	0	KRW
	Planned	Planned	12		20,000-	0	0	0	KRW
				·	120,000- ·	0 ·	0 ·	0	KRW

Company Code	4100 · FI Korea
Asset	3032 · 0 · Unplanned. Depre. Asset
Fiscal year	◀ 2018 ▶

Planned values Book depreciation

Value	Fiscal year start	Change	Year-end	Crcy
APC transactions		2,400,000	2,400,000	KRW
Investment support				KRW
Acquisition value		2,400,000	2,400,000	KRW
Ordinary deprec.		120,000-	120,000-	KRW
Unplanned dep.				KRW
Write-Up				KRW
Value adjustment				KRW
Net book value		2,280,000	2,280,000	KRW

Transactions

AssetValDate	Amount	SeqNo	DocumentNo	TType	Transaction type name	Crcy	ΣRetmt.rev.	ΣLoss	ΣGain
2018.07.15	2,400,000	1	44	100	External asset acquisition	KRW	0	0	0
						KRW ·	0 ·	0 ·	0

▶ FI-Fixed Assets-Posting-Manual Value Correction-ABAA - Unplanned Depreciation 화면에서 처리 : 비계획 상각금액 600,000원을 입력해보자.

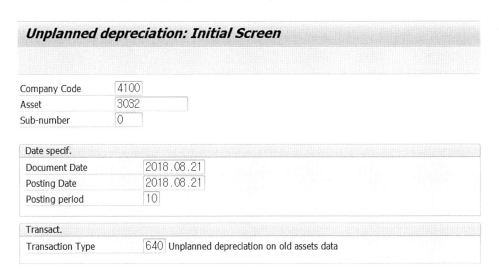

>처리하고자 하는 자산을 선택하고 Unplanned한 상각금액(Amount posted)을 입력한다.

〉Depreciation Area별로 금액을 각각 입력할 수 있다.

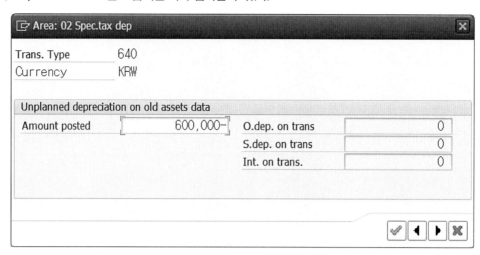

〉 Line Items 버튼 클릭시 앞서 입력한 감가상각영역별 금액을 수정할 수 있다.

〉포스팅(💾) 처리. 이 비계획 감가상각비는 Periodic Processing - 감가상각처리시에 Actual하
게 반영된다.

✅ Asset transaction was posted with AA document number 45

감가상각 처리 프로그램(AFAB)에서 감가상각 처리시점에 위 내역에 대한 실제 전표 Posting이
발생된다.

▶ AW01N 화면에서 내역 확인

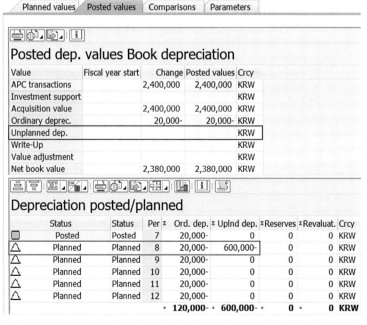

| Planned values | Posted values | Comparisons | Parameters |

Planned values Book depreciation

Value	Fiscal year start	Change	Year-end	Crcy
APC transactions		2,400,000	2,400,000	KRW
Investment support				KRW
Acquisition value		2,400,000	2,400,000	KRW
Ordinary deprec.		120,000-	120,000-	KRW
Unplanned dep.		600,000-	600,000-	KRW
Write-Up				KRW
Value adjustment				KRW
Net book value		1,680,000	1,680,000	KRW

Transactions

AssetValDate	Amount	SeqNo	DocumentNo	TType	Transaction type name	Crcy
2018.07.15	2,400,000	1	44	100	External asset acquisition	KRW
2018.08.21	600,000-	2	45	640	Unplanned depreciation on old assets data	KRW

비계획 상각금액 Transaction 이 발생되어 있다.

＞더블클릭해도 전표를 조회할 수 없다. 감가상각처리를 수행해야만 전표가 생성되기 때문이다.

☑ It is not possible to display a document from Financial Accounting!

＞다음 그림의 Posted Values Tab을 보면, 하단 감가상각 Planned 금액에 비계획 상각금액이 추가된 것을 볼 수 있다. 아직 전표처리는 안되어 있으므로 그림상단의 파란색 박스-Unplanned dep. 금액에는 반영되지 않은 상태이다.

| Planned values | Posted values | Comparisons | Parameters |

Posted dep. values Book depreciation

Value	Fiscal year start	Change	Posted values	Crcy
APC transactions		2,400,000	2,400,000	KRW
Investment support				KRW
Acquisition value		2,400,000	2,400,000	KRW
Ordinary deprec.		20,000-	20,000-	KRW
Unplanned dep.				KRW
Write-Up				KRW
Value adjustment				KRW
Net book value		2,380,000	2,380,000	KRW

Depreciation posted/planned

	Status	Status	Per ∑	Ord. dep. ∑	Uplnd dep. ∑	Reserves ∑	Revaluat.	Crcy
☐	Posted	Posted	7	20,000-	0	0	0	KRW
△	Planned	Planned	8	20,000-	600,000-	0	0	KRW
△	Planned	Planned	9	20,000-	0	0	0	KRW
△	Planned	Planned	10	20,000-	0	0	0	KRW
△	Planned	Planned	11	20,000-	0	0	0	KRW
△	Planned	Planned	12	20,000-	0	0	0	KRW
			·	120,000- ·	600,000- ·	0 ·	0	KRW

위 비계획 상각금액이 시산에 반영되는 것은 다음 챕터에서 살펴보기로 한다.

3. Periodic Processing

● **고정자산 회계에서 월별 또는 주기적, 정기적으로 돌려줘야 하는 Job에는 무엇이 있는가?**

▶ Primary-cost Planning : 신규취득한 자산에 대해 감가상각비의 Plan 값을 CO Plan 값으로 넘겨주는 기능

○ FI-Fixed Assets-Periodic Processing-S_ALR_87099918 - Primary Cost Planning: Depreciation/Interest 화면 : 각 필드를 입력한 후에 실행을 하게 되면 각 고정자산 의 Cost Center와 Internal Order 등에 Plan금액이 반영된다.

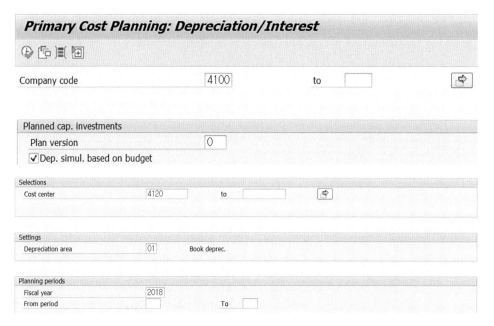

4120 Cost Center에 대해 Plan 값을 반영해보자.

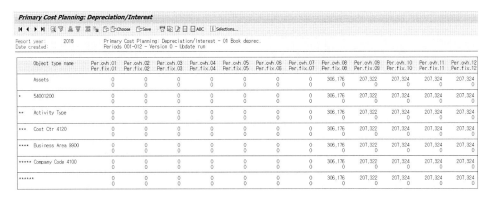

Primary Cost Planning: Depreciation/Interest

Report year: 2018 Primary Cost Planning: Depreciation/Interest – 01 Book deprec.
Date created: Periods 001-012 – Version 0 – Update run

Object type name	Per.ovh.01 Per.fix.01	Per.ovh.02 Per.fix.02	Per.ovh.03 Per.fix.03	Per.ovh.04 Per.fix.04	Per.ovh.05 Per.fix.05	Per.ovh.06 Per.fix.06	Per.ovh.07 Per.fix.07	Per.ovh.08 Per.fix.08	Per.ovh.09 Per.fix.09	Per.ovh.10 Per.fix.10	Per.ovh.11 Per.fix.11	Per.ovh.12 Per.fix.12
Assets	0 0	0 0	0 0	0 0	0 0	0 0	0 0	306,176 0	207,322 0	207,324 0	207,324 0	207,324 0
* 54001200	0 0	0 0	0 0	0 0	0 0	0 0	0 0	306,176 0	207,322 0	207,324 0	207,324 0	207,324 0
** Activity Type	0 0	0 0	0 0	0 0	0 0	0 0	0 0	306,176 0	207,322 0	207,324 0	207,324 0	207,324 0
*** Cost Ctr 4120	0 0	0 0	0 0	0 0	0 0	0 0	0 0	306,176 0	207,322 0	207,324 0	207,324 0	207,324 0
**** Business Area 9900	0 0	0 0	0 0	0 0	0 0	0 0	0 0	306,176 0	207,322 0	207,324 0	207,324 0	207,324 0
***** Company Code 4100	0 0	0 0	0 0	0 0	0 0	0 0	0 0	306,176 0	207,322 0	207,324 0	207,324 0	207,324 0
******	0 0	0 0	0 0	0 0	0 0	0 0	0 0	306,176 0	207,322 0	207,324 0	207,324 0	207,324 0

감가상각비 계정 54001200으로 Plan 값이 반영된 것을 확인 할 수 있다.

○ CO-Cost Center Accounting-Planning-Cost and Activity Inputs-KP07 – Display
화면에서 확인

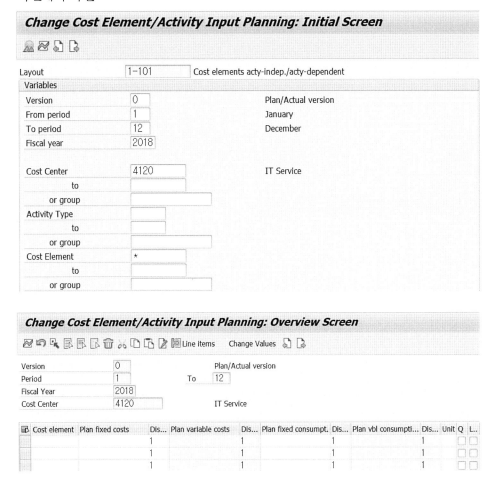

Plan 값이 반영되지 않은 상태에서는 위와 같이 조회된다.

Display Cost Element/Activity Input Planning: Overview Screen

Version	0			Plan/Actual version
Period	1	To	12	
Fiscal Year	2018			
Cost Center	4120			IT Service

Cost element	Plan fixed costs	Dis...	Plan variable costs	Dis...	Plan fixed consumpt.	Dis...	Plan vbl consumpti...	Dis...	Unit	Q	L..
54001200	1,135,470	2	0	2	0.000	2	0.000	2		□	□
*Cost elem	1,135,470		0		0.000		0.000				

Plan 값이 반영된 후의 모습이다.

▶ Depreciation Posting run : 감가상각비 포스팅 작업(대표적인 Periodic Processing 작업)

○ FI-Fixed Assets-Periodic Processing-Depreciation Run-AFAB - Execute 화면에 서 처리

○ 현재 보유하고 있는 자산들의 Actual 금액들이 G/L과 CO쪽에 반영된다(CO : Plan / Actual 금액분석 가능)

○ 뒤에서 자세한 사항에 대해 살펴보기로 한다.

▶ Posting Asset Values : Depreciation Area마다 FI-AA → G/L쪽으로 포스팅 할 때 세팅을 다르게 할 수 있다. 앞서 살펴봤던 Posting Values to G/L Case ③번 세팅 (Posting Rule Key 2)

○ 고정자산 취득 포스팅이 일어날 경우 실시간으로 반영하는 것이 아니라 Periodic Asset Postings프로그램(ASKBN)을 이용하여 G/L로 포스팅 한다. Posting Rule Key = 2 인 경우

○ 위와 같은 고정자산이 존재할 경우 ASKBN를 이용해 정기적으로 Job을 돌려줘야 한다.

○ FI-Fixed Assets-Periodic Processing-ASKBN - APC Values Posting 화면

○ **S/4 HANA 버전에서는 G/L Posting처리가 Real-Time Integration 되면서 없어진 기능**이다.

▶ Investment Support

○ 고정자산 취득과 관련해서 국가보조금, 공사부담금 등을 기표하는 처리

○ FI-Fixed Assets-Periodic Processing-AR11N - Investment Grant 화면

▶ Inflation Management

○ 물가상승률에 따라 고정자산을 관리해주는 처리(국내에서는 사용하지 않음)

○ FI-Fixed Assets-Periodic Processing-Revaluation for the Balance Sheet-J1AI - Inflation 화면

▶ Fiscal Year Change/Year-End Closing : 연말결산시점에 돌리는 Job

○ Fiscal Year Change : 회계 연도를 변경해줌으로써 다음 회계연도에 신규로 자산취득이 가능하게 해준다(변경 안 해주게 되면 신규년도에 자산취득이 되지 않는다.) B/S Value-잔액이 차기년도로 Carry Forward되게 된다.

○ Year-End Closing : 해당년도의 고정자산 연마감을 통해 해당년도에 더 이상 고정자산 취득이 불가능하게 한다.

▶ 감가상각처리부터 각 사항에 대한 내용을 상세히 살펴보도록 하자.

● **Valuation** : 회사에 assign한 COD 내 Depreciation Area별로 평가 방식을 다르게 부여하는 IMG세팅 Rule

① 각 Depreciation Area별로 B/S상의 APC, Replacement value, Depreciation 입력 가능 금액을 다르게 세팅 할 수 있는 IMG Setting 화면

▶ Management of Values : IMG-FI-Asset Accounting-Valuation-Depreciation Area-Define Depreciation Areas 화면

Activities	
Per...	Name of Activity
	Define Depreciation Areas
	Specify Area Type

○ Activity - Define Depreciation Areas 더블클릭

Change View "Define Depreciation Areas": Overview

Chart of dep.　4100 FI Korea COD

Define Depreciation Areas

Ar.	Name of depreciation area	Real	Trgt Group	G/L
1	Book depreciation	✓		1
2	Spec. tax dep. per Corporate Tax Law (CTL)	✓		0
9	Difference bt Book and Tax	☐		0
20	Cost-accounting depreciation	✓		3
30	Consolidated balance sheet in local currency	✓		0
31	Consolidated balance sheet in reporting currency	✓		0

○ 각각의 Depreciation Area들에 대한 정보를 세팅하는 화면, 더블클릭으로 해당 Depreciation Area 정보를 볼 수 있다.

> 1 - Book depreciation 더블클릭

Change View "Define Depreciation Areas": Details

Chart of dep.   4100   FI Korea COD

Deprec. area   1   Book depreciation

Book deprec.

Define Depreciation Areas

Real Depreciation Area   ☑

Posting in GL   1 Area Posts in Realtime
Target Ledger Group
Alternative Depreciation Area
Cross-syst.dep.area

Posting Rule Key 1번(Area Posts in Realtime) - 실시간 반영

Value Maintenance	
Acquisition value	+ Only Positive Values or Zero Allowed
Net book value	* All Values Allowed
Investment grants	- Only Negative Values or Zero Allowed
Revaluation	0 No Values Allowed
Ordinary depreciat.	- Only Negative Values or Zero Allowed
Special Depr.	0 No Values Allowed
Unplanned Depreciat.	- Only Negative Values or Zero Allowed
Transfer of reserves	0 No Values Allowed
Interest	0 No Values Allowed
Revaluation ord.dep.	0 No Values Allowed

○ Value Maintenance 필드그룹 : Acquisition value, Net book value 등에 대한 값 설정을 할 수 있다.

+ Only Positive Values or Zero Allowed : +값이나 0값을 허용하겠다,

* All Values Allowed : 모든 값 허용

- Only Negative Values or Zero Allowed : -값이나 0값을 허용하겠다.

0 No Values Allowed : 값 허용 안됨

○ CO목적(20) Depreciation Area의 경우 :

Deprec. area	20	Cost-accounting depreciation
		Cost-acc.

Define Depreciation Areas

Real Depreciation Area	✓
Posting in GL	3 Area Posts Depreciation Only
Target Ledger Group	
Alternative Depreciation Area	
Cross-syst.dep.area	

Posting Rule Key - 3 : 감가상각비 금액만 G/L로 반영

Value Maintenance

Acquisition value	+ Only Positive Values or Zero Allowed
Net book value	* All Values Allowed
Investment grants	0 No Values Allowed
Revaluation	* All Values Allowed
Ordinary depreciat.	- Only Negative Values or Zero Allowed
Special Depr.	0 No Values Allowed
Unplanned Depreciat.	- Only Negative Values or Zero Allowed
Transfer of reserves	0 No Values Allowed
Interest	+ Only Positive Values or Zero Allowed
Revaluation ord.dep.	* All Values Allowed

취득가는 +값이나 0이와도 상관없고 잔존가는 모든 값을 허용(-값이 와도 상관없다는 의미)

○ 시부인 목적(9) Depreciation Area의 경우

Deprec. area	9	Difference bt Book and Tax
		Diff.Book/Tx

Define Depreciation Areas

Real Depreciation Area	☐
Posting in GL	0 Area Does Not Post
Target Ledger Group	
Alternative Depreciation Area	
Cross-syst.dep.area	

Real Depreciation : 01영역의 경우 감가상각처리를 한 후에 해당 데이터를 DB에 저장하기 때문에, 이 필드값은 변경할 수 없으며 체크된다(Real). 하지만 이 감가상각 영역의 경우 조회목적으로 감가상각비 금액이 저장되지 않고 계산되어 보여진다.

Posting Rule Key 0 : Posting 없음

Entries for Derived Depreciation Area

☑ Area for reporting purposes only
☑ Derived Depreciation Area As Real Area
Dep. Area Purp.   `1`   Area for Differences Only

Dep. area sign		Divisor	Area	Dep. area name
+ positive	▼	1	1	Book depreciation
- negative	▼	1	2	Spec. tax dep. per Corporate Tax Law (C
	▼			
	▼			
Modification area				

리포팅 목적의 감가상각 영역이며 다른 감가상각영역으로부터 계산식에 의해 감가상각비가 계산된다.

위 설정은 감가상각 영역 1(Book)과 2(Tax)와의 차이금액을 계산해서 보여주는 형식이다.

② Dependent on Other Depreciation Areas : 다른 Depreciation Area Dependent 한 세팅을 할 수 있다.

▶ IMG-FI-Asset Accounting-Valuation-Depreciation Areas-Specify Transfer of APC Values

○ 다른 Depreciation Area의 APC 값을 가져와 사용할 수 있도록 설정 할 수 있다

Change View "Depreciation areas: Rules for value takeover": Overview

Chart of dep.   `4100`   FI Korea COD

	Ar.	Name of depreciation area	ValAd	Ident.
	01	Book depreciation	00	☐
	02	Spec. tax dep. per Corporate Tax Law (CTL)	01	☐
	20	Cost-accounting depreciation	01	☐
	30	Consolidated balance sheet in local currency	01	☐
	31	Consolidated balance sheet in reporting currency	30	☑

ValAd 필드에 01로 지정된 Depreciation Area들은 01과 동일한 APC 값을 가지고 계산하겠다는 의미이다.

Identical 체크는 Transfer해온 값을 변경하지 않고 그대로 사용한다는 의미이다.

▶ IMG-FI-Asset Accounting-Valuation-Depreciation Area-Specify Transfer of Depreciation Terms

○ 다른 Depreciation Area의 Depreciation Terms 값을 가져와 사용할 수 있도록 설정 할 수 있다.

Change View "Depreciation areas: Rules for takeover of deprec. terms":

Chart of dep.　　4100　FI Korea COD

Ar.	Name of depreciation area	TTr	Identical
01	Book depreciation	00	☐
02	Spec. tax dep. per Corporate Tax Law (CTL)		☐
20	Cost-accounting depreciation		☐
30	Consolidated balance sheet in local currency	01	☐
31	Consolidated balance sheet in reporting currency	30	☑

마찬가지로 TTr 필드에 지정된 값에 해당하는 Depreciation Area와 동일한 Depreciation Term값을 사용하겠다는 의미이다. 비어 있는 경우 해당 영역의 감가상각키와 내용연수로 상각비를 계산한다는 의미이다.

③ 2가지 세팅

▶ Control of Depreciation Posting : Company Code별로 Depreciation Area별 Posting Rule을 정의할 수 있다.

○ IMG-FI-Asset Accounting-Integration with General Ledger Accounting-Post Depreciation to General Ledger Accounting-Specify Intervals and Posting Rules : 감가상각 영역의 Posting Rule 정의

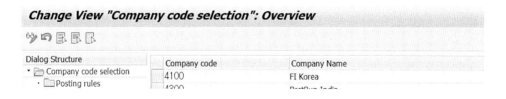

Change View "Company code selection": Overview

Dialog Structure	Company code	Company Name
▾ ⌸ Company code selection	4100	FI Korea
· ⌸ Posting rules	4300	BestRun India

> Company Code 선택한 후 ⌸ Posting rules 더블클릭

Company Code | 4100

	Deprec.area	Name of depreciation area
	01	Book depreciation
	20	Cost-accounting depreciation

〉Depreciation Area 01을 더블클릭

Company Code | 4100
Deprec. area | 01 | Book depreciation

Period and method

- ◉ Monthly posting
- ○ Bi-monthly posting
- ○ Quarterly posting
- ○ Semi-annual posting
- ○ Annual posting

- ○ Enter in expert mode   Period interval | 001

- ☐ Smoothing

Other posting settings
- ☐ Post interest
- ☐ Post revaluation
- ☐ Below-zero acct when planned life ends

○ 감가상각비 Interval과 포스팅 룰을 지정한다. [Interval - Monthly posting(월별상각), Quarterly posting(분기별 상각), Annual posting(연상각)] **Smoothing**(감가상각비 금액을 잔여 상각기간에 안분해서 인식할 것인가? 첫 감가상각기간에 한꺼번에 인식(**Catch-Up** 방식)할 것인가 결정, 이 설정은 뒤에서 자세히 살펴볼 예정이다.)

▶ Definition of Depreciation keys : Asset Class 4가지 기능 중 Depre. Terms=Depre.Key+Useful Life값 결정기능

○ IMG-FI-Asset Accounting-Valuation-Determine Depreciation Areas in the Asset Class 화면 : 기본값 지정

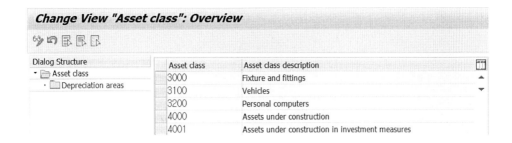

Change View "Asset class": Overview

Asset class	Asset class description
3000	Fixture and fittings
3100	Vehicles
3200	Personal computers
4000	Assets under construction
4001	Assets under construction in investment measures

○ Asset Class별 Default Depreciation Key / Useful Life를 설정할 수 있다.

Asset Class	3000	Fixture and fittings
Chart of dep.	4100	FI Korea COD

Ar.	Dep. area	Deact	DepKy	Use	Per	Index	Layou
01	Book deprec.	☐	KRLN	10			1000
02	Spec.tax dep	☐	KRLN	20			1000
20	Cost-acc.	☐	KRLN	10			1000
30	Group DEM	☐	KRLN	10			1000
31	Group USD	☐	KRLN	10	0		1000

● **Calculating Depreciation Values** : **감가상각비**가 어떻게 계산되어지는지에 대해 알아보자.

▶ **Depreciation** : 감가상각비 - 시간의 흐름에 따라 발생하는 자산의 감모분을 상각비로 인식하는 것을 일반감가상각이라 하고, 자동차 사고 등 자산에 대한 갑작스런 비용(Unplanned)이 발생한 경우 비계획상각이라 한다.

▶ Depreciation Type : IMG-FI-Asset Accounting-Depreciation-하위 폴더(3가지 Type 존재)

○ Ordinary Depreciation : 일반적인 감가상각처리

○ Special Depreciation : Tax 목적의 특별상각처리

○ Unplanned Depreciation : 사고 등으로 발생한 감가상각처리

▶ **Depreciation Calculation Methods** → Depreciation Key : 5가지 계산방식의 조합으로 구성된다.

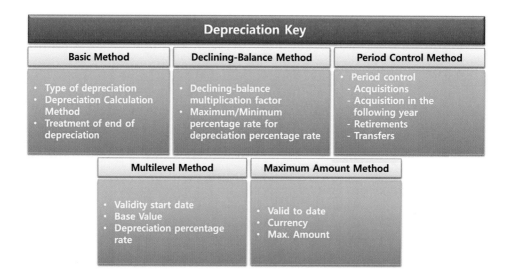

○ IMG-FI-Asset Accounting-Depreciation-Valuation Methods-Depreciation Key-Maintain Depreciation Key 화면 : Depreciation Key 관리 화면, 5가지 Method를 총괄하여 지정할 수 있다.

〉KD05(정률법/5년) Depreciation Key값을 살펴보도록 하자.

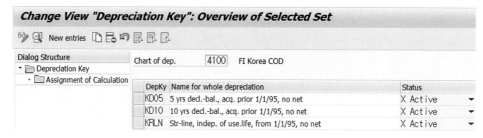

〉KD05 Depreciation Key값을 선택한 후 📂 Assignment of Calculation Methods 더블클릭

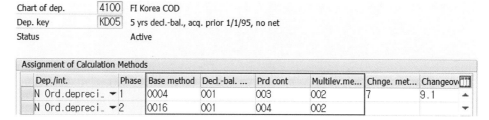

- 해당 Depreciation Key에서 사용할 5가지 메소드값을 한꺼번에 세팅할 수 있다..
- 그림에서는 4가지 메소드별 세팅값들이 보여진다(Base~Multilev method)

- 남은 1개는 첫화면에서 DepKy 라인을 더블클릭해서 들어간 화면의 Maximum amount 필드에서 지정한다.

> KD05 더블클릭(Maximum amount 필드에서 지정)

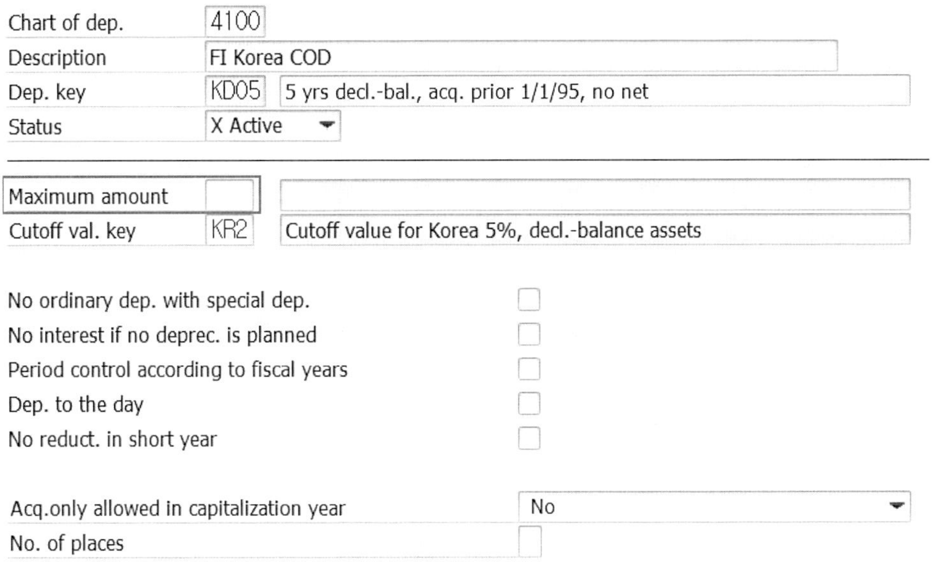

Chart of dep.	4100	
Description	FI Korea COD	
Dep. key	KD05	5 yrs decl.-bal., acq. prior 1/1/95, no net
Status	X Active ▼	

Maximum amount		
Cutoff val. key	KR2	Cutoff value for Korea 5%, decl.-balance assets

No ordinary dep. with special dep.	☐
No interest if no deprec. is planned	☐
Period control according to fiscal years	☐
Dep. to the day	☐
No reduct. in short year	☐

Acq.only allowed in capitalization year	No ▼
No. of places	☐

- 위 그림의 계산방식 설정은 2개의 라인으로 구성되어 있는데 **Phase에 의해 구분되**어 있다.
- Phase : 2011/01/01 ~ 2020/12/31까지의 내용년수를 가진 자산이 있다고 가정하자. 2016/01/01 감가상각 방법이 정액법에서 정률법으로 변경되었다고 가정하자. 2016년도가 Changeover Year이다. 이때 2011~2015년까지가 Phase 1이고 2016부터가 Phase 2라고 볼 수 있다. 만약 2018년도에 또 한번의 감가상각 변경이 일어난 경우 2016~2017년까지가 Phase 2가 되고 2018~2020년까지가 Phase 3가 되는 개념이다.
- 위 그림은 각 Phase별로 감가상각 방법을 각각 달리 설정한 것이다(Phase 1에 대한 내역을 살펴보자.)

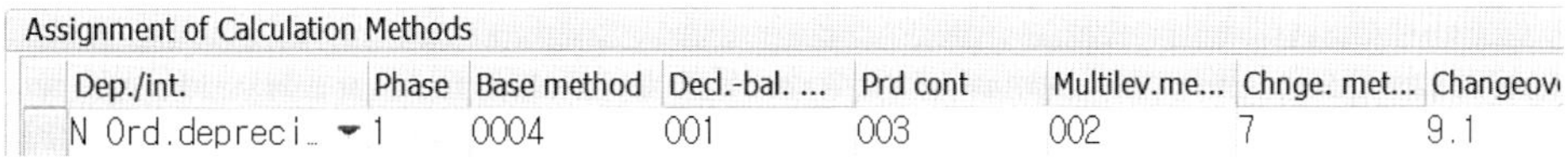

Assignment of Calculation Methods

Dep./int.	Phase	Base method	Decl.-bal. ...	Prd cont	Multilev.me...	Chnge. met...	Changeov
N Ord.depreci... ▼	1	0004	001	003	002	7	9.1

> 위 첫번째 Phase 라인 더블클릭

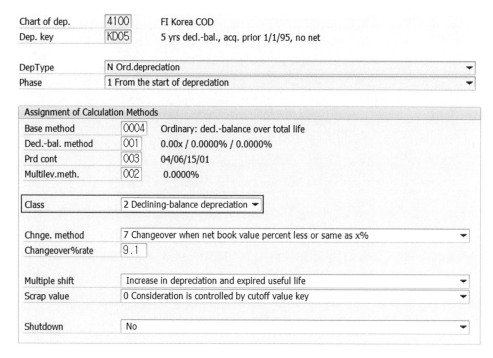

Base Method ~ Multilevel Method 에 대해서는 뒤에서 각각 자세히 살펴보도록 한다.

Class 필드 : 1:정액, 2:정률, 3:기타방식 등 감가상각 방식을 결정

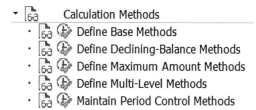

Change Method : 감가상각 변경이 이루어지는 방식 결정, Changeover%rate : 위 그림의 경우 9.1% 이하로 잔존가액이 내려갈 경우 Phase가 변경된다는 의미이다.

○ IMG-FI-Asset Accounting-Depreciation-Valuation Methods-Depreciation Key-Calculation Methods : 5가지 Calculation Method의 상세 설정을 할 수 있는 IMG 트랜잭션이 존재한다. 국내의 경우 특별한 케이스를 제외하고 만들어져 있는 Standard Calculation Method를 사용하면 된다.

```
▼ Calculation Methods
  · Define Base Methods
  · Define Declining-Balance Methods
  · Define Maximum Amount Methods
  · Define Multi-Level Methods
  · Maintain Period Control Methods
```

①. **Define Base Methods** : 감가상각 유형, 계산 Method 정의.

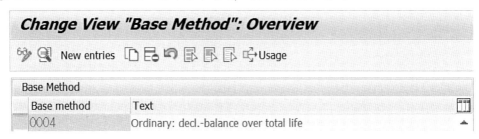

>0004 Base Method 더블클릭

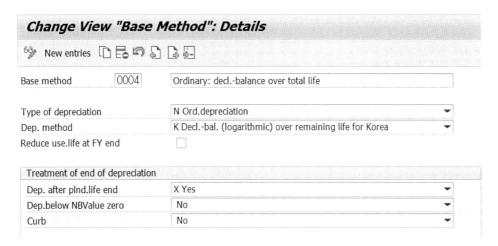

- Type of depreciation : 감가상각 유형을 지정한다(N:일반 감가상각처리-Ord.Depreci-
ation)

N Ord.depreciation
S Special tax depreciation
Z Interest

- Dep. method : 감가상각계산 Rule 정의

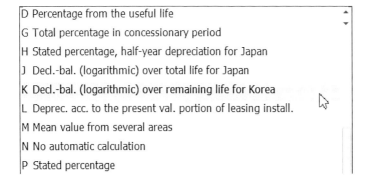

D : 내용년수 안에서 %를 적용하여 감가상각처리 - 정액법

K : 잔존년수 안에서 정률 감가상각처리 - 정률법

P : Stated Percentage - 유저가 입력한 상각률대로 감가상각처리

- Dep. after plnd.life end : 내용년수 만료일 이후에도 계속 감가상각 처리를 하겠느냐
- Dep.below NBValue zero : 장부가액이 0밑으로 내려가도 감가상각처리를 하겠느냐
- Curb : 내용년수 만료일 이후에도 감가상각을 계속하는 경우 11년차=취득원가*1/11 12년차=취득원가*1/12 … 의 Curb 방식으로 처리할지 선택한다.

② **Define Declining-Balance Methods**

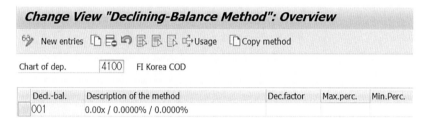

- Description of the method : 해당 메소드의 적요
- Dec.factor : 예로, 값이 2면 정상적인 감가상각비 금액의 *2 한 금액을 감가상각비로 처리하겠다는 의미
- Max.prec. : 예로, 값이 15%라면 취득원가의 15%까지의 감가상각비만 인정하겠다는 의미
- Min.perc. : 최소한 얼마 이상은 되어야 감가상각 처리를 한다는 의미
- 만약 취득원가 1,000인 내용연수 10년인 자산이 있을 경우, 정액법으로 1년에 100원씩 상각처리 되어야 한다. 만약 위와 같은 예의 경우 [100 * 2 = 200원]이 감가상각비로 처리되어야 하는데, 취득원가 [1,000 * 15% = 150원] 까지만 상각비를 인정하기로 했기 때문에 150원만큼을 감가상각비로 처리하게 된다.
- 적용하지 않고자 할 경우 001처럼 공백으로 세팅하면 된다(국내에선 공백으로 세팅)

③ **Maintain Period Control Methods** : 각 거래별로 해당 기간에 감가상각 처리를 할지 말지를 결정한다.

Change View "Period Control": Overview

New entries 🗋 📑 ↩ 📑 📑 📑 🗗Usage 🗋 Copy method

Chart of dep.   4100   FI Korea COD

Period Control

Prd.c.meth	Description	Acq	Add	Ret	Trn	Rev.	InvS	UpDp	WUpR
001	01/01/02/02	01	01	02	02				
002	01/06/02/02	01	06	02	02				
003	04/06/15/01	04	06	15	01				
004	01/06/01/01	01	06	01	01				
005	01/06/15/06	01	06	15	06				
006	04/01/15/06	04	01	15	06				

- 각 거래별 설정 → Acq : 최초취득, Add : 추가취득(또는 자본적지출), Ret : 처분, Trn : 이관

- Ex)Acq. 필드값 → 04 : 취득 첫해에는 반기로 감가상각처리 하겠다(~6월까지 취득시 1월부터 감가상각처리, 7~12월 취득시 7월부터 감가상각처리) 06 : 연초를 감가상각처리 시점으로 잡겠다(언제 취득하던지 1월부터 감가상각처리) 02 : 15일을 기준으로 해서 앞이면 해당월 1일을 뒤면 익월 1일을 감가상각처리 시점으로 잡겠다(2월 10일 취득이면 2월부터 감가상각처리, 2월 20일 취득이면 3월부터 감가상각처리)

- 이런식으로 회사의 감가상각 기준에 맞는 Period Control Methods를 지정할 수 있다.

Per.contr.	Name for period control
01	Pro rata at period start date
02	Pro rata upto mid-period at period start date
03	Pro rata at mid-period
04	First year convention at half year start date
05	Year start date/Mid-year/Year-end (Austria)
06	At the start of the year
07	At mid-year
08	At the end of the year (=Start date of following year)

④. **Define Multi-Level Methods** : 메소드 선택후 좌측 📁Levels 더블클릭

Change View "Multilevel Method": Overview

New entries 🗋 📑 ↩ 📑 📑 📑 🗗Usage 🗋 Copy method

Dialog Structure
▼ 📁 Multilevel Method
  · 📁 Levels

Chart of dep.   4100   FI Korea COD

M-lev.meth	Description of the method	Validity start	Dep.by fisc.year
001	0.0000%	2	☐
002	0.0000%	2	☐
003	33.3333%/50.0000%/100.0000%	5	☐
004	25.0000%/33.3333%/50.0000%/100.0000%	5	☐
005	20.0000%/25.0000%/33.3333%/50.0000%/100.0...	5	☐

>003 코드 선택 후 📁 Levels 더블클릭

Chart of dep.	4100 FI Korea COD
Multilev.meth.	003 33.3333%/50.0000%/100.0000%

Acq.year	Years	Per	BaseVal.	Percent	Rem. life	Reduct.
9999	0	12	24	33.3333	☐	
9999	1	12	24	50.0000	☐	
9999	2	12	24	100.0000	☐	

- Acq.year : 취득년도(9999:언제 취득해도 상관없이 해당 기준을 사용하겠다는 의미.)
- Years : 취득한 후 x년까지는 Base Val.기초로 해서 Percent의 상각률을 지정하겠다는 의미

Base value f..	Short Descript.
01	Acquisition value
02	Half of acquisition value
03	Replacement value
24	Net book value

Base Value 01:취득가, 02:취득가의 50%금액, 24:잔존가액 등

- 즉, 취득한 후 x년차까지는 특정 상각률을 적용하고 그 후 y년차까지는 특정 상각률을 지정하고 그 이후 z년차까지는 특정 상각률을 지정하는 Method

⑤. Define Maximum Amount Methods

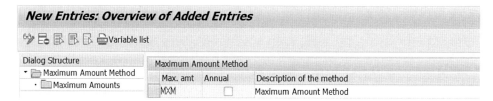

New Entries: Overview of Added Entries

Dialog Structure
- ▼ 📁 Maximum Amount Method
  - • 📁 Maximum Amounts

Maximum Amount Method		
Max. amt	Annual	Description of the method
MXM	☐	Maximum Amount Method

>MXM 코드를 선택한 후 📁 Maximum Amounts 더블클릭

Maximum amount	MXM
Description	Maximum Amount Method

Maximum Amounts			
Valid To	Currency	Max.amount	
2018.12.31	KRW	10,000,000	▲

- Annual : 맥시멈 금액을 연단위로 체크하겠느냐
- Valid To : 언제까지, Currency : 어떤 통화로, Max.amount : 금액 이상 감가상각이 돌면 안 된다는 의미
- 특정 기간까지 정의된 금액을 초과해서 감가상각비가 처리되어서는 안 된다는 것을 지정하는 메소드
- 국내에서는 사용하지 않음.

○ 실제 회사에서 사용하는 Setting은 아주 간단할 것이다. 이미 생성되어 있는 Standard 감가상각키를 이용하거나 Copy 해서 생성한 후 수정하여 사용하면 된다.

▶ **Depreciation Value 계산** : Depre.Key값과 Useful Life의 조합인 Depreciation Terms를 이용하여 감가상각비 계산

○ 앞서 테스트 했던 자산들을 이용하여 감가상각 처리 Test를 진행해보자.

○ FI-Fixed Assets-Asset-AW01N - Asset Explorer 화면 : 앞서 Unplanned Depreciation 입력했던 자산 3032을 보자.

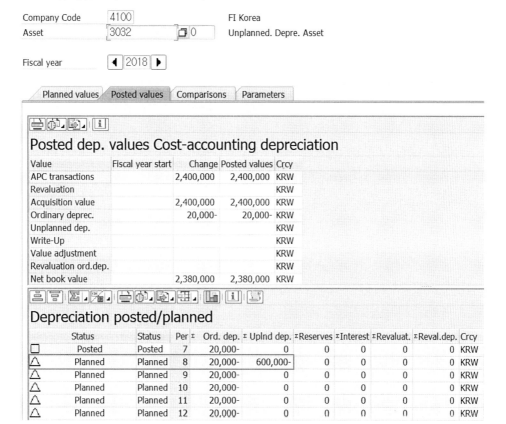

Company Code	4100	FI Korea
Asset	3032 □ 0	Unplanned. Depre. Asset
Fiscal year	◀ 2018 ▶	

Planned values / **Posted values** / Comparisons / Parameters

Posted dep. values Cost-accounting depreciation

Value	Fiscal year start	Change	Posted values	Crcy
APC transactions		2,400,000	2,400,000	KRW
Revaluation				KRW
Acquisition value		2,400,000	2,400,000	KRW
Ordinary deprec.		20,000-	20,000-	KRW
Unplanned dep.				KRW
Write-Up				KRW
Value adjustment				KRW
Revaluation ord.dep.				KRW
Net book value		2,380,000	2,380,000	KRW

Depreciation posted/planned

	Status	Status	Per	Σ Ord. dep.	Σ Uplnd dep.	Σ Reserves	Σ Interest	Σ Revaluat.	Σ Reval.dep.	Crcy
□	Posted	Posted	7	20,000-	0	0	0	0	0	KRW
△	Planned	Planned	8	20,000-	600,000-	0	0	0	0	KRW
△	Planned	Planned	9	20,000-	0	0	0	0	0	KRW
△	Planned	Planned	10	20,000-	0	0	0	0	0	KRW
△	Planned	Planned	11	20,000-	0	0	0	0	0	KRW
△	Planned	Planned	12	20,000-	0	0	0	0	0	KRW

7월까지 감가상각 처리가 되어 있고 8월 감가상각처리를 해야 하는 상황이다. 일반 감가상각(Ordinary Depreciation) 금액은 20,000원이 발생될 예정이고, 비계획상각 (Unplanned Depreciation) 금액이 600,000원이 등록되어 있는 상황이다. 아직 Posting 처리가 되지 않아 Status가 Planned 상태이다.

○ FI-Fixed Assets-Periodic Processing-Depreciation Run-AFAB - Execute 화면 (RAPOST2000) : 감가상각처리

Fiscal Year / Posting Period : 감가상각처리를 하게 될 결산월을 입력, Target Ledger Group : Parallel Accounting을 할 경우 Posting 처리되어야 할 Target Ledger를 선택

⟨ **Reason for posting run** ⟩

- Planned posting run : 정기적인 감가상각처리를 돌릴 경우 Planned posting run선택. 이 경우 Planned Status인 감가상각금액들을 대상으로 상각처리가 돌게 된다.

- Repeat : 이미 감가상각처리를 돌린 월의 경우 Planned posting run을 사용할 수 없음, 추가 취득자산이 발생하거나 감가상각 관련 Master Data 설정값(Depreciation Key/Useful Life/Depreciation Start Date)등이 변경될 경우 이 추가 변경분 처리를 할 경우 사용한다.

- Restart : 감가상각 처리시 오류가 발생할 경우, 이 오류에 대해 조치를 취한 후 다시 수행시 사용

- Unplanned posting run : 감가상각처리를 Posting Rule에 의해 월별/분기별/연도별로 수행할 수 있는데 이것과 상관없이 감가상각처리를 수행할 때 사용

→ 이 Radio Button은 S/4 HANA 버전에선 사라진다. 실행시 내부적으로 <u>모든 케이스에 대해 처리됨.</u> 뒷부분에 나오는 Asset Accounting (S/4 HANA) 챕터에서 살펴보기로 하자.

> Further options - List assets : 감가상각 처리된 내역을 개별자산별로 조회할 수 있다.

> Parameters for Test Run - Test Run : 시뮬레이션 처리, Error Analysis : 에러점검 및 분석처리

> 위 그림과 같이 입력한 후 실행해보자. 3032 자산에 대해서만 감가상각 시뮬레이션 처리

(Planned posting run 선택시 Test Run인 경우만 자산번호별로 입력하여 실행할 수 있다.)

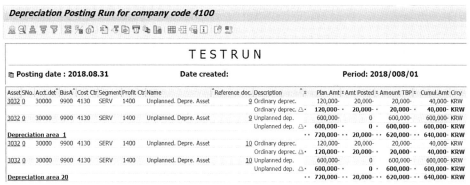

○ Test Run 체크박스를 해제한 후 실행해보자.

감가상각처리는 백그라운드로만 실행할 수 있다는 메시지가 뜬다.

> [메뉴-Program-Execute in Background] 화면으로 들어가서 실행 할 수 있다.

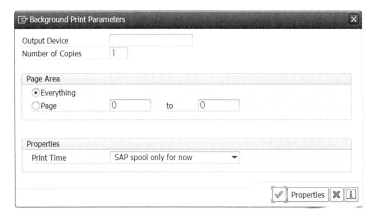

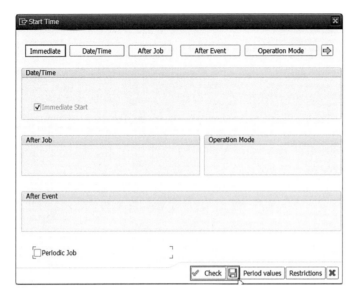

Immediate 선택 후 Check후 저장버튼(🖫) 클릭

☑ Background job was scheduled for program RAPOST2000

○ FI-Fixed Assets-Periodic Processing-Depreciation Run-AFBP - Display Log 화
면에서 로그내역을 보면 처리된 감가상각 내역을 볼 수 있다.

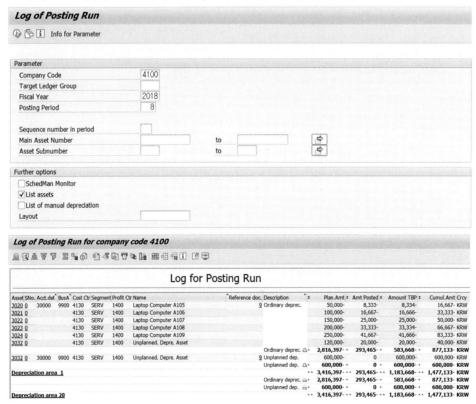

다른 자산들까지 함께 감가상각 처리가 된 것을 확인할 수 있다. CO감가상각영역 (20)도 Posting 처리가 되었다. Reference document 번호(9)를 클릭해보자.

	Data Entry View					
Document Number	500000008	Company Code	4100	Fiscal Year	2018
Document Date	2018.08.31	Posting Date	2018.08.31	Period	8
Reference		Cross-Comp.No.			
Currency	KRW	Texts exist	☐	Ledger Group	

CoCd	Itm	Key	SG	AccTy	Account	Description	G/L Acc	G/L account name	D/C	Amount	Curr.	Cost Ctr	TTy	TTy	AssetValDate
4100	1	40		S	54001200	Depreciation Cost	54001200	Depreciation Cost	S	306,168	KRW	4120			
	2	40		S	54001200	Depreciation Cost	54001200	Depreciation Cost	S	95,000	KRW	3100			
	3	40		S	54001200	Depreciation Cost	54001200	Depreciation Cost	S	182,500	KRW	4130			
	4	40		S	54001210	SP.Depreciation cost	54001210	SP.Depreciation cost	S	600,000	KRW	4130			
	5	75		A	16020200	Buildings - acc.dep.	16020200	Buildings - acc.dep.	H	181,036-	KRW		501	220	2018.08.31
	6	75		A	16070200	Tools&Fixt.- acc.dep	16070200	Tools&Fixt.- acc.dep	H	95,000-	KRW		501	220	2018.08.31
	7	75		A	16070200	Tools&Fixt.- acc.dep	16070200	Tools&Fixt.- acc.dep	H	307,632-	KRW		501	220	2018.08.31
	8	75		A	16070200	Tools&Fixt.- acc.dep	16070200	Tools&Fixt.- acc.dep	H	600,000-	KRW		502	220	2018.08.31

감가상각비 처리 전표가 조회된다. 일반감가상각비와 비계획상각에 대한 특별감가상각비(600,000원)가 각 Asset Master의 Cost Center 별로 기표된 것을 확인 할 수 있다(분개: [차)감가상각비 xxx / 대)감가상각누계액 xxx])

☞ Document Header: 4100 Company Code	
Document type	AF Dep. postings
Doc.Header Text	AFB01201800801-0000000009

전표유형 AF

○ FI-Fixed Assets-Asset-AW01N - Asset Explorer 화면에서도 내역확인

| Planned values | Posted values | Comparisons | Parameters |

Posted dep. values Cost-accounting depreciation

Value	Fiscal year start	Change	Posted values	Crcy
APC transactions		2,400,000	2,400,000	KRW
Revaluation				KRW
Acquisition value		2,400,000	2,400,000	KRW
Ordinary deprec.		40,000-	40,000-	KRW
Unplanned dep.		600,000-	600,000-	KRW
Write-Up				KRW
Value adjustment				KRW
Revaluation ord.dep.				KRW
Net book value		1,760,000	1,760,000	KRW

Depreciation posted/planned

	Status	Status	Per	Σ Ord. dep.	Σ Uplnd dep.	Σ Reserves	Σ Interest	Σ Revaluat.	Σ Reval.dep.	Crcy
☐	Posted	Posted	7	20,000-	0	0	0	0	0	KRW
☐	Posted	Posted	8	20,000-	600,000-	0	0	0	0	KRW
△	Planned	Planned	9	20,000-	0	0	0	0	0	KRW
△	Planned	Planned	10	20,000-	0	0	0	0	0	KRW
△	Planned	Planned	11	20,000-	0	0	0	0	0	KRW
△	Planned	Planned	12	20,000-	0	0	0	0	0	KRW

일반감가상각비 20,000원, 비계획감가상각비 600,000원이 Posted 처리되었다(Status :
Planned → Posted)

● **Imputed Interest(이자비용) / Replacement Values Index(재평가액 Index) 관련
설정**

▶ 국내에서는 사용하지 않는 기능이므로 Skip 해도 되고 참고로만 살펴봐도 된다.

▶ Imputed Interest : 자산취득에 대한 차입 이자 등 이자비용을 자동으로 계산할 수
있다.

○ 먼저 Depreciation Key LINR에 대한 상세 정보를 살펴보자.

○ IMG-FI-Asset Accounting-Depreciation-Valuation Methods-Depreciation Key-
Maintain Depreciation Key 화면

>LINR를 선택 한 후 📂 Assignment of Calculation Methods 더블클릭

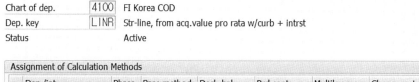

○ LINR Depreciation Key를 보게 되면 Depreciation type이 일반유형(N)과 Interest
유형(Z)으로 나뉘어진 것을 볼 수 있다. 감가상각 처리시 감가상각비와 이자비용이
동시에 발생하도록 할 수 있다.

○ Z Interest 상세 내역을 보자.

• 2번째(Z) 라인을 더블클릭하여 들어가자.

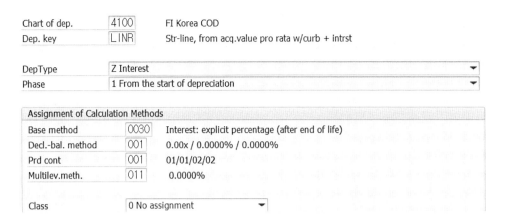

- 위 그림과 같은 내역이 나타나는데 각 Method 필드를 더블클릭하면 해당 Method 세팅 화면으로 이동한다.

- Base Method-0030 더블클릭

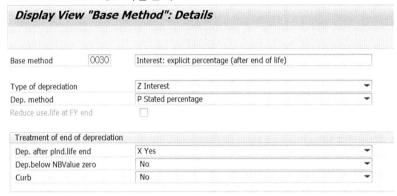

- Depreciation Type = Z Interest

- Dep. Method = P Stated percentage(유저가 정의한 %를 이용하여 감가상각처리),

- Dep.after plnd.life end : X Yes(내용연수 후에도 감가상각처리하겠다는 의미)

- Periodic Method-001 더블클릭

Acq(01-최초취득), Add : 추가취득(01-또는 자본적지출), Ret(02-처분), Trn(02-이관)

- Multilevel Method-011 더블클릭

>좌측의 📂 Levels 더블클릭

Change View "Levels": Overview

New Entries 📋 🖶 🔄 🖹 🖹 🖹

Dialog Structure
- ▾ 📁 Multilevel Method
  - · 📂 Levels

Chart of dep. [4100] FI Korea COD
Multilev.meth. [011] 10.0000%

	Acq.year	Years	Per	BaseVal.	Percent	Rem. life	Reduct.
	9999	999	12	02	10.0000	☐	

>9999년도까지 취득되는 자산에 대해 Base Val 02에 대해서 Percentage 10%로 감가상각처리 하겠다.

>여기서 Base Val 02는 Half of APC(취득가의 50%) 이다.

02	Half of acquisition value

>예를 들어 취득가액이 100,000원인 경우, 그 50%인 50,000원의 10%인 5,000원이 이자비용으로 인식된다.

▶ Replacement Values Index(재평가액 Index-물가상승률) : 물가를 반영한 자산가액을 계산할 수 있다.

①. Index Class(Index Series 값의 유형)

○ 2가지 유형 : Historical, Normal 방식이 존재. 만약 Index 값이 Acquis.year(C. Year-3) = 100, C.Year-2 = 110, C.Year-1 = 120, Curr.Year = 130 이고 APC가 100,000인 경우 아래와 같이 2가지 방식으로 계산된다.

○ **Historical** : APC * Index(Curr.year) / Index(Acquis.year-취득년도) = 100,000 * 130 / 100 = 130,000원

Year	APC	Index (Curr.Year)	Index (Acquis.Year)	Replacement Value
Year-2	100,000	110	100	110,000
Year-1	100,000	120	100	120,000
Current Year	100,000	130	100	130,000

○ **Normal** : Rep.value * Index(Curr.year) / Index(Prev.year-전년도) = 120,000 * 130 / 120 = 130,000원

Year	Rep.value	Index (Curr.Year)	Index (Prev.Year)	Replacement Value
Year-2	100,000	110	100	110,000
Year-1	110,000	120	110	120,000
Current Year	120,000	130	120	130,000

②. Index Series 생성 및 Index figures 등록

○ IMG-FI-Asset Accounting-Special Valuation-Revaluation of Fixed Assets-Indexed Replacement Values-Define Index Series 화면 : Index Series 키값을 등록(인덱스 시리즈 키 : 산업별 물가상승률을 정의한 키값)

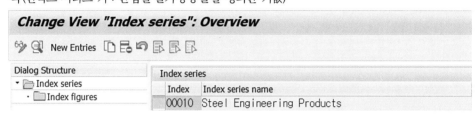

〉0010 키값을 선택한 후 더블클릭. Sim.annual rate(평균적으로 매년 적용할 물가상승률) 필드 입력

Index series   00010 Steel Engineering Products

Control entries	
Index class	1 By year, no historical indexing
Sim.annual rate	102.000

Class	Index class name
1	By year, no historical indexing
2	Depending on age, no historical indexing
3	Depending on year, with historical indexing
4	Depending on age, with historical indexing

Index Class → 1,2:Normal / 3,4:Historical 방식

〉좌측의 📂Index figures 더블클릭 후 년도별 물가상승률을 지정할 수 있다(지정시 평균값은 적용 안됨)

Index series   00010   Steel Engineering Products

Year	Index
2016	110.000
2017	120.000
2018	130.000

○ Index Class를 지정하고, Index Series를 생성하면서 년도별로 적용될 Index figure(상승률)값을 등록한다.

③. Specify intervals/Account assignment rules

○ Depreciation Area 20 - CO목적의 APC 취득계정과 감가상각누계액 금액 계정을 어떤 것으로 세팅할 것인가?

○ IMG-FI-Asset Accounting-Special Valuation-Revaluation of Fixed Assets- Indexed Replacement Values- Determine Depreciation Areas 화면 : 20(CO)만 RevlAPC, RevlDep 필드가 체크되어 있다. 즉, CO목적의 Depreciation Area만 Replacement Value Index 기능을 사용하겠다는 의미이다.

Change View "Asset Accounting: Management of replacement values": Over

Ar.	Name of depreciation area	RevlAPC	RevlDep	
01	Book depreciation	☐	☐	▲
02	Spec. tax dep. per Corporate Tax Law (CTL)	☐	☐	▼
09	Difference bt Book and Tax	☐	☐	
20	Cost-accounting depreciation	☑	☑	
30	Consolidated balance sheet in local currency	☐	☐	
31	Consolidated balance sheet in reporting currency	☐	☐	

○ IMG-FI-Asset Accounting-Special Valuation-Revaluation of Fixed Assets-Maintain Accounts for Revaluation 화면 : COD + COA + Account.Det.Key + Depreciation Area에서의 Revaluation APC(재평가된 취득계정), Revaluation of Depreciation(누계액 계정과 상대계정)의 값을 등록할 수 있다.

Change View "Chart of Accounts": Overview

Dialog Structure
- ▼ 📁 Chart of Accounts
  - ▼ ☐ Account Determination
    - · ☐ Revaluation APC
    - · ☐ Revaluation of Depreciation

Chart of Accounts	
Ch...	Descriptn
CAKR	Chart of accounts - Republic of Korea

>CAKR 선택 후 📁 Account Determination 더블클릭

Chart of Accts [CAKR 🗗]

Account Determination	
Account determ.	Name for account determination
30000	Fixtures and fittings

>Account.Det.Key 30000을 선택한 후 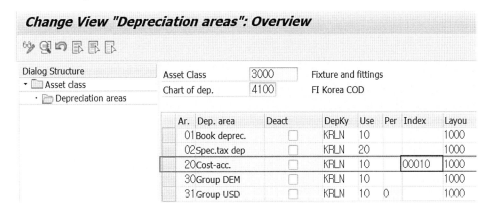Revaluation APC 더블클릭

| Chart of Accts | CAKR |
| Account determ. | 30000 |

Account determinations are not chart of depreciation-dependent.
The chart of deprec. is only used for the selection of depreciation areas to be displayed.

Revaluation APC

Area	Name of depreciation area

아무런 값이 지정안되어 있다는 것은 Depreciation Area 01에서 사용하는 취득계정을 동일하게 사용한다는 의미임

>Revaluation of Depreciation 더블클릭

Chart of Accts	CAKR	Chart of accounts - Republic of Korea
Account determ.	30000	Fixtures and fittings
Deprec. area	20	Cost-accounting depreciation

Account assignment for revaluation on depreciation		
Reval. accumulated ord. depreciation	53000992	Reval. accu.ord.depr
Offsetting accnt: Reval. ordinary deprc.	53000993	Off. reval.ord.depre

누계액 계정과 재평가(revaluation)시 상대계정을 지정할 수 있다.

④. Asset Master Data에 Index Series Key값 매핑

○ Index Series Key값을 자산 마스터에 Assign 해주는 단계(자산 마스터 화면 혹은 Class별 Default값 등록 화면)

○ IMG-FI-Asset Accounting-Special Valuation-Revaluation of Fixed Assets-Indexed Replacement Values-Enter Index Series in the Asset Classes 화면

Change View "Depreciation areas": Overview

Dialog Structure
• Asset class
  • Depreciation areas

| Asset Class | 3000 | Fixture and fittings |
| Chart of dep. | 4100 | FI Korea COD |

Ar.	Dep. area	Deact	DepKy	Use	Per	Index	Layou
01	Book deprec.		KRLN	10			1000
02	Spec.tax dep		KRLN	20			1000
20	Cost-acc.		KRLN	10		00010	1000
30	Group DEM		KRLN	10			1000
31	Group USD		KRLN	10	0		1000

Asset Accounting

Asset Class별로 Index Key 값을 설정할 수 있다(Default 값이며 자산마스터 생성시 변경 할 수 있다.)

▶ Imputed Interest(이자비용) / Replacement Values Index(재평가액 Index) Test
○ 아래 그림과 같은 자산이 존재한다.

〈2017년5월1일 취득자산, 취득가액 2,400,000원, 정액법, 내용연수 10년〉

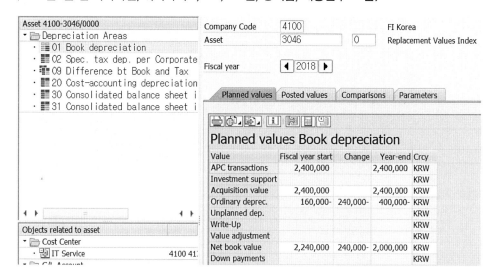

>CO 감가상각영역(20)에 감가상각키를 LINR로 지정하고, Index Series Key 값을 설정한 자산이다.

>Asset Explorer에서 이 자산의 CO 감가상각영역에 대해 조회해보자.

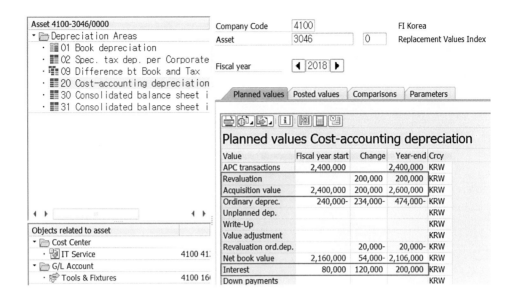

Asset 4100-3046/0000
- Depreciation Areas
  - 01 Book depreciation
  - 02 Spec. tax dep. per Corporate
  - 09 Difference bt Book and Tax
  - 20 Cost-accounting depreciation
  - 30 Consolidated balance sheet i
  - 31 Consolidated balance sheet i

Objects related to asset
- Cost Center
  - IT Service   4100 41:
- G/L Account
  - Tools & Fixtures   4100 16

Company Code	4100		FI Korea
Asset	3046	0	Replacement Values Index
Fiscal year	◄ 2018 ►		

Planned values | Posted values | Comparisons | Parameters

Planned values Cost-accounting depreciation

Value	Fiscal year start	Change	Year-end	Crcy
APC transactions	2,400,000		2,400,000	KRW
Revaluation		200,000	200,000	KRW
Acquisition value	2,400,000	200,000	2,600,000	KRW
Ordinary deprec.	240,000-	234,000-	474,000-	KRW
Unplanned dep.				KRW
Write-Up				KRW
Value adjustment				KRW
Revaluation ord.dep.		20,000-	20,000-	KRW
Net book value	2,160,000	54,000-	2,106,000	KRW
Interest	80,000	120,000	200,000	KRW
Down payments				KRW

- Revaluation = 200,000 ← Index Class가 1(Normal)방식이었고, 2017년 Index가 120, 2018년 Index가 130이었으므로 2,400,000 * 130 / 120 = 2,600,000원이 된다. 따라서 재평가 금액은 200,000원이 추가 되어 총 취득가액이 2,600,000원이 된다.

- Interest = Base Value - 02(Half of acquisition value)에 대해서 Percentage 10%로 설정하였다. ← Base Value = 2,400,000 / 2 = 1,200,000원. 따라서, 이자비용 = 1,200,000 * 10% = 120,000원

- Ordinary Depreciation = 234,000 ← LINR 감가상각키는 잔존가액을 기준으로 정액법 계산을 하는 키값이다.

(잔존가액 = 2,160,000(전기말NBV) + 200,000(재평가) - 20,000(재평가상각) = 2,340,000원)

일반감가상각비 = 2,340,000 * / 10 = 234,000원

〉Posted Values Tab을 보면 감가상각 관련 Plan 금액을 볼 수 있다(현재, 8월까지 감가상각처리가 되어 있는 상태)

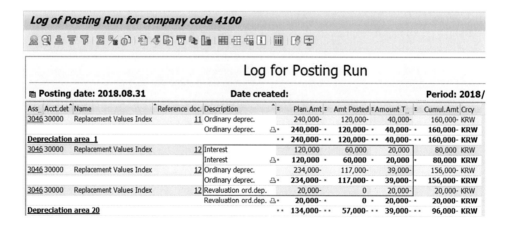

Posted dep. values Cost-accounting depreciation

Value	Fiscal year start	Change	Posted values	Crcy
APC transactions	2,400,000		2,400,000	KRW
Revaluation				KRW
Acquisition value	2,400,000		2,400,000	KRW
Ordinary deprec.	240,000-	117,000-	357,000-	KRW
Unplanned dep.				KRW
Write-Up				KRW
Value adjustment				KRW
Revaluation ord.dep.				KRW
Net book value	2,160,000	117,000-	2,043,000	KRW
Interest	80,000	60,000	140,000	KRW

Depreciation posted/planned

	Status	Status	Per Σ	Ord. dep.	ΣUplnd dep.	ΣReserves Σ	Interest	ΣRevaluat.	ΣReval.dep.	Crcy
	Legacy data transfer	Legacy data transfer	6	117,000-	0	0	60,000	0	0	KRW
△	Planned	Planned	9	58,500-	0	0	30,000	0	20,000-	KRW
△	Planned	Planned	10	19,500-	0	0	10,000	0	0	KRW
△	Planned	Planned	11	19,500-	0	0	10,000	0	0	KRW
△	Planned	Planned	12	19,500-	0	0	10,000	0	0	KRW
			•	234,000- •	0 •	0 •	120,000 •	0 •	20,000-	KRW

매월 일반감가상각비가 19,500원이 돌게 되고, Interest 비용이 10,000원씩 발생하게 된다. 그리고 재평가 관련된 상각처리가 돌지 않은 상태이므로 Reval.Depreciation 금액 20,000원이 처리될 예정이다. 이에 대해 <u>9월이 아닌 8월 감가상각비 처리를 Repeat 모드로 수행할 경우</u>, 일반감가상각비는 7,8월 2개월치인 39,000원이 돌게 되고, 이자(Interest)비용은 2개월치인 20,000원이 처리될 것이다.

○ 위 자산에 대한 **2018년 8월 감가상각비 처리**(AFAB)를 돌려보자.

Log of Posting Run for company code 4100

Log for Posting Run

					Posting date: 2018.08.31		Date created:				Period: 2018/	
Ass	Acct.det	Name	Reference doc.	Description		Σ	Plan.Amt Σ	Amt Posted Σ	Amount T... Σ	Cumul.Amt	Crcy
3046	30000	Replacement Values Index	11	Ordinary deprec.			240,000-	120,000-	40,000-	160,000-	
				Ordinary deprec.		•	240,000- •	120,000- •	40,000- •	160,000-	KRW
Depreciation area 1						••	240,000- ••	120,000- ••	40,000- ••	160,000-	KRW
3046	30000	Replacement Values Index	12	Interest			120,000	60,000	20,000	80,000	KRW
				Interest		•	120,000 •	60,000 •	20,000 •	80,000	KRW
3046	30000	Replacement Values Index	12	Ordinary deprec.			234,000-	117,000-	39,000-	156,000-	KRW
				Ordinary deprec.		•	234,000- •	117,000- •	39,000- •	156,000-	KRW
3046	30000	Replacement Values Index	12	Revaluation ord.dep.			20,000-	0	20,000-	20,000-	KRW
				Revaluation ord.dep.		•	20,000- •	0 •	20,000- •	20,000-	KRW
Depreciation area 20						••	134,000- ••	57,000- ••	39,000- ••	96,000-	KRW

예상대로 2개월치에 대한 금액만 처리됨을 알 수 있다. 위와 같은 처리가 되기 위해서는 계정 설정이 되어 있어야 한다. 전표를 클릭해보면 아래와 같이 조회된다.

Data Entry View

Document Number	500000031	Company Code	4100	Fiscal Year	2018
Document Date	2018.08.31	Posting Date	2018.08.31	Period	8
Reference		Cross-Comp.No.			
Currency	KRW	Texts exist	☐	Ledger Group	

CoCd	Itm	Key	SG	AccTy	Account	Description	D/C	Amount	Curr.	Tx	Text	Cost Ctr	Profit Ctr
4100	1	40	S		53000981	Expense Interest	S	20,000	KRW		AFB20201800802-0000000012	4120	1400
	2	40	S		53000990	Clearing budgeted de	S	39,000	KRW		AFB20201800802-0000000012		1400
	3	40	S		53000993	Off. reval.ord.depre	S	20,000	KRW		AFB20201800802-0000000012		1400
	4	50	S		53000980	Estimated depreciati	H	39,000-	KRW		AFB20201800802-0000000012	4120	1400
	5	50	S		53000991	Clearing interest	H	20,000-	KRW		AFB20201800802-0000000012		1400
	6	50	S		53000992	Reval. accu.ord.depr	H	20,000-	KRW		AFB20201800802-0000000012		1400

○ IMG-FI-Asset Accounting-Integration with General Ledger Accounting-Assign G/L Accounts 화면 : 계정설정

Change View "Depreciation": Details

Dialog Structure
- Chart of Accounts
  - Account Determination
    - Balance Sheet Accounts
    - Depreciation
    - Special Reserves

Chart of Accts	CAKR	Chart of accounts - Republic of Korea
Account determ.	30000	Fixtures and fittings
Deprec. area	20	Cost-accounting depreciation

Ordinary depreciation account assignment

Acc.dep. accnt.for ordinary depreciation	53000980	Estimated depreciati
Expense account for ordinary depreciat.	53000990	Clearing budgeted de
Expense account for ord. dep. below zero	53000990	Clearing budgeted de
Revenue from write-up on ord.deprec.		

Account assignment for revaluation on depreciation

| Reval. accumulated ord. depreciation | 53000992 | Reval. accu.ord.depr |
| Offsetting accnt: Reval. ordinary deprc. | 53000993 | Off. reval.ord.depre |

Interest account assignment

Expense account for interest	53000981	Expense Interest
Clearing interest posting	53000991	Clearing interest
Intrst expense when book val.below zero		

위와 같이 계정 설정이 되어 있어야 감가상각처리시 오류 없이 전표가 생성된다. Account assignment for revaluation on depreciation(재평가 관련 계정설정), Interest account assignment(이자비용 관련 계정설정). 재평가 관련 계정설정은 앞서 살펴본, IMG-FI-Asset Accounting-Special Valuation-Revaluation of Fixed Assets-Maintain Accounts for Revaluation 화면에서 등록한 것과 같은 값이 세팅되어 있다. 이자비용 관련 계정설정도 IMG-FI-Asset Accounting-Special Valuation-Interest-Assign Accounts 화면에서 따로 설정할 수 있다.

● **Depreciation Posting** : 여러 방식의 감가상각 프로그램 존재(포스팅 되면 FI-AA로부터 FI-G/L, CO로 반영된다.)

① Ordinary Depreciation : FI-Fixed Assets-Periodic Processing-Depreciation Run-AFAB - Execute 화면(RAPOST2000)

② Special Depreciation : FI-Fixed Assets-Posting-Manual Value Correction-ABZU - Write-Up / ABMA - Manual Depreciation 화면

③ Manually Unplanned Depreciation : FI-Fixed Assets-Posting-Manual Value Correction-ABAA - Unplanned Depreciation 화면

④ Periodic Revaluation : FI-Fixed Assets-Periodic Processing-Revaluation for the Balance Sheet-AR29 - Post Revaluation 화면(거의 사용하지 않는다.)

● **Depreciation Posting** : Integration With G/L(감가상각 기표시 G/L로 반영하기 위한 IMG세팅을 다시 정리해보자.)

① Post Values of DepreciationArea to G/L : IMG-FI-Asset Accounting-Integration with General Ledger Accounting-Define How Depreciation Areas Post to General Ledger 화면 - 포스팅시에 G/L로 반영할것인지, 반영한다면 어떤 계정에 반영할 것인지 Posting Rule를 지정하는 부분

② Define G/L Account for Depreciation : IMG-FI-Asset Accounting-Integration with the General Ledger-Assign G/L Accounts 화면 - COD+COA+Account.Det. Key+Depreciation Area 별로 B/S, Depre, Spe.Rev 으로 매핑되는 계정을 지정하는 부분

③ Assign Document Type / No.Range : IMG-FI-Asset Accounting-Integration with the General Ledger-Post Depreciation to General Ledger Accounting-Specify Document Type for Posting of Depreciation 화면 - Document Type을 생성하고 감가상각비 포스팅을 위한 감가상각비 전표유형을 지정할 수 있다. Number Range는 Document Type에 지정하여 Number Range No. 세팅을 해주면 된다.

>Activity - Define Document Types 더블클릭

Change View "Document Types": Overview

	Type	Description	
	AF	Dep. postings	▲

>AF 더블클릭

Change View "Document Types": Details

New Entries

Document type   AF   Dep. postings

Properties

Number range 05	Number range information
Reverse DocumentType AB	
Authorization Group	

Number range information   Number Range를 지정할 수 있다.

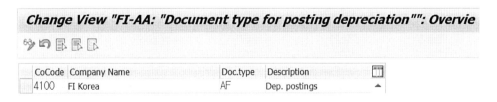

Interval Maintenance: Accounting document, Subobject 4100

N..	Year	From No.	To Number	NR Status	Ext
05	2018	0500000000	0599999999	500000009	☐

>Activity - Specify Document Type for Posting of Depreciation 더블클릭. 감가상각비 전표
의 Document type을 지정

Change View "FI-AA: "Document type for posting depreciation"": Overvie

	CoCode	Company Name	Doc.type	Description	
	4100	FI Korea	AF	Dep. postings	▲

④. Define Posting Rules

▶ IMG-FI-Asset Accounting-Integration with General Ledger Accounting-Post
Depreciation to General Ledger Accounting-Specify Intervals and Posting

Rules 화면 : Company Code마다 포스팅 룰을 지정해줄 수 있다. Depreciation Area 20의 경우 Interest, revaluation 값들을 포스팅할 지를 체크해주어야 한다.

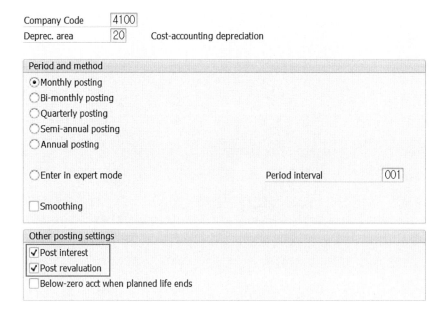

▶ 감가상각비가 CO쪽으로 반영되도록 지정해야하는 IMG세팅화면이 있다. 이것을 지정해야만 CO쪽으로 비용이 반영된다(아래 IMG 화면)

▶ IMG-FI-Asset Accounting-Integration with General Ledger Accounting-Additional Account Assignment Objects-Specify Account Assignment Types for Account Assignment Objects 화면

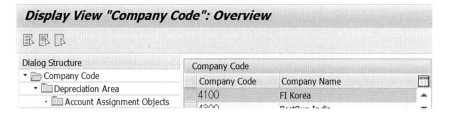

﹥Company Code 4100번을 선택한 후 좌측트리의 📁 Depreciation Area 더블클릭

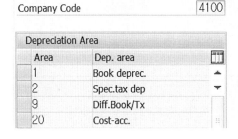

>Depreciation Area 1(Book)을 선택한 후 좌측의 📂 Account Assignment Objects 를 더블

클릭

Company Code   4100   FI Korea
Deprec. area   1   Book deprec.

Account Assignment Objects						
AcctAsgnOb	Acct Assgnmt Obj. Name	Tra	Transact. type text	Account Assignment Type		AcctAssgnt
KOSTL	Cost Center	*	Generic Trans. Type	01 APC Values Posting	▼	✓
KOSTL	Cost Center	*	Generic Trans. Type	02 Depreciation Run	▼	✓
PRCTR	Profit Center	*	Generic Trans. Type	01 APC Values Posting	▼	✓
PRCTR	Profit Center	*	Generic Trans. Type	02 Depreciation Run	▼	✓

취득시(APC)/감가상각시(Depre.Run) Cost Center, Profit Center등의 정보를 자동 Assign할 수 있도록 설정되어 있다(Account Assgnt필드 체크) 각 감가상각 영역별로 설정을 해주어야 감가상각처리시 Asset Master의 Cost Center가 비용계정에 자동으로 assign된다(이 세팅이 안되어 있을 경우 시스템이 오류 메시지를 뿌려주게 된다.)

⑤. Execute Depreciation Run : 위와 같은 세팅이 되어 있어야 AFAB 프로그램 처리 시 감가상각비 계산 및 포스팅이 정상적으로 동작하게 된다.

● **Depreciation Posting : Smoothing vs Catch-up**

Period	Original Depreciation		New Depreciation	Difference	Smoothing		Catch-Up	
					Add.Amt	Amount to be Posted	Add.Amt	Amount to be Posted
1	Posted	100	200	100				
2	Posted	100	200	100				
3	Posted	100	200	100				
4	Posted	100	200	100				
5	Posted	100	200	100				
6	Posted	100	200	100				
7	Planned	100	200		100	300	600	800
8	Planned	100	200		100	300		200
9	Planned	100	200		100	300		200
10	Planned	100	200		100	300		200
11	Planned	100	200		100	300		200
12	Planned	100	200		100	300		200

▶ [자산 취득일 = 2018년 1월1일, 취득가액 = 12,000원. 내용연수 = 10년. 월 상각액 =

8

Asset Accounting

12,000 / 10 / 12 = 100원] 이런 자산이 있다고 가정하자. 이 자산의 Depreciation Terms(Depreciation Key+Useful Life)이 변경되었다고 가정해보자. 내용연수가 10년에서 5년으로 변경되었을 경우 그에 따라 감가상각비도 변경 되어져야 한다.

▶ 위 표처럼 6월까지 감가상각비가 처리되어있는 상황에서 내용연수가 변경되었을 경우 변경된 월 상각액은 12,000 / 5 / 12 = 200원이 된다(New Depreciation)

○ Smoothing 방식 : 새롭게 계산된 1월~6월까지의 감가상각비 차액(600원)을 균등하게 안분하는 방식이다. 600원을 남은 6개월로 쪼개어 100원을 매월 추가로 상각하는 방식이다(200원 + 100원 = 300원 매월 감가상각처리)

○ Catch-Up 방식 : 새롭게 계산된 감가상각비 차액을 모두 첫번째 감가상각월에 반영하는 방식이다.

▶ 이런 방식은 반기법(Half-year rule)이 적용되는 자산을 기중에 취득한 경우 어떻게 감가상각비를 배분 할 것인가에도 적용된다. 취득일자 : 2018/05/01, 취득가액 6,000원, 내용년수 5년인 경우 한해 감가상각비 금액은 1,200이 된다.

○ Smoothing 방식 : 5월~12월에 1,200을 동일하게 안분하는 방식(150씩 월별로 안분)

○ Catch-up 방식 : 취득월에 이전 4개월을 포함한 금액(500)을 발생시키고 나머지 월에는 원 감가상각비 금액 100씩 처리하는 방식이다.

▶ IMG-FI-Asset Accounting-Integration with General Ledger Accounting-Post Depreciation to General Ledger Accounting-Specify Intervals and Posting Rules 화면 : 어떤 방식을 선택할지 지정한다.

| Company Code | 4100 | |
| Deprec. area | 01 | Book depreciation |

Period and method

- ● Monthly posting
- ○ Bi-monthly posting
- ○ Quarterly posting
- ○ Semi-annual posting
- ○ Annual posting

- ○ Enter in expert mode   Period interval   001

- ☑ Smoothing

Smoothing 필드에 체크하느냐 마느냐에 따라 Smoothing방식인지 Catch-up방식인지 지정된다.

▶ 국내에서는 주로 Catch-Up 방식을 사용한다. 앞서 재평가(Revaluation)/이자(Interest) 테스트시 2개월치 감가상각이 한번에 수행된 것도 Catch-Up 방식이기 때문에 합산되어 처리된 것이다.

● Fiscal Year Change : 연말처리(회계연도 변경)-12월 31일 시점에 처리

▶ 목적1 : 다음년도를 열어줌으로써 다음년도 자산취득이 가능하게 해준다.

▶ 목적2 : 올해 고정자산 기말 Balance를 내년도 기초금액으로 Carry Forward 한다.

▶ FI-Fixed Assets-Periodic Processing-AJRW - Fiscal Year Change 화면

  〉Company Code와 New Fiscal year를 선택

Asset fiscal year change

Company code(s)	4100
New fiscal year	2019
✓ Test run	
Server group	

to ▢ ➡

Asset fiscal year change

☰ ▼ ▼ 🗄 ⫴ 🗄 🖫 ▦ ⊞ 🔠 ☰ Error Log

ⓘ **NOTE: The fiscal year change is only a technical step, needed in order to carry forward all assets into the new fiscal year. The fiscal year change has nothing to do with the YEAR-END CLOSING for bookkeeping. In order to close the annual values in Asset Accounting for a given fiscal year, you are required to carry out YEAR-END CLOSING in Asset Accounting BEFORE the year-end closing for the general ledger.**

Fiscal year change statistics 2019 - Test version

Status	Company Code	Read	Already changed	To change	Incorrect	Without values	Already deactivated
∞	4100	40	0	32	0	3	5

테스트 수행시 위와 같이 조회된다.

〉Test Run을 빼고 수행시에는 [메뉴-Program-Execute in Background]를 이용하여 실행한다
(그냥 실행하면 에러 발생)

▶ ※참고)S/4 HANA 버전에서는 위 기능이 다른 연결산 기능(T-Code : FAGLGVTR)과 통합되었다.

● Year-End Closing : 고정자산 연마감 처리

▶ 12월, 고정자산 관리대장을 살펴보고 이상이 없을 경우 12월 감가상각비 Run을 수행한다. 감가상각비는 B/S, P&L쪽에 반영되고 그 결과를 확인한 후 이상이 없을 경우 Year-End Closing 프로그램을 수행한다.

▶ 체크)감가상각이 Fully Posted(1월~12월까지 모두 처리) 되었는가? Periodic APC Values Posting 대상이 있을 경우 처리 되었는가?(→ASKBN 트랜잭션을 수행하였는가?) 기타 고정자산 관련한 에러사항이 없는가?

▶ 이상이 있을 경우는 Adjustment Posting, (Mass)Changes, Depreciation Simulation 등의 기능을 이용해서 체크한다.

▶ FI-Fixed Assets-Periodic Processing-Year-End Closing-AJAB - Execute 화면에서 수행

> 필요시 Asset classes asset u. const. 필드에 건설중자산 Asset Class를 지정해야 한다. 건설중자산 Class의 경우 정산처리가 되지 않을 경우 감가상각 처리 오류 등 오류가 발생할 수 있는데 이러한 오류를 무시하고 진행하도록 해준다.

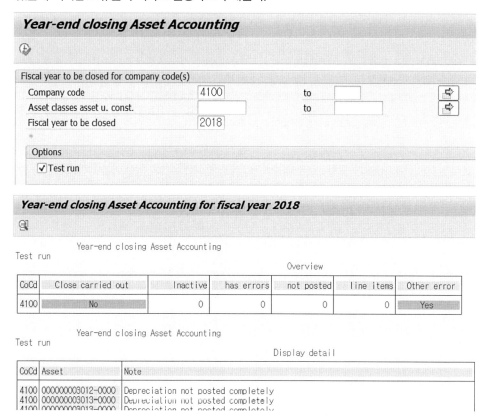

감가상각처리가 되지 않은 월이 있을 경우 그림과 같은 오류가 발생한다.

〉Test Run을 빼고 수행시에는 [메뉴-Program-Execute in Background]를 이용하여 실행한다.

▶ FI-Fixed Assets-Periodic Processing-Year-End Closing-Undo-OAAQ - Entire Company Code (or OAAR - By Area) 화면에서 Closing 취소처리를 할 수 있다.

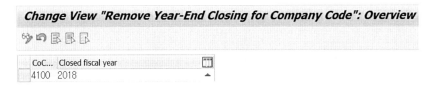

Undo 처리할 Company Code의 현재 마감년도-2018를 이전년도 2017로 변경한 후 저장하면 취소처리가 된다.

4. Information System

● **Asset Information System** : 고정자산과 관련된 다양한 Report를 선택해서 볼 수 있다. 고정자산 Depreciation Term을 변경해가면서 시뮬레이션 할 수 있는 기능이 존재한다. 고정자산이력대장 Report를 직접 구성할 수 있다. 이러한 Reporting 기능에 대해 자세히 알아보도록 한다.

● **Report Selection** : 고정자산과 관련된 다양한 Report를 선택해서 볼 수 있다.

▶ FI-Fixed Assets-Information System-Reports on Asset Accounting 메뉴 하위 트리에 각종 Report 들이 존재

▶ SAP 스탠다드로 제공하는 다양한 Report가 존재한다(각 Report들의 Report Group별로 구성이 되어있다.)

▶ 원하는 양식을 필요에 따라 선택하여 사용할 수 있다.

▶ ALV-ABAP List Viewer 툴 이용 : 작성된 Report Layout을 User가 원하는 형태로 조정할 수 있다.

○ FI-Fixed Assets-Information System-Reports on Asset Accounting-Asset Balances-Asset Lists-Asset Balances- S_ALR_87011963 - ... by Asset Number 화면 Test

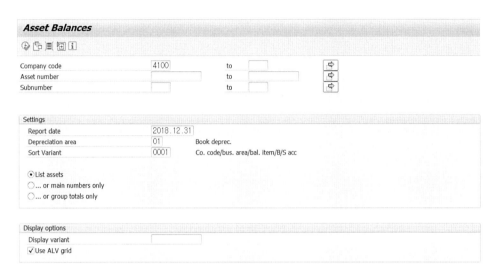

〉Company Code, Asset Number, Report date(리포트를 볼 기준일자), Sort Variant, List asset(개별, 메인, 그룹), Use ALV grid(ALV Grid 형식으로 볼 것인가) 등의 필드를 입력하고 실행하면 리포트가 조회된다.

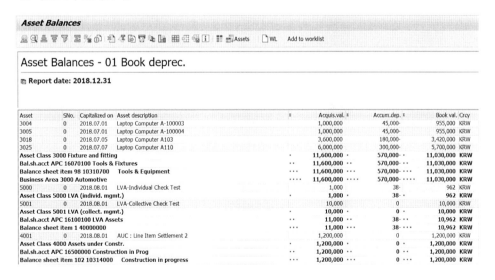

○ ALV Tool을 이용해 ALV Grid 화면을 편집 할 수 있다(SAP Navigation 챕터에서 살펴
봤던 기능)

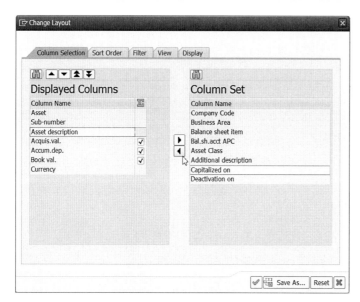

○ Displaying or Hiding columns : 컬럼 선택 후 마우스 오른쪽 버튼을 클릭한 후
Hide

>다시 보이게 하려면 ⊞(Change Layout)버튼을 클릭해서 해당 컬럼을 보여지도록 추가하면 된다.

좌측으로 옮긴 후에 필요시 드래그하여 원하는 위치에 옮겨 놓으면 된다.

○ Formatting columns by double-clicking or dragging with the mouse : 마우스
로 드래그하여 컬럼을 옮기거나 더블클릭시 개별자산 Asset Explorer 화면(AW01N)
으로 이동할 수 있다.

○ Filtering : 필터링 할 컬럼을 클릭한 후에 ▽모양의 아이콘을 클릭할 경우 특정 데이터에 대해서만 조회하도록 필터링 범위를 지정할 수 있다.

○ Sorting : 특정 컬럼 선택 후 상단 🔼 🔽 버튼을 클릭하여 정렬할 수 있다.

○ Calculation totals for numerical or currency fields : Σ 아이콘 클릭시 Total, Subtotal금액 확인

○ Expanding/collapsing hierarchy levels : 계층구조에서 하위레벨을 펼쳤다 닫았다 할 수 있다.

    ▪
    ▪ ▪
    ▪ ▪ ▪
    ▪ ▪ ▪ ▪

○ Saving client and user-dependent settings(display variants) : User가 지정한 상태의 리포트를 저장할 수 있다. 🖫(Save Layout)버튼을 이용, 추후에 ⊞아이콘을 이용하여 저장된 Layout을 불러올 수 있다.

○ Context-Sensitive navigating : 특정 라인를 자세히 보고 싶을 경우 해당 라인 선택후 🔍아이콘을 클릭

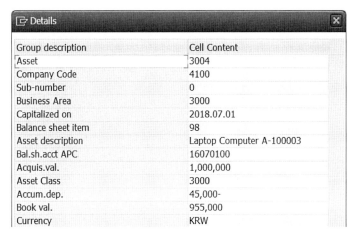

Group description	Cell Content
Asset	3004
Company Code	4100
Sub-number	0
Business Area	3000
Capitalized on	2018.07.01
Balance sheet item	98
Asset description	Laptop Computer A-100003
Bal.sh.acct APC	16070100
Acquis.val.	1,000,000
Asset Class	3000
Accum.dep.	45,000-
Book val.	955,000
Currency	KRW

○ Exporting to Spreadsheets : [메뉴-List-Export-Spreadsheet](🗗)를 이용해 엑셀 등으로 다운로드가 가능하다.

● **Asset Value Display** : Asset Explorer(AW01N) 화면. 앞 부분에서 살펴봤지만 다시 한번 살펴보도록 하자.

▶ FI-Fixed Assets-Asset-AW01N - Asset Explorer 화면(SubLedger 부분과 G/L 부분으로 나누어 살펴보자.)

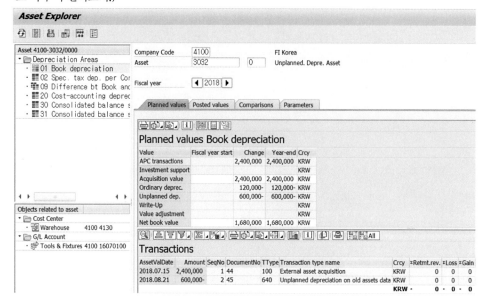

▶ ①FI-AA레벨(Sub)에서 각각의 고정자산에 관한 정보를 다양하게 조회할 수 있다.
○ 연도와 Depreciation Area를 변경해가면서 Simulate가 가능하다.

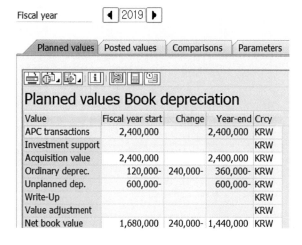

Fiscal year 필드를 변경하며 원하는 년도를 조회해 볼 수 있다.

- ▾ 🗁 Depreciation Areas
  - · ▦ 01 Book depreciation
  - · ▦ 02 Spec. tax dep. per Cor
  - · ▦ 09 Difference bt Book and
  - · ▦ 20 Cost-accounting deprec
  - · ▦ 30 Consolidated balance s
  - · ▦ 31 Consolidated balance s

좌측의 Depreciation Area 역시 변경해가면서 감가상각영역별 고정자산 Value값을
조회할 수 있다.

○ Depreciation Term 값을 마음대로 변경하면서 Simulate가 가능하다.

• 상단의 ▦(Switch on simulation(F6))아이콘을 클릭하면 시뮬레이션 모드로 변환된다.

Asset Explorer Simulation

| Planned values | Posted values | Comparisons | Parameters |

🖶 📄 📄 ℹ️ 📄

Simulated Plan Vals. Book depreciation

• Parameters tab에 들어가면 Dep.Key와 Useful life등을 변경할 수 있다.

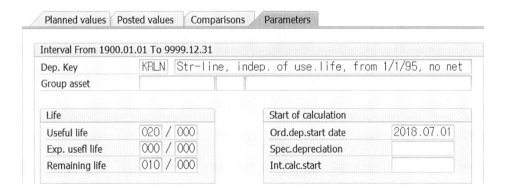

Useful life를 10년에서 20년으로 변경해보자.

- 변경후 다른 탭에 들어가보면 시뮬레이션 된 금액들을 볼 수 있다.

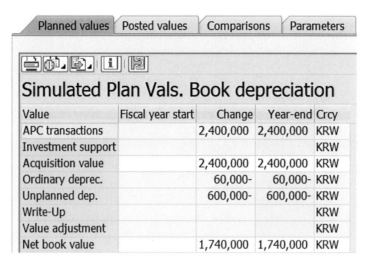

Value	Fiscal year start	Change	Year-end	Crcy
APC transactions		2,400,000	2,400,000	KRW
Investment support				KRW
Acquisition value		2,400,000	2,400,000	KRW
Ordinary deprec.		60,000-	60,000-	KRW
Unplanned dep.		600,000-	600,000-	KRW
Write-Up				KRW
Value adjustment				KRW
Net book value		1,740,000	1,740,000	KRW

내용연수가 20년이 된 상태로 Plan 값이 재계산되어 조회된다. 감가상각금액 120,000 → 60,000원으로 변경

○ Transaction을 일으켜가면서 Simulation이 가능하다.
- 우측 탭화면 중하단 (Trans.Simulation) 아이콘을 클릭. 트랜잭션을 발생시킬 수 있는 화면으로 이동된다.

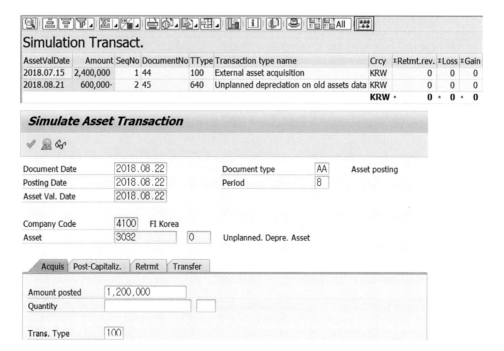

- 고정자산 거래유형별 트랜잭션을 발생시킬 수 있다(취득,매각,이동 등)

>위 그림처럼 입력 후 확인버튼 클릭(추가취득 발생)　 Planned values tab 하단 내역을 보자

Simulation Transact.

AssetValDate	Amount	SeqNo	DocumentNo	TType	Transaction type name	Crcy	ΣRetmt.rev.	ΣLoss	ΣGain
2018.07.15	2,400,000	1	44	100	External asset acquisition	KRW	0	0	0
2018.08.21	600,000-	2	45	640	Unplanned depreciation on old assets data	KRW	0	0	0
2018.08.22	1,200,000	3		100	External asset acquisition	KRW	0	0	0
						KRW ·	**0 ·**	**0 ·**	**0**

>위 추가취득분이 감안되어 Plan 값도 변경된 것을 확인할 수 있다.

Planned values	Posted values	Comparisons	Parameters

Simulated Plan Vals. Book depreciation

Value	Fiscal year start	Change	Year-end	Crcy
APC transactions		3,600,000	3,600,000	KRW
Investment support				KRW
Acquisition value		3,600,000	3,600,000	KRW
Ordinary deprec.		180,000-	180,000-	KRW
Unplanned dep.		600,000-	600,000-	KRW
Write-Up				KRW
Value adjustment				KRW
Net book value		2,820,000	2,820,000	KRW

- 발생된 트랜잭션에 대한 감가상각비 계산내역을 Display 할 수 있다(Posted values

tab)

Simulation of Posted/Planned Depreciation

	Status	Status	Per Σ	Ord. dep.	Σ Uplnd dep.	ΣReserves	ΣRevaluat.	Crcy
☐	Posted	Posted	7	20,000-	0	0	0	KRW
☐	Posted	Posted	8	20,000-	600,000-	0	0	KRW
△	Planned	Planned	9	50,000-	0	0	0	KRW
△	Planned	Planned	10	30,000-	0	0	0	KRW
△	Planned	Planned	11	30,000-	0	0	0	KRW
△	Planned	Planned	12	30,000-	0	0	0	KRW
			·	**180,000- ·**	**600,000- ·**	**0 ·**	**0**	**KRW**

Catch-Up 방식으로 늘어난 취득금액에 대한 7~8월분 감가상각비가 9월에 추가 (20,000원)로 발생되었다.

- 매각 트랜잭션도 발생시켜보자. 위에서 취득한 금액 중 1,000,000을 부분 매각 시켜
보자.

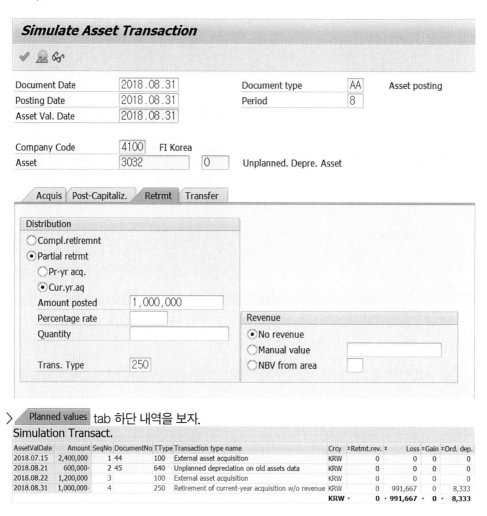

Simulate Asset Transaction

Document Date	2018.08.31	Document type	AA	Asset posting
Posting Date	2018.08.31	Period	8	
Asset Val. Date	2018.08.31			

Company Code	4100	FI Korea
Asset	3032	0	Unplanned. Depre. Asset

Acquis / **Post-Capitaliz.** / **Retrmt** / **Transfer**

Distribution
- ○ Compl.retiremnt
- ⊙ Partial retrmt
  - ○ Pr-yr acq.
  - ⊙ Cur.yr.aq
  - Amount posted: 1,000,000
  - Percentage rate:
  - Quantity:
  - Trans. Type: 250

Revenue
- ⊙ No revenue
- ○ Manual value
- ○ NBV from area

> **Planned values** tab 하단 내역을 보자.

Simulation Transact.

AssetValDate	Amount	SeqNo	DocumentNo	TType	Transaction type name	Crcy	¤ Retmt.rev.	¤	Loss	¤ Gain	¤ Ord. dep.
2018.07.15	2,400,000	1	44	100	External asset acquisition	KRW	0		0	0	0
2018.08.21	600,000-	2	45	640	Unplanned depreciation on old assets data	KRW	0		0	0	0
2018.08.22	1,200,000	3		100	External asset acquisition	KRW	0		0	0	0
2018.08.31	1,000,000-	4		250	Retirement of current-year acquisition w/o revenue	KRW	0		991,667	0	8,333
						KRW	**0**	·	**991,667** ·	**0** ·	**8,333**

매각 처리된 시뮬레이션 내역을 볼 수 있다.

▶ ②Depreciation Area별 FI-G/L로 포스팅된 전표 기표내역을 볼 수 있다.

○ 각 내역을 더블클릭하여 포스팅 된 전표내역을 볼 수 있다.

　〉 Planned values Tab 하단-각 트랜잭션내역을 더블클릭하여 전표 내역을 볼 수 있다.

Transactions

AssetValDate	Amount	SeqNo	DocumentNo	TType	Transaction type name	Crcy
2018.07.15	2,400,000	1	44	100	External asset acquisition	KRW
2018.08.21	600,000-	2	45	640	Unplanned depreciation on old assets data	KRW
						KRW

　〉 Posted values Tab 하단-감가상각처리 내역 전표(Posted) 역시 더블클릭으로 해당 전표 내역을 조회할 수 있다.

Depreciation posted/planned

	Status	Status	Per	Σ Ord. dep.	Σ Uplnd dep.	ΣReserves	ΣRevaluat.	Crcy
☐	Posted	Posted	7	20,000-	0	0	0	KRW
☐	Posted	Posted	8	20,000-	600,000-	0	0	KRW
△	Planned	Planned	9	20,000-	0	0	0	KRW
△	Planned	Planned	10	20,000-	0	0	0	KRW
△	Planned	Planned	11	20,000-	0	0	0	KRW
△	Planned	Planned	12	20,000-	0	0	0	KRW
			·	**120,000-** ·	**600,000-** ·	**0** ·	**0**	**KRW**

● **Asset Simulation** : 대량의 고정자산 리스트에 대해 Depreciation Term을 변경해 가면서 시뮬레이션 할 수 있는 기능

▶ 고정자산 Depreciation Term(Depreciation Key+Useful Life)을 변경하면서 여러 자산들을 시뮬레이션 하고자 할 때 사용한다(Asset Explorer 화면(AW01N)에서는 개별자산에 대한 시뮬레이션 밖에 할 수 없다.)

▶ Simulation Version : 시뮬레이션 하게 될 Depreciation Terms를 입력한 키값

▶ FI-Fixed Assets-Information System-Reports on Asset Accounting-Depreciation forecast- 하위의 프로그램을 이용한다.

▾ 📁 Depreciation forecast
　　· 🔷 AR18N - Depreciation on Capitalized Assets (Depreciation Simulation)
　　· 🔷 S_ALR_87012026 - Depreciation Current Year

○ 시뮬레이션 하고자 하는 자산들을 선택한다. Report date는 연말 일자를 선택

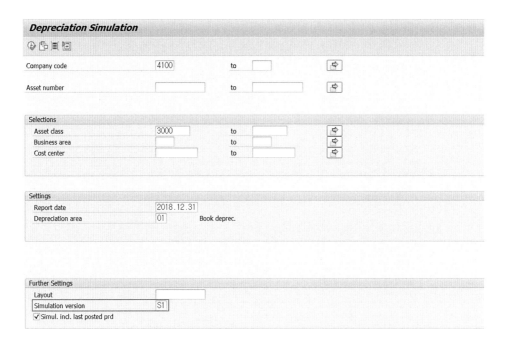

○ Simulation version 필드에 키값 선택

- IMG-FI-Asset Accounting-Information System-Define Simulation Variants for Depreciation Reports 화면 : 시뮬레이션 버전에 대한 상세 룰(Depreciation Key+Useful Life)을 정의할 수 있다.

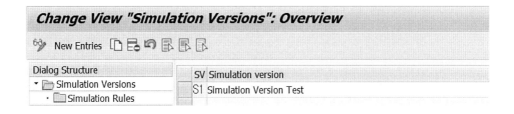

>SV - S1값을 선택한 후 📂 Simulation Rules 더블클릭

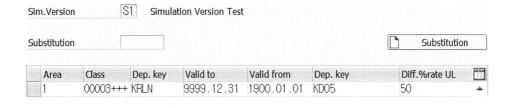

S1이란 시뮬레이션 버전은 3번으로 시작(3+++)하는 Asset Class에 속한 자산들에 대해 시뮬레이션 한다. Depreciation Area 01영역에 대해 현재 Dep.Key값 KRLN(정액법)으로 감가상각처리 되는데 이를 KD05(정률법) Dep.Key값을 이용하여 감가상각 시뮬레이션을 돌린다는 의미이다. 내용연수 역시 원래 내용연수의 50%로 가정하고 시뮬레이션 한다.

○ 실행하면 시뮬레이션 버전에 맞는 시뮬레이션 결과값을 보여준다.

Depreciation Simulation

|◀ ◀ ▶ ▶| 🔍 📊 ▼ ▽ 📈 ▦ 📑 🔽 📊 ▦ 🔳 🔲 ⓘ ☰ Assets   ☐ WL   Add to Worklist

Report Date:　　2018.12.31 Depreciation Simulation - 01 Book deprec.

ObjT	Object	Asset description DepKy 0Dep.Start First acq. Cap.date UsefulLife	Cum. APC/RV Acc.dep.	APC/RV 2018 Dep 2018
Asset	000000003023/0000	Laptop Computer A108 KD05 2018.07.01 2018.07.07 2018.07.07 005/000	0 0	4,000,000 901,439-
Asset	000000003024/0000	Laptop Computer A109 KD05 2018.07.01 2018.07.07 2018.07.07 005/000	0 0	5,000,000 1,126,799-
Asset	000000003029/0000	Mass Retirement Test1 KD05 2018.07.01 2018.07.20 2018.07.20 005/000	0 0	0 10,000-
Asset	000000003030/0000	Mass Retirement Test2 KD05 2018.07.01 2018.07.20 2018.07.20 005/000	0 0	0 20,000-
Asset	000000003031/0000	Mass Retirement Test3 KD05 2018.07.01 2018.07.20 2018.07.20 005/000	0 0	0 30,000-
Asset	000000003032/0000	Unplanned. Depre. Asset KD05 2018.07.01 2018.07.15 2018.07.15 005/000	0 0	2,400,000 1,140,864-
*	Asset Class 3000 Fixture and fitting		0 0	36,217,500 7,721,766-

○ 첫화면 🔲버튼을 클릭하여 월별/분기별/연도별 조회를 선택할 수 있다.

Reporting Period

- ⦿ Month
- ○ Quarter
- ○ Half Year
- ○ Year

ObjT	Object	Asset description DepKy 0Dep.Start First acq. Cap.date UsefulLife	Cum. APC/RV Acc.dep.	Acquis. 07/18 Dep 01/18	Acquis. 08/18 Dep 02/18
Asset	000000003029/0000	Mass Retirement Test1 KD05 2018.07.01 2018.07.20 2018.07.20 005/000	0 0	1,200,000 0	1,200,000- 0
Asset	000000003030/0000	Mass Retirement Test2 KD05 2018.07.01 2018.07.20 2018.07.20 005/000	0 0	2,400,000 0	2,400,000- 0
Asset	000000003031/0000	Mass Retirement Test3 KD05 2018.07.01 2018.07.20 2018.07.20 005/000	0 0	3,600,000 0	3,600,000- 0
Asset	000000003032/0000	Unplanned. Depre. Asset KD05 2018.07.01 2018.07.15 2018.07.15 005/000	0 0	2,400,000 0	0 0
*	Asset Class 3000 Fixture and fitting		0 0	32,417,500 0	3,800,000 0

위와 같이 월별로 감가상각 시뮬레이션 금액을 조회할 수 있다.

▶ 시뮬레이션 된 데이터를 이용하여 P&L에 대한 계획 수립, 감가상각 계산방법 변경에 대한 검토 등을 할 수 있다.

● Sort Criteria(=Sort Key=Sort Version)

▶ 고정자산과 관련된 Report가 Display될 때 정렬(Sort) 순서를 지정하는 키값이다.

▶ IMG-Asset Accounting-Information System-Define Sort Versions for Asset Reports 화면 : 각 소트 버전(키)값을 지정.

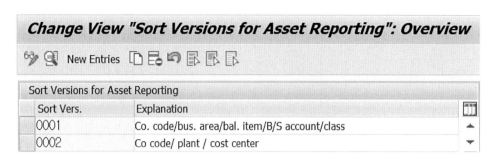

> 더블클릭하여 들어가면 상세 Sort Rule을 지정할 수 있다. 최대 5개까지의 필드를 지정할 수 있다.

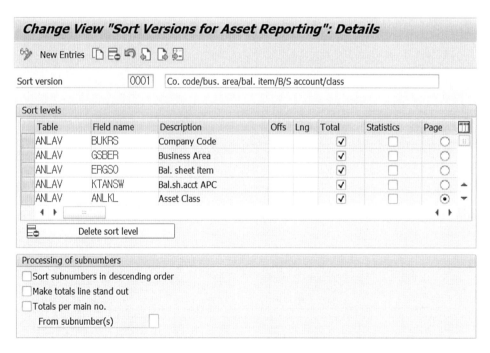

Sorting뿐만 아니라 부분합(Sub Total)을 구할지 Total 필드를 체크함으로써 지정할 수 있다.

▶ 리포트 실행시 Sort Variant필드에 Sort Version값을 입력하여 리포트를 실행하게 되면 해당하는 룰대로 리포트가 조회된다.

▶ [메뉴-System-Services-Reporting] 화면에서 Asset History Sheet Program(RAGITT_ALV01)을 지정한 후 들어가게 되면 바로 고정자산이력대장으로 들어갈 수 있다. 혹은 FI-Fixed Assets-Asset Accounting Information System-Notes to Financial Statements-International-S_ALR_87011990 - Asset History Sheet 화면 실행. 혹은 Information Systems-Accounting-Financial Accounting-Fixed Assets-AR02 - Asset History Sheet 화면 실행

Asset History Sheet

Company code	4100	to	
Asset number		to	
Subnumber		to	

Selections

Asset class	3000	to	
Business area		to	

Settings

Report date	2018.12.31	
Depreciation area	01	Book deprec.
Sort Variant	0001	Co. code/bus. area/bal. item/B/S acc

◉ List assets
○ ... or main numbers only
○ ... or group totals only

Display options
☑ Use ALV grid

Further selections

Depreciation key		to	

Further settings

History sheet version	0001	In compl. w/EC directive 4 (13 col.,wide version)
☐ Depreciation posted		

〉Sort Version 0001을 지정하고 실행(Company Code, Business Area, Bal. sheet item, Bal.sh.acct APC, Asset Class 별)

Asset History Sheet Based on Posted Depreciation

Asset History Sheet Based on Posted Depreciation - 01 Book deprec.
In compl. w/EC directive 4 (13 col.,wide version) (incomplete)

Report date: 2018.12.31

Asset	Asset description	APC FY start	Dep. FY start	Bk.val.FY strt	SNo.	Acquisition	Dep. for year ------(1)------	Cap.date	Retirement	Dep.retir.	Curr.bk.val.	Transfer
3004	Laptop Computer A-100003	0	0	0	0	1,000,000	15,000-	2018.07.01	0	0	985,000	0
3005	Laptop Computer A-100004	0	0	0	0	1,000,000	15,000-	2018.07.01	0	0	985,000	0
3018	Laptop Computer A103	0	0	0	0	3,600,000	60,000-	2018.07.05	0	0	3,540,000	0
3025	Laptop Computer A110	0	0	0	0	6,000,000	100,000-	2018.07.07	0	0	5,900,000	0
Asset Class 300		0	0	0		11,600,000	190,000-		0	0	11,410,000	0
Bal.sh.acct APC		0	0	0		11,600,000	190,000-		0	0	11,410,000	0
Balance sheet I		0	0	0		11,600,000	190,000-		0	0	11,410,000	0
Business Area		0	0	0		11,600,000	190,000-		0	0	11,410,000	0
3001	Fixture and fitting Test	0	0	0	0	1,000,000	7,500-	2018.08.01	0	0	992,500	0
3002	Fixture and fitting Test	0	0	0	0	0	0	2017.07.01	0	0	0	0
3003	Laptop Computer A-100002	0	0	0	0	1,000,000	15,000-	2018.07.01	0	0	985,000	0
3006	Fixture and fitting Test 2	0	0	0	0	1,000,000	15,000-	2018.07.01	0	0	985,000	0
3007	PC Main Asset	0	0	0	0	10,000	150-	2018.07.01	0	0	9,850	0
3007	PC Monitor(Sub Asset)	0	0	0	1	3,000	45-	2018.07.01	0	0	2,955	0
3007	PC Keyboard(Sub Asset)	0	0	0	2	2,000	30-	2018.07.01	0	0	1,970	0
3007	PC Mouse(Sub Asset)	0	0	0	3	2,500	38-	2018.07.02	0	0	2,462	0
3008	Asset Acquisition without MM Integration	0	0	0	0	1,000,000	16,667-	2018.07.01	0	0	983,333	0

다른 Sort Version을 선택할 경우 다른 형태의 리포트로 내역을 조회할 수 있다.

● **Asset History Sheet** : 고정자산이력대장 Report를 만들어낼 수 있는 툴(RAGITT_ ALV01 프로그램)

▶ History Sheet Version 을 지정할 수 있다. 화면 하단에 보면 History Sheet Version 필드가 존재한다.

Further settings		
History sheet version	0001	In compl. w/EC directive 4 (13 col.,wide version)
✓ Depreciation posted		

〉0004 - Acquisition values을 선택한 후 실행 - 조회되는 필드 항목이 달라지게 된다.

Asset	Asset description	ⵣ APC FY start	SNo. ⵣ	Acquisition	Cap.date	ⵣ	Retirement	ⵣ	Transfer	Crcy	ⵣ	Current APC
3004	Laptop Computer A-100003	0	0	1,000,000	2018.07.01		0		0	KRW		1,000,000
3005	Laptop Computer A-100004	0	0	1,000,000	2018.07.01		0		0	KRW		1,000,000
3018	Laptop Computer A103	0	0	3,600,000	2018.07.05		0		0	KRW		3,600,000
3025	Laptop Computer A110	0	0	6,000,000	2018.07.07		0		0	KRW		6,000,000
Asset		0	·	11,600,000		·	0	·	0	KRW	·	11,600,000
Bal.s		0	··	11,600,000		··	0	··	0	KRW	··	11,600,000
Balan		0	···	11,600,000		···	0	···	0	KRW	···	11,600,000
Busin		0	····	11,600,000		····	0	····	0	KRW	····	11,600,000

▶ IMG-FI-Asset Accounting-Information System-Asset History Sheet-Define History Sheet Versions 화면 : History Sheet Version을 정의한다.

○ 위에서 살펴보았던 History Sheet Version 0004를 더블클릭 해보자.

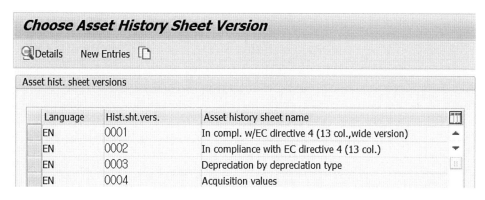

Choose Asset History Sheet Version

🔍Details New Entries 🗋

Asset hist. sheet versions			
Language	Hist.sht.vers.	Asset history sheet name	
EN	0001	In compl. w/EC directive 4 (13 col.,wide version)	▲
EN	0002	In compliance with EC directive 4 (13 col.)	▼
EN	0003	Depreciation by depreciation type	
EN	0004	Acquisition values	

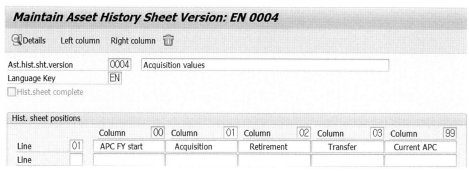

Maintain Asset History Sheet Version: EN 0004

🔍Details Left column Right column 🗑

Ast.hist.sht.version	0004	Acquisition values
Language Key	EN	
☐ Hist.sheet complete		

Hist. sheet positions					
	Column 00	Column 01	Column 02	Column 03	Column 99
Line 01	APC FY start	Acquisition	Retirement	Transfer	Current APC
Line					

앞에서 조회한 화면처럼 Column 값들이 구성되어 있다. 현재 화면은 단순히 필드 구성만 되어있는 모습이다.

○ 0001 History Sheet Version을 더블클릭하여 들어가보자(최대 10개 Row, 8개 Column 으로 구성 가능하다.)

| Ast.hist.sht.version | 0001 | In compl. w/EC directive 4 (13 col.,wide version) |
| Language Key | EN | |

☐ Hist.sheet complete

Hist. sheet positions

		Column 00	Column 10	Column 20	Column 30	Column 40
Line	02	APC FY start	Acquisition	Retirement	Transfer	Post-capital.
Line	04	Dep. FY start	Dep. for year	Dep.retir.	Dep.transfer	Dep.post-cap.
Line	06	Bk.val.FY strt				

Hist. sheet positions

		Column 30	Column 40	Column 50	Column 99	Column
Line	02	Transfer	Post-capital.	Invest.support	Current APC	
Line	04	Dep.transfer	Dep.post-cap.	Write-ups	Accumul. dep.	
Line	06				Curr.bk.val.	

○ Acquisition 컬럼을 더블클릭하여 들어가보자.

Maintain Items In Asset History Sheet Version 0001

Information   Item-   Item+   Previous page   Next page

| Version | 0001 | | Ln 02 Co 10 | Hist.sht.item | Acquisition |

Allocation to hist. sheet positions

			---Acc.dep.--					*-App-*		
Grp	Name asset hist. sheet group	Trn	Ord	Spc	Upl	6B	Trn	Ord	IGr	
10	Acquisition	X	.	.	.	.	☐	☐	☐	
12	Reverse acquisition in following years	X	.	.	.	.	☐	☐	☐	
15	Down payment	X	.	.	.	.	☐	☐	☐	
20	Retirement	.	.	.	.	.	☐	☐	☐	
25	Retirement of curr-yr acquisition	.	.	.	.	.	☐	☐	☐	
30	Retirmt transfer of prior-yr acquis.	.	.	.	.	.	☐	☐	☐	
31	Acquiring transfer of prior-yr acquis.	.	.	.	.	.	☐	☐	☐	
32	Retirmt transfer of curr-yr acquis.	X	.	.	.	.	☐	☐	☐	
33	Acquiring transfer of curr-yr acquis.	X	.	.	.	.	☐	☐	☐	
34	Retirmt transfer of prior-yr acquis. from AuC	.	.	.	.	.	☐	☐	☐	
35	Acquiring transfer of prior-yr acquis. from AuC	.	.	.	.	.	☐	☐	☐	
36	Retirmt transfer of curr-yr acquis. from AuC	X	.	.	.	.	☐	☐	☐	
37	Acquiring transfer of curr-yr acquis. from AuC	X	.	.	.	.	☐	☐	☐	
40	Post-capitalization	.	.	.	.	.	☐	☐	☐	
50	Allocation of investment support	.	.	.	.	.	☐	☐	☐	

○ 좌측에 **Grp**필드가 보이게 되는데 이것은 Transaction Type에 물려놓은 **Asset His-tory Sheet Group** 키값이다.

- IMG-FI-Asset Accounting-Transactions-Acquisitions-Define Transaction Types for Acquisitions

Change View "FI-AA: Transaction types": Details

New Entries

| Trans. Type | 100 | External asset acquisition |
| Transaction type grp | 10 | Acquisition |

Other features

- ☐ Cannot be used manually   ☐ Set changeover year
- ☐ Call up individual check

| Consolidation transaction type | 120 | Acquisitions |
| Asst hist sheet grp | 10 | Acquisition |

기본적으로 Transaction Type Group과 Asset History Sheet Group은 동일하게 설정되어 있다.

○ 선택된(☒) 그룹을 타고 들어온 트랜잭션들의 합계금액을 해당 컬럼의 금액으로 보여준다. 즉, 자산관련 모든 트랜잭션 거래에서 발생하는 TTY를 이용하여 어떤 His-tory Sheet Group으로 반영될지 지정하고 리포트 생성시 각 필드별 금액을 생성하겠다는 의미이다.

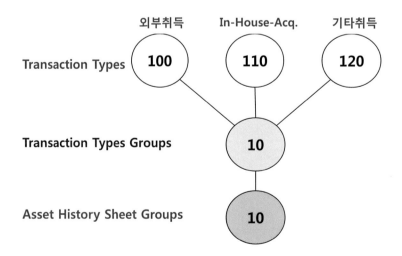

Transaction Type은 결국 Asset History Sheet Group과 매핑되어 고정자산대상 항목별 금액 계산시 이용된다.

▶ 신규 Asset History Sheet Version 을 생성해보자(ZAHS ← 0001 Reference copy(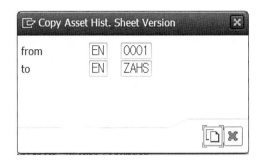))

>복사버튼을 클릭하고 명칭을 변경한다.

각 컬럼별 데이터는 0001과 동일한 형태의 내역이 나타난다.

○ 만약 In-House-Acq.이라는 컬럼을 Asset History Sheet 화면에서 보여주고자 할 경우, 그림처럼 컬럼 명칭을 In-House-Acq.라고 지정한 후 더블클릭하여 들어간다.

		Column	00	Column	10	Column	20	Column	30	Column	40
Line	02	APC FY start		Acquisition		Retirement		Transfer		Post-capital.	
Line	04	Dep. FY start		Dep. for year		Dep.retir.		Dep.transfer		Dep.post-cap.	
Line	06	Bk.val.FY strt		In-House-Acq.							

>해당 컬럼 더블클릭

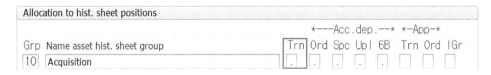

>10번 Group의 Trn 필드에 X 표시를 하면 In-House-Acquisition 금액만 표시될까?

○ 화면상에 보이는 그룹키값 10은 Asset History Sheet Group이며 이는 Transaction Type Groups과 동일하게 설정되어 있다. 따라서 Group 10은 조회하길 원하는 Transaction Type 110에 속한 취득금액만을 보여주지 않고 해당 Group 10에 속한 Transaction Type 100, 110, 120 금액을 모두 Sum하여 보여주게 된다. 그러므로 이 경우 Transaction Type 110의 취득금액만을 보여줄 수 있는 별도의 Asset History Sheet Group을 생성하고 그 그룹키값을 선택해주어야만 원하는 결과를 얻을 수 있다(점이 찍혀있는 부분(▫)은 다른곳에서 사용되고 있다는 의미)

○ IMG-FI-Asset Accounting-Information System-Asset History Sheet-Define History Sheet Groups 화면 : 신규 In-House-Acq.용 Asset History Sheet Group키값을 정의한다.

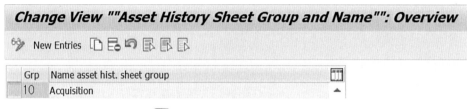

>10번 키값을 Reference copy(📋) 하여 Z1을 생성한다.

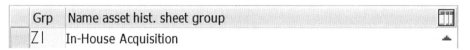

○ 그리고 110번 Transaction Type에 대해 A.H.S Group 키값을 새로 정의한 값 'Z1'으로 세팅한다.

• IMG-FI-Asset Accounting-Transactions-Acquisitions-Define Transaction Types for Acquisitions

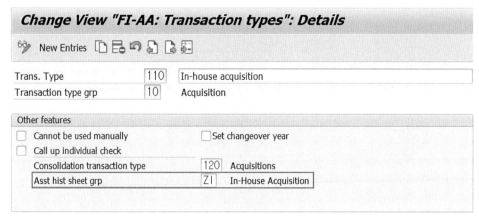

○ 정의한 키값을 아까 Asset History Sheet 지정 화면에서 Trn 필드에 X 체크를 하여 사용하겠다고 지정한다.

Maintain Items In Asset History Sheet Version ZAHS

Information　Item-　Item+　Previous page　Next page

Version　　[ZAHS]　　　　　　　Ln [06] Co [10] Hist.sht.item　　　[In-House-Acq.]

Allocation to hist. sheet positions

		---Acc. dep.---				*-App-*		
Grp	Name asset hist. sheet group	Trn	Ord	Spc	Upl	6B	Trn	Ord	IGr
70	Write-up special and ord. depreciation		.	.					
71	Write-up ordinary depreciation		.						
72	Write-up special tax depreciation			.					
73	Write-up unplanned depreciation				.				
74	Write-up reserve transfer					.			
75	Write-up all deprec. types			.			.		
YA	Accum.values as of FY start (History sheet)	.		.	.		.		
YY	Annual values (History sheet)			.	.		.		
YZ	Accum.values as of FY end (History sheet)	.		.	.		.		
ZI	In-House Acquisition	X							

○ 실제 Asset History Sheet - RAGITT_ALV01 프로그램에서 TEST 해보자.

Further settings

History sheet version　　　　　[ZAHS]　　　　Test Asset History Sheet

✔ Depreciation posted

>ZAHS 버전을 지정한 후 실행. 생성한 In-House-Acq. 필드를 확인해 볼 수 있다.

Asset History Sheet Based on Posted Depreciation

[icon toolbar] Assets 　□ WL　Add to worklist

Asset History Sheet Based on Posted Depreciation - 01 Book deprec.
Test Asset History Sheet (incomplete)

Report date: 2018.12.31

Asset	Asset description	APC FY start	Dep. FY start	Bk.val.FY strt	SNo.	Acquisition	Dep. for year	In-House-Acq.	Cap.date
3032	Unplanned. Depre. Asset	0	0	0	0	2,400,000	640,000-	0	2018.07.15
3033	Laptop Computer A115	0	0	0	0	0	0	1,200,000	2018.08.01
Asset		0 ·	0 ·	0	·	2,400,000 ·	640,000- ·	1,200,000	
Bal.sh		0 ··	0 ··	0	··	2,400,000 ··	640,000- ··	1,200,000	
Balan		0 ···	0 ···	0	···	2,400,000 ···	640,000- ···	1,200,000	
Busin		0 ····	0 ····	0	····	2,400,000 ····	640,000- ····	1,200,000	
Comp		0 ·····	0 ·····	0	·····	2,400,000 ·····	640,000- ·····	1,200,000	

▶ 위와 같은 방식으로 회사에서 원하는 고정자산이력대장 형식을 만들어 사용할 수 있다.

5. Legacy Data Transfer

● Legacy Data Transfer overview : Asset Migration

▶ Legacy System에 존재하는 자산 Data를 SAP FI-AA로 마이그레이션 하는 방법. Asset Master Data를 이관하는 것은 Customer/Vendor Master Data를 이관하는 것보다 어려운 부분이 있다. 고정자산 계정별 G/L계정잔액을 별도로 Migration 해주어야 하는 추가적인 부분이 있기 때문이다.

▶ Options for Legacy Data Transfer

○ I.①Manual Transfer 방식, ②Excel Transfer 방식(2~3만건 정도 분량), ③BDC Program Transfer 방식(or LSMW이용)

○ 이런 방식으로 자산 마스터를 Migration하더라도 <u>별도의 G/L 기표가 반드시 필요 (Ⅱ)</u>하다.

▶ Preparations for Production Operation : 고정자산을 Go Live 하기 위한 최종 점검항목들을 살펴보자.

▶ Account Control After Production Start : 고정자산 Go Live 후에 어떻게 계정과목을 Control할 것인지 살펴보자.

● Legacy Data Transfer - Asset Master Data Migration

▶ I.①Manual Transfer 방식 : 자산건수가 적은 경우 건건이 처리할 수 있는 방식 (T-Code : AS91)

○ 자산 한 건을 테스트로 등록해보자. 자산 마스터에 대한 내역을 입력한다(AS01 화면에서 입력한 것과 유사함)

Create Legacy Data: Initial screen

Master data   Depreciation areas   Takeover values

Asset Class   3000
Company Code   4100

Asset   INTERN-00001   0   Legacy Data Transfer Test 1
Class   3000   Fixture and fitting   Company Code   4100

| General | Time-dependent | Allocations | Origin | Net Worth Tax | Insurance | Leasing | Deprec. Areas |

General data

Description	Legacy Data Transfer Test 1	
Asset main no. text	Legacy Data Transfer Test 1	
Acct determination	30000	Fixtures and fittings
Inventory number		
Quantity	1	EA Each

☐ Manage historically

Inventory

Last inventory on   [ ]   ☐ Include asset in inventory list
Inventory note   [ ]

Posting information

Capitalized on	2017.05.01	Deactivation on	
First acquisition on	2017.05.01	Plnd. retirement on	
Acquisition year	2017 005	Ordered on	

기존 자산에 대한 마이그레이션이므로, **자본화일자**(Capitalized on)를 입력해야 한다.

| General | Time-dependent | Allocations | Origin | Net Worth Tax |

Interval from 1900.01.01 to 9999.12.31

| Business Area | 9900 | Corporate Other |
| Cost Center | 4120 | IT Service |

| General | Time-dependent | Allocations | Origin | Net Worth Tax | Insurance | Leasing | Deprec. Areas |

Valuation

Deact	A..	Depreciation area	DKey	UseLife	Prd	ODep Start	Index	Exp. UL	Prd	
☐	01	Book deprec.	KRLN	10		2017.05.01		0		▲
☐	02	Spec.tax dep	KRLN	20		2017.05.01		0		▼
☐	20	Cost-acc.	KRLN	10		2017.05.01		0		
☐	30	Group DEM	KRLN	10		2017.05.01		0		
☐	31	Group USD	KRLN	10		02017.05.01		0		

자산명, 자본화일, Cost Object, **감가상각시작일** 등 필요항목들을 입력한다

○ 상단의 Takeover values 버튼을 클릭하여 자산 관련 금액들을 입력. 자산 **Transfer 기준일자 2018.06.30일**

→ Ex)2017년 5월1일 취득자산, 정액법/내용연수 10년, 취득가액 2,400,000원. 2017년 감가상각누계액 160,000(=2,400,000 * 8 / 10 / 12), 2018년 6월까지 감가상각비 120,000(=2,400,000 * 6 / 10 / 12) 일 경우

Create Legacy Data: Master data

Master data | Transactions | Origin

| Asset | INTERN-00001 0 | Legacy Data Transfer Test 1 | | | |
| CoCode | 4100 | | Transfer | 2018.06.30 | |

Asset Value Fields	01 Book deprec. KRW	02 Spec.tax dep KRW	20 Cost-acc. KRW	30 Group DEM KRW	31 Group USD KRW
Cum.acquis.val.	2,400,000	2,400,000	2,400,000	2,400,000	2,400,000
Cum.down paymts					
Cum.reval.of RV			0		
Cum.invst.grant					0
Accm.ord.deprec	160,000	160,000	160,000	160,000	160,000
Cum.Spec.dep.					
Cum.unplnd.dep.					0
Cum.reserves					0
Cum.reval.O.dep			0		
Net book value	2,240,000	2,240,000	2,240,000	2,240,000	2,240,000
Cum. interest					
Reval. posted			0		
Ord.dep.posted	120,000		120,000		

전기말 누적 취득가(Cum.acquis.val.)와 전기말 누적충당금누계액(Accm.ord.deprec)을 입력하면 전기말 잔존가액(NBV)이 자동으로 계산되어진다. Depreciation Area별로 각기 금액을 다르게 입력할 수 있다. Transfer Date가 2018.06.30으로 되어 있는데 이 일자가 Migration 기준일자이다. New ERP System Open을 2018.07.01에 할 경우 이렇게 기준일자를 세팅한다. 시스템을 **연중에 Open할 경우** <u>당해년도 감가상각비(Ord.dep.posted) 금액을 추가로 입력해주어야 한다.</u>

○ 상단의 Transactions 버튼은 2018.01~2018.06월 사이에 추가취득이 있을 경우 해당 Transaction을 직접 등록할 수 있는 기능이다(Asset Value Date / Transaction Type / Depre.Area별 Amount 입력) 여기서는 별도 Transaction이 없다고 가정하자.

○ FI-Fixed Assets-Asset-AW01N - Asset Explorer 화면

Company Code   4100   FI Korea
Asset   3034   0   Legacy Data Transfer Test 1

Fiscal year   ◀ 2018 ▶

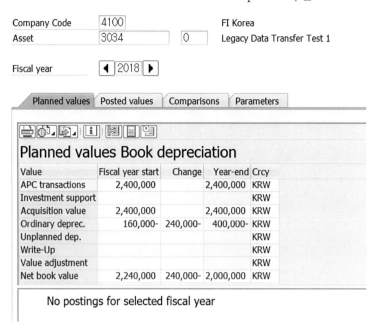

Planned values Book depreciation

Value	Fiscal year start	Change	Year-end	Crcy
APC transactions	2,400,000		2,400,000	KRW
Investment support				KRW
Acquisition value	2,400,000		2,400,000	KRW
Ordinary deprec.	160,000-	240,000-	400,000-	KRW
Unplanned dep.				KRW
Write-Up				KRW
Value adjustment				KRW
Net book value	2,240,000	240,000-	2,000,000	KRW

    No postings for selected fiscal year

앞서 AS92 T-Code 화면에서 입력했던 금액들이 조회된다.

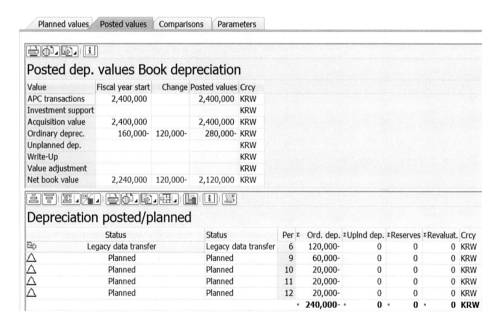

Posted dep. values Book depreciation

Value	Fiscal year start	Change	Posted values	Crcy
APC transactions	2,400,000		2,400,000	KRW
Investment support				KRW
Acquisition value	2,400,000		2,400,000	KRW
Ordinary deprec.	160,000-	120,000-	280,000-	KRW
Unplanned dep.				KRW
Write-Up				KRW
Value adjustment				KRW
Net book value	2,240,000	120,000-	2,120,000	KRW

Depreciation posted/planned

	Status	Status	Per	Σ Ord. dep.	ΣUplnd dep.	ΣReserves	ΣRevaluat.	Crcy
⇨	Legacy data transfer	Legacy data transfer	6	120,000-	0	0	0	KRW
△	Planned	Planned	9	60,000-	0	0	0	KRW
△	Planned	Planned	10	20,000-	0	0	0	KRW
△	Planned	Planned	11	20,000-	0	0	0	KRW
△	Planned	Planned	12	20,000-	0	0	0	KRW
				· 240,000- ·	0 ·	0 ·	0	KRW

6월까지의 감가상각비 금액이 Legacy data transfer로 표시되고, 현재 7, 8월 감가상
각처리가 된 상태이기 때문에 9월에 감가상각비 60,000원이 Planned로 표시된 것을
확인할 수 있다(Catch-up) 연말시점에 Migration 할 경우 당해년도 감가상각비 금액
은 입력하지 않아도 된다.

▶ I.② Excel Transfer 방식 : 자산건수가 2~3만건 정도 되는 경우 사용하는 방식(거의 사용되지 않음)

▶ I.③ BDC Program Transfer 방식(or LSMW 이용) : 프로그램을 이용하여 Migration 하는 방식(가장 많이 사용되는 방식)

▶ II. Reconciliation G/L Accounts를 이용해서 FI-G/L쪽에 기표한 후 FI-AA와 FI-G/L이 일치하는지 Consistency 여부를 체크 한다.

● Legacy Data Transfer : Transfer Date

▶ 연말(Year End)이냐 연중(During Fiscal Year)이냐에 따라 Migration 방식이 달라진다.

▶ 연말(12/31) : 쉽고 간단하게 Migration이 가능하다. 12/31일까지 확정된 고정자산 마스터와 감가상각누계액 금액만 Migration 해주면 된다.

○ ① : 자산건별로 마스터 데이터를 Migration 한다(FI-AA SubLedger 레벨)

○ ② : FI-G/L레벨에 고정자산 B/S와 관련된 G/L Account에 각각 자산 Sum금액을 기표해야 한다. AuC자산도 AuC취득계정 업데이트, 감가상각충당금 G/L Account 역시 감가상각누계액의 Sum값을 기표해야 한다(FI-G/L 레벨)

▶ 연중(ex-06/30) : 연말로 확정된 금액을 Migration하고, 1/1~6/30일 사이에 취득한 고정자산이 있을 경우 취득 트랜잭션/당해년도 감가상각비 업데이트가 필요하다. 1/1일 이전 취득자산에 대해서도 6개월치 감가상각 금액을 업데이트 해주어야 한다.

○ ① : 연말로 확정된 데이터를 FI-AA쪽으로 업데이트 한다. 고정자산 마스터값, Value값들을 업데이트 한다

○ ①-2 : 1/1~6/30까지 추가 취득한 자산에 대한 Transaction Data 및 감가상각금액을 업데이트 해야 하며, 기존 자산들에 대한 6개월치 감가상각금액을 업데이트 해야 한다.

○ ② : 마찬가지로 FI-G/L쪽에도 반영

○ ②-2 : ①-2에서 처리한 내역들에 대해 FI-G/L부분에 기표해주어야 한다. 사실상 ② 번 처리시 합산하여 기표한다.

● Transfer Parameter

▶ Transfer date : Migration 하는 일자

○ IMG-FI-Asset Accounting-Asset Data Transfer-Parameters for Data Transfer-Date Specifications-Specify Transfer Date/Last Closed Fiscal Year 화면 : Transfer Date 지정

Take-over date 필드에 Migration일자를 입력. 7월1일 Open인 경우 6월30일이 Transfer Date가 된다.

▶ Depreciation Posted : 감가상각 최종 처리월 입력

○ 연중에 Migration 할 경우 Legacy에서 최종적으로 감가상각비 처리된 년도, 월을 지정하는 설정이다.

○ IMG-FI-Asset Accounting-Asset Data Transfer- Parameters for Data Transfer-Date Specifications-Specify Last Period Posted in Prv.System (Transf.During FY) 화면에서 정의

>Company Code 4100번을 선택한 후 📁Period in which depreciation was posted더블 클릭

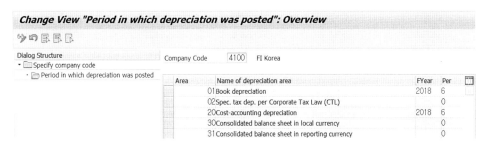

Depreciation Area별로 년/월을 입력하도록 되어 있다. Fyear(년도), per(월)을 입력한다.

7월1일 Open으로 6월까지 감가상각비 처리를 Legacy에서 수행하기 때문에 2018/06을 입력한다.

입력이 막혀있는 감가상각영역은 다른 감가상각영역을 참조하도록 설정되어 있기 때문에 입력이 막혀있다.

Migration된 자산들은 New ERP 시스템에서 2018년 7월부터 감가상각처리를 돌릴 수 있다. Transfer Date를 연말로 입력할 경우 이쪽 화면에서는 수정 못하도록 disable된다.

▶ Transfer of Remaining Book Values → Manual data takeover

○ AS91 트랜잭션을 통해서 입력하는 경우, [Takeover values] 버튼을 클릭하고 들어갔을 경우 개별 자산에 대한 금액들을 입력하는 화면이 나온다. APC와 감가상각 누계액 (Accm.ord.deprec)를 입력하면 잔존가액(NBV)을 자동 계산해준다(이 부분은 앞에서 살펴본 내용이다.)

○ 반대로 Net Book Value(잔존가액)를 입력하고 감가상각누계액이 자동계산 되어지도록 할 수 있다. 각 회사의 상황에 맞도록 원하는 Option을 선택하면 된다.

○ IMG-FI-Asset Accounting-Asset Data Transfer-Parameters for Data Transfer-Options-Specify Entry of Net Book Value (No Accum. Ordinary Depr.) 화면 : Enter net bkval 필드에 체크하면 된다.

Change View "FI-AA: Legacy data transfer, entry of net book value": Ov

〰 ⏎ 🗎 🗎 🗎

	CoCd	Company Name	Enter net bkval	🎛
	4100	FI Korea	✓	▲

〉위와 같이 4100번 Company Code에 체크한 후 AS91 화면에서 확인해보자.

〉Master Data 값들을 입력한 후 [Takeover values] 버튼 클릭

Asset	INTERN-00001	0	Legacy Data Transfer Test 2			
CoCode	4100				Transfer	2018.06.30

Asset Value Fields	01 Book deprec. KRW	02 Spec.tax dep KRW	20 Cost-acc. KRW	30 Group DEM KRW	31 Group USD KRW
Cum.acquis.val.	2,400,000	2,400,000	2,400,000	2,400,000	2,400,000
Cum.down paymts					
Cum.reval.of RV					
Cum.invst.grant					0
Accm.ord.deprec	160,000	160,000	160,000	160,000	160,000
Cum.Spec.dep.					
Cum.unplnd.dep.					0
Cum.reserves					0
Cum.reval.O.dep					
Net book value	2,240,000	2,240,000	2,240,000	2,240,000	2,240,000

취득금액(Cum.acquis.val.)과 잔존가액(Net book value)를 입력하면 감가상각누계액(Accm.ord. deprec) 금액이 자동으로 계산 되어진다.

▶ Recalculation of Accumulated Depreciation Base insurable values, replacement values

○ Legacy에서 SAP로 Migration될 때 Accumulated Depreciation(감가상각누계액), Base insurable values(보험 부보가액), Replacement values(재평가액) 값들을 다시 계산해주도록 할 것인지를 세팅할 수 있다.

　📝 Recalculate Depreciation for Previous Years
　📝 Recalculate Base Insurable Values
　📝 Recalculate Replacement Values

○ IMG-FI-Asset Accounting-Asset Data Transfer-Parameters for Data Transfer-Options-Recalculate Depreciation For Previous Years 화면 : Accumulated Depreciation 재계산 여부 정의 - 일반적으로 감가상각영역 01(Book)부분은 직접 입력하는 것이 맞을 것이다. 그러나 다른 감가상각영역, 예를 들어 20(CO)부분은 다시 계산처리를 해야 하는 경우가 발생할 수도 있다. Calcul 필드에 체크하게 되면 자동으로 재계산 처리한다.

〉Company Code 선택 후 📂 Calculate accumulated depreciation 더블클릭

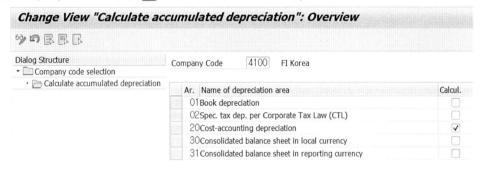

○ IMG-FI-Asset Accounting-Asset Data Transfer-Parameters for Data Transfer-Options-Recalculate Base Insurable Values 화면 : Base insurable values(보험 부보가액) 재계산 여부 정의 - 화재보험 등의 부보가액을 자산에 반영하여 다시 계산처리 할 수 있도록 해준다.

Change View "FI-AA: Legacy data transf., recalculate base insurable va

	CoCd	Company Name	CumIn... 📅
	4100	FI Korea	☐ ▲

○ IMG-FI-Asset Accounting-Asset Data Transfer-Parameters for Data Transfer-Options-Recalculate Replacement Values 화면 : Replacement values 정의 - CO 목적으로 Rep.Values값을 이용해 감가상각 계산처리를 할 수 있다.

＞Company Code 선택 후 📂 Calculate replacement value 더블클릭

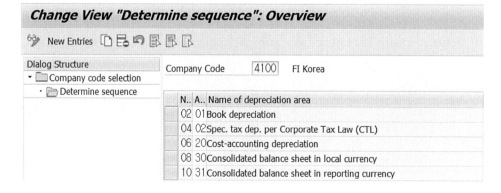

Change View "Calculate replacement value": Overview

Dialog Structure
- ▾ ☐ Company code selection
  - · 📂 Calculate replacement value

Company Code   4100   FI Korea

Ar.	Name of depreciation area	Recalc.RV
01	Book depreciation	☐
02	Spec. tax dep. per Corporate Tax Law (CTL)	☐
20	Cost-accounting depreciation	☑
30	Consolidated balance sheet in local currency	☐
31	Consolidated balance sheet in reporting currency	☐

CO Depreciation Area(20)만 체크할 수 있도록 열린다.

▶ Sequence of Depreciation Area during legacy data transfer

○ AS91 트랜잭션을 이용해서 Legacy 자산을 Migration 할 때, Takeover Value입력 시 각 Depreciation Area 순서대로 컬럼이 지정되어 있다.(01,02,10…) 이 순서를 변경하고자 할 때 다음 세팅을 이용한다.

Asset Value Fields	01 Book deprec. KRW	02 Spec.tax dep KRW	20 Cost-acc. KRW	30 Group DEM KRW	31 Group USD KRW

○ IMG-FI-Asset Accounting-Asset Data Transfer-Specify Sequence of Depreciation Areas 화면

＞Company Code 선택 후 📂 Determine sequence 더블클릭

Change View "Determine sequence": Overview

⚙ New Entries 🗋 🖹 🔄 🖹 🖹 🖹

Dialog Structure
- ▾ ☐ Company code selection
  - · 📂 Determine sequence

Company Code   4100   FI Korea

N..	A..	Name of depreciation area
02	01	Book depreciation
04	02	Spec. tax dep. per Corporate Tax Law (CTL)
06	20	Cost-accounting depreciation
08	30	Consolidated balance sheet in local currency
10	31	Consolidated balance sheet in reporting currency

>위와 같이 순서가 지정되어 있다. 순서를 아래와 같이 변경한 후 AS91 트랜잭션 화면에 들어
가보자.

N..	A..	Name of depreciation area
02	01	Book depreciation
04	20	Cost-accounting depreciation
06	02	Spec. tax dep. per Corporate Tax Law (CTL)
08	30	Consolidated balance sheet in local currency
10	31	Consolidated balance sheet in reporting currency

>아래와 같이 순서가 변경된다.

Asset Value Fields	01 Book deprec.	KRW	20 Cost-acc.	KRW	02 Spec.tax dep	KRW	30 Group DEM	KRW	31 Group USD	KRW

● Automatic Legacy Data Transfer : BDC방식, LSMW방식

▶ BDC 프로그램 방식 : 구축 프로젝트시 가장 많이 사용되는 방식이다. BDC CBO
프로그램을 개발하여 이용한다.

○ ① Legacy 고정자산 마스터 데이터를 엑셀형식으로 다운 받는다.

○ ② 업로드 할 SAP 기준의 Asset Master Data 엑셀 Layout 데이터를 작성한다(엑셀
데이터 편집)

○ ③ BDC 프로그램 생성 : AS91를 이용해서 Recording 한 내역으로 BDC 프로그램
을 생성한다.

○ ④ ②에서 편집한 엑셀을 가지고 ③에서 만든 BDC프로그램을 이용해 업로드를 한
다.

○ ⑤ BDC프로그램이 수행되면서 SAP FI-AA쪽으로 Migration 된다.

● Legacy Data Transfer : With MS.Excel

Example: Structure of Excel Sheet

Column containing record types

	A	B	C	D	E	F	G	H	
1	0		legacy asset number						
2	1	Comp Code	Asset Class	Decsrip.	Inv. Number				Heade
3	2	Cost Ctr	Plant	Manu fact.	Cap. Date				
4	3	Dep Area	Dep Key	Use Life	U L In Period	Dep Start	Cumul. APC	Cumul. Dep.	
5	4	Current	Real Area	Tr Type	Amount	Value Dt			
6									
7	0	10001							
8	1	0001	00001000	Desk	35798				
9	2	1	0001	Comp1	01/01/97				
10									Asset Sectio
11	0	30001							
12	1	0001	00003000	Monitor	41758				
13	2	1	0001	Comp2	01/01/97				
14	3	01	LINR	10	0	01/01/97	1000	100	
15	3	02	LINR	5	0	01/01/97	1000	200	
16	4	1	01	100	5000	01/01/97			

▶ Header Part와 Asset(Data) Part로 엑셀을 작성, 시스템이 요구하는 헤더정보대로 엑셀을 편집해야 한다.

▶ 상당히 시간이 오래걸리고 번거롭다.

▶ IMG-FI-Asset Accounting-Asset Data Transfer- Legacy Data Transfer using Microsoft® Excel 화면에서 처리할 수 있다.

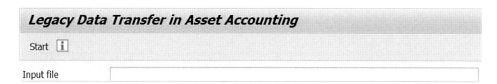

Legacy Data Transfer in Asset Accounting

Start [i]

Input file

▶ Possible Entry 클릭 후 엑셀 파일을 찾아서 선택한 후 Start 버튼을 클릭해서 업로드할 필드를 매핑할 수 있다.

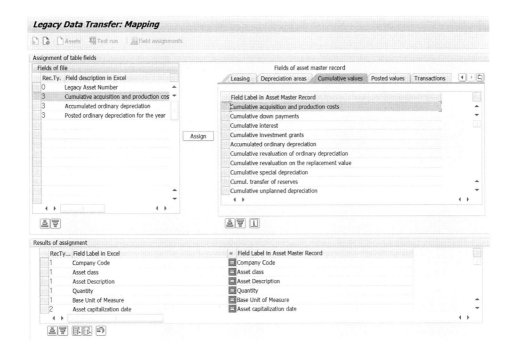

Legacy Data Transfer: Mapping

엑셀상의 필드와 Asset Master 상의 필드를 Assign 할 수 있다.

● Preparing for Production Start-Up : Check Consistency

▶ IMG 체크 프로그램을 이용하여 업로드된 Asset 관련 데이터가 정상인지를 체크한다.

▶ 각 항목별(COD, Company Code, Depreciation Areas, Asset Classes, G/L Account, FI-AA Customizing)로 체크된 결과를 리포팅 해준다.

▶ IMG-FI-Asset Accounting-Preparing for Production Startup-Check Consistency 화면 : 각 관점별로 체크할 수 있다.

▶ 각 Activity를 더블클릭하여 들어가게 되면 각각의 IMG 세팅값 등을 일목요연하게 Report 해준다.

>Activity - Overview Report: Asset Classes 더블클릭

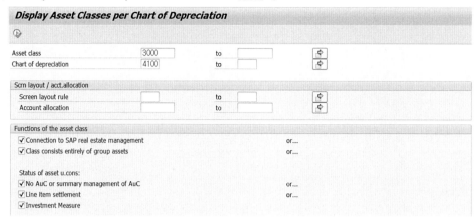

Display Asset Classes per Chart of Depreciation

Asset class	3000	to		⇨
Chart of depreciation	4100	to		⇨

Scrn layout / acct.allocation

Screen layout rule		to		⇨
Account allocation		to		⇨

Functions of the asset class
☑ Connection to SAP real estate management   or...
☑ Class consists entirely of group assets   or...

Status of asset u.cons:
☑ No AuC or summary management of AuC   or...
☑ Line item settlement   or...
☑ Investment Measure

>위와 같이 조건값 입력 후 실행

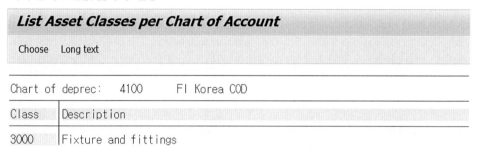

List Asset Classes per Chart of Account

Choose   Long text

Chart of deprec: 4100   FI Korea COD

Class	Description
3000	Fixture and fittings

더블클릭하면 해당 Asset Class의 IMG 세팅화면으로 이동하게 된다.

>Activity - Overview Report: Charts of Depreciation 더블클릭 : COD에 관한 IMG 세팅 내역
을 Reporting 해준다.

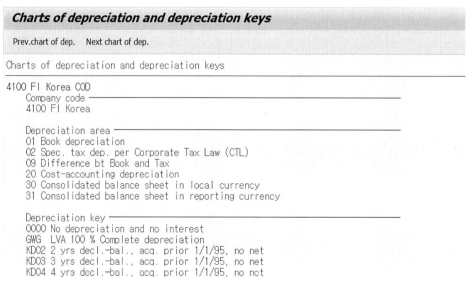

Charts of depreciation and depreciation keys

Prev.chart of dep.   Next chart of dep.

Charts of depreciation and depreciation keys

4100 FI Korea COD
    Company code ─────────────────────────
    4100 FI Korea

    Depreciation area ───────────────────────
    01 Book depreciation
    02 Spec. tax dep. per Corporate Tax Law (CTL)
    09 Difference bt Book and Tax
    20 Cost-accounting depreciation
    30 Consolidated balance sheet in local currency
    31 Consolidated balance sheet in reporting currency

    Depreciation key ────────────────────────
    0000 No depreciation and no interest
    GWG LVA 100 % Complete depreciation
    KD02 2 yrs decl.-bal., acq. prior 1/1/95, no net
    KD03 3 yrs decl.-bal., acq. prior 1/1/95, no net
    KD04 4 yrs decl.-bal., acq. prior 1/1/95, no net

>Activity - Overview Report: Company Codes 더블클릭

Checking the Company Codes

Long text   Prev.company code   Next company code

Checking the Company Codes

CCode Text...
       Allocations

4100 FI Korea
   CoCode no. alloc.   4100
   Fiscal Year Variant   K4   Calendar year, 4 spec. periods
   Start 2nd half month 00
   Transfer date   2018.06.30
   Chart of dep.   4100 FI Korea COD
   Net worth tax   01   Book depreciation
   Enter net book value
   Status company code   2
   Current fiscal year   2018
   Doc. type dep. pstng AF   Dep. postings
   Calc.insur.value
   Input tax exempt

>Activity - Overview Report: Depreciation Areas 더블클릭

Checking the Depreciation Area

Checking the Depreciation Area

Depreciation Area

4100 FI Korea COD

01 Book depreciation
   4100 FI Korea
02 Spec. tax dep. per Corporate Tax Law (CTL)
   E
Regulation for value management incorrectly defined
   E
Regulation for value management incorrectly defined
   E
Regulation for value management incorrectly defined
   4100 FI Korea
09 Difference bt Book and Tax
20 Cost-accounting depreciation
   4100 FI Korea
30 Consolidated balance sheet in local currency
   4100 FI Korea
31 Consolidated balance sheet in reporting currency
   4100 FI Korea

>Activity - Consistency Report: Asset G/L Accounts 더블클릭

FI-AA: Customizing consistency check for G/L accounts

Company code   4100

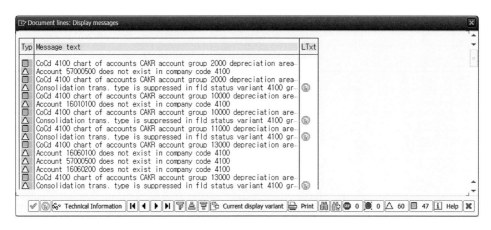

>Activity - Consistency Report: FI-AA Customizing 더블클릭

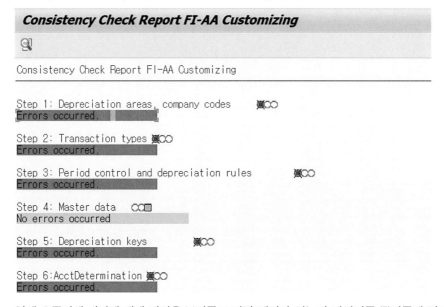

현재 오류발생 내역에 대해 내역을 보여주고 어떤 에러가 있는지 메시지를 뿌려주게 된다.

>에러 부분을 더블클릭하면 상세 오류내역이 조회된다.

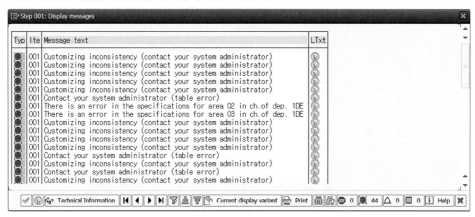

>더블클릭시 Help 화면으로 상세 오류 정보를 나타낸다.

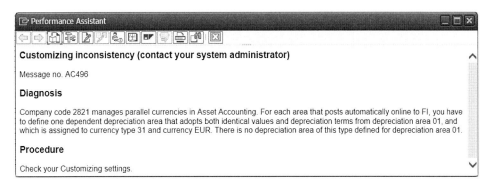

▶ Go Live 하기 전에 최종적으로 점검하는데 이용한다.

Reset Company Code

▶ Company Code 레벨의 모든 고정자산 내역을 Reset하는 기능, Status가 2(Test company code with data transfer always allowed)인 경우에만 동작한다. 프로젝트 하면서 업로드된 Asset 데이터가 잘못된 경우 Reset하는데 이용한다.

▶ New ERP가 Go Live가 된 이후 Company Code Status를 0(Asset data transfer completed) 으로 변경하면 이 때에는 Reset 자체가 불가능하다.

▶ <u>Reset Company Code를 수행하게 되면 FI-AA레벨의 고정자산 데이터만 리셋되게 된다. FI-G/L로 포스팅된 전표들은 리셋되지 않으므로 주의해야 한다. 이런 경우 FI-G/L에서는 역분개 처리 등 취소작업을 반드시 해주어야 한다.</u>

▶ IMG-FI-Asset Accounting-Preparing for Production Startup-Production Start-up-Activate Company Code

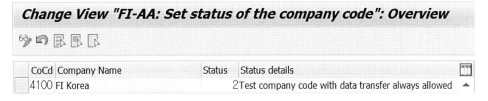

Company Code Status가 2-Test 인 경우에만 Reset 처리를 할 수 있다.

▶ IMG-FI-Asset Accounting-Preparing for Production Startup-Tools-Reset Company Code 화면 : Company Code를 지정한 후 Reset 한다.

Reset Company Code

This transaction will reset all the application data from Asset Accoun
in one company code !!!
You can only use this company code in a test system !!!
When you carry out this action, it is logged with
your name!!!

User Name [   ]

Company Code   [4100]

☐ Line items only

Critical 한 부분이므로 화면과 같은 Warning 메시지가 보인다(Test System에서만 동

작된다는 메시지)

＞Company Code 를 지정하고 실행

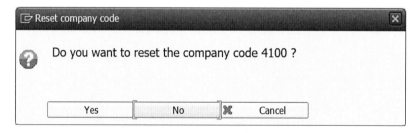

실행하게 되면 정말로 실행할 것인지를 다시 한번 묻고 Yes를 클릭하면 Reset 된다.

● Reset Posted Depreciation

▶ 감가상각과 관련된 시스템 세팅 후에 감가상각처리를 했는데 잘못된 경우 Reset 후
다시 Configuration 한 후 재처리 할 수 있다. 마찬가지로 Test Status가 2인 경우에
만 동작한다.

▶ 이것도 마찬가지로 FI-AA 레벨의 데이터만 삭제되므로 FI-G/L 레벨의 데이터는 매
뉴얼하게 조정해주어야 한다.

▶ AFAB(RAPOST2000) 감가상각 프로그램을 돌리게 되면 Document Type AF가 발생하면서 전표번호가 부여된다. 만약 전표번호가 발생되어 있는 상태에서 Reset 하게 될 경우 FI-G/L과 관련된 부분은 Reset 되지 않으므로 이미 발생되어 있는 전표번호는 그대로 남게 된다. Reset 후에 다시 감가상각을 돌리게 되면 이미 발생되었던 전표번호로 Internal 하게 전표번호가 부여될 수 있다. → 전표번호 Duplicate 오류가 발생할 수 있다.

▶ 위와 같은 상황이 발생하지 않도록 하기 위해서 Reset 후에는 해당 Document Type AF의 전표Number Range를 변경해주어야 한다. Number Range IMG 세팅으로 가서 From에 해당하는 번호를 이미 발생한 전표No 다음 번호로 수정해주어야 한다.

▶ ①IMG-FI-Asset Accounting-Preparing for Production Startup-Tools-Reset Posted Depreciation화면

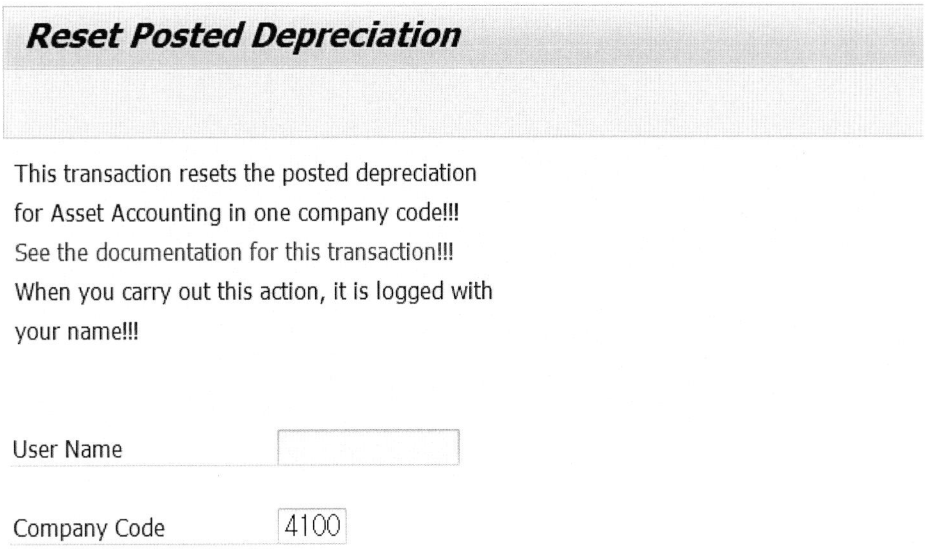

Reset Posted Depreciation

This transaction resets the posted depreciation
for Asset Accounting in one company code!!!
See the documentation for this transaction!!!
When you carry out this action, it is logged with
your name!!!

User Name

Company Code   4100

Company Code 입력 후 실행 - Company Code단위 삭제

▶ ②IMG-FI-Asset Accounting-Integration with General Ledger Accounting-Post Depreciation to General Ledger Accounting-Specify Document Type for Posting of Depreciation 화면-Document No range 조정

〉Define Document Types 더블클릭

Change View "Document Types": Overview

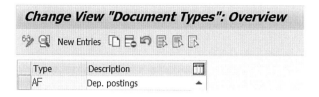

Type	Description
AF	Dep. postings

〉AF Document Type 더블클릭

Document type	AF	Dep. postings

Properties		
Number range	05	Number range information

〉우측 Number range information 버튼 클릭

Interval Maintenance: Accounting document, Subobject 4100

N..	Year	From No.	To Number	NR Status	Ext
05	2018	0500000010	0599999999	0	☐

Reset 후에 05번 항목에 대해 From 값을 [최종 감가상각처리 전표번호 + 1번]으로 변경해주어야 한다.

● Set/Reset Reconciliation Accounts

▶ Asset Master Data Migration 이후 Asset 관련 조정계정 잔액을 FI-G/L쪽으로 기표하는 방법을 알아보자.

▶ Reconciliation Account을 이용해 G/L에서 전표를 기표하기 위해서는 잠시 Reconciliation Account들을 Reset상태로 만들어 두어야 한다. 그래야만 G/L 계정으로 직접 전표기표가 가능하게 된다. 그 상태에서 FI-G/L 전표기표를 모두 끝마친 후에 다시 Reconciliation Account들을 Set 상태로 변경한다. Set 상태가 되면 Reconciliation Account들은 Subledger 레벨에서 입력해야 전표처리가 된다.

▶ IMG-FI-Asset Accounting-Preparing for Production Startup-Production Startup-Set or Reset Reconciliation Accounts 화면 : Reset 처리를 진행해보자.

>Company Code 선택 후  Change Control of Reconciliation Accounts 더블클릭

○ 현재는 A Assets(SubLedger 레벨)로 설정되어 있다. 이 필드를 블랭크로 선택하게 되면 Reset 상태로 변경된다.

○ 만약 그대로 A Assets로 되어 있는 상태에서 G/L레벨(FB50 트랜잭션)에서 전표 기표를 하게 되면

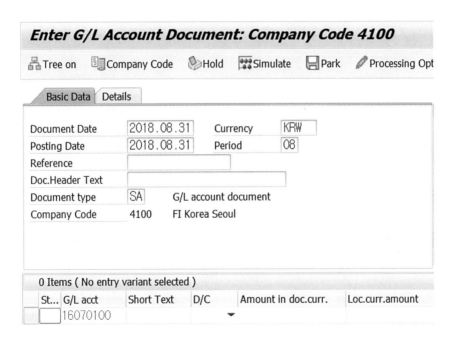

Account 16070100 in company code 4100 cannot be directly posted to

Directly posting 불가능하다는 오류 메시지가 발생한다.

○ FS00 트랜잭션(계정과목 Master Data 조회)에서 16070100계정 정보를 보자.

Control data tab-Recon.account for account type=A Assets 로 지정되어 있는 것을 볼 수 있다.

○ 리셋(블랭크)상태로 변경한 후에는 G/L레벨에서 직접 포스팅이 가능해진다.

〉아래와 같이 블랭크로 Reset

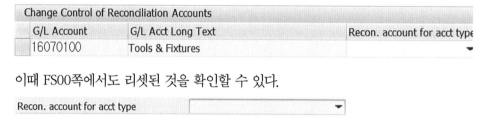

이때 FS00쪽에서도 리셋된 것을 확인할 수 있다.

Recon. account for acct type	▼

〉FB50 트랜잭션에서 16070100 계정으로 기표를 해보자.

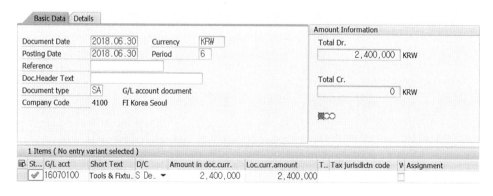

(위와 같이 입력이 가능하다.)

○ Set은 Blank 상태를 다시 A Assets 상태로 변경해주면 된다.

▶ IMG-FI-Asset Accounting-Preparing for Production Startup-Production Start-up-Set or Reset Reconciliation Accounts 화면 : Set 처리

	G/L Account	G/L Acct Long Text	Recon. account for acct type
	16070100	Tools & Fixtures	A Assets

Set Reconciliation Ind. for All Accounts	일괄 Set처리
Delete Reconciliation Ind. for All Accts	일괄 Reset 처리

● Transfer Balances

▶ Set/Reset Reconciliation Accounts 기능으로 G/L레벨에서 계정잔액을 기표할 수 있었다. Transfer Balances는 그런 방식이 아닌 IMG 화면에서 바로 계정잔액을 입력하여 전표를 기표하는 방식이다(고정자산 B/S 계정별 SUM값들 바로 전표처리한다. 조정계정유형을 변경하지 않고도 전표 처리할 수 있다.)

▶ IMG-FI-Asset Accounting-Preparing for Production Startup-Production Start-up-Transfer Balances 화면 : 계정별 금액/적요 등을 입력한 후 포스팅하게 되면 Migration 전표가 발생한다.

 〉전표 관련 정보를 입력. 실제 구축 프로젝트시에는 별도로 Migration용 전표유형을 이용하는 것이 좋다.

Enter Transfer Posting: Initial Screen

Document date	2018.06.30
Posting date	2018.06.30
Period	06

Company code	4100
Document type	AA
Ledger Group	

>계정별 금액 및 차/대변 선택, 적요 등을 입력한 후에 포스팅 처리할 수 있다.

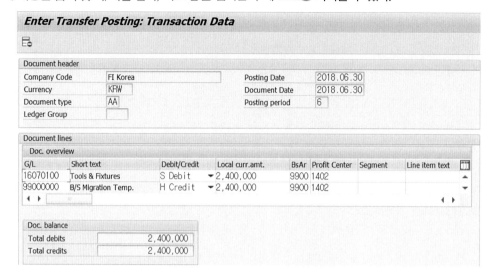

>포스팅 처리

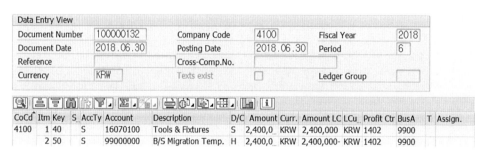

▶ 이 기능은 Reset Company Code/Posted Depreciation등을 수행한 후에 수정이
필요한 경우 수정금액을 바로 G/L로 업데이트 하는 경우에도 이용할 수 있다.

● Activate Company Code

▶ Reset Company Code/Posted Depreciation를 수행하기 위해서는 System Status = 2(Test) 상태여야만 가능했다.

▶ Implementation Status : Test Status(2) → Transfer Status(1) → Production Status(0) 단계를 가진다.

▶ 구축 프로젝트 수행시 가장 자유롭게 테스트 할 수 있는 Status는 Test Status이다. Test가 끝나고 고정자산 관련 데이터를 Legacy System에서 SAP로 Migration하는 상태를 Transfer Status라고 한다. 즉, Migration 작업을 하기 위해서는 Transfer Status상태로 만들어주어야 한다(Test 상태도 가능) Migration까지 모두 끝난 후에 시스템을 Go Live하기 위해 Production Status로 변경한다. 이 상태에서는 Reset등 처리가 불가능하고 Actual한 트랜잭션 발생만 가능하다.

▶ IMG-FI-Asset Accounting-Preparing for Production Startup-Production Startup-Activate Company Code 화면 : 각 Company Code별로 Status관리를 할 수 있다.

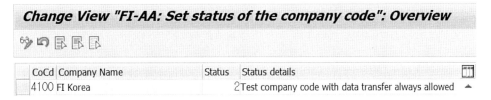

Change View "FI-AA: Set status of the company code": Overview

CoCd	Company Name	Status	Status details	
4100	FI Korea		2 Test company code with data transfer always allowed	▲

>Status Possible Entry를 클릭해보자.

Status company code	Short Descript.
0	Asset data transfer completed
1	Asset data transfer not yet completed
2	Test company code with data transfer always allowed
3	Company code deactivated - later reporting allowed

3번의 경우 Company Code에 대한 Transaction 처리는 못하게 되고 리포팅만 가능하도록 하는 상태이다.

▶ 일반적으로 실제 프로젝트시에는 1번 Status로는 변경하지 않고 Migration 후 시스템이 어느정도 안정화 되었다고 판단이 될 때 0번 Status로 변경한다(2번 상태에서 변경하지 않고 두는 경우도 있다.)

6. Asset Accounting (S/4 HANA)

● 자산 취득에 대한 Technical Clearing 계정 필요

▶ IMG-FI-Asset Accounting (New)-Integration with General Ledger Accounting-Technical Clearing Account for Integrated Asset Acquisition 화면 : 아래 Technical 계정을 설정해야 자산 취득 전표 생성이 가능하다. 자산취득 전표가 2개로 쪼개지면서 필요한 설정이다.

>Define Technical Clearing Account for Integrated Asset Acquisition

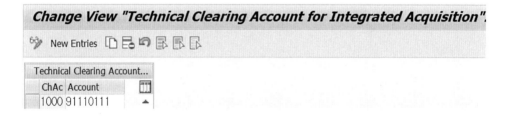

>Define Different Technical Clearing Account for Required Field Control

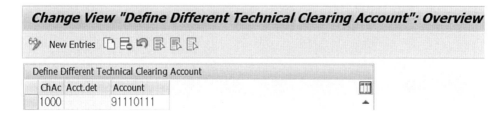

Account Determination 별로 Technical 계정을 각기 지정하고자 할 경우 위 화면에서 세팅을 할 수 있다.

▶ FI-Fixed Assets-Posting-Acquisition-External Acquisition-F-90 - With Vendor 화면

Enter Vendor Invoice: Display Overview

🔍 📊 Display currency ⓘ Taxes 🔄 Reset 📇 Asset Accounting

Document Date	2018.09.01	Type	KR	Company Code	1000
Posting Date	2018.09.01	Period	9	Currency	KRW
Document Number	INTERNAL	Fiscal Year	2018	Translation dte	2018.09.01
Reference				Cross-CC Number	
Doc.Header Text				Trading part.BA	

Itm	Key	SG	G/L Acc	G/L Account Name	Account	Description	Cost Ctr	Profit Ctr	Amount	Text	Tx	Tax
1	31		21122101	Other Acct.Payable	11364	SFA Electronics			1,200,000-		**	0
2	70		91110111	Asset Aqui.TClearing	91110111	000002000047 0000		P2000	1,200,000			0

위와 같이 [차)자산 xxx / 대)미지급금 xxx] 전표를 입력한 경우

>S/4 HANA에서 추가된 Asset Accounting Simulation 처리를 해보자.

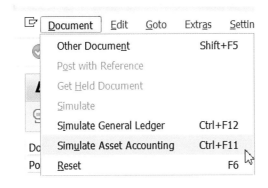

Post Document Display Overview

📋 AP/Currency ▾ 🔗 Line Items 🔗 Addit.Acct Assignment Line Item

Document Header Info

Document Date:	2018.09.01	Document type:	KR	Company Code:	1000	Accounting Principle:
Posting Date:	2018.09.01	Period:	09	Fiscal Year:	2018	Display Currency:

Line items

Type	Period	Ledger Grp	Ref. doc.	DocumentNo	Item	PK	BusA	Segment	Profit Ctr	G/L Acc	Short Text	Σ	Amount	Crcy	Cost Ctr	Order
KR	9		$ REF		1	31				21122101	Other Acct.Payable		1,200,000-	KRW		
KR	9		$ REF		2	70			P2000	91110111	000002000047 0000		1,200,000	KRW		
KR	9	0L	$ REF		1	70			P2000	16131101	000002000047 0000		1,200,000	KRW		
KR	9		$ REF		2	75			P2000	91110111	000002000047 0000		1,200,000-	KRW		
												*	0	KRW		

시뮬레이션 화면에서 볼 수 있듯이 2개의 전표로 쪼개지는 것을 볼 수 있다.

> Posting(💾) 처리. 아래 2장의 전표가 발생된다.

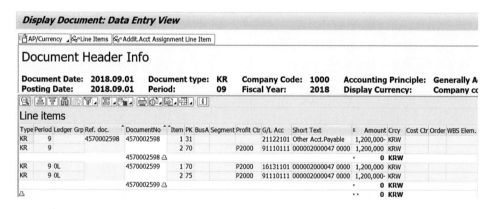

Data Entry View

Document Number	4570002598	Company Code	1000	Fiscal Year	2018
Document Date	2018.09.01	Posting Date	2018.09.01	Period	9
Reference		Cross-Comp.No.			
Currency	KRW	Texts Exist	☐	Ledger Group	

CoCd	Itm	Key	SG	Account	Description	G/L Acc	G/L Account Name	Curr.	Σ	Amount	Tx	Cost Ctr	Text	Clrng doc.
1000	1	31		11364	SFA Electronics	21122101	Other Acct.Payable	KRW		1,200,000-				
1000	2	70		91110111	000002000047 0000	91110111	Asset Aqui.TClearing	KRW		1,200,000				
								KRW	▪	0				

위 전표에서는 AP와 Asset Acquisition Technical Account로 Lineitem이 발생되었다.

> 🔗 Asset Accounting 버튼 클릭

Display Document: Data Entry View

AP/Currency ▾ | 🔗 Line Items | 🔗 Addit.Acct Assignment Line Item

Document Header Info

Document Date:	2018.09.01	Document type:	KR	Company Code:	1000	Accounting Principle:	Generally A
Posting Date:	2018.09.01	Period:	09	Fiscal Year:	2018	Display Currency:	Company c

Line items

Type	Period	Ledger Grp	Ref. doc.	DocumentNo	Item	PK	BusA	Segment	Profit Ctr	G/L Acc	Short Text	Σ	Amount	Crcy	Cost Ctr	Order	WBS Elem.
KR	9		4570002598	4570002598	1	31				21122101	Other Acct.Payable		1,200,000-	KRW			
KR	9				2	70			P2000	91110111	000002000047 0000		1,200,000	KRW			
				4570002598 △								▪	0	KRW			
KR	9	0L		4570002599	1	70			P2000	16131101	000002000047 0000		1,200,000	KRW			
KR	9	0L			2	75			P2000	91110111	000002000047 0000		1,200,000-	KRW			
				4570002599 △								▪	0	KRW			
△												▪ ▪	0	KRW			

2번째 전표번호를 조회해보자.

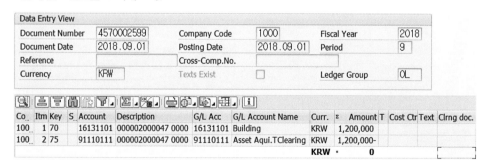

Data Entry View

Document Number	4570002599	Company Code	1000	Fiscal Year	2018
Document Date	2018.09.01	Posting Date	2018.09.01	Period	9
Reference		Cross-Comp.No.			
Currency	KRW	Texts Exist	☐	Ledger Group	0L

Co..	Itm	Key	S	Account	Description	G/L Acc	G/L Account Name	Curr.	Σ	Amount	T	Cost Ctr	Text	Clrng doc.
100	1	70		16131101	000002000047 0000	16131101	Building	KRW		1,200,000				
100	2	75		91110111	000002000047 0000	91110111	Asset Aqui.TClearing	KRW		1,200,000-				
								KRW	▪	0				

차변 Asset(Building) / 대변 Asset Acquisition Technical Account 계정으로 전표가 발생되었다.

▶ 위와 같이 2개의 취득전표를 서로 연결해주는 중간계정 역할의 Technical Account 를 설정해야 한다.

▶ 역분개는 첫번째 전표인 4570002598를 이용하여 처리하면 된다.

● Asset Migration - AS91 / AS92 Transaction 화면의 변화사항

▶ AS91/AS92 화면에서 Takeover 데이터 입력 부분이 변경됨

〉AS91 화면에서 생성한 자산 Master 200048에 대해서 AS92 화면에서 자산가액을 입력한다.

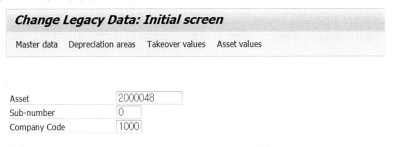

현재 Asset Transfer Date = 2018.02.28(2018/02)이다.

〉 Takeover values 버튼 클릭

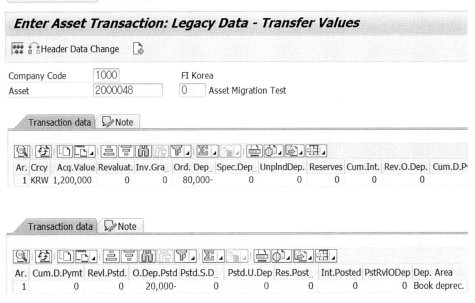

취득가액 : 1,200,000원, 전년감가상각누계액 : 80,000원, 당해년도 감가상각누계액 : 20,000 원 입력

〉위와 같이 입력 후 상단의 ▦ (시뮬레이션) 버튼을 클릭해보자.

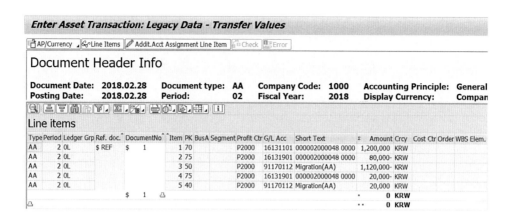

Enter Asset Transaction: Legacy Data - Transfer Values

AP/Currency | Line Items | Addit.Acct Assignment Line Item | Check | Error

Document Header Info

Document Date:	2018.02.28	Document type:	AA	Company Code:	1000	Accounting Principle:	General
Posting Date:	2018.02.28	Period:	02	Fiscal Year:	2018	Display Currency:	Compan

Line items

Type	Period	Ledger Grp	Ref. doc.	DocumentNo	Item	PK	BusA	Segment	Profit Ctr	G/L Acc	Short Text	Σ	Amount	Crcy	Cost Ctr	Order	WBS Elem.
AA	2	0L	$ REF	$ 1	1	70			P2000	16131101	000002000048 0000		1,200,000	KRW			
AA	2	0L			2	75			P2000	16131901	000002000048 0000		80,000-	KRW			
AA	2	0L			3	50			P2000	91170112	Migration(AA)		1,120,000-	KRW			
AA	2	0L			4	75			P2000	16131901	000002000048 0000		20,000-	KRW			
AA	2	0L			5	40			P2000	91170112	Migration(AA)		20,000	KRW			
			$ 1									•	0	KRW			
												••	0	KRW			

> 자산가액을 입력함과 동시에 이관 전표에 대한 기표가 가능해졌다. 자산을 조회해보자.

Company Code	1000		FI Korea
Asset	2000048	0	Asset Migration Test

Fiscal year ◀ 2018 ▶

Planned values | Posted values | Comparisons | Parameters

Planned values Book depreciation

Value	Fiscal year start	Change	Year-end	Crcy
APC transactions	1,200,000		1,200,000	KRW
Investment support				KRW
Acquisition value	1,200,000		1,200,000	KRW
Ordinary Depreciat.	80,000-	120,000-	200,000-	KRW
Unplanned Deprec.				KRW
Write-ups				KRW
Value adjustment				KRW
Net book value	1,120,000	120,000-	1,000,000	KRW

Transactions

AssetValDate	Amount	TType	Transaction Type Name	Σ Ord. Dep.	Σ Ord. Dep.	Crcy
2018.01.01	1,200,000	970	Mid-Year Transfer of Accumulated Values	80,000-	0	KRW
2018.02.28	20,000-	500	Post depreciation	0	20,000-	KRW
				• 80,000-	• 20,000-	KRW

Depreciation posted/planned

	Status	Status	Per	Σ Ord. Dep.	ΣUplnd Dep.	ΣReserves	ΣRevaluat.	Crcy
	Legacy data transfer	Legacy data transfer	2	20,000-	0	0	0	KRW
△	Planned	Planned	7	50,000-	0	0	0	KRW
△	Planned	Planned	8	10,000-	0	0	0	KRW
△	Planned	Planned	9	10,000-	0	0	0	KRW
△	Planned	Planned	10	10,000-	0	0	0	KRW
△	Planned	Planned	11	10,000-	0	0	0	KRW
△	Planned	Planned	12	10,000-	0	0	0	KRW
			·	120,000- ·	0 ·	0 ·	0	KRW

그림과 같이 자산이 Migration이 되어있다. Transactions 라인을 더블클릭하면 이관전표를 조회할 수 있다.

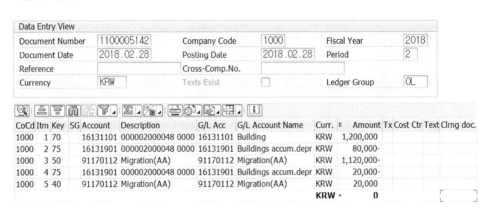

Data Entry View

Document Number	1100005142	Company Code	1000	Fiscal Year	2018
Document Date	2018.02.28	Posting Date	2018.02.28	Period	2
Reference		Cross-Comp.No.			
Currency	KRW	Texts Exist	☐	Ledger Group	OL

CoCd	Itm	Key	SG	Account	Description	G/L Acc	G/L Account Name	Curr.	Σ Amount	Tx	Cost Ctr	Text	Clrng doc.
1000	1	70		16131101	000002000048 0000	16131101	Building	KRW	1,200,000				
1000	2	75		16131901	000002000048 0000	16131901	Buildings accum.depr	KRW	80,000-				
1000	3	50		91170112	Migration(AA)	91170112	Migration(AA)	KRW	1,120,000-				
1000	4	75		16131901	000002000048 0000	16131901	Buildings accum.depr	KRW	20,000-				
1000	5	40		91170112	Migration(AA)	91170112	Migration(AA)	KRW	20,000				
								KRW ·	0				

기존 버전에서는 자산가액을 입력한 후 별도의 G/L Migration Posting 처리를 했어야 했다. **S/4 HANA 버전에서는 별도 G/L 전표입력 없이 자동으로 전표가 발생**된다.

▶ IMG-FI-Asset Accounting-Asset Data Transfer-Parameters for Data Transfer-Define Offsetting Account for Legacy Data Transfer : Migration 상대계정 설정 화면

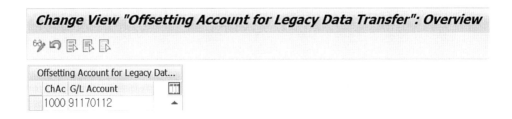

▶ IMG-FI-Asset Accounting-Asset Data Transfer-Parameters for Data Transfer-Define Transfer Date and Additional Parameters : S/4 HANA 버전에 따라 다르지만 이전일(Transfer Date) 설정이 아래 그림처럼 변경되었다.

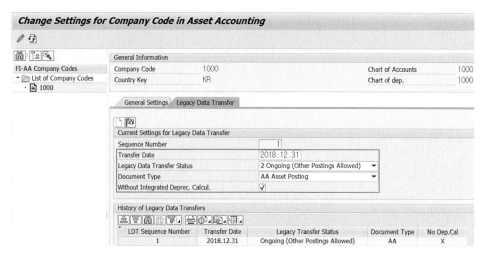

- (Create Legacy transfer segment) 버튼을 클릭하여 Legacy Data Transfer Segment를 하나 생성한다. 첫번째이므로 Sequence Number가 1로 채번된다.

- Transfer Date : 데이터를 마이그레이션 하기 위한 이전일자(Transfer Date)이다.

- Legacy Data Transfer Status : 0 - In Preparation 단계(LDT Segment 입력 단계), 1 - Ongoing(Asset Transfer 전표를 입력할 수 있는 단계, 단 그 외 Asset Transaction은 처리할 수 없음), 2 - Ongoing (Other Postings Allowed) (Asset Transfer 전표와 다른 Asset Transaction을 함께 처리할 수 있는 단계), 3 - Completed(완료단계-더 이상 Legacy Asset Transfer처리를 할 수 없는 단계. 🔳 버튼을 클릭하면 Complete 처리된다. 이전 Sequence번호의 Segment를 Completed 처리해야만 다음 Sequence의 Legacy Transfer Segment를 추가로 생성할 수 있다.)

> 0 In Preparation
> 1 Ongoing
> 2 Ongoing (Other Postings Allowed)

- Document Type : Legacy Data Transfer 전표의 전표유형을 설정한다.

- Without Integrated Depreciation Calcul. : 통합 감가상각계산을 안 할 경우 체크. 체크시 별도로 AFAR(감가상각 재계산) 등을 돌려 감가상각 계획값 등을 계산하도록 해야 한다. 일반적으로 언체크 후 마이그레이션 하면 된다.

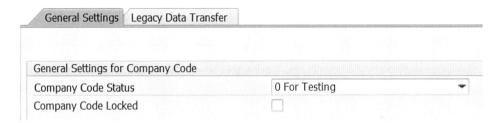

General Settings에서는 Company Code의 상태를 관리한다. 마이그레이션 시에는 Testing 상태로 두고 진행하는 것이 좋다. Locked 체크박스의 경우 체크시 해당 회사코드에 대한 자산 관련 처리가 모두 막히게 된다.

● **자산매각전표 변화사항**

▶ 자산매각 전표 처리시에도 취득과 유사하게 2개의 전표로 분리되었다.

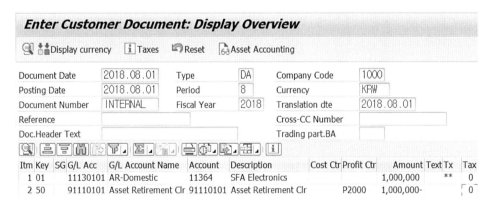

위와 같이 Asset Retirement Clearing 계정을 이용하여 매각 전표를 기표한다. 시뮬레이션 처리를 하더라도 자산번호가 조회되지 않는다. [Asset Accounting] 버튼을 클릭해보자.

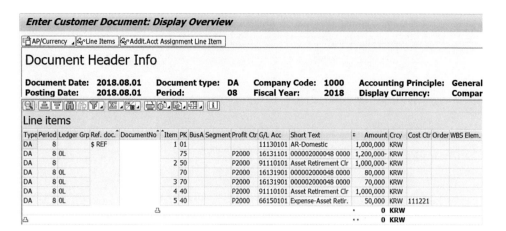

시뮬레이션 화면에서는 나오지 않던 자산 관련 라인들이 조회되어 보여진다.

> Posting(💾) 처리

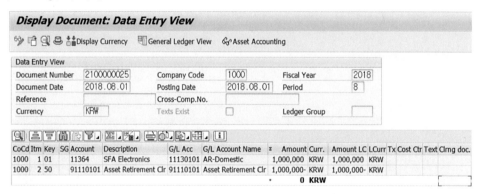

> 🔗 Asset Accounting 버튼을 클릭해보자.

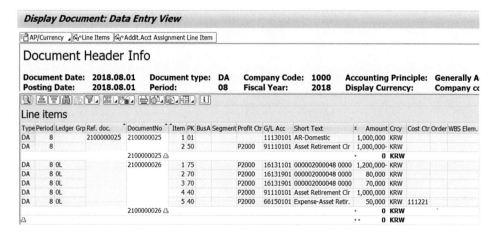

위와 같이 2개 전표로 쪼개짐을 알 수 있다. 2100000026 전표를 조회해보자.

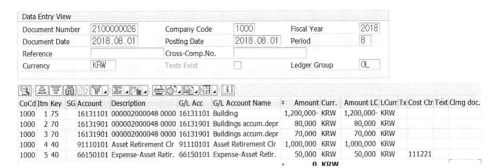

CoCd	Itm	Key	SG	Account	Description	G/L Acc	G/L Account Name	Σ	Amount	Curr.	Amount LC	LCurr	Tx	Cost Ctr	Text	Clrng doc.
1000	1	75		16131101	000002000048 0000	16131101	Building		1,200,000-	KRW	1,200,000-	KRW				
1000	2	70		16131901	000002000048 0000	16131901	Buildings accum.depr		80,000	KRW	80,000	KRW				
1000	3	70		16131901	000002000048 0000	16131901	Buildings accum.depr		70,000	KRW	70,000	KRW				
1000	4	40		91110101	Asset Retirement Clr	91110101	Asset Retirement Clr		1,000,000	KRW	1,000,000	KRW				
1000	5	40		66150101	Expense-Asset Retir.	66150101	Expense-Asset Retir.		50,000	KRW	50,000	KRW		111221		
									0	KRW						

AR 처리 전표와 Asset 처분관련 전표가 2개로 나뉘어져 기표되도록 변경되었다.

● 기타 변경사항

▶ 전표 회계처리시 Accounting Principle / Depreciation Area를 선택할 수 있다.

〉FI-Fixed Assets-Posting-Transfer-ABUMN - Transfer within Company Code 화면

Accounting Principle / Depreciation Area를 선택할 수 있다. 다른 Transaction 처리 화면들에도 이 필드들을 선택할 수 있도록 화면이 구성되어 있다.

▶ AFAB : Depreciation Run 처리 화면 변경

>ECC 버전 감가상각처리 화면에서는 Posting Reason을 선택하게 되어 있다

　[Planned Run / Repeat / Restart / Unplanned Run 선택]

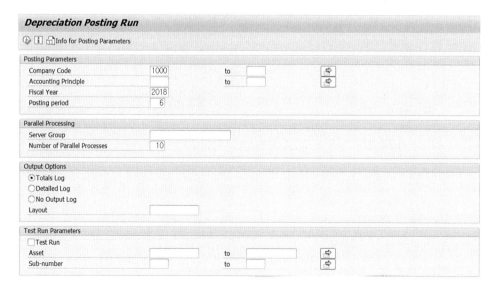

>S/4 HANA 버전에서는 아래 그림처럼 Posting Reason을 선택하지 않는다. 즉, Repeat / Restart Run등 선택 없이도 모든 상황에 맞는 처리가 자동으로 이루어진다.

▶ S/4 HANA Version 1503 버전부터 AJRW(Fiscal Year Change) 프로그램이 **FAGLGVTR**(GL B/S Carry Forward)로 통합되어 더 이상 사용하지 않게 되었다. 메뉴 Path에도 해당 T-Code는 사라져서 보이지 않는다.

```
▼ 📁 Year-End Closing
    · 🔯 AJAB - Execute
    ▼ 📁 Undo
        · 🔯 OAAQ - Entire Company Code
        · 🔯 OAAR - By Area
```

〉만약 AJRW를 실행할 경우 아래와 같은 오류가 발생한다.

A new function exists for this function (see SAP Note 1946054)

Message no. SFIN_FI005

Diagnosis

You are trying to perform a function that has been replaced by a new function.

System Response

You cannot execute the original function.

Procedure

To find out which function you need to use instead, consult SAP Note **1946054**.

Financial
Closing

Part 9

1. Overview of Closing Process

2. Financial Statement

3. Asset and Liabilities(B/S) Closing

4. Profit and Loss

5. Technical, Organizational and Documentary Steps

enterprise

software

resource

planning

SAP

system

program

development

analysis

이번 챕터에서는 SAP FI 결산 Process에 대해 살펴보고자 합니다. Month-End Closing과 Year-End Closing에 대해 각 단계별로 수행해야 하는 Task에 대해서 살펴보고 어떤 순서로 마감작업을 진행해야 하는지 알아보도록 하겠습니다. 재무제표를 조회하는 방법에 대해 살펴보고 그 외 리포팅에 관해서도 알아보겠습니다.

1. Overview of Closing Process

● **Integrated Overview of Closing Process**

▶ SAP(FI ←→ CO) ←→ Legacy 통합 관점에서 Closing Process에 대해 알아보자.

▶ B/S, P&L 관련 항목들에 대한 결산 Process를 살펴보자.

▶ 재무결과에 관심있는 사람(Stakeholder)이 누구인지에 따라 목적별 재무제표가 달라진다.

Financial Statement Version 이용 → Internal, External, Auditor Version ... 이러한 재무제표를 산출하기 위한 IMG 세팅을 살펴보자.

▶ **Month-End Closing Overview(3단계로 마감 진행)**

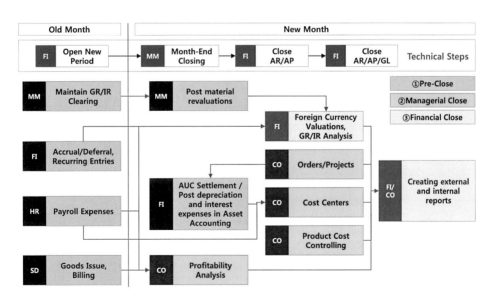

○ 회사마다 결산 Process는 어느정도 다를 수밖에 없지만 큰 틀에서의 처리과정은 유사한 점이 존재한다. 월결산시 프로세스에 대해 간단히 살펴보면 아래와 같은 단계를 거쳐 월결산을 진행한다.

○ ①Pre-Close : 결산 가마감 단계. 9월마감일 경우 10월 Period를 오픈, 기간손익 포스팅(월말에 주기적으로 돌려주는 Recurring Entry, Accrual/Deferral Program-선급/미지급 관련 계정 포스팅), SubLedger 마감(비용마감/매출마감) Legacy system에서 발생하는 데이터 마감, 9월 Period에 대한 1차 마감처리(현업Posting Period Block, 관리회계팀, 재무회계팀 Posting Period Open)

- Technical - Open New Accounting Period(다음월 회계기간 오픈)
- FI - Enter Accruals/Deferrals, Process Recurring Entries(기간손익 처리) and Bad Debt Expense in AR(대손상각비 계상), AuC Settlement / Post Depreciation and Interest Expenses in Asset Accounting(감가상각비 처리)
- MM - Maintain GR/IR Clearing account(GR/IR 계정유지보수), Post Material Revaluations(재고자산 평가)
- HR - Post Payroll Expenses(급여 처리)
- SD - Post Goods Issues for Deliveries to Customers(출고Posting마감)
- Technical - MM마감, Sub-ledgers마감(FI), G/L예비마감(FI)

○ ②Managerial Close : CO모듈 마감. 잘못된 CC, I/O등을 조정하는 Reposting, 비용 Allocation(간접Cost Center → 직접Cost Center), Internal Order Settlement. CO 9월 마감.

- CO Allocations and Reposting
- CO 기간마감(Locking), G/L 조정분개를 위한 FI기간 재오픈

○ ③Financial Close : CO-Reconciliation Ledger 포스팅(FI와 CO의 조직단위별 금액이 다른 것을 CO쪽 금액 기준으로 조정해주는 작업) → **New G/L 버전부터는 자동반영**되어 없어짐, 외화 자산,부채(채권/채무) 평가작업 수행. 9월 최종마감(9월 결산 종료), 그 후에 각종 Reporting 작업 진행

- FI - Foreign Currency Valuations, GR/IR Analysis(미착/미불 처리)
- Technical - 기간마감(FI)
- FI/CO - Creating External and Internal Reports

▶ **Year-End Closing Overview(연말결산 프로세스-2단계로 마감진행)**

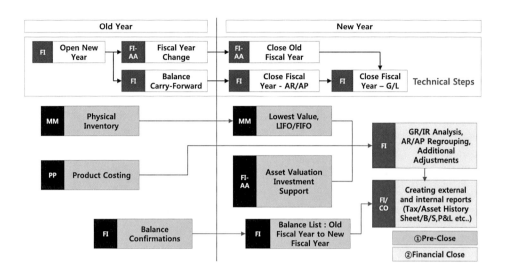

○ 12월 월결산(Month-End Closing)과 함께 진행된다.

○ ①Pre-Close : 2018년 마감이면 2019년도 Fiscal Year를 오픈한다(2019년1월 정규포스 팅 가능) 연말 기준의 자재, 재고자산의 평가. 채권,채무 잔액조회를 통한 연말기준 Fixing. Fiscal Year Change(AA)-고정자산의 회계연도 변경으로 잔액을 Carry Forward시키는 작업 또한 2019년 고정자산이 취득 가능하게 됨. 잔액 차기이월 작업 진행

• Technical - New Fiscal Year 회계기간오픈(FI),

• MM - 재고실사(Physical inventory count) 수행(분기별/월별 수행도 가능), 재고자산 저 가법/LIFO/FIFO 평가

• PP/CO - 표준원가 추정(분기별/월별 수행도 가능)

• AA - 자산 재평가

• FI - Customers/Vendors 채권/채무 잔액 확정

• Technical - Fiscal Year change(AA) / Balance Carry Forward(FI)

○ ②Financial Close : 채권/채무 장단기대체, 적자 채권,채무 조정작업(12월 31일 현재 보유중인 채권,채무중에 만기가 1년이 넘는 것들은 장기로 구분 짓고, 적자 채권은 채무로, 적자 채무는 채권으로 돌려주는 Regrouping 작업) 조정 포스팅 처리. Pre-Close 단계에서 Balance Carry Forward 작업을 한 후에 위와 같은 조정작업을 했을 경우 잔액의

변동이 생긴다. 이런 변동금액을 다시 Carry Forward하지 않아도 SAP에서는 자동으로 연이월 처리를 해준다. 따라서 이 단계에서는 전년 최종잔액과 신규년도 기초잔액(이관된 잔액)이 서로 일치하는지에 대한 비교 및 검증작업을 해야 한다. 2018년 최종마감, 후 각종 리포팅 작업

- FI - GR/IR Clearing 계정분석, 채권/채무 Regrouping, 추가적인 조정 Posting
- Technical - 최종 마감(AR/AP and G/L), Year-End Closing(AA)
- FI/CO - Creating External and Internal reports

▶ S/4 HANA 버전에서는 FI-GL Balance Carry-Forward 기능에 FI-AA Fiscal Year Change 기능이 통합되었다.

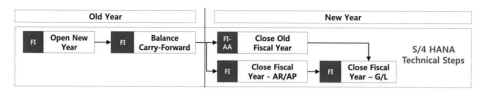

따라서 AJRW - Fiscal Year Change 트랜잭션 처리는 필요 없어졌다.

2. Financial Statement

● **Financial Statement : 재무제표 조회**

▶ Financial Statement Version(FSV)

○ 재무결과에 관심 있는 사람(Stakeholder)이 누군지에 따라 재무제표 버전(FSV)을 다르게 만들 수 있다.

○ Internal의 경우 세부적인 항목까지 다양한 정보를 보고 싶어할 것이며, External의 경우 회계기준에 의거한 양식에 맞추면 될 것이다. Auditor의 경우 외부,내부 감사시 필요한 항목들 위주로 정보를 구성하면 된다.

○ 각 버전별 재무제표의 트리구조를 만들어낼 수 있다. T-Code : F.01 - Financial Statement Program(RFBILA00)을 이용하여 재무제표 버전별 재무제표 생성

○ IMG 에서 FSV값을 지정하는 구조

＞IMG-FI-General Ledger Accounting (New)-Master Data-G/L Accounts-Define Financial Statement Versions 화면

FSV BAKR을 더블클릭하여 조회해보자.

- Directory of FSV : FSV의 기준정보를 입력하는 부분

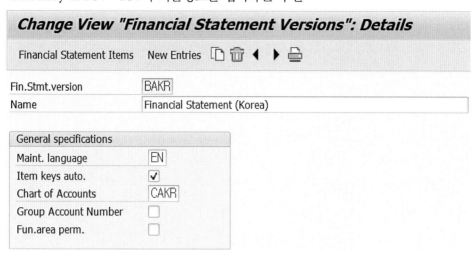

- Maintain Language : B/S / P&L 각 Item별로 보여지는 Text 언어

- Item keys auto. : Item번호를 사람이 직접 입력할 것인지 시스템이 자동으로 부여할 것인지
  결정

- Chart of Accounts : 어떤 COA를 가지고 재무제표를 볼 것인지 지정

- Group Account Number : Group Account Number별로 볼 것인지 결정

- Fun.area perm. : Functional Area별로 FS를 보는 것을 허용할 것인지를 결정

- 위 화면에서 Financial Statement Items 버튼을 클릭하면 BS / P&L Items 각 항목을
  입력하는 화면이 나온다.

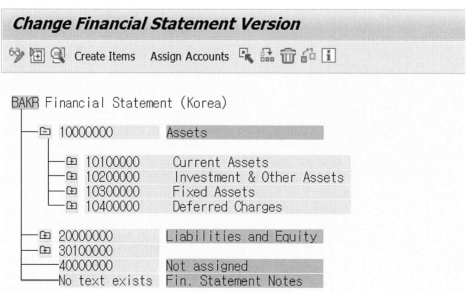

10100000　　　Current Assets 등의 값은 Item 명이다.

〉[메뉴-Settings-Change] 클릭 후 Item Keys visible 체크박스에 체크한다.

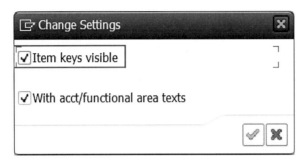

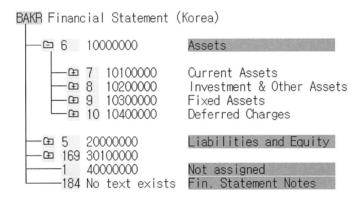

6 등의 값이 Item Key값이다. Directory 화면에서 Item Keys auto. 체크시 자동 Numbering 된다.

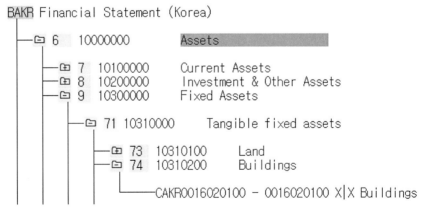

CAKR0016020100 − 0016020100는 G/L Account를 의미한다.

• 계층 구조는 최대 레벨 10까지 구성할 수 있다.

○ Account Group Allocations According to Balance

- 은행과 관련된 계정과목의 밸런스가 플러스인지 마이너스인지에 따라서 플러스면
자산, 마이너스면 부채쪽으로 나뉘어 조회되도록 할 수 있다.

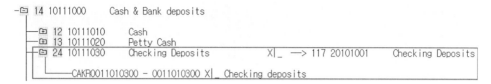

Checking Deposits 그룹의 경우 차변만 X 표시가 되어 있다. 이 부분에 대해 살펴
보자.

- CAKR0011010300 - 0011010300 더블클릭 혹은 클릭 후 | Assign Accounts | 버튼 클릭

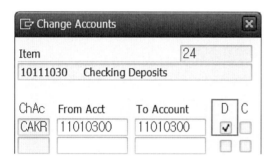

필드중 D(Debit), C(Credit) 필드가 있는데 이것은 해당 계정에 속한 금액이 차변일 경
우에만 포함시킬 것인지, 대변일 경우에만 포함시킬 것인지를 지정하는 부분이다. 양
쪽 모두 체크일 경우 차변이든 대변이든 해당 위치에 계정금액을 표시하겠다는 의미
이다.

- 위 그림에서는 D 필드에만 체크되어 있다. 즉, 차변 밸런스를 가질때만 해당 위치에
금액을 포함시키겠다는 의미이다. 그럼 대변 밸런스를 가질때에는 어떻게 될까?
위 그림에서 X|_ —> 117 20101001   Checking Deposits 부분이 있는데,
20101001-Checking Deposits과 연결되어 있다는 표시이다. 즉, 대변 밸런스일 경우
20101001 재무제표 항목에 표시되게 된다.

- 링크를 따라 가보면 역시 반대로도 표시가 되어 있음을 볼 수 있다.

```
─🗀 109 20101000 Bank overdraft
  ├─🗀 117 20101001    Checking Deposits      _|X —> 24 10111030    Checking Deposits
  │    └──CAKR0011010300 - 0011010300 _|X Checking deposits
```

CAKR0011010300 – 0011010300 더블클릭

C(대변) 필드에만 체크된 것을 확인할 수 있다.

- FS00 트랜잭션 화면(G/L계정 생성) : 테스트를 위해 신규 은행계정을 추가해보자. 11010300 계정 Reference Copy하여 11010301 계정을 생성하자.

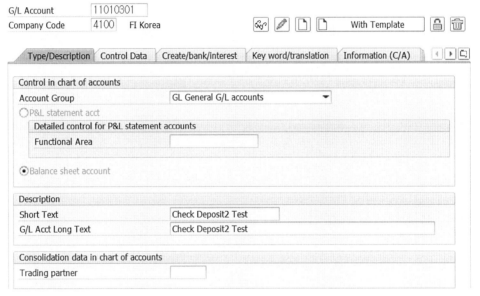

- 다시 FSV 생성 화면으로 이동. 재무제표 항목그룹을 만들기 위해서는 만들고자 하는 위치에 마우스 클릭하여 커서를 위치시킨 후 Create Items 버튼을 클릭한다.

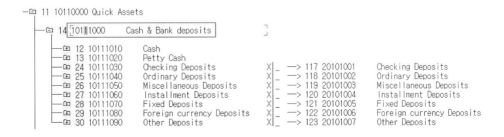

10111000 클릭한 후 [Create Items] 버튼 클릭

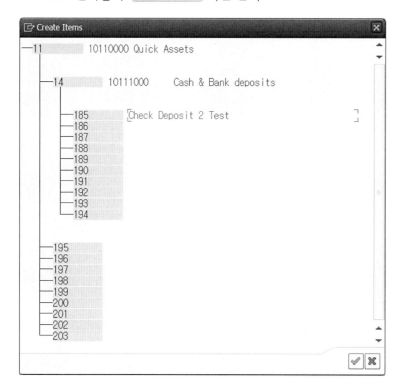

• 위와 같이 재무제표 항목그룹을 생성하면 아래 그림처럼 나온다.

더블클릭하여 명칭을 변경할 수 있다.

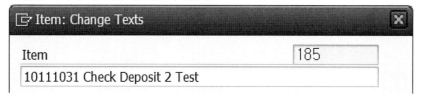

- 위치를 변경하고 싶을 경우 싶을 경우 (185항목 클릭 후) 🔍 버튼을 이용해 선택하고 (25항목 클릭 후) 🔧 버튼으로 위치시킨다. 그리고 동일레벨을 지정하면 된다.

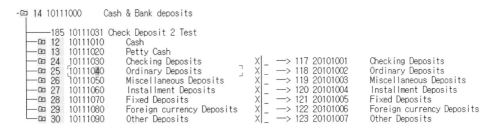

동일/하위 레벨 중 지정 - Same Level 선택

>아래와 같이 원하는 위치로 이동된다.

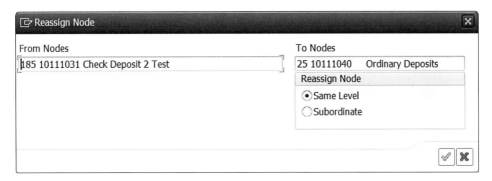

>부채쪽에도 동일한 방식으로 재무제표 항목그룹을 생성

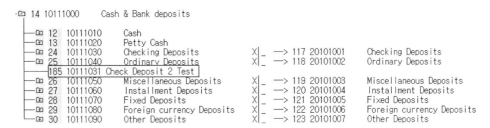

- 위와 같이 새로운 재무제표 항목그룹을 생성한 후 그 안에 속할 계정들을 assign 한다.

>FSV생성 화면에서 185 10111031 Check Deposit 2 Test 부분 클릭 후

Assign Accounts 버튼 클릭

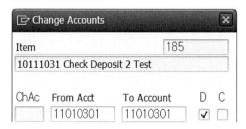

자산 항목그룹에 포함시키는 것이므로 차변 필드 지정을 한다. 실행하면 아래와 같이 assign 된다.

```
-🗀 185 10111031 Check Deposit 2 Test
     └──CAKR0011010301 - 0011010301 X|_ Check Deposit2 Test
```

>부채 항목그룹 쪽에도 동일한 방식으로 생성.

186 20101002 Check Deposit 2 Test 부분 클릭 후 Assign Accounts 버튼 클릭

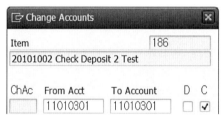

부채 항목그룹에 포함시키는 것이므로 대변 필드 지정을 한다. 실행하면 아래와 같이 assign 된다.

```
·🗀 109 20101000 Bank overdraft
   ├─🗀 117 20101001    Checking Deposits        _|X ─> 24 10111030      Checking Deposits
   ├─🗀 186 20101002 Check Deposit 2 Test
   │    └──CAKR0011010301 - 0011010301 _|X Check Deposit2 Test
```

• 이제 남은 일은 두 계정그룹을 링크시키는 일이다. 한 계정 그룹을 클릭한 후 🖱 버튼을 클릭하여 선택한 후 다른 계정그룹을 클릭한 후에 [메뉴-Edit-Debit/Credit Shift-Define]을 클릭하면 아래 화면이 나온다.

```
·🗀 185 10111031 Check Deposit 2 Test
     └──CAKR0011010301 - 0011010301 X|_ Check Deposit2 Test
```

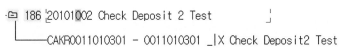

186 20101002 Check Deposit 2 Test

CAKR0011010301 - 0011010301 _|X Check Deposit2 Test

- 엔터를 치게 되면 링크가 생성된다(완료)

185 10111031 Check Deposit 2 Test   X|_ —> 186 20101002 Check Deposit 2 Test
186 20101002 Check Deposit 2 Test   _|X —> 185 10111031 Check Deposit 2 Test

○ Texts : 각 계정그룹의 Text값이 FS화면상의 그룹명에 뿌려지게 된다.

- FSV 생성 화면

> 6   10000000   `Assets` 더블클릭

해당 Item 그룹의 시작시점에 위와 같은 Start of Group 의 메시지를 뿌려준다는 의미이다.

> | End of Group |(끝나는 시점) | Graduated Total |부분에도 원하는 메시지를 넣을 수 있다.

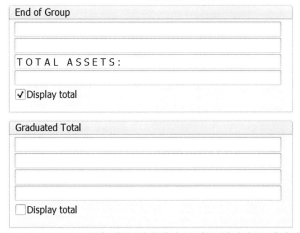

Display total : 토딜 값을 집계해서 보어줄 깃인가를 지징하는 필드

- T-Code : F.01 화면

>아래와 같이 조건값을 입력한 후 실행

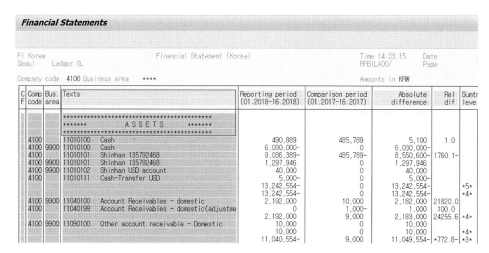

FSV 필드를 앞서 살펴본 BAKR로 지정한다. 조건값에 대한 상세설명은 뒷부분에서 진행할 예
정이다.

>실행하면 아래와 같이 앞에서 지정한 Text를 가지고 내용이 조회된다.

▶ Financial Statement Program(T-Code : F.01 (RFBILA00))

○ SAP Menu-Information Systems-Accounting-Financial Accounting-General Ledger-Information System (New)-F.01 - Balance Sheet (RFBILA00 Program) or FI-General Ledger-Information System-General Ledger Reports-Financial Statement / Cash Flow-General-Actual/Actual Comparisons-S_ALR_87012284 - Financial Statements (SA38 혹은 [메뉴-System-Service-Reporting] 화면에서 RFBILA00 을 입력하고 실행해도 된다.)

○ 각 조건값을 입력한 후 실행하게 되면 원하는 형태의 재무제표 데이터를 조회해 볼 수 있다.

- Chart of accounts   CAKR : CoA 입력
- Company code   4100 : 회사코드 입력
- Financial statement version BAKR : FSV 값 입력(조회하고자 하는 목적에 맞는 버

전을 선택한다.)

Reporting year	2019			
Reporting periods	1	to	16	
Comparison year	2018			
Comparison periods	1	to	16	

- Reporting year/periods : 조회하고자 하는 연월을 입력한다. Comparison year/periods: 비

  교연월을 입력한다.

  위 그림처럼 기간을 from~to로 줄 경우 Special evaluations tab-Balance sheet type 필드값에

  따라 기간내 금액만 조회되거나 to 기간까지 누적으로 금액이 조회된다.

○ Special evaluations Tab

Further selections	Special evaluations	Output control

Balance sheet type	1
☐ Alternative account number	
☐ Extrapolation of P+L values	
☐ Accounts with zero balance	
☐ Deletion flag	
Display currency	
Key date for translation	2019.01.05
Exch.rate type for translation	M

- Balance sheet type : 재무제표 금액을 누적으로 조회 할 것인지, 조회월에 해당하는 금액만 조

  회할건지 선택

Bal.sheet type	Short Descript.
1	Standard financial statement
2	Flow of funds analysis
3	Balance sheet accounts like type 1; P+L accounts like type 2
4	Opening balance

1 : 전기이월부터 To Period에 해당하는 기간까지 누적 금액으로 조회

2 : From Period ~ To Period 에 해당하는 기간만 누적으로 조회

3 : Balance Sheet 계정들은 전기이월부터 To Period에 해당하는 기간까지 누적금

　　액으로 조회하고, P&L 계정들은 From Period ~ To Period 에 해당하는 기간만

　　누적으로 조회한다

4 : From/To Period 와 관계없이 해당년도 기초 Balance 금액을 조회한다.

- Alternative account number : G/L Account Master에서 Alternative Account No. 정보를 관리할 경우 해당 계정코드를 함께 조회할 수 있다.

- Extrapolation of P+L values : (balance * 12) / number of periods 식으로 예상금액을 계산

- Accounts with zero balance : 금액이 0인 계정도 조회

- Deletion flag : Deletion flag가 찍힌 계정들도 조회가 되도록 한다.

- Display currency : 특정 통화로 변환하여 금액을 조회(특정일자 환율을 지정할 수 있음)

○ ALV Tree Control 선택시 아래와 같이 Tree 형태로 조회된다.

Financial Statements

Financial Statement (Korea)

OL	Ledger
10	Currency type Company code currency
KRW	Amounts in South Korean Won
2018.01 -2018.08	Reporting periods

Financial Statement Items

Financial Statement Item/Account		Tot.rpt.pr	tot.cmp.pr	Abs. diff.
▼ 🗀 10000000		53,638,267	53,351,864	286,403
▸ 🗀 10100000	Current Assets	10,702,100-	10,988,503-	286,403
▸ 🗀 10300000	Fixed Assets	64,340,367	64,340,367	0
▼ 🗀 20000000		53,638,267-	53,351,864-	286,403-
▸ 🗀 20100000	Current Liabilities	8,253,000-	8,274,100-	21,100
▸ 🗀 20500000	Stockholders' Equity	45,385,267-	45,077,764-	307,503-
▼ 🗀 30100000		0	0	0
▸ 🗀 30110000	Income(Loss) before taxes	46,476,267-	46,171,764-	304,503-
▸ 🗀 30130000	P+L result	46,476,267	46,171,764	304,503
▸ 🗀 40000000		1,091,000	1,094,000	3,000-

〉 Financial Statement Items 클릭시 재무제표 항목 레벨까지 Tree가 펼쳐진다.

〉ALV Tree Layout을 조정하여 Alternative account number / Group account number 필드도 조회할 수 있다.

▶ Drilldown Reporting - 다차원 분석이 가능한 Report

○ 원하는 기준값을 중심으로 X축, Y축, 시간축 별로 다차원 분석을 할 수 있다.

○ FI-General Ledger-Information System-General Ledger Reports (New)- Financial Statement / Cash Flow-General-Actual/Actual Comparisons-S_PL0_86000028 - Financial Statement: Actual/Actual Comparison 화면 : 원하는 리포트 조건값을 입력

Selection: Fin. Statement: Actual/Actual Comparison

⊕ ⊡ ≣ Data Sources

General Selections

Currency Type	10	to		⇨
Company Code	4100	to		⇨
Account Number		to		⇨
Business Area		to		⇨
Functional Area		to		⇨
Cost Center		to		⇨
Sender cost ctr		to		⇨
Profit Center		to		⇨
Currency		to		⇨
Bus.transaction		to		⇨
Transactn type		to		⇨
Base Unit		to		⇨
Ref. procedure		to		⇨
Logical System		to		⇨
Cost Element		to		⇨
CO Area		to		⇨
Segment		to		⇨
Partner PC		to		⇨
Partner FArea		to		⇨
Send.BusArea		to		⇨
Trading partner		to		⇨
Partner Segment		to		⇨
Debit/Credit		to		⇨
Stat. key fig.		to		⇨

Report selections

Ledger	0L	Leading Ledger	
Fin. Statement Vers.	BAKR	Financial Statement (Korea)	
Reporting Year	2018	2018	
Reporting Period frm	1	January	
Reporting Period to	12	December	
Comparison Year	2017	2017	
Comparison Per. from	1	January	
Comparison Period to	12	December	

Parameters for Special Evaluations

☐ Alternative Account Number

Output type

◉ Graphical report output
○ Classic drilldown report
○ Object list (more than one lead column)

> 실행하면 아래 화면과 같이 조회된다.

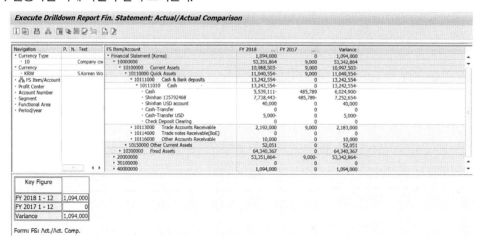

> 10111010   Cash 부분을 더블클릭해보자.

Functional Area		FY 2018	...	FY 2017	...	Variance
·	Not assigned	13,242,554-		0		13,242,554-
· Result		13,242,554-		0		13,242,554-

Cash금액에 대해 Functional Area 별로 조회된다.

> 좌측 Navigation 창에서 Profit Center 를 더블클릭하여 Profit Center별로 Drill Down해보자.

Profit Center		FY 2018	...	FY 2017	...	Variance
· 4100/	Not assigned	267,235		485,789		218,554-
· 4100/1400	Internal Service	1,200,000		0		1,200,000
· 4100/9999	Dummy Profit Center	14,709,789-		485,789-		14,224,000-
· Result		13,242,554-		0		13,242,554-

우측 화면이 Cash에 대해 Profit Center별로 Drill Down 되어 조회된다.

> 4100/1400 더블클릭

Navigation	P.	N.	Text		Period/year	FY 2018	...	FY 2017	...	Variance
▼ Currency Type					· 2018.012	1,200,000		0		1,200,000
· 10			Company code cur...		· Result	1,200,000		0		1,200,000
▼ Currency										
· KRW			S.Korean Won							
▼ FS Item/Acco										
· BAKR/12	▲	▼	10111010 Cash							
▼ Profit Center										
· 4100/1400	▲	▼	Internal Service							
· Account Number										
· Segment										
· Functional Area										
· Period/year										

위와 같이 기간별로 Drill Down되어 조회된다. 이런식으로 단계적으로 상세내역을 조회해볼 수 있다.

관련해서는 〈7장.New General Ledger〉 - New G/L Report 챕터를 참고하자.

3. Asset and Liabilities(B/S) Closing

● **Asset and Liabilities(B/S) 관련 결산 항목**

▶ **Fixed Assets**(고정자산)

○ Settling Assets under Construction : 건설중자산을 본자산으로 Settlement하는 부분

○ Posting Book/Tax Depreciation and further transactions : Asset Depreciation-감가상각처리

○ Fiscal Year Change/Year-End Closing : 연결산의 경우 연말 Periodic Job을 돌린다.

▶ **Current Assets**(유동자산)

○ Maintain Goods Received/Invoice Received(GR/IR) Clearing Account : MM Closing항목(GR와 IV의 차이조정)

○ Posting differences from material price changes, and the physical inventory procedure to FI-GL : MM Closing항목. 원재료 금액이 마켓 금액과 크게 차이날 경우 가격조정, 재고실사에 따른 차이를 FI로 조정 포스팅

○ GR/IR clearing Account Analysis : FI Closing항목(GR후 IV 발생전에 Closing시점이 도래했거나 IV후 GR 발생전에 Closing시점이 도래한 경우 임시계정으로 대체해주는 작업 → 미착미불처리)

▶ **Receivables&Payables**(채권,채무)

○ Creating Balance Confirmations : 채권/채무 잔액 조회서 생성(현재 남아있는 채권/채무 확정)

○ Posting Flat Rate and Individual Value Adjustments : 기말에 사고채권에 대한 대손설정

○ Evaluating Foreign Currency Open Items : Open Item 외화 G/L계정, 채권/채무 계정 평가

○ Regrouping Receivables and Payables : 적자 채권/채무 조정. 채권/채무 장단기 대체 프로그램

▶ **Checks / Banks**

○ Evaluating foreign currency balance sheet accounts : Open Item으로 관리되는 외화계정이 아닌 잔액 base 관리되는 외화계정을 평가해주는 부분(외화예금 계정)

▶ **Accrual / Deferral Postings** : 미지급, 선급금과 관련된 기간손익 조정작업

● Fixed Assets : 고정자산

▶ Fixed Assets과 관련된 결산 부분은 앞서 〈8장. Asset Accounting〉에서 살펴보았으므로 간단히 Review만 한다.

▶ 재무제표 조회시

○ B/S : 고정자산(유형, 무형, 투자자산)으로 각 자산별 잔액이 표시되고 부외항목으로 감가상각누계액이 표시된다.

○ P&L : 감가상각비 금액이 표시된다.

▶ Periodic task :

①감가상각(Depreciation) Posting Run. : FI-Fixed Assets-Periodic Processing-Depreciation Run- AFAB - Execute(고정자산 감가상각 처리-RAPOST2000) → Update G/L Accounts & Update Assets

②B/S Posting Asset values(2번 Posting룰 - ASKBN라는 프로그램을 이용해 Periodic하게 작업을 할 수 있다.) : FI-Fixed Assets-Periodic Processing-ASKBN - APC Values Posting (APC값을 G/L쪽에 정기적으로 포스팅) **(S/4 HANA 버전에서는 없어진 기능)**

③Investment Support(고정자산 취득과 관련된 국고보조금, 공사부담금 관리) : FI-Fixed Assets-Periodic Processing-AR11N - Investment Grant (Investment Support)

④Inflation management(물가상승률에 대한 자산가치 상승,하락 조정부분-국내에서는 사용하지 않음) : FI-Fixed Assets-Periodic Processing-Revaluation for the Balance Sheet-J1AI - Inflation (물가상승률 반영)

▶ Settlement of Capital Investment Measures

○ AuC(건실중자산)에 대한 Settlcmcnt 방식에는 3가지(Summary, Line Item, Investment

Measure)가 있었다. 그 중 Investment Measures 방식

○ AuC에 대한 내역을 Order or WBS에 담아놓고 관리하다가 Periodic하게 Settlement(FI-G/L쪽으로 기표)하는 부분[차)AuC xxx / 대)Expense xxx)] 건설이 완료되는 시점에 Final Settlement 처리[차)Asset xxx / 대)AuC xxx]

▶ Fiscal Year Change/Year-End Closing : 연말 Periodic Job을 돌린다.

○ Fiscal Year Change(AJRW) : 다음해에 자산취득을 할 수 있도록 열어준다. Balance Carry Forward 작업이 일어남 (S/4 HANA 버전에서는 없어진 기능)

○ Year-End Closing(AJAB) : 고정자산 최종 연마감 시점에 처리, 마감년도에 대한 고정자산 취득포스팅 불가능(3단계- ①12월 감가상각처리, ②Year-end Program동작(에러체크, Company Code별로 Fiscal year마감), ③Reporting)

● Current Assets - 유동자산

▶ Maintain Goods Received/Invoice Received(GR/IR) Clearing Account : MM의 Closing항목-GR과 IV의 수량차이조정

○ GR시점의 수량과 IV시점의 수량이 약간 차이가 발생하는 경우(ex-수량 1개당 재고가 1원인 경우)

GR시점 : [차)Stock 100 / 대)GR/IR Clearing 100], IV시점 : [차)GR/IR Clearing 98 / 대)A/P Invoice 98]

2만큼의 수량차이가 줄어들지 않을 것으로 예상되는 경우에 Stock을 조정한다.

→ [차)GR/IR Clearing 2 / 대)Stock 2] : 이렇게 조정하여 98만큼만 GR된 것(구매한 것)으로 보자는 의미

○ Ex)아래와 같은 상황일 때

〉자산을 수량 10개. 개당 3,600,000원으로 구매하는 PO가 있다(재고가 아닌 자산의 경우 이런 상황이 발생할 가능성이 매우 적지만 테스트를 위해 앞서 살펴봤던 자산 구매를 이용해 테스트 해보자.)

> GR(입고) 처리(MIGO)

SG	AccTy	Account	Description	G/L Acc	G/L account name	D/C	Amount	Curr.	Amount LC	LCurr	Quantity
	A	16070100 000000003039 0000	16070100	Tools & Fixtures	S	36,000,000	KRW	36,000,000	KRW	10
	S	19110099 Goods Rcvd/Invoice R	19110099	Goods Rcvd/Invoice R	H	36,000,000-	KRW	36,000,000-	KRW	10-

> IV 처리(MIRO)

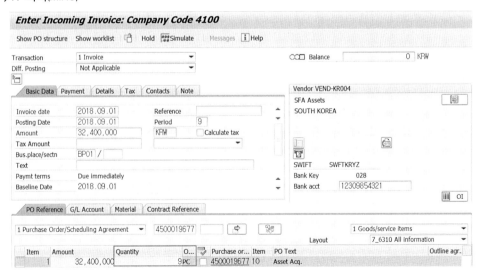

IV 시점의 수량은 9개큼만 처리하였다(수량차이 1개 발생)

	Data Entry View	

Document Number	5100000001	Company Code	4100	Fiscal Year	2018
Document Date	2018.09.01	Posting Date	2018.09.01	Period	9
Reference		Cross-Comp.No.			
Currency	KRW	Texts exist	☐	Ledger Group	

Account	Description	G/L Acc	G/L account name	D/C	Amount	Curr.	Amount LC	LCu	Tx	Quantity
VEND-KR004	SFA Assets	20020100	Account Payables	H	32,400,000-	KRW	32,400,000-	KRW	V1	
19110099	Goods Rcvd/Invoice R	19110099	Goods Rcvd/Invoice R	S	32,400,000	KRW	32,400,000	KRW	V1	9

>PO - Purchase Order History를 조회해보면 아래와 같다.

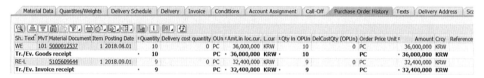

Material Data	Quantities/Weights	Delivery Schedule	Delivery	Invoice	Conditions	Account Assignment	Call-Off	Purchase Order History	Texts	Delivery Address	Sc

Sh. Text	MvT	Material Document	Item	Posting Date	Quantity	Delivery cost quantity	OUn	Amt.in loc.cur.	L.cur	Qty in OPUn	DelCostQty (OPUn)	Order Price Unit	Amount	Crcy	Reference
WE	101	5000012537	1	2018.08.01	10	0	PC	36,000,000	KRW	10	0	PC	36,000,000	KRW	
Tr./Ev. Goods receipt				•	10		PC •	36,000,000	KRW •	10		PC	• 36,000,000	KRW	
RE-L		5105609644	1	2018.09.01	9	0	PC	32,400,000	KRW	9	0	PC	32,400,000	KRW	
Tr./Ev. Invoice receipt				•	9		PC •	32,400,000	KRW •	9		PC	• 32,400,000	KRW	

○ LO-MM-Logistics Invoice Verification-GR/IR Account Maintenance-MR11 - Maintain GR/IR Clearing Account 화면

• 각 조건을 아래와 같이 입력한다.

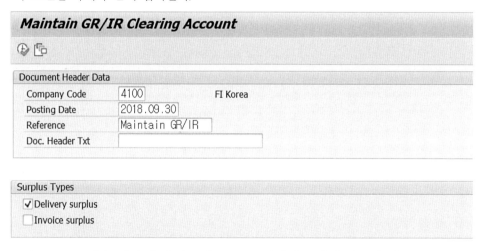

Maintain GR/IR Clearing Account

Document Header Data

Company Code	4100	FI Korea
Posting Date	2018.09.30	
Reference	Maintain GR/IR	
Doc. Header Txt		

Surplus Types

☑ Delivery surplus
☐ Invoice surplus

Delivery(GR) 됐을 때 수량이 남는지 Invoice 시점의 수량이 남는지 선택

Last movement before key date	2018.09.30	
Qty Var. Less Than/Equal To	100.0	Percentage

마지막으로 Movement가 일어난 일자(100% 차이나는 것까지 조회)

Processing

Automatic clearance	○	
Prepare List	⦿	Layout

자동으로 클리어링 처리 할 것인지, 아니면 먼저 리스트를 보고나서 별도로 클리어링 처리할지 선택

- 실행하면 아래처럼 차이가 나는 내역들이 조회된다.

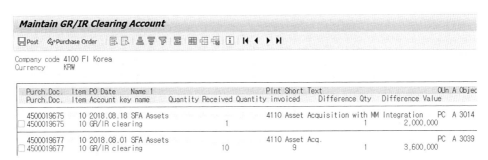

앞서 차이가 발생했던 PO 문서가 조회된다.

- 클리어링 할 항목(4500019677)을 ☑한 후 🖫Post 버튼을 클릭하면 클리어링 처리된다.

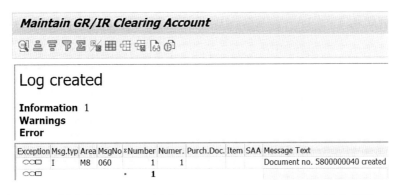

>ME23N 화면에서 Account Maintenance 라인이 생성된 것을 볼 수 있다.

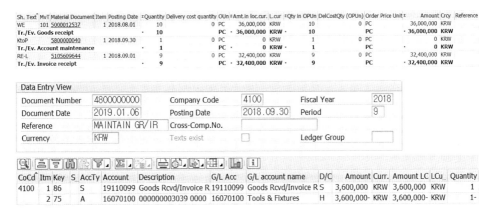

수량 1개에 대한 [차)GR/IR Clearing 3,600,000 / 대)Asset 3,600,000] 전표가 발생된 것을 확인할 수 있다.

○ LO-MM-Logistics Invoice Verification-GR/IR Account Maintenance-MR11SHOW - Display/Cancel Account Maintenance Document 화면에서 확인할 수도 있다.

Display/Cancel Account Maintenance Document

🐦 🖨 Follow-on Documents

| Acct maint. document | 5800000040 |
| Fiscal year | 2018 |

〉Document No를 입력한 후 상단의 [Follow-on Documents] 버튼 클릭

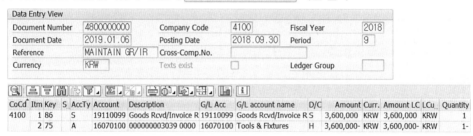

Data Entry View

Document Number	4800000000	Company Code	4100	Fiscal Year	2018
Document Date	2019.01.06	Posting Date	2018.09.30	Period	9
Reference	MAINTAIN GR/IR	Cross-Comp.No.			
Currency	KRW	Texts exist	☐	Ledger Group	

CoCd	Itm	Key	S	AccTy	Account	Description	G/L Acc	G/L account name	D/C	Amount	Curr.	Amount LC	LCu	Quantity
4100	1	86	S		19110099	Goods Rcvd/Invoice R	19110099	Goods Rcvd/Invoice R	S	3,600,000	KRW	3,600,000	KRW	1
	2	75	A		16070100	000000003039 0000	16070100	Tools & Fixtures	H	3,600,000-	KRW	3,600,000-	KRW	1-

○ 일반적으로는 **재고자산**에 대한 수량차이 조정시에 주로 사용된다.

▶ Material Price Change = Material Revaluation(재고평가)

○ Standard Price로 지정된 Material이 Standard Price 와 Market Price 값의 차이가 심하게 벌어진 경우 Standard Price를 Market Price에 맞도록 수정해주는 작업

〉가격이 100원인 재고가 10개 존재할 경우, 가격이 105원으로 오를 경우 이에 따른 회계처리를 자동으로 해준다. 분개 : [차)Stock 50 / 대)Revenue 50(재고자산평가이익)]

○ LO-MM-Valuation-Change in Material Price-MR21 - Change Material Prices 화면

>MM03에서 가격변경처리를 할 자재를 조회해보자.

Display Material GTS-14001 (Finished product)

⊡ ⇨ Additional Data   🔗 Org. Levels

| Quality Management | 🔖 Accounting 1 | Accounting 2 | Costing 1 | Costing 2 | Plant Stock | S‖ | ◀ ▶ ⊡ |

Material GTS-14001   Fire fighting vehicle   ⓘ
Plant   4110   Seoul
          ⟨⟩

General Data

Base Unit of Measure	PC	Piece	Valuation Category	□
Currency	KRW		Current period	2018
Division	00		Price determ.	□ML act.

Current valuation

Valuation Class	7920			
VC: Sales order stk			Proj. stk val. class	□
Price control	S		Price unit	1
Moving price	177,883,687		Standard price	177,883,687
Total Stock	979		Total Value	174,148,129,573
			□Valuated Un	
Future price	0		Valid from	
Previous price	177,883,687		Last price change	2019.01.06

표준원가 177,883,687원에 현재 수량이 979개인 자재가 있다.

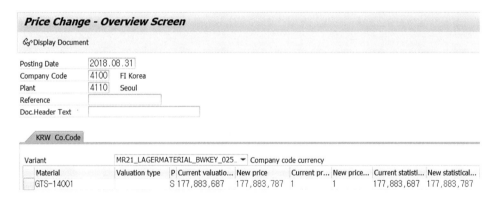

Price Change - Overview Screen

⟨⟩Display Document

Posting Date   2018.08.31
Company Code   4100   FI Korea
Plant   4110   Seoul
Reference
Doc.Header Text

| KRW Co.Code | | | | | | | | |

Variant MR21_LAGERMATERIAL_BWKEY_025_ ▼ Company code currency

☐ Material	Valuation type	P Current valuatio...	New price	Current pr...	New price...	Current statisti...	New statistical...
☐ GTS-14001		S 177,883,687	177,883,787	1	1	177,883,687	177,883,787

- 해당 자재의 New Price 금액을 입력한다(177,883,787 입력(100원 상승)) 포스팅(💾) 처리를 한다.
  - ✔ Price change document 201780 posted
- ⟨⟩Display Document   버튼을 클릭하여 변경내역을 확인해보자.

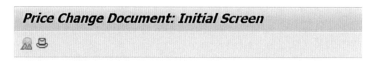

Price Change Document: Initial Screen

Document Number	201780
Document Year	2018

> 아이콘 클릭

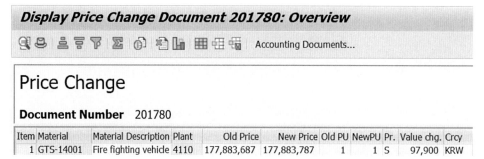

Display Price Change Document 201780: Overview

Accounting Documents...

Price Change

Document Number   201780

Item	Material	Material Description	Plant	Old Price	New Price	Old PU	NewPU	Pr.	Value chg.	Crcy
1	GTS-14001	Fire fighting vehicle	4110	177,883,687	177,883,787	1	1	S	97,900	KRW

수량이 979개이므로 100원 상승한만큼의 97,900원의 재고금액 변동이 발생한다.

- Accounting documents 버튼을 클릭

>FI쪽에 기표된 전표 내역도 확인할 수 있다.

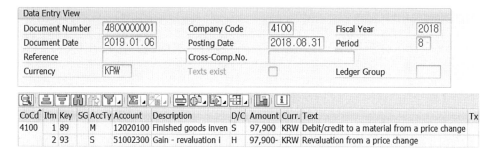

Data Entry View					
Document Number	4800000001	Company Code	4100	Fiscal Year	2018
Document Date	2019.01.06	Posting Date	2018.08.31	Period	8
Reference		Cross-Comp.No.			
Currency	KRW	Texts exist	☐	Ledger Group	

CoCd	Itm	Key	SG	AccTy	Account	Description	D/C	Amount	Curr.	Text	Tx
4100	1	89	M		12020100	Finished goods inven	S	97,900	KRW	Debit/credit to a material from a price change	
	2	93	S		51002300	Gain - revaluation i	H	97,900-	KRW	Revaluation from a price change	

[차)Stock 97,900 / 대)Revenue 97,900] 으로 기표된 것을 확인할 수 있다.

▶ Physical Inventory Procedure(재고실사절차) : MM모듈에서 처리하는 부분이므로 참고로만 살펴보자.

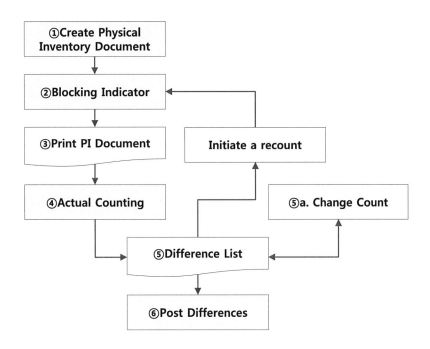

○ ①Create Physical Inventory Document : 재고수불부를 이용하여 재고실사표를 작성한다

○ ②Blocking Indicator : 재고실사를 하는동안 재고 움직임을 막기위해 Blocking

○ ③Physical Inventory Document Print : 재고실사표를 출력한다.

○ ④Actual Counting : 실제 재고조사에 의거하여 SAP 시스템에 수량입력

○ ⑤Difference List Print : 차이리스트 출력(재고조사가 잘못된 경우 ②번으로 이동. 다시 수행, ④번 입력시 오류가 발생한 경우 수량만 변경(⑤a))

○ ⑥Post Difference : 차이가 나는 경우 포스팅

   [차)재고실사차손 xxx / 대)Stock xxx] or [차)Stock xxx / 대)재고실사차익 xxx]

○ ①② LO-MM-Physical Inventory-Physical Inventory Document-MI01 - Create 화면 : 재고실사표 기록 - 건by건

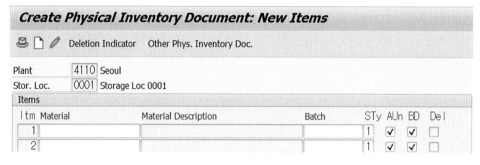

Create Physical Inventory Document: Initial Screen

| Document date | 2018.08.31 |
| Planned count date | 2018.08.31 |

Loc.of phys.inv.

Plant	4110
Storage Location	0001
Special Stock	

Other information

☑ Posting Block
☐ Freeze book invntory
☑ Batches w. del. flag

Phys. inventory no.	
Phys. Inventory Ref.	
Grouping type	
Name	

- 조건값을 입력하고 ☑ Posting Block (Blocking Indicator) 지정, 다음 화면에서 각 재고Item별로 값을 입력

Create Physical Inventory Document: New Items

Deletion Indicator   Other Phys. Inventory Doc.

| Plant | 4110 Seoul |
| Stor. Loc. | 0001 Storage Loc 0001 |

Items

Itm	Material	Material Description	Batch	STy	AUn	BD	Del
1				1	✓	✓	☐
2				1	✓	✓	☐

- 위 방식은 건건이 입력하는 방식이라 계속기록법을 사용하는 재고자산에 대해서 적용한다.
- 위 화면까지 입력시 ②번 과정까지 처리된 것이다.

○ ①② LO-MM-Physical Inventory-Sessions-Create Physical Inventory Documents-MI31 - Without Special Stock 화면 : 재고실사 기준입력-Item 대량처리

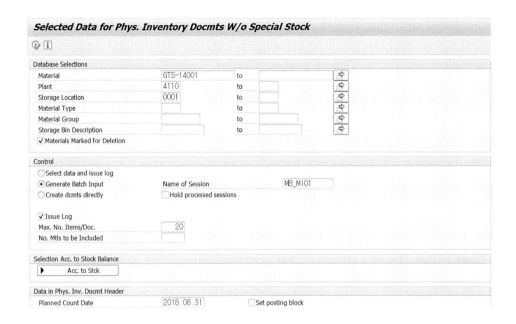

- Max. No. Items/Doc. : 재고 실사표에 들어갈 각 Material별 Item수

- Set posting block : 실사도중 재고변동이 없도록 Blocking

- 위와 같은 기준값들을 입력한 후 실행을 돌리게 되면 다음화면처럼 나오게 된다.

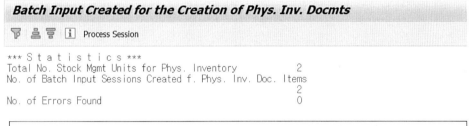

- Process Session 버튼을 클릭하여 생성한다. ②번 과정까지 처리된 것이다.

○ LO-MM-Physical Inventory-Physical Inventory Document-MI21 - Print 화면 : ③ 과정 처리

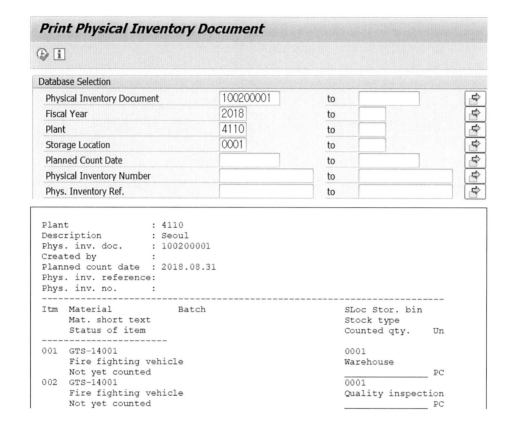

Print Physical Inventory Document

Database Selection

Physical Inventory Document	100200001	to		
Fiscal Year	2018	to		
Plant	4110	to		
Storage Location	0001	to		
Planned Count Date		to		
Physical Inventory Number		to		
Phys. Inventory Ref.		to		

```
Plant            : 4110
Description      : Seoul
Phys. inv. doc.  : 100200001
Created by       :
Planned count date : 2018.08.31
Phys. inv. reference:
Phys. inv. no.   :
------------------------------------------------------------------------
Itm  Material          Batch                SLoc Stor. bin
     Mat. short text                        Stock type
     Status of item                         Counted qty.    Un
----------------------
001  GTS-14001                              0001
     Fire fighting vehicle                  Warehouse
     Not yet counted                                         PC
002  GTS-14001                              0001
     Fire fighting vehicle                  Quality inspection
     Not yet counted                                         PC
```

○ LO-MM-Physical Inventory-Inventory Count-MI04 - Enter 화면 : ④과정 처리

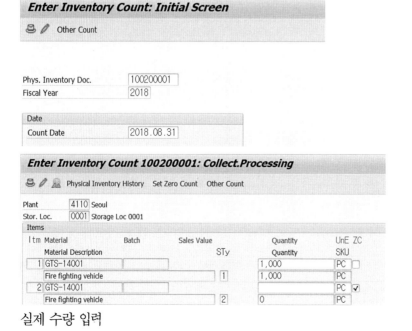

Enter Inventory Count: Initial Screen

🖧 🖉 Other Count

Phys. Inventory Doc.	100200001
Fiscal Year	2018

Date
Count Date	2018.08.31

Enter Inventory Count 100200001: Collect.Processing

🖧 🖉 🔍 Physical Inventory History   Set Zero Count   Other Count

Plant   4110 Seoul
Stor. Loc.   0001 Storage Loc 0001

Items

Itm	Material	Batch	Sales Value		Quantity	UnE	ZC
	Material Description			STy	Quantity	SKU	
1	GTS-14001				1,000	PC	☐
	Fire fighting vehicle			1	1,000	PC	
2	GTS-14001					PC	☑
	Fire fighting vehicle			2	0	PC	

실제 수량 입력

○ LO-MM-Physical Inventory-Difference-MI20 - Difference List 화면 : ⑤과정 처리

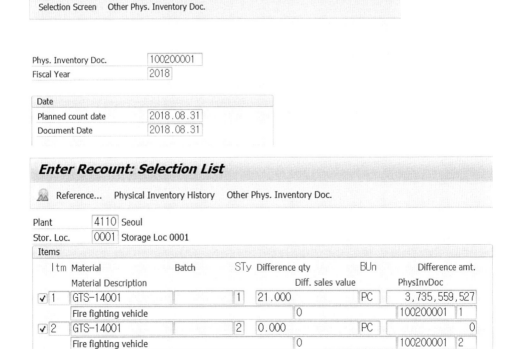

List of Inventory Differences

Database Selection

Material	GTS-14001		to		⇨
Plant	4110		to		⇨
Storage Location	0001		to		⇨
Batch			to		⇨
Physical Inventory Document	100200001		to		⇨
Physical Inventory Number			to		⇨

List of Inventory Differences

ⅠⅠ ◀ ▶ ▶Ⅰ ⊕ ⬛ ▽ ⬛ ⬛ ▽ ⬛ ⅰ ⟲ Post Difference   Change Count   Enter Count   List of Unposted Docs

PhysInvDoc	Item	Material	Batch	Plnt	SLoc	Book quantity	Qty Counted	Difference qty	BUn	Difference amt.	Crcy	S
100200001	1	GTS-14001		4110	0001	979.000	1,000.000	21.000	PC	3,735,559,527	KRW	
100200001	2	GTS-14001		4110	0001	0.000	0.000	0.000	PC	0	KRW	

○ LO-MM-Physical Inventory-Physical Inventory Document-MI11 - Recount 화면
: 잘못 Count했을 경우 다시 Initiate(초기화-②번으로 Back)

Enter Recount: Initial Screen

Selection Screen   Other Phys. Inventory Doc.

Phys. Inventory Doc.	100200001
Fiscal Year	2018

Date

Planned count date	2018.08.31
Document Date	2018.08.31

Enter Recount: Selection List

🔍 Reference...   Physical Inventory History   Other Phys. Inventory Doc.

Plant 4110 Seoul
Stor. Loc. 0001 Storage Loc 0001

Items

	Itm	Material	Batch	STy	Difference qty	BUn	Difference amt.
		Material Description			Diff. sales value		PhysInvDoc
✓	1	GTS-14001		1	21.000	PC	3,735,559,527
		Fire fighting vehicle			0		100200001 1
✓	2	GTS-14001		2	0.000	PC	0
		Fire fighting vehicle			0		100200001 2

○ LO-MM-Physical Inventory-Inventory Count-MI05 - Change 화면 : Count를 잘
못 입력한 경우 수정입력처리(⑤a)

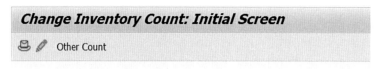

Change Inventory Count: Initial Screen

🖨 ✏ Other Count

Phys. Inventory Doc.	100200001
Fiscal Year	2018

Change Inventory Count 100200001 : Collect.Processing

🖨 ✏ 📊 Physical Inventory History   Other Count

Plant   4110 Seoul
Stor. Loc.   0001 Storage Loc 0001

Items

Itm	Material	Batch	Sales Value		Quantity	UnE	ZC
	Material Description			STy	Quantity	SKU	
1	GTS-14001				980	PC	☐
	Fire fighting vehicle			1	980	PC	
2	GTS-14001					PC	✓
	Fire fighting vehicle			2	0	PC	

○ 재조정하는 작업들은 Posting하기 전에만 처리가 가능하다.

○ LO-MM-Physical Inventory-Difference-MI07 - Post 화면 : ⑥과정 처리

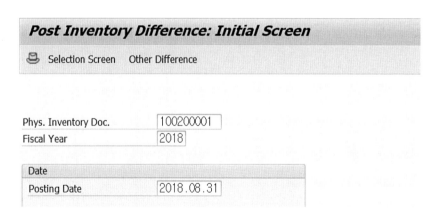

Post Inventory Difference: Initial Screen

🖨 Selection Screen   Other Difference

Phys. Inventory Doc.	100200001
Fiscal Year	2018

Date	
Posting Date	2018.08.31

Post Inventory Difference 100200001: Selection Screen

🖶 🔳 Position...   Physical Inventory History   Other Difference

Plant   4110 Seoul
Stor. Loc. 0001 Storage Loc 0001

	Itm	Material	Batch	ST	Difference qty	BUn	Difference Amnt Reas.
							Diff. Sales Value
✔	1	GTS-14001		1	1.000	PC	177,883,787 0004
							0
✔	2	GTS-14001		2	0.000	PC	0
							0

재고실사 차이 발생 Reason을 선택한 후 Posting 처리

✔ Diffs in phys. inv. doc. 100200001 posted with m. doc. 4900039593

Display Material Document 4900039593 : Overview

🖶 🔍 🔍 Details from Item   Material   Accounting Documents...

Posting Date   2018.08.31   Name

Item	Quantity	EUn	Material	Plnt	SLoc	Batch	Re	MvT	S	S
		BUn	Material Description			Reserv.no.	Itm			Fls
1	1	PC	GTS-14001	4110	0001			701		+
			Fire fighting vehicle							

Data Entry View

Document Number	4900000000	Company Code	4100	Fiscal Year	2018
Document Date	2018.08.31	Posting Date	2018.08.31	Period	8
Reference		Cross-Comp.No.			
Currency	KRW	Texts exist	☐	Ledger Group	

CoCd	Itm	Key	S	AccTy	Account	Description	G/L Acc	G/L account name	D/C	Amount	Curr.	Quantity
4100	1	89	M		12020100	Finished goods inven	12020100	Finished goods inven	S	177,883,787	KRW	1
	2	91	S		51000860	Inventory change - a	51000860	Inventory change - a	H	177,883,787-	KRW	1-

재고 수량차이만큼에 해당하는 회계처리가 발생하였다[차)Stock xxx / 대)재고실
사차익 xxx]

▶ GR/IR Clearing Account Analysis : FI Closing항목[미착미불처리] - GR후 IV 발생
전에 Closing시점이 도래했거나 IV후 GR 발생전에 Closing시점이 도래한 경우 임시
계정으로 대체해주는 작업

○ PO → **GR** → **IV** : GR과 IV가 동일한 Period동안 발생한다면 미착미불 처리가 필요 없다. PO가 7월1일, GR이 7월10일, IV가 7월30일 발생했다면 아래와 같이 해당월(7월)에는 GR/IR Clearing 계정이 남아있지 않다.

• GR(7/10) : [차)Stock xxx / 대)**GR/IR Clearing** xxx]

• IV(7/30) : [차)**GR/IR Clearing** xxx / 대)A/P Invoice xxx]

○ PO → **GR** → **IV** : GR과 IV가 동일한 Period 기간동안 발생하지 않는다면 어떻게 처리할까? 예를 들어 PO가 7월1일, GR이 7월10일, IV가 8월10일 발생했다. GR과 IV 사이에 월 Closing기간이 포함되어 있는 경우이다.

• GR(7/10)   : [차)Stock xxx / 대)**GR/IR Clearing** xxx]

• 마감(7/31) : [차)**GR/IR Adjust.** xxx / 대)미확정매입채무 xxx] → 임시조정계정을 이용해 처리

• 월초(8/1)   : [차)미확정매입채무 xxx / 대)**GR/IR Adjust.** xxx] → 미착미불 익월 역분개 처리

• IV(8/10)   : [차)**GR/IR Clearing** xxx / 대)A/P Invoice xxx] → 7/10일 발생한 원시 GR/IR Clearing 반제

7/31 마감시점에 GR/IR Clearing와 GR/IR Adjust.는 서로 상계되어 보이므로 재무제표상에 나타나지 않게 된다. 이때의 재무제표 상에는 [차)Stock xxx / 대)미확정매입채무 xxx]로 표시된다.

○ PO → **IV** → **GR** : GR과 IV가 동일한 Period 기간동안 발생한다면 미착미불 처리가 필요 없다. PO가 7월1일, IV이 7월10일, GR가 7월30일 발생했다면 아래와 같이 해당월(7월)에는 GR/IR Clearing 계정이 남아있지 않다.

• IV(7/10) : [차)**GR/IR Clearing** xxx / 대)A/P Invoice xxx]

• GR(7/30) : [차)Stock xxx / 대)**GR/IR Clearing** xxx]

○ PO → **IV** → **GR** : GR과 IV가 동일한 Period동안 발생하지 않는다면 어떻게 처리할까? 예를 들어 PO가 7월1일, IV이 7월10일, GR가 8월10일 발생했다면 GR과 IV사이에 월 Closing이 포함되게 된다.

• IV(7/10)   : [차)**GR/IR Clearing** xxx / 대)A/P Invoice xxx]

• 마감(7/31) : [차)미착계정 xxx / 대)**GR/IR Adjust.** xxx] → 임시조정계정을 이용해 처리

- 월초(8/1) : [차)**GR/IR Adjust.** xxx / 대)미착계정 xxx] → 미착미불 익월 역분개 처리

- GR(8/10) : [차)Stock xxx / 대)**GR/IR Clearing** xxx] → 7/10일 발생한 원시 GR/IR Clearing 반제

  7/31 마감시점에 GR/IR Clearing와 GR/IR Adjust.는 서로 상계되어 보이므로 재무제표상에 나타나지 않게 된다. 이때의 재무제표 상에는 [차)미착계정 xxx / 대)A/P Invoice xxx]로 표시된다.

○ FI-General Ledger-Periodic Processing-Closing-Reclassify-F.19 - GR/IR Clearing 화면 : 미착미불 처리

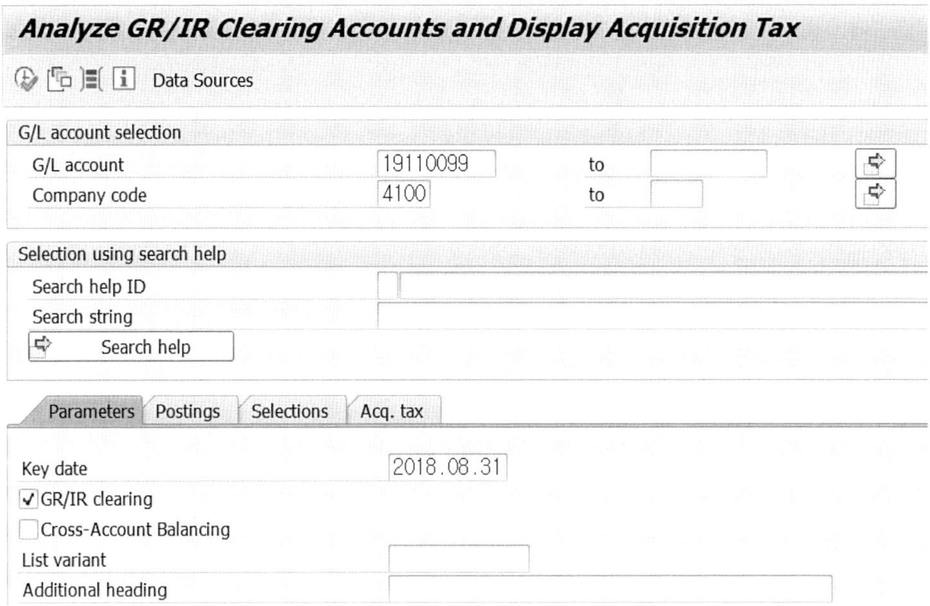

Analyze GR/IR Clearing Accounts and Display Acquisition Tax

🔧 📋 ☰ ℹ️ Data Sources

G/L account selection

G/L account	19110099	to
Company code	4100	to

Selection using search help

Search help ID

Search string

⇨ Search help

| Parameters | Postings | Selections | Acq. tax |

Key date　2018.08.31
☑ GR/IR clearing
☐ Cross-Account Balancing
List variant
Additional heading

- G/L Account : GR/IR Clearing 계정을 입력
- Key date : 결산월의 마지막 일자를 입력한다. 이 일자에 아직 Clearing 되지 않고 남아있는 GR/IR Clearing 계정 리스트를 불러오게 된다.

Parameters	Postings	Selections	Acq. tax

☐ Create Postings

Name of batch input session	
Ledger Group	
Document date	2018.08.31
Document type	SA
Posting date	2018.08.31
Month	
Reversal posting date	2018.09.01
Reversal period	
Posting header text	
☐ Post input tax	
Input tax code 0%	

- Create Postings : 테스트 모드로 조회만 할지, 실제 Posting 처리를 할지 체크

- Document/Posting date, Reversal date : 전기일자 및 익월 역분개 일자 입력

Parameters	Postings	Selections	Acq. tax

☐ Read open items only

Purchase order currency		to		⇨
Tax code		to		⇨
Partners		to		⇨
Reconciliation account		to		⇨
Vendor		to		⇨
GR/IR Delivery Costs		to		⇨

- Read open items only : 반제되지 않은 Open Item만 대상으로 불러온다.

- GR/IR Delivery Costs : 관세 등 Delivery GR/IR 계정에 대해서도 처리할 경우 해당 계정을
입력한다.

>위와 같이 입력한 상태에서 실행한다.

Analyze GR/IR Clearing Accounts and Display Acquisition Tax

◀ ◀ ▶ ▶ Postings Messages ✍ 昌 〒 ☵ ☷ ☲ ⅀ ⅗ 〖

FI Korea Analyze GR/IR Clearing Accounts and Display Acquisition T Time 08:58:37 Date
Seoul   RFWERE00/   Page   1

	Trs	CoCd	G/L	Purch.Doc.	BusA	Item	DocumentNo	Local curr	Tx	Vendor	Recon.acct
*	BNG	4100	19110099	4500019678	9900	10	5100000002	4,800,000		VEND-KR004	20020100
	BNG	4100	19110099	4500019678	9900	10		4,800,000			
**	BNG	4100	19110099		9900			4,800,000			
***	BNG	4100	19110099					4,800,000			
****	BNG	4100						4,800,000			

BNG : Billing Not Good receipt - IV는 되었으나 GR 처리가 되지 않은 긴들

	Trs	CoCd	G/L	Purch.Doc.	BusA	Item	DocumentNo	Local curr	Tx	Vendor	Recon.acct
	GNB	4100	19110099	4500019675	9900	10	5000000000	2,000,000-		VEND-KR004	20020100
*	GNB	4100	19110099	4500019675	9900	10		2,000,000-			
	GNB	4100	19110099	4500019677	9900	10	5000000001	36,000,000-		VEND-KR004	20020100
*	GNB	4100	19110099	4500019677	9900	10		36,000,000-			
**	GNB	4100	19110099		9900			38,000,000-			
***	GNB	4100	19110099					38,000,000-			
****	GNB	4100						38,000,000-			

GNB : Good receipt Not Billing - GR은 처리되었으나 IV가 되지 않은 건들

〉Postings Tab에 아래와 같이 입력하고 실행하자.

Batch Input Session - GRIR_TEST 가 생성된다.

〉[메뉴-System-Services-Batch Input-Sessions] (T-Code : SM35)

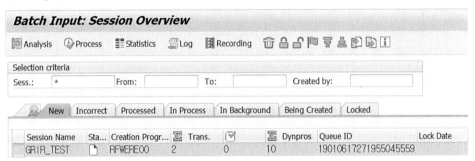

〉Session 선택 후 [Process] 버튼 클릭

〉처리 후 해당 Session을 더블클릭하여 Log를 조회해보자.

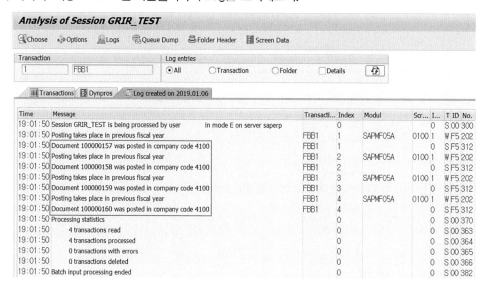

〉전표를 조회해보자.

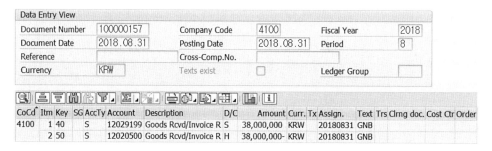

GNB : [차)GR/IR Adjust. xxx / 대)미확정매입채무 xxx] 전표처리가 되었다.

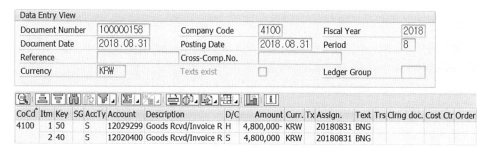

BNG : [차)미착계정 xxx / 대)GR/IR Adjust. xxx] 전표처리가 되었다.

> 100000159 / 100000160 전표는 위 2개의 전표를 2018.09.01일자로 재설정 처리(역분개)하는 전표이다.

○ 결산시 미착미불 처리 후 결산월의 GR/IR Clearing && GR/IR Adjust. 계정의 Sum은 반드시 0원이 되어야 한다.

○ IMG-FI-General Ledger Accounting (New)-Periodic Processing-Reclassify-Define Adjustment Accounts for GR/IR Clearing : GR/IR Adjust 계정 및 미착/미불 계정을 설정한다.

> 아래와 같이 BNG/GNB 상황에 맞는 미착/미불 계정 및 GR/IR Adjustment 계정을 설정해야 한다.

Configuration Accounting Maintain : Automatic Posts - Procedures

Group　　WRV　Goods/invoices receipt clearing

Procedures

Description	Transaction	Account determ.
Invoiced but not yet delivered	BNG	✔
Delivered but not yet invoiced	GNB	✔

Chart of Accounts　　CAKR　Chart of accounts - Republic of Korea
Transaction　　BNG　Invoiced but not yet delivered

Account assignment

Reconciliati...	Adjustment...	Targ.acct
19110099	12029299	12020400

GR/IR Clearing / GR/IR Adjust. / 미착계정 순

Chart of Accounts　　CAKR　Chart of accounts - Republic of Korea
Transaction　　GNB　Delivered but not yet invoiced

Account assignment

Reconciliati...	Adjustment...	Targ.acct
19110099	12029199	12020500

GR/IR Clearing / GR/IR Adjust. / 미확정매입채무 순

○ 미착미불 처리에 대한 취소처리는 F.19 프로그램에서 제공하지 않는다. 발생된 미착미불 전표를 모두 수기로 역분개 처리해야 한다. 역분개 한 후, 다시 F.19 프로그램을 수행하면 된다. 만약 역분개 하지 않고 다시 돌릴 경우 잘못된 전표가 발생할 수 있다.

● Receivables(& Payables)-채권, 채무

▶ Customizing Balance Confirmations(채권/채무 잔액 명세서) : SAP Standard 프로그램을 이용하는 방식은 국내에선 잘 사용하지 않는 방식이다. 여기서는 Standard를 이용하여 어떻게 양식을 만들어내는지 참고로만 살펴보도록 한다. 실제 프로젝트 구축시에는 별도의 CBO 프로그램으로 개발하는 것이 일반적이다.

▶ Standard 채권, 채무 잔액 명세서 프로그램-어떻게 해당 양식을 만들고 지정하는지에 대해 참고로 알아보도록 한다.

○ ①-1.Define form names for printing correspondence : IMG-FI- Accounts Receivable and Accounts Payable-Business Transactions-Closing-Count-Balance Confirmation Correspondence-Make and Check Settings for Correspondence-Define Forms for Correspondence 화면 - 서신 양식에 대한 폼을 지정하고 이름을 정의

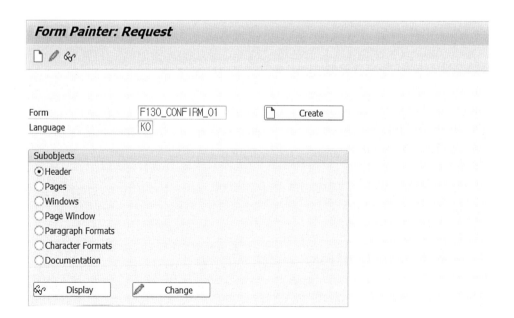

- Test 목적상 생성되어 있는 Form을 조회해보자. Possible Entry버튼 클릭(FI-Corre-spondence)

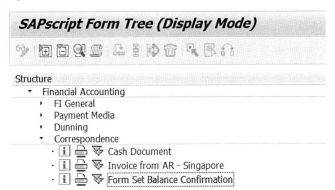

- 위와같이 이미 생성된 Form을 확인할 수 있다(더블클릭시 해당 폼의 명칭이 Form필드에 지정된다.)

- [⚙ Display] 버튼을 클릭하여 들어가자.

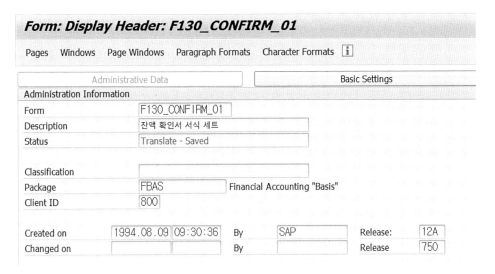

> [메뉴-Settings-Form Painter] 부분에서 다음 필드 클릭(Graphical Form Painter)

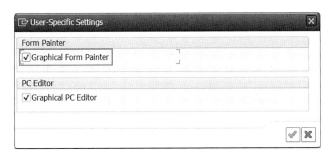

- Layout 버튼을 클릭하여 해당 리포트의 레이아웃을 확인할 수 있다.

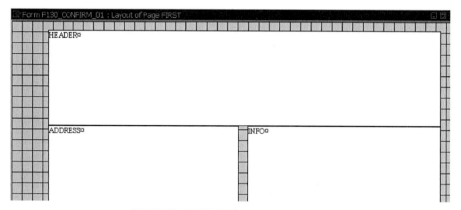

- 레이아웃 화면 하단의 [Design / Text] 버튼을 클릭하면 해당 디자인과 스크립트를 확인할 수 있다.

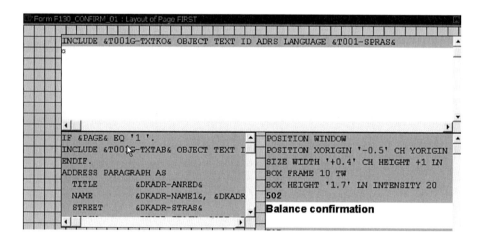

○ ①-2.IMG-FI-Accounts Receivable and Accounts Payable-Business Transactions-Closing-Count-Balance Confirmation Correspondence-Make and Check Settings for Correspondence-Define Form Names for Correspondence Print 화면 : 채권/채무확인서 Program에 Form 지정

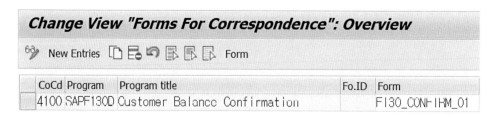

Customer Balance Confirmation에 대한 프로그램(SAPF130D)에 대한 Form을 지정한다.

○ ②Define sender details for correspondence form : IMG-FI-Accounts Receivable and Accounts Payable-Business Transactions-Closing-Count-Balance Confirmation Correspondence-Make and Check Settings for Correspondence-Define Sender Details for Correspondence Form 화면 - 서신을 보내는 쪽의 Detail정보를 Form으로 지정

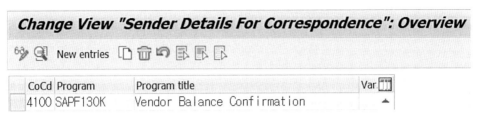

- 지정해두었던 프로그램 SAPF130D를 더블클릭하여 들어간다.

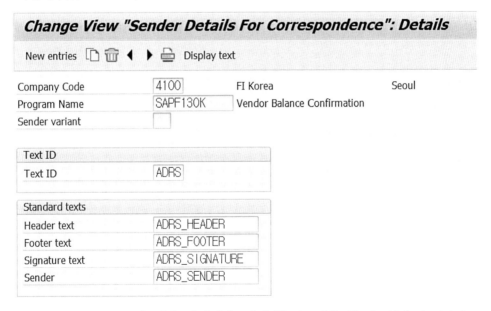

- Header, Footer등에 대한 디자인을 지정해놓은 것을 볼 수 있다(각 디자인은 Display text 클릭으로 세팅)

○ ③Define reply addresses for balance confirmation : IMG-FI-Accounts Receivable and Accounts Payable-Business Transactions-Closing-Count-Balance Confirmation Correspondence-Define Reply Addrcsses for Balance Confirmation 화면 - Customer가 채권잔액조회서를 확인하고 도장을 찍은 후에 다시 돌려보내올 때 그것을 받을 주소를 지정

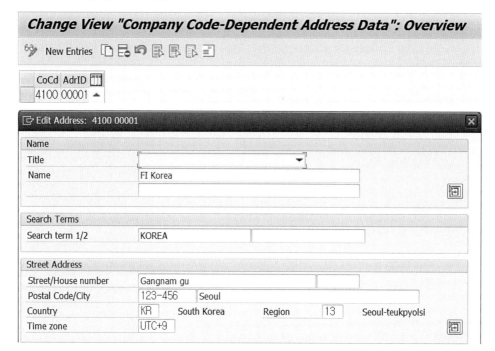

- 위 그림과 같이 Company Code선택 후 ![icon]아이콘을 클릭하여 주소정보를 입력할 수 있다.

○ ④Specify selection criteria for balance confirmation
- [메뉴-System-Services-Reporting]화면에서 SAPF130D를 선택한 후 실행(실제 출력할 때 이렇게 사용해도 됨)

(SA38 혹은 [메뉴-System-Services-Reporting] 화면)

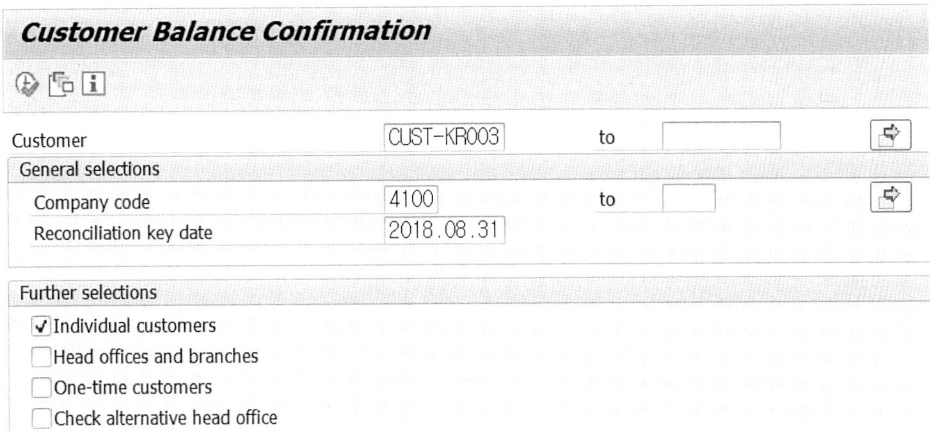

Customer Balance Confirmation

⊕ ⌷ ℹ

Customer	CUST-KR003	to		⇨
General selections				
Company code	4100	to		⇨
Reconciliation key date	2018.08.31			

Further selections
- ☑ Individual customers
- ☐ Head offices and branches
- ☐ One-time customers
- ☐ Check alternative head office

- 위 그림의 Further Selections 부분에 사용자가 원하는 필드가 없을 경우 추가할 수 있다.

- IMG-FI-Accounts Receivable and Accounts Payable-Business Transactions-Closing-Count-Balance Confirmation Correspondence-Specify Selection Criteria for Balance Confirmation 화면 : Selection 조건 설정

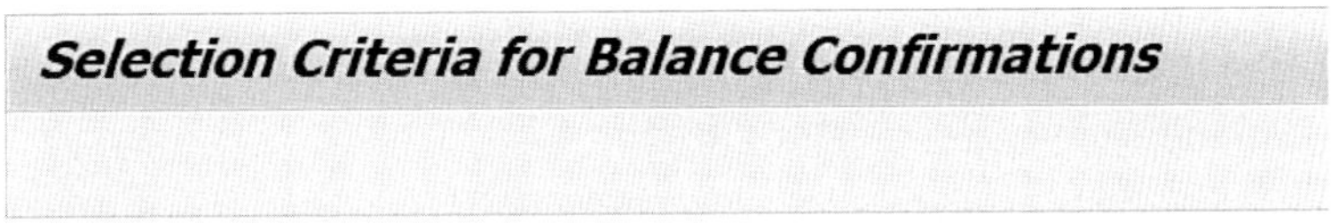

Selection Criteria for Balance Confirmations

Account type	D

Customer이므로 D를 선택

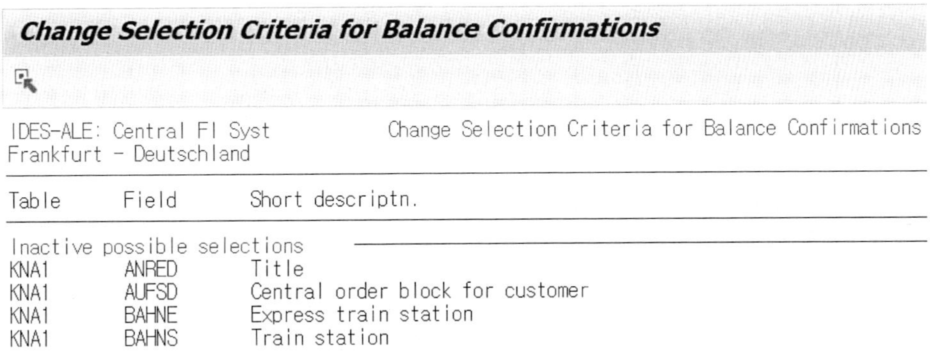

Change Selection Criteria for Balance Confirmations

🔍

IDES-ALE: Central FI Syst   Change Selection Criteria for Balance Confirmations
Frankfurt - Deutschland

Table	Field	Short descriptn.
Inactive possible selections		
KNA1	ANRED	Title
KNA1	AUFSD	Central order block for customer
KNA1	BAHNE	Express train station
KNA1	BAHNS	Train station

- 위 그림에 보이는 필드들이 모두 Inactive 되어 있는 상태이다. 이 필드들을 Further

Selection 부분에 활성화 시킬 수 있다. 활성화 하고자 하는 필드를 클릭한 후 상단의 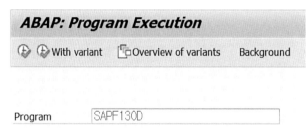버튼을 클릭하게 되면

```
Table      Field       Short descriptn.
                       ────────────────────────────────────────
Active possible selections  ──────────────
KNA1       ANRED       Title
KNA1       AUFSD       Central order block for customer
KNA1       BAHNE       Express train station
Inactive possible selections
KNA1       BAHNS       Train station
KNA1       BBBNR       International location number  (part 1)
KNA1       BBSNR       International location number (Part 2)
```

- 위 그림처럼 Active상태로 추가된다. 저장한 후 다시 SAPF130D 리포트 화면으로 와서 Further Selections 필드 그룹을 보면 방금 추가한 필드가 보임을 알 수 있다.

○ ⑤Prepare balance confirmations for customers and vendors : 채권,채무 잔액조회서에 대해 동일한 양식을 지속적으로 사용할 경우 그에 대한 Variant값을 지정하여 사용할 수 있다.

- IMG-FI-Accounts Receivable and Accounts Payable-Business Transactions-Closing-Count-Balance Confirmation Correspondence-Make and Check Settings for Correspondence-Create Report Variants for Correspondence 화면(또는 SA38 혹은 [메뉴-System-Services-Reporting] 화면)

ABAP: Program Execution

| ⊕ ⊕ With variant | ⌷Overview of variants | Background |

| Program | SAPF130D |

- 조건값을 입력하고 실행

Customer Balance Confirmation

⊕ ⌷ i

Customer	CUST-KR003	to		⇨
General selections				
Company code	4100	to		⇨
Reconciliation key date	2018.08.31			

| Further selections | |
| ✓ Individual customers | |

Key date for master records	9999.12.31

Sort Var. for Correspondence	K2
Line item sorting	P1
☐ Sort by head office/branches	
Confirmation procedure	☐
Date of Issue	2018.08.31
Previous date of issue	
✔ No reply	

Printer for form set	LP01
Printer for Reconcil. List	LP01
Printer for results table	LP01
Printer for error list	LP01
Printer for selections	

〉위와 같은 기준값들을 입력한 후 실행

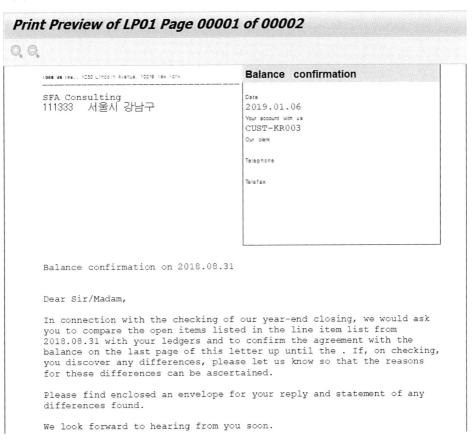

Print Preview of LP01 Page 00001 of 00002

IDES US Inc., 1230 Lincoln Avenue, 10019 New York

SFA Consulting
111333 서울시 강남구

Balance confirmation

Date
2019.01.06
Your account with us
CUST-KR003
Our clerk

Telephone

Telefax

Balance confirmation on 2018.08.31

Dear Sir/Madam,

In connection with the checking of our year-end closing, we would ask you to compare the open items listed in the line item list from 2018.08.31 with your ledgers and to confirm the agreement with the balance on the last page of this letter up until the . If, on checking, you discover any differences, please let us know so that the reasons for these differences can be ascertained.

Please find enclosed an envelope for your reply and statement of any differences found.

We look forward to hearing from you soon.

• 앞에서 만들었던 레이아웃대로 잔액명세서가 조회된다.

▶ IVA Posting for Doubtful Receivables(사고채권에 대한 대손설정 - Invoice Value
Adjustment)

○ Invoice 생성일 또는 사고발생일로부터 기간별 대손율을 지정, 관리하는 기능. 국내
에서는 Standard 기능을 잘 사용하지 않고 CBO 프로그램을 개발하여 대손처리를
하는 것이 일반적이나, 간단히 Standard 기능을 살펴보자.

○ FD02 - Customer Master Data 변경 트랜잭션으로 이동

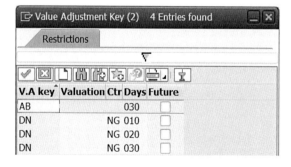

Company Code data Segment - Account Management Tab - Value Adjustment
Field

- 우측 Value Adjustment 필드의 Possible Entry를 클릭하면 위 그림과 같은 팝업이
  뜬다.
- AB Key값에 Days 30으로 되어 있는 것을 볼 수 있다. 더블클릭하여 선택

> IMG-FI-Accounts Receivable and Accounts Payable-Business Transactions-Closing-Valuate-Valuations-Define Value Adjustment Key 화면 : Value Adjustment Key값 설정

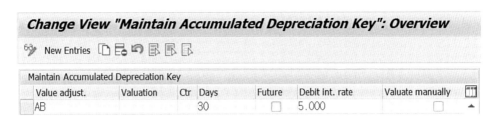

Invoice 생성일로부터 30일 경과시 대손금액을 5%로 설정하겠다는 의미

> New Entries 버튼을 이용하여 기간을 추가한다.

Maintain Accumulated Depreciation Key							
Value adjust.	Valuation	Ctr	Days	Future	Debit int. rate	Valuate manually	
AB	KR		30	☐	5.000	☐	▲
AB	KR		61	☐	7.000	☐	▼
AB	KR		91	☐	9.000	☐	
AB	KR		181	☐	15.000	☐	

위와같이 각 기간을 추가하여 대손상각율을 설정할 수 있다. 30~60=5%, 61~90=7%, 91~180=9%, 181~=15%

• Value Adjustment 필드 AB지정 후 저장(Value adjustment   AB)

○ FI-Accounts Receivable-Periodic Processing-Closing-Valuate-F107 - Further Valuations 화면에서 대손 처리

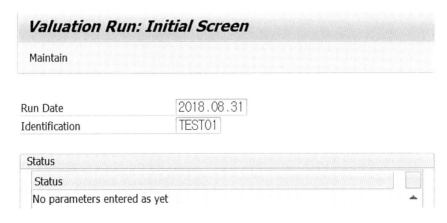

- 위와 같이 입력하고 실행하게 되면 아래쪽에 보이는 것처럼 파라메터값이 설정되지 않았다는 메시지가 뜬다.
- 상단의 Maintain 버튼을 클릭. 각 필드값들을 아래와 같이 입력한다.

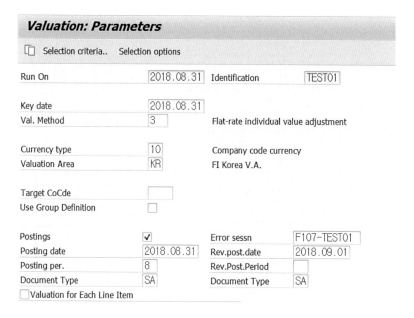

- Key date : 2018.08.31일 기준으로 대손상각처리.

- Valuation Method : 3(Flat-rate Individual value adjustment) 선택

- Currency Type : Company Code Currency 선택

- Valuation Area : KR 선택

- Postings : 전기처리. 전기관련 일자 입력(Posting date / Reverse Posting Date-재설정일)

- Document Type : 전표유형 정의

- 파라메터값들을 모두 입력한 후 상단의 Selection options 버튼을 클릭한다.

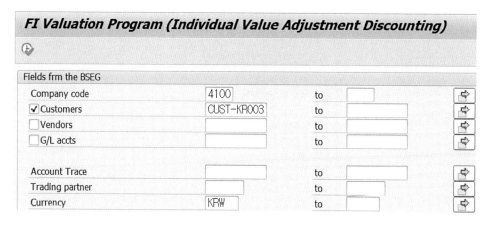

처리대상 지정. CUST-KR003에 대한 내역을 보기 위해 해당 Customer를 지정한 후 실행한다.

〉저장(💾)버튼 클릭

Parameters entered 상태가 된다.

- Dispatch 버튼을 클릭하여 스케줄링 화면에서 Start Immediat. 필드에 체크하고 수행한다.

그림과 같은 상태가 된다. Valuation run이 완료되었다.

> [메뉴-Edit-Valuation run-Value list] 등 메뉴에서 Valuation run 관련 정보를 조회/삭제 할 수
있다.

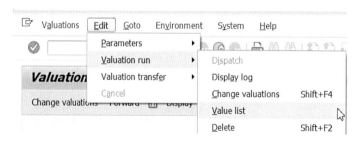

- 이에 대한 전표처리를 수행하자. 상단의 [Forward] 버튼을 클릭.

Start Immediat. 필드에 체크하고 수행

Status	
Parameters entered	
Val.run scheduled for	at 22:38:22
Val.run finished	
Transfer scheduled for	at 22:40:09
Transfer running	

Transfer 상태로 변경되고 [Display] 버튼을 이용하여 내역을 조회할 수 있다.

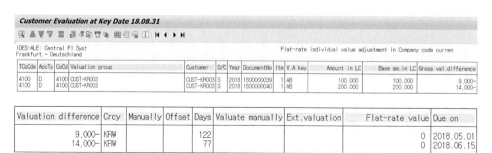

Customer Evaluation at Key Date 18.08.31

TCoCde	AccTy	CoCd	Valuation group	Customer	D/C	Year	DocumentNo	Itm	V.A key	Amount in LC	Base am. in LC	Gross val.difference
4100	D	4100	CUST-KR003	CUST-KR003	S	2018	1800000039	1	AB	100,000	100,000	9,000-
4100	D	4100	CUST-KR003	CUST-KR003	S	2018	1800000040	1	AB	200,000	200,000	14,000-

Valuation difference	Crcy	Manually	Offset	Days	Valuate manually	Ext.valuation	Flat-rate value	Due on
9,000-	KRW			122			0	2018.05.01
14,000-	KRW			77			0	2018.06.15

발생했던 A/R 100,000금액에 대한 9%인 9,000만큼이 대손 설정된다. 두번째 라인
은 200,000원에 대해 7%인 14,000원이 대손 설정된다. 기간에 따라서 122일이므로
9%, 77일이므로 7%가 설정된 것이다.

- [메뉴-Edit-Valuation transfer-Sample posting] 화면에서 샘플로 포스팅 된 결과를
볼 수 있다. 앞서 Parameter 설정시 Posting 체크박스에 체크하였기 때문에 Trans-
fer 처리시 바로 포스팅 되었다.

Valuation Run: Initial Screen

Posting Documents (Simulation)

Item	CoCd	DocumentNo	Year	Itm	Doc..Date	Pstng Date	Period	Type	PK	D/C	Curr.	G/L amount	LCurr	Amount LC	AccTy	G/L Account	Offst.acct	Valuated Document
1	4100	T000000003	2018	1	2018.08.31	2018.08.31	8	SA	50	H	KRW	0	KRW	9,000-	S	0011050100	0054002700	4100 1800000039 001 2018 Value adjustment
2	4100	T000000003	2018	2	2018.08.31	2018.08.31	8	SA	40	S	KRW	0	KRW	9,000	S	0054002700	0011050100	4100 1800000039 001 2018 Value adjustment
3	4100	T000000003	2018	3	2018.08.31	2018.08.31	8	SA	50	H	KRW	0	KRW	14,000-	S	0011050100	0054002700	4100 1800000040 001 2018 Value adjustment
4	4100	T000000003	2018	4	2018.08.31	2018.08.31	8	SA	40	S	KRW	0	KRW	14,000	S	0054002700	0011050100	4100 1800000040 001 2018 Value adjustment
1	4100	T000000004	2018	1	2018.09.01	2018.09.01	9	SA	40	S	KRW	0	KRW	9,000	S	0011050100	0054002700	4100 1800000039 001 2018 Value adjustment
2	4100	T000000004	2018	2	2018.09.01	2018.09.01	9	SA	50	H	KRW	0	KRW	9,000-	S	0054002700	0011050100	4100 1800000039 001 2018 Value adjustment
3	4100	T000000004	2018	3	2018.09.01	2018.09.01	9	SA	40	S	KRW	0	KRW	14,000	S	0011050100	0054002700	4100 1800000040 001 2018 Value adjustment
4	4100	T000000004	2018	4	2018.09.01	2018.09.01	9	SA	50	H	KRW	0	KRW	14,000-	S	0054002700	0011050100	4100 1800000040 001 2018 Value adjustment

〉2개의 전표가 발생한 것을 볼 수 있다(위 4개라인, 아래 4개라인(익월역분개))

〉8월31일 : [차)54002700(대손상각비) xxx / 대)11050100(대손충당금) xxx]

〉9월 1일 : [차)11050100(대손충당금) xxx / 대)54002700(대손상각비) xxx]← 8월31일 발생한

　대손을 재설정

- [메뉴-Edit-Valuation transfer-Display log] 화면에서 전표처리한 내용을 볼 수 있다.

Time	Message text uncoded	Message ID	Msg.no.	Msg.typ
23:24:43	Job started	00	516	S
23:24:43	Step 001 started (program F107_RUN, variant &0000000000010, user ID SCY00)	00	550	S
23:24:43	F107: Update Executed	F7	566	S
23:24:43	F107: 100 Document posted 4100 2018 0100000161	F7	566	S
23:24:43	F107: 100 Document posted 4100 2018 0100000162	F7	566	S
23:24:44	Job finished	00	517	S

〉100000161전표가 8월31일자, 100000162 전표가 9월1일 역분개된 전표번호이다.

Data Entry View

Document Number	100000161	Company Code	4100	Fiscal Year	2018
Document Date	2018.08.31	Posting Date	2018.08.31	Period	8
Reference		Cross-Comp.No.			
Currency	KRW	Texts exist	□	Ledger Group	OL

CoCd	Itm	Key	SG	AccTy	Account	Description	D/C	Amount	Curr.	Amount LC	LCurr	Tx	Assign.	Text
4100	1	50	S		11050100	Allowance for doubtf	H	0	KRW	9,000-	KRW			4100 1800000039 001 2018 Value adjustment
	2	40	S		54002700	Bad Debt expenses	S	0	KRW	9,000	KRW			4100 1800000039 001 2018 Value adjustment
	3	50	S		11050100	Allowance for doubtf	H	0	KRW	14,000-	KRW			4100 1800000040 001 2018 Value adjustment
	4	40	S		54002700	Bad Debt expenses	S	0	KRW	14,000	KRW			4100 1800000040 001 2018 Value adjustment

〉그림처럼 G/L 금액이 0이다. SAP 기본설정이 대손설정과 관련된 금액들은 0으로 보여준다.

　마치 외화평가 금액처럼 외화금액은 0이고 원화금액이 존재하는 것과 유사하다. 익월 역분개

　전표도 동일하다.

Data Entry View

Document Number	100000162	Company Code	4100	Fiscal Year	2018
Document Date	2018.09.01	Posting Date	2018.09.01	Period	9
Reference		Cross-Comp.No.			
Currency	KRW	Texts exist	□	Ledger Group	OL

CoCd	Itm	Key	SG	AccTy	Account	Description	D/C	Amount	Curr.	Amount LC	LCurr	Tx	Assign.	Text
4100	1	40	S		11050100	Allowance for doubtf	S	0	KRW	9,000	KRW			4100 1800000039 001 2018 Value adjustment
	2	50	S		54002700	Bad Debt expenses	H	0	KRW	9,000-	KRW			4100 1800000039 001 2018 Value adjustment
	3	40	S		11050100	Allowance for doubtf	S	0	KRW	14,000	KRW			4100 1800000040 001 2018 Value adjustment
	4	50	S		54002700	Bad Debt expenses	H	0	KRW	14,000-	KRW			4100 1800000040 001 2018 Value adjustment

○ SAP 처리 방식 정리

Date	Event	회계 처리	
05/01	매출발생(2건)	A/R Invoice 100,000 / Rev 100,000 / A/R Invoice 200,000 / Rev 200,000	
08/31	대손설정	대손설정 100,000 * 9% = 9,000 / 200,000 * 7% = 14,000	
		SAP 방식	일반적인 대손설정방식
	전표처리(8/31)	대손상각비 23,000 / 대손충당금 23,000	대손상각비 23,000 / 대손충당금 23,000
	익월역분개(9/1)	대손충당금 23,000 / 대손상각비 23,000	X
09/30	대손확정	대손상각비 300,000 / A/R 300,000	대손상각비 277,000 대손충당금 23,000 / A/R 300,000

- SAP 방식은 일반적인 대손설정방식과 처리 방식도 다르고 사용하기 복잡하여 국내에서는 잘 사용하지 않는다. 별도 CBO 프로그램을 개발하거나 수기관리하고 전표만 기표하는 것이 일반적이다.

○ 대손상각비 / 대손충당금 계정 설정

- IMG-FI-Accounts Receivable and Accounts Payable-Business Transactions-Closing-Valuate-Valuations-Define Accounts : 대손관련 계정 설정. 조정계정별로 대손충당금/상각비 계정을 설정한다.

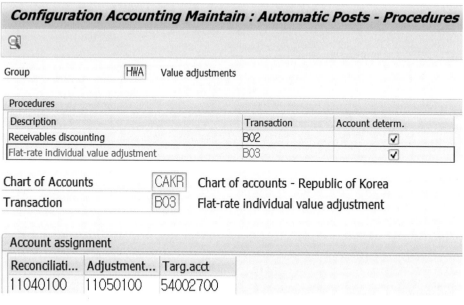

11050100 : 대손충당금 계정 / 54002700 : 대손상각비 계정

▶ Foreign Currency Valuation and **Reclassify Receivables/Payables**

○ FAGL_FC_VAL - Foreign Currency Valuation(New) : 〈5장. AR&AP Transaction〉 -Foreign Currency Valuation 챕터에서 살펴본 내용. Open Item으로 관리되는 외화 G/L계정, 채권, 채무계정에 대해 월결산 항목으로 외화평가를 돌려야 한다(S/4 HANA 버전에서는 FAGL_FCV T-Code 사용)

○ **FAGLF101 - Sorting/Reclassification** : 여기서는 이 결산항목에 대해서 자세히 살펴보자.

• 국내에서는 잘 사용하지 않는 기능이며, 일반적으로 CBO 프로그램을 개발하여 기능을 대체한다. 연결산 시점에 처리해야 하는 결산 항목으로 Standard 기능에 대해 간단히 살펴보도록 하자.

• B/S-채권/채무의 Remaining life를 기간별로 쪼개는 역할을 한다(채권/채무 장단기 대체기능)

• 적자(-) 채무/채권을 가지는 Vendor/Customer의 적자 채무는 채권으로, 적자 채권은 채무로 자동 조정해주는 역할

• 기중에 변경된 Reconciliation Account를 변경후 Reconciliation Account로 재무제표에 표시해주는 기능

• 관계회사의 채권채무를 상계해서 재무제표에 보여주는 기능

(배치 Input Posting이 가능하고 Reversal이 가능하다.)

▶ **FAGLF101 - Sorting/Reclassification 기능** : 채권, 채무계정을 재분류 → 장/단기, 적자 채권/채무 조정기능

○ ①Customers

• Receivables : 1년 미만의 채권의 경우는 조정될 필요가 없다. 만기일이 1년 이상 남은 채권들은 연말 현재 장기채권으로 계정대체를 해줄 필요가 있다.

• Payables : 적자채권(대변 잔액)의 경우 Payables(채무계정)로 대체해야 한다. 1년 미만은 일반 채무계정으로, 1년이상의 경우 장기채무계정으로 대체한다.

○ ②Vendors

• Payables : 1년 미만의 채무의 경우는 조정될 필요가 없다. 만기일이 1년이상 남은 채무들은 연말 현재 장기채무로 계정대체를 해줄 필요가 있다.

- Receivables : 적자채무(차변 잔액)의 경우 Receivables(채권계정)로 대체해야 한다. 1년 미만은 일반 채권계정으로, 1년이상의 경우 장기채권계정으로 대체한다.

○ Example : Customers with Credit Balance

고객	AR Amount		FAGLF101 Reclassification	장기AR	AP	장기AP
Customer 1	600	<= 1year				
Customer 2	-100	<= 1year	→		100	
	-20	> 1year	→			20
Customer 3	200	> 1year	→	200		

- 위 그림은 Customer 1 채권 600(단기), Customer 2 적자채권 100(단기), 적자채권 20(장기) 보유, Customer 3 채권 200(장기)을 보유한 상황이다.

- FAGLF101 프로그램을 돌리게 되면 Adjustment Account로 금액이 발생(100, 20 / 200) 이 Adjust.금액들이 다시 장기채권(200), 적자채권을 조정한 일반채무(100), 장기채무(20)으로 계정대체가 발생한다. 분개는 아래와 같다.

- Ex) Customer 1) [차)A/R 600 / 대)Rev 600] Customer 2) [차)Rev 120 / 대)A/R 100, A/R 20(장기)] Customer 3) [차)A/R 200(장기) / 대)Rev 200]

- FAGLF101 처리 : Customer 2) [차)A/R Adjust 100 / 대)A/P 100], [차)A/R Adjust 20 / 대)A/P(장기) 20],

  Customer 3) [차)A/R(장기) 200 / 대)A/R Adjust 200]

- 재무제표 상에서 [차)A/R Adjust 100,20 / 대)A/R 100, A/R 20(장기)], [차)A/R 200(장기) / 대)A/R Adjust 200]은 서로 상계되어 금액이 0으로 조회된다. 이러한 계정들은 FSV에서 Supplement Account Group에 포함되어 안보이게 되고 결국 재무제표상에서는 남은 A/P 100, A/R(장기) 200, A/P(장기) 20만 보이게 된다.

○ FI-Accounts Receivable-Periodic Processing-Closing-Reclassify-FAGLF101 - Sorting/Reclassification (New) 화면

Sorting/Reclassification 기능 Test : A/R 전표가 2개가 아래와 같이 존재한다.

	Customer	CUST-KR003
	Name	SFA Consulting
	Street	
	City	서울시 강남구 111333
	TelephoneNumber	

Company Code   4100 FI Korea

⧉	Stat	Type	Doc..Date	Posting Date	CoCd	DocumentNo	Year	Itm	AccTy	Key	D/C	SG	Account	G/L Acc	G/L amount	Curr.	Net due date
	◉	DR	2018.12.01	2018.12.01	4100	1800000041	2018	1	D	01	S		CUST-KR003	11040100	300,000	KRW	2020.01.31
	◉	DG	2018.12.01	2018.12.01	4100	1600000005	2018	1	D	11	H		CUST-KR003	11040100	200,000-	KRW	2018.12.01

Data Entry View

Document Number	1800000041	Company Code	4100	Fiscal Year	2018
Document Date	2018.12.01	Posting Date	2018.12.01	Period	12
Reference		Cross-Comp.No.			
Currency	KRW	Texts exist	☐	Ledger Group	

CoCd	Itm	Key	SG	AccTy	Account	Description	G/L Acc	G/L account name	D/C	Amount	Curr.	Amount LC	LCurr	Tx
4100	1	01	D		CUST-KR003	SFA Consulting	11040100	Account Receivables	S	300,000	KRW	300,000	KRW	
	2	50	S		80000199	Sales revenues - dom	80000199	Sales revenues - dom	H	300,000-	KRW	300,000-	KRW	

위 AR 전표는 만기일이 2020.01.31인 장기채권이다. 2018년12월31일 기준 장기채권으로 재분류가 필요하다.

Data Entry View

Document Number	1600000005	Company Code	4100	Fiscal Year	2018
Document Date	2018.12.01	Posting Date	2018.12.01	Period	12
Reference		Cross-Comp.No.			
Currency	KRW	Texts exist	☐	Ledger Group	

CoCd	Itm	Key	SG	AccTy	Account	Description	G/L Acc	G/L account name	D/C	Amount	Curr.	Amount LC	LCurr	Tx
4100	1	11	D		CUST-KR003	SFA Consulting	11040100	Account Receivables	H	200,000-	KRW	200,000-	KRW	
	2	40	S		80000199	Sales revenues - dom	80000199	Sales revenues - dom	S	200,000	KRW	200,000	KRW	

위 적자AR 전표는 12월 31일 기준으로 보면 AP로 분류되어야 할 필요가 있다.

＞FAGLF101 - Sorting/Reclassification (New) 화면 - 위 2개의 전표에 대해 Reclassify 처리를 진행해보자.

Balance Sheet Supplement - OI - Analysis

Company Code	4100	to		⇨
Balance Sheet Key Date	2018.12.31			
Sort method	SAP			
Valuation Area	KR			

Postings	Selections	Parameters	Output

☐ Generate postings	
Batch input session name	FAGL_CL_REGR
Document date	2018.12.31
Document Type	SA
Posting date	2018.12.31
Posting period	12
Reversal Document Type	SA
Reversal posting date	2019.01.01
Reverse Post. Period	1
☐ Post in transaction currency	
☐ Fill Document Crcy Amount	
Target Company Code	
Document Header Text	FAGLF101 Reclassify

증빙일/전기일/재설정일자 등 정보를 입력한다. Generate Postings 미체크시 시뮬레이션 해 볼 수 있다.

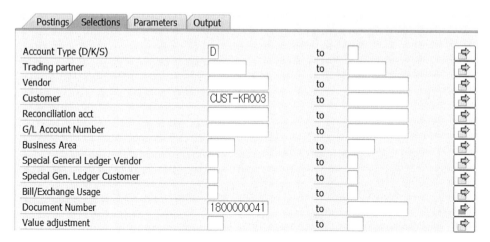

처리하고자 하는 대상을 선택할 수 있는 화면이다. 원하는 거래처나 전표번호 등을 입력한다.

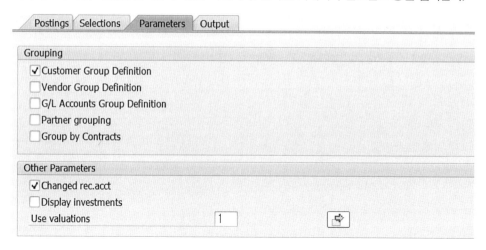

- Customer Group Definition : 장단기 채권 대체 / 적자 채권 대체 기능

- Vendor Group Definition : 장단기 채무 대채 / 적자 채무 대체 기능

- Changed rec.acct : 조정계정 변경에 대한 조정기능.

>위와 같이 입력한 후 실행

|◀ ◀ ▶ ▶| Postings Messages 🔍 📇 ▤ ▼ 🗐 🗐 📊 🔽 🗂

FI Korea   Balance Sheet Supplement - OI Analysis per 18.12.31   Time 10:15:22   Date
Seoul   FAGL_CL_REGROUP/   Page

Tr.prt	AccTy	Prev.rec.l	Account	Description	Ac.	Crcy	Net due date	DocumentNo	Amount Valuated	Ty	Pstng Date
	D	11040100	CUST-KR003	Receivables du.	V01	KRW	2020.01.31	1800000041	300,000	DR	2018.12.01
		11040100	CUST-KR003		V01				300,000		
*		11040100	CUST-KR003	Payables Withi.	V02	KRW	2018.12.01	1600000005	200,000-	DG	2018.12.01
*	D	11040100	CUST-KR003		V02				200,000-		
**		11040100	CUST-KR003						100,000		
***		11040100							100,000		
**** Target Comp. Code 4100									100,000		

⟩ [Postings] 버튼을 클릭하면 각 결산전표가 어떻게 기표될지 조회해 볼 수 있다.

```
Le CoCd DocumentNo Document Header Text      Type  Pstng Date LCurr Text
CoCd Itm PK G/L          Amt.in loc.cur.  BusA Text

OL 4100          FAGLF101 Reclassify        SA    2018.12.31 KRW
4100     40 11040150           300,000   9900 Receivables due after 1 year Account 11040100
4100     50 11040199           300,000-  9900 Receivables due after 1 year Account 11040100

OL 4100          FAGLF101 Reclassify        SA    2018.12.31 KRW
4100     40 11040199           200,000   9900 Payables Within 1 Year Account 11040100
4100     50 20020400           200,000-  9900 Payables Within 1 Year Account 11040100

OL 4100          Reverse Posting FAGLF101 SA    2019.01.01 KRW
4100     50 11040150           300,000-  9900 Receivables due after 1 year Account 11040100
4100     40 11040199           300,000   9900 Receivables due after 1 year Account 11040100

OL 4100          Reverse Posting FAGLF101 SA    2019.01.01 KRW
4100     50 11040199           200,000-  9900 Payables Within 1 Year Account 11040100
4100     40 20020400           200,000   9900 Payables Within 1 Year Account 11040100
```

⟩Create postings 체크박스에 체크한 후 실행하게 되면 Batch Input Session이 생성된다.
T-Code : SM35 화면에서 Session 을 Process 해보자. Session 실행하는 것은 이전 챕터에서 했던 것과 동일하므로 생략한다. Log를 조회해보면 아래와 같이 전표가 생성된 것을 확인할 수 있다.

| ▦ Transactions | 🗐 Dynpros | 🔍 Log created on |

Time	Message	Transacti...	Index	Modul	Scr..	I..	T	ID No.
18:45:55	Session FAGL_CL_REGR is being processed by user in mode E on server saperp		0			0	S	00 300
18:45:55	Posting takes place in previous fiscal year	FBB1	1	SAPMF05A	0100	1	W	F5 202
18:45:55	Document 100000170 was posted in company code 4100	FBB1	1			0	S	F5 312
18:45:55	Posting takes place in previous fiscal year	FBB1	2	SAPMF05A	0100	1	W	F5 202
18:45:56	Document 100000171 was posted in company code 4100	FBB1	2			0	S	F5 312
18:45:56	Document date and posting date are in different fiscal years	FBB1	3	SAPMF05A	0100	1	W	F5 193
18:45:56	Document 100000006 was posted in company code 4100	FBB1	3			0	S	F5 312
18:45:56	Document date and posting date are in different fiscal years	FBB1	4	SAPMF05A	0100	1	W	F5 193
18:45:56	Document 100000007 was posted in company code 4100	FBB1	4			0	S	F5 312
18:45:56	Processing statistics		0			0	S	00 370
18:45:56	4 transactions read		0			0	S	00 363
18:45:56	4 transactions processed		0			0	S	00 364
18:45:56	0 transactions with errors		0			0	S	00 365
18:45:56	0 transactions deleted		0			0	S	00 366
18:45:56	Batch input processing ended		0			0	S	00 382

9

Financial Closing

300,000원짜리 AR에 대해 장기AR로 대체하는 전표이다.

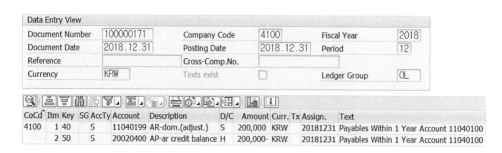

200,000원짜리 적자AR에 대해 결산시점에 AP 계정으로 대체하는 전표이다.

나머지 두개 전표는 이에 대한 익월 역분개(재설정) 전표이다. 12월말 결산시점 기준으로 채권에 대한 장/단기 분류 및 적자채권에 대한 채무 분류 작업을 진행한 것이다. A/P의 경우도 동일하게 처리할 수 있다.

○ IMG-FI-General Ledger Accounting (New)-Periodic Processing-Reclassify-Transfer and Sort Receivables and Payables-Define Sort Method and Adjustment Accts for Regrouping Receivables/Payables 화면 : FAGLF101 프로그램-채권,채무계정을 재분류하기 위해 필요한 값들을 세팅할 수 있다.

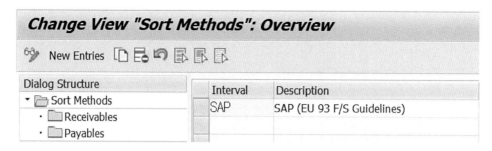

〉Receivables 부분을 클릭하여 채권에 대한 장단기 대체 계정을 설정한다.

Change View "Receivables": Overview

우측 화면의 첫번째 라인은 적자 AP의 채권 전환에 대한 설정부분이며, 두번째 라인은 AR의 장기AR 대체 설정과 적자AP중 장기채권 전환에 대한 설정 부분이다. 2번째 라인을 살펴보자.

⇨ Account 클릭

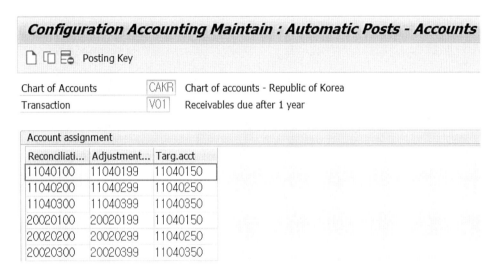

Configuration Accounting Maintain : Automatic Posts - Accounts

앞서 테스트 했던 전표에서 채권 계정은 11040100이었다. 이 단기AR계정을 Adjustment계정인 11040199계정으로 상계하면서 장기AR계정인 11040150계정으로 대체처리하였다. 아래 20020010계정에 대한 세팅은 적자AP중 장기AR로 대체될 건들에 대한 설정 부분이다.

>Payables 부분을 더블클릭하여 적자채권에 대한 AP 대체계정 설정 부분을 살펴보자.

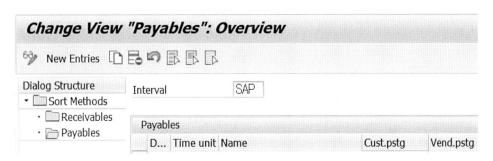

Change View "Payables": Overview

우측 화면의 첫번째 라인은 적자 AR에 대한 채무 전환에 대한 설정 부분이며, 아래 라인들은 AP의 장기AP 대체 설정과 적자 AR중 장기채무 전환에 대한 설정 부분이다. 첫번째 라인에 대해 ⇨ Account 버튼을 클릭.

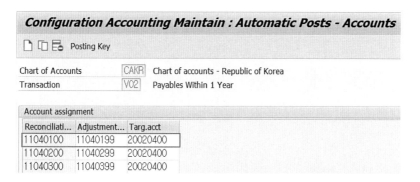

앞서 테스트 했던 전표의 채권계정은 11040100이었다. 이 채권계정이 적자AR로 발생한 경우 이를 Adjustment계정인 11040199 계정으로 상계하고, 채무계정인 20020400 계정으로 발생하도록 하는 것이다.

>AR에 대한 부분만을 살펴보았는데, AP도 반대의 케이스로 동일하게 생각하면 된다.

▶ **FAGLF101 - Changed Reconciliation Account 기능** : 기중에 Reconciliation Account가 변경된 경우 조정기능

○ Old Receivable 계정으로 300, 400이 발생하였으나 기중에 New Reconciliation 계정으로 변경된 후 100만큼이 추가로 발생하였다면 재무제표 상에서는 New Reconciliation 계정으로 800만큼이 보여져야 한다.

○ FAGLF101 프로그램이 수행되면서 조정 포스팅 처리를 한다.

○ 전표 [차)A/R adjust1 700 / 대)A/R adjust2 700]을 발생시킨다. 대변 A/R Adjust2 700은 Old Reconciliation 계정과 서로 상계되어 재무제표상에서 나타나지 않게 된다. 차변 A/R Adjust1는 New Reconciliation계정과 서로 묶여 800만큼의 금액이 재무제표 상에 보여지게 된다.

○ Ex)A/R(11040100) 300, A/R(11040100) 400, 계정변경(11040100→11040110) 후 A/R(11040110) 100 발생

○ FAGLF101 프로그램 처리 : [차)A/R Adjust(11040119) 700 / 대)A/R Adjust(11040199) 700]

→ 재무제표상 Supplement Account Group쪽에서 11040100 700과 11040199 700이
서로 상계되어 없어지고 A/R(11040110)와 A/R Adjust(11040119)가 합쳐져서 800만
큼이 A/R로 남게 된다.

○ FI-Accounts Receivable-Periodic Processing-Closing-Reclassify-FAGLF101 -
Sorting/Reclassification (New) 화면

Changed Reconciliation Account 기능 Test : 아래와 같은 AR 전표가 존재한다.

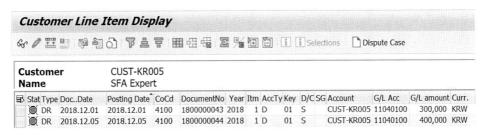

계정코드 11040100으로 2건의 AR이 발생되어 있다. 12월10일경에 CUST-KR005 고
객 조정계정이 변경되었다.

조정계정이 변경되었으니 FAGLF101 프로그램을 수행하라는 Warning 메시지이다.

＞FAGLF101 - Sorting/Reclassification (New) 화면 - 위 2개의 전표에 대해 Adjustment처리를
진행해보자.

(다른 입력 부분은 앞서 Test 해본 화면과 동일하며 Changed rec.acct 체크를 하고 실행한다.)

Balance Sheet Supplement - OI - Analysis

FI Korea Balance Sheet Supplement - OI Analysis per 18.12.31   Time 11:28:00   Date
Seoul   FAGL_CL_REGROUP/   Page

	Tr.prt	AccTy	Prev.rec.I	Account	Description	Ac.	Crcy	Net due date	DocumentNo	Amount Valuated	Ty	Pstng Date
		D	11040100	CUST-KR005			KRW	2019.01.31	1800000043	300,000	DR	2018.12.01
		D	11040100	CUST-KR005			KRW	2019.01.31	1800000044	400,000	DR	2018.12.05
*			11040100	CUST-KR005						700,000		
**			11040100	CUST-KR005						700,000		
***			11040100							700,000		
**** Target Comp. Code 4100										700,000		

> Postings 버튼을 클릭해보자.

```
Le CoCd DocumentNo Document Header Text      Type  Pstng Date LCurr Text
CoCd Itm PK G/L       Amt.in loc.cur. BusA Text

OL 4100         FAGLF101 Reclassify     SA   2018.12.31 KRW
4100     40 11040119        700,000 9900 Changed Reconcil.Acct: Old 11040100 New 11040110
4100     50 11040199        700,000- 9900 Changed Reconcil.Acct: Old 11040100 New 11040110

OL 4100         Reverse Posting FAGLF101 SA   2019.01.01 KRW
4100     50 11040119        700,000- 9900 Changed Reconcil.Acct: Old 11040100 New 11040110
4100     40 11040199        700,000 9900 Changed Reconcil.Acct: Old 11040100 New 11040110
```

고객 조정계정을 변경하기 전에 발생한 11040100 계정을 11040199 계정으로 상계하고(Cred-it) 11040110 계정의 금액을 조정하는 역할을 하는 11040119 계정을 차변에 발생시킨다 (Debit), 그리고 익월 역분개 처리한다.

> Create postings 체크박스에 체크한 후 실행하게 되면 Batch Input Session이 생성된다. T-Code : SM35 화면에서 Session 을 Process 해보자. 실행하는 것은 이전 챕터에서 했던 것 과 동일하므로 생략한다. Log를 조회해보면 아래와 같이 전표가 생성된 것을 확인할 수 있다.

Time	Message		Transacti...	Index	Modul	Scr...	I...	T	ID	No.
19:34:21	Session FAGL_CL_REGR is being processed by user	in mode E on server saperp		0			0	S	00	300
19:34:21	Posting takes place in previous fiscal year		FBB1	1	SAPMF05A	0100	1	W	F5	202
19:34:21	Document 100000172 was posted in company code 4100		FBB1	1			0	S	F5	312
19:34:21	Document date and posting date are in different fiscal years		FBB1	2	SAPMF05A	0100	1	W	F5	193
19:34:21	Document 100000008 was posted in company code 4100		FBB1	2			0	S	F5	312
19:34:21	Processing statistics			0			0	S	00	370
19:34:21	2 transactions read			0			0	S	00	363
19:34:21	2 transactions processed			0			0	S	00	364
19:34:21	0 transactions with errors			0			0	S	00	365
19:34:21	0 transactions deleted			0			0	S	00	366
19:34:21	Batch input processing ended			0			0	S	00	382

Tabs: Transactions | Dynpros | Log created on

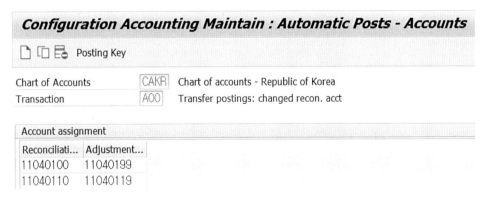

Data Entry View					
Document Number	100000172	Company Code	4100	Fiscal Year	2018
Document Date	2018.12.31	Posting Date	2018.12.31	Period	12
Reference		Cross-Comp.No.			
Currency	KRW	Texts exist	☐	Ledger Group	OL

CoCd	Itm	Key	SG	AccTy	Account	Description	D/C	Amount	Curr.	Tx	Assign.	Text
4100	1	40		S	11040119	AR-dom2(adjust.)	S	700,000	KRW		20181231	Changed Reconcil.Acct: Old 11040100 New 11040110
	2	50		S	11040199	AR-dom.(adjust.)	H	700,000-	KRW		20181231	Changed Reconcil.Acct: Old 11040100 New 11040110

차변에 11040119 계정이 발생되면서 11040110 발생 역할을 하게 되고, 대변에 11040199 계정이 발생되면서 11040100 계정을 차감하는 역할을 하게 된다. 이 계정들은 각기 11040199-11040100 / 11040119-11040110 같은 재무제표 항목상에 Grouping되어 표시되게 된다. 두번째 전표는 익월 재설정 전표이다.

○ IMG-FI-General Ledger Accounting (New)-Periodic Processing-Reclassify-Transfer and Sort Receivables and Payables-Define Adjustment Accounts for Changed Reconciliation Accounts 화면 : FAGLF101 프로그램 - 기중에 Reconciliation Account가 변경된 경우 조정하기 위해 필요한 값들을 세팅할 수 있다.

Configuration Accounting Maintain : Automatic Posts - Accounts

📄 🗐 📇 Posting Key

Chart of Accounts   CAKR   Chart of accounts - Republic of Korea
Transaction   A00   Transfer postings: changed recon. acct

Account assignment

Reconciliati...	Adjustment...
11040100	11040199
11040110	11040119

11040100계정에 대한 조정(Adjustment)계정은 11040199계정이고, 11040110계정의 조정(Adjustment)계정은 11040119계정이다. 앞에서 본 전표처럼 11040100계정에 대한 금액을 차감하기 위해 11040199 계정을 사용하였고, 11040110계정에 대한 금액을 발생시키기 위해 11040119계정을 사용하였다. 이와 같이 2개 계정에 대한 Adjustment 계정을 모두 설정해주어야 한다. 위 계정들은 재무제표 버전상에 같은 Group으로 묶어 상계되어 조회되도록 세팅한다.

○ 가급적이면 위와 같은 조정계정 변경은 발생하지 않도록 하는 것이 좋으나 발생하는 경우 국내에서는 기존 전표를 계정대체전표 처리하면서 반제하는 식으로 처리한다 (기존 11040100계정 반제처리 후, 11040110계정으로 전표 기표)

▶ FAGLF101 - Balancing for Affiliated Companies 기능 : 관계회사간 채권채무 상 계기능

○ Customer X와 Vendor Y는 지배회사 입장에서 보면 자회사관계이다. X쪽으로는 매 출채권(관계회사간)이, Y쪽으로는 매입채무(관계회사간) 계정에 금액이 발생한다. 이 발 생금액을 서로 상계해서 잔액만 보여주는 기능이다(국내에서는 발생한 모든 금액들을 순 액기준으로 재무제표에 보여줘야 하기 때문에 사용하지 않는 기능이다.)

● Checks / Banks

▶ Automatic Postings - Exchange Rate Differences

○ FAGL_FC_VAL - Foreign Currency Valuation (New) : 〈5장. AR&AP Transaction〉- For- eign Currency Valuation 챕터에서 살펴본 내용. Balance로 관리되는 외화 G/L계정에 대해 월결산 항목으로 외화평가를 돌려야 한다. 간단히 Review 해보자(S/4 HANA 버전에서는 FAGL_FCV T-Code 사용)

○ 원시 전표발생시점의 환율과 Closing시점의 환율 차이를 자동으로 평가하여 포스팅 처리하기 위해 필요한 세팅

○ Balance(잔액Base) 관리 계정의 경우 G/L Account상의 Currency를 Foreign Cur- rency로 설정해야 한다(외화예금계정) 이 계정들은 전표입력시 반드시 입력된 Account Currency로 전표를 기표해야 한다(Transaction Figure 레벨에서는 Foreign Currency뿐 아니라 Local Currency도 조회할 수 있다.)

○ FI-General Ledger-Master Records-G/L Accounts-Individual Processing-FS00 - Centrally 화면(Balance 관리계정)

11010102 계정과목을 사용하여 트랜잭션을 발생시킬때는 반드시 USD통화를 사용하여야 한다(이때 시스템에는 내부적으로 Foreign Currency뿐 아니라 Local Currency도 관리된다.)

○ Open Item Base인 경우 Customer/Vendor 관련 조정계정(Subledger)이거나 위 그림의 Open Item Management 체크박스에 체크되어져 있어야 한다. 이 경우 회사코드와 동일한 통화(KRW)를 사용하며 전표 입력시 어떠한 다른 통화로도 변경하여기표가 가능하다.

○ Balance 관리계정에 대한 평가처리를 위해서는 위와 같이 각 계정 Master Data를 관리해야 한다.

▶ Account Determination in Foreign Currency Balances

○ 마감 시점에 외화로 관리되는 Balance(잔액Base) 관리계정에 대해 어떤 환차손익 계정으로 조정처리 될지를 결정하는 설정부분.

○ FI-General Ledger-Master Records-G/L Accounts-Individual Processing-FS00 - Centrally 화면

〉위 Exchange rate difference key 부분이 Possible Entry클릭

E/R difKey	E/R loss acct	E/R gains acct
	56001000	55001000
FRF	56001400	55001400
USD	56001300	55001300

- 위 E/R difKey값은 IMG에서 세팅한 키값이다.
- IMG-FI-General Ledger Accounting (New)-Periodic Processing-Valuate-Foreign Currency Valuation-Prepare Automatic Postings for Foreign Currency Valuation 화면

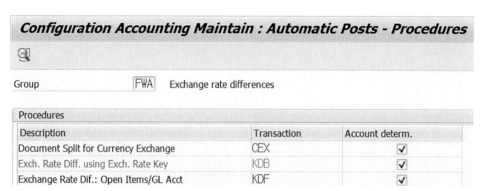

>두번째 KDB 키값 더블클릭. 각 키별로 환차익, 환차손 계정을 설정

○ 실제 평가처리하는 프로그램 : FI-General Ledger(or AR/AP)-Periodic Processing-Closing-Valuate-FAGL_FC_VAL - Foreign Currency Valuation (New) 화면에서 처리

| Postings | Open Items | G/L Balances | Miscellaneous |

☑ Valuate G/L Account Balances

| G/L Account | 11010102 | to | | ⇨ |
| Exchange rate difference key | | to | | ⇨ |

☐ Valuate P&L accounts
☐ Val. period balance only

| Currency | | to | | ⇨ |

원하는 계정을 선택하거나 혹은 원하는 Exchange rate difference key값을 입력하여 평가처리를 할 수 있다.

▶ Valuing Foreign currency Balance Sheet Accounts

일자별	환율	FC(USD)	LC(KRW)	거래예시
7/01	1,000	100	100,000	Foreign Bank 100,000 / xxx
7/10	1,030	-10	-10,300	xxx / Foreign Bank 10,300
7/20	1,080	20	21,600	Foreign Bank 21,600 / xxx
7/31(평가)	1,050	110(sum)	111,300(sum)	Foreign Bank 4,200 / 환차익 4,200
7/31평가시 110 * 1,050 = 115,500과 111,300(sum)의 차이 4,200만큼을 조정하여 환차익이 발생한다.				

● **Accrual / Deferral Postings** : 미지급, 선급 등과 관련된 기간손익 조정작업(Manual Accrual 기능)

▶ Anticipated(Accrued)-미지급, Transitory(Deferred)-선급

▶ Transitory(Deferred)-선급관련 회계처리 예제

○ ①Expense발생 → 자산(선급비용)대체 : 렌트비를 3개월 선급으로 1,500만큼 지급한 경우

• 1/01 : 차)렌트비 1,500 / 대)Bank 1,500

• 1/31: 차)선급비용 1,000 / 대)렌트비 1,000 →결과 [차)선급비용 1,000, 렌트비 500 / 대)Bank 1,500]

• 2/01 : 차)렌트비 1,000 / 대)선급비용 1,000 (재설정)

• 2/28 : 차)선급비용 500 / 대)렌트비 500 →결과 [차)선급비용 500, 렌트비 1,000 / 대)Bank 1,500]

• 3/01 : 차)렌트비 500 / 대)선급비용 500 (재설정)

• 3/31: 기표할 필요 없다. →결과 [차)선급비용 0, 렌트비 1,500 / 대)Bank 1,500]

○ ②자산(선급비용) → Expense대체(일반적으로 이 방식을 주로 사용한다)

- 1/01 : 차)선급비용 1,500 / 대)Bank 1,500

- 1/31: 차)렌트비 500 / 대)선급비용 500 →결과 [차)선급비용 1,000, 렌트비 500 / 대)Bank 1,500]

- 2/28: 차)렌트비 500 / 대)선급비용 500 →결과 [차)선급비용 500, 렌트비 1,000 / 대)Bank 1,500]

- 3/31: 차)렌트비 500 / 대)선급비용 500 →결과 [차)선급비용 0, 렌트비 1,500 / 대)Bank 1,500]

▶ FI-General Ledger-Periodic Processing-Manual Accruals-ACACTREE01 - Create Accrual Objects 화면 : Accrual 오브젝트를 생성

○ 앞서 살펴본 ②번 회계처리 방식에 대해 Test 해보자.

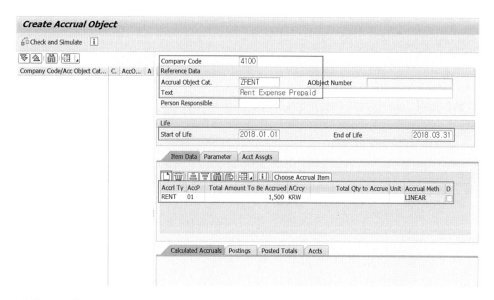

회사코드 / Accrual Object Category / Object 명(Text) / 시작일(Start of Life) / 종료일(End of Life) 정보 입력

Accrual Type(처리하고자 하는 Accrual 유형 입력) / Account Principle(원하는 회계원칙 선택 - 회계원칙별로 여러 라인을 입력하여 병행회계(Parallel Accounting) 처리를 할 수 있다.

선급비용으로 잡을 금액과 통화를 입력하고 기간비용처리 방식(Accrual Method-LIN-EAR)을 선택한다.

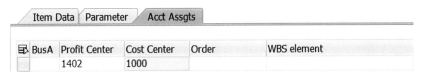

☰	BusA	Profit Center	Cost Center	Order	WBS element
		1402	1000		

Account Assignments Tab에서 Profit Center/Cost Center를 입력한다 Cost Center대신 Order를 입력해도 된다.

＞위와 같이 입력한 후 상단의 🔲 Check and Simulate 클릭

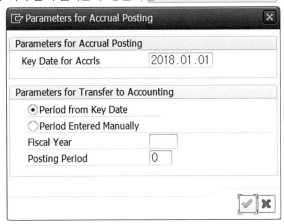

확인 버튼 클릭

＞하단 화면에 아래와 같이 시뮬레이션 된 결과가 조회된다.

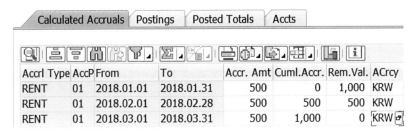

Accrl Type	AccP	From	To	Accr. Amt	Cuml.Accr.	Rem.Val.	ACrcy
RENT	01	2018.01.01	2018.01.31	500	0	1,000	KRW
RENT	01	2018.02.01	2018.02.28	500	500	500	KRW
RENT	01	2018.03.01	2018.03.31	500	1,000	0	KRW

Simulate	Year	Accrl Type	AccP	ACE	Trans.	Key Date	Cumulative	Posted	Crcy	FI Period	FI Year	RefKey AD
✓	2018	RENT	01		I	2018.01.01	0	1,500	KRW			
☰	2018	RENT	01		P	2018.01.31	0	500	KRW	1	2018	$2
☰	2018	RENT	01		P	2018.02.28	500	500	KRW	2	2018	$3
☰	2018	RENT	01		P	2018.03.31	1,000	500	KRW	3	2018	$4

ACE Transaction : I - Inception(취득) 최초에 1,500원 선급비용이 발생하고, P - Periodic Recognition(기간비용 인식) 매월 500원씩 렌트비 비용처리 될 것이다. 이러한 시뮬레이션 내용을 먼저 확인해볼 수 있다.

>위 시뮬레이션 내용을 확인한 후에 저장(🖫) 처리

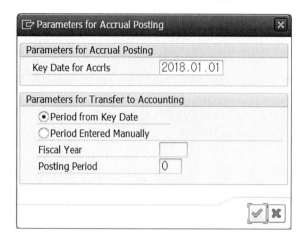

시뮬레이션때와 동일한 화면이 뜨고 확인 버튼을 클릭한다.

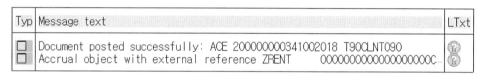

Accrual Object가 생성되면서 Document Posting 처리가 되었다.

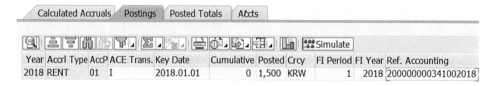

>생성처리를 하면서 자동으로 전표가 발생되었다. Ref. Accounting 부분의 전표번호를 더블클릭해보자.

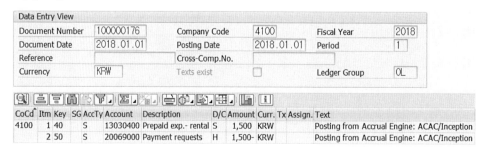

[차)선급비용 1,500 / 대)지급요청 1,500] 전표가 발생되었다. 지급요청 계정은 AP 로 상계하여 지급처리한다. 여기서는 G/L 계정으로만 전표를 입력할 수 있으며 바로 AP를 잡으면서 전표처리를 하고자 할 경우 Inception에 대한 회계처리를 하지 않도 록 설정하고 수기 전표를 입력해도 된다.

▶ FI-General Ledger-Periodic Processing-Manual Accruals-ACACACT - Start Periodic Accrual Run 화면 : Accrual 오브젝트에 대해 Periodic하게 기간비용처리 를 수행한다.
○ 월말 결산작업시 기간비용처리를 수행해보자.

Manual Accruals: Start Periodic Accrual Run

Display Application Log   Reverse Accrual Run

General Data Selections
Company Code	4100	to	
Accounting Principle		to	
Accrual Type		to	

Restriction of Accrual Objects
Accrual Object Cat.		to	
Accrual Object Number		to	

Posting Parameters
Key Date for Accruals	2018.01.31

Control Data
Execution Type	N Normal

○ Display Application Log
◉ Display Results List
○ Show Aggregated List
☑ Test Run

1월 결산처리이므로 Key Date를 1월 말일자로 입력한다. Execution Type은 최초 수행시는 N(Normal)을 선택하고, 한번 수행한 이후에는 R(Repeat)를 선택하여 재수 행 한다.

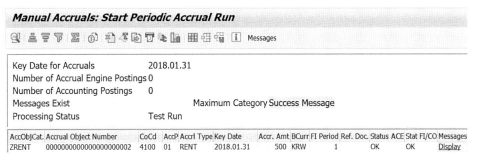

Manual Accruals: Start Periodic Accrual Run

Messages

Key Date for Accruals	2018.01.31
Number of Accrual Engine Postings	0
Number of Accounting Postings	0
Messages Exist	Maximum Category Success Message
Processing Status	Test Run

AccObjCat.	Accrual Object Number	CoCd	AccP	Accrl Type	Key Date	Accr. Amt	BCurr	FI Period	Ref. Doc.	Status	ACE	Stat FI/CO	Messages
ZRENT	000000000000000000000002	4100	01	RENT	2018.01.31	500	KRW	1		OK	OK		Display

500원만큼 렌트비를 잡기 위한 회계처리가 Test 된다. Message부분의 <u>Display</u>를 클 릭하여 오류를 체크한다.

Typ	Ite	Message text	LTxt
☐	AC..	Document check - no errors: ACE $1 T90CLNT090	ⓘ

>오류가 없으면 Test Run을 빼고 실행한다.

Key Date for Accruals	2018.01.31		
Number of Accrual Engine Postings	1		
Number of Accounting Postings	1		
Messages Exist		Maximum Category	Success Message
Processing Status	Update Run		

AccObjCat.	Accrual Object Number	CoCd	AccP	Accrl Type	Key Date	Accr. Amt	BCurr	FI Period	Ref. Doc No	Status ACE	Stat FI/CO	Messages
ZRENT	000000000000000000002	4100	01	RENT	2018.01.31	500	KRW	1	2000000004	Posted	Posted	Display

>전표번호(Ref. Doc No) 클릭

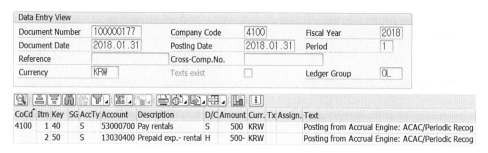

Data Entry View

Document Number	100000177	Company Code	4100	Fiscal Year	2018
Document Date	2018.01.31	Posting Date	2018.01.31	Period	1
Reference		Cross-Comp.No.			
Currency	KRW	Texts exist	☐	Ledger Group	OL

CoCd	Itm	Key	SG	AccTy	Account	Description	D/C	Amount	Curr.	Tx	Assign.	Text
4100	1	40		S	53000700	Pay rentals	S	500	KRW			Posting from Accrual Engine: ACAC/Periodic Recog
	2	50		S	13030400	Prepaid exp.- rental	H	500-	KRW			Posting from Accrual Engine: ACAC/Periodic Recog

[차)렌트비 500 / 대)선급비용 500] 의 기간비용 처리 전표가 발생되었다.

>2월 결산까지 수행해보자.

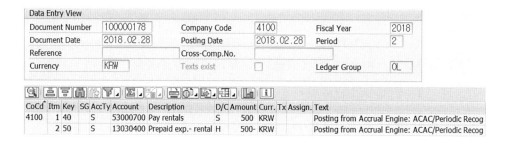

Data Entry View

Document Number	100000178	Company Code	4100	Fiscal Year	2018
Document Date	2018.02.28	Posting Date	2018.02.28	Period	2
Reference		Cross-Comp.No.			
Currency	KRW	Texts exist	☐	Ledger Group	OL

CoCd	Itm	Key	SG	AccTy	Account	Description	D/C	Amount	Curr.	Tx	Assign.	Text
4100	1	40		S	53000700	Pay rentals	S	500	KRW			Posting from Accrual Engine: ACAC/Periodic Recog
	2	50		S	13030400	Prepaid exp.- rental	H	500-	KRW			Posting from Accrual Engine: ACAC/Periodic Recog

○ FI-General Ledger-Periodic Processing-Manual Accruals-ACACTREE02 - Edit Accrual Objects 화면에서 Accrual Object를 다시 조회해보자.

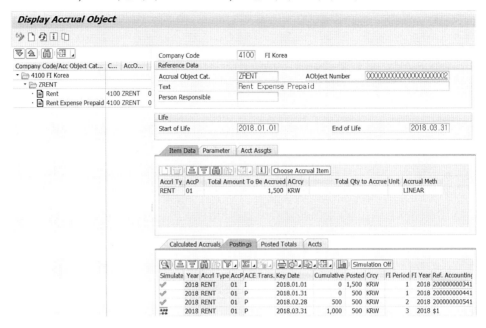

Posting Tab에 최초 선급비용 발생전표부터 1월, 2월 기간비용처리 전표까지 조회된다. Simulate 버튼을 클릭하면 마지막 3월에 처리될 500원이 조회된다.

▶ 3월 1일에 위 렌트비에 대한 선급비용을 돌려받았을 경우 아래와 같이 처리한다.

○ FI-General Ledger-Periodic Processing-Manual Accruals-ACACTREE02 - Edit Accrual Objects 화면에서 [메뉴-Edit-Terminate Accrual Subobject Prematurely] 클릭

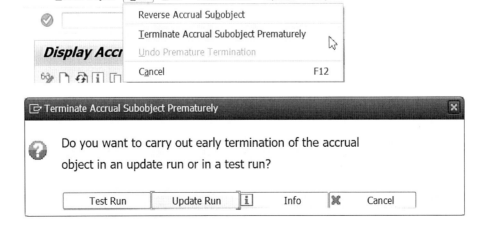

Test Run으로 오류가 없는지 확인한 후 Update Run을 수행한다.

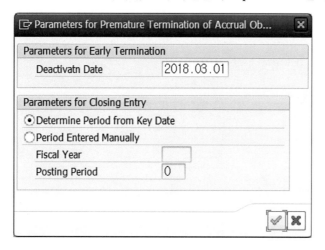

Deactivate Date를 입력한 후 확인 버튼을 클릭한다.

Typ	Message text	LTxt
☐ ☐	Premature termination carried out successfully Document posted successfully: ACE 200000000841002018 T90CLNT090	⊛

>전표가 기표된 것을 알 수 있다. 아래 Posting Tab에서 전표번호를 조회해보자.

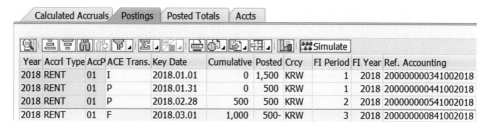

Year	Accrl Type	AccP	ACE Trans.	Key Date	Cumulative	Posted	Crcy	FI Period	FI Year	Ref. Accounting
2018	RENT	01	I	2018.01.01	0	1,500	KRW	1	2018	200000000341002018
2018	RENT	01	P	2018.01.31	0	500	KRW	1	2018	200000000441002018
2018	RENT	01	P	2018.02.28	500	500	KRW	2	2018	200000000541002018
2018	RENT	01	F	2018.03.01	1,000	500-	KRW	3	2018	200000000841002018

F : Completion Transaction으로 전표가 발생되었다.

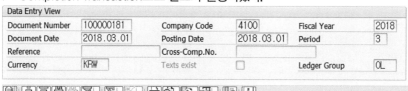

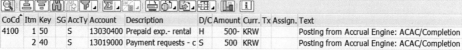

[차)고객지급요청 500 / 대)선급비용 500] 으로 전표가 기표되었고, 고객지급요청계정은 가

수금 입금시 가계정과 상계되어 없어질 것이다. 마찬가지로 여기서도 고객 AR로는 전표를 칠

수 없다. G/L 계정만 포스팅 가능하다.

○ 취소처리는 동일 화면에서 [메뉴-Edit-Undo Premature Termination] 처리를 하면 된다.

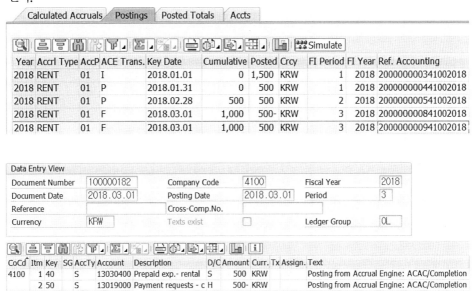

▶ 결산 시 기간비용 처리에 대한 역분개는 아래와 같이 수행하면 된다.

○ ACACACT - Start Periodic Accrual Run 화면에서 Reverse Accrual Run 버튼을 클릭한다.

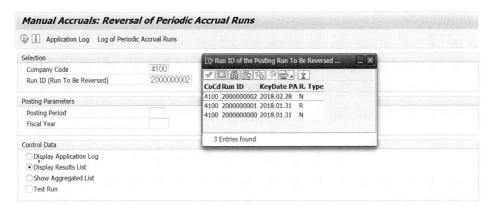

처리했던 Run ID를 선택한 후 실행 버튼을 클릭하면 된다. Run ID는 해당월 가장 이후 것부터 역순으로 처리해야 한다. 그림에선 2월28일 Run ID, 1월31일 Repeat Run ID, 1월31일 Normal Run ID 순이다.

> Run ID 선택 후 실행하면 아래와 같이 Reverse Document가 생성된다.

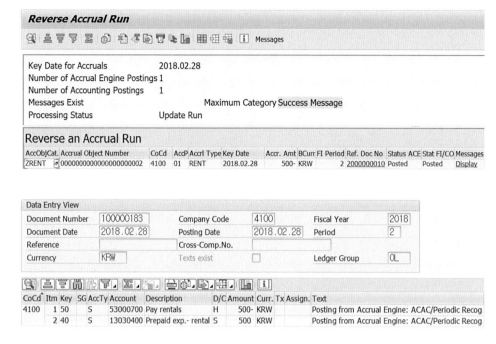

위와 같이 역분개 전표처리된다.

▶ 국내 프로젝트에서는 위 ACE Transaction 유형 중에서 I(Inception)/F(Completion)은 잘 사용하지 않고, P(Periodic Recognition) 유형만 주로 사용한다. 선급비용 발생 / 종료의 경우 별도의 수기 전표로 처리하고 결산시 기간비용처리 하는 기능만 사용 하는 것이다. 선급비용/미지급비용 등의 계정을 구매처/고객 조정계정으로 관리하 고자 하거나 미결관리를 하고자 하는 회사에서는 이 Accrual Object 기능을 사용 하지 않는다. 위 전표들을 보면 알겠지만 Manual Accrual 기능을 쓰면 일반 G/L계 정으로 관련 계정들을 관리해야 하기 때문이다. 이러한 여러가지 고려사항들을 고 민한 후 해당 기능을 쓸지 다른 기능으로 대체해서 사용할지 판단하면 된다.

▶ Manual Accrual 관련 IMG Configuration에 대해 살펴보도록 하자.
○ IMG-FI-General Ledger Accounting (New)-Business Transactions-Manual Accruals 하위 메뉴에서 Setting한다.

Manual Accruals
   ‣ Basic Settings
   ‣ Accrual Calculation
   ‣ Accrual/Deferral Posting

○ Basic Settings

〉Assign Company Codes : Manual Accrual 기능을 사용할 회사코드를 등록한다.

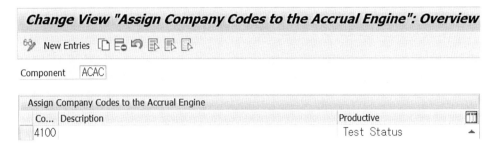

Productive : Test 상태에서 테스트를 진행하고 운영시스템에 마이그레이션이 완료되면 Pro-
ductive 상태로 변경.

〉Assign Accounting Principle to Company Code : 회사에서 사용할 회계원칙을 지정한다.
병행회계를 사용하는 회사일 경우 관련 회계원칙을 모두 등록한다.

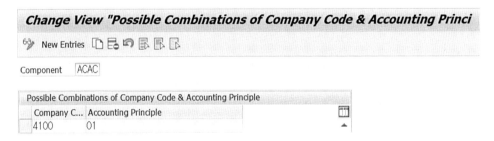

〉Define Accrual Types : 렌트비 / 보험료 등의 Accrual 유형을 등록한다.

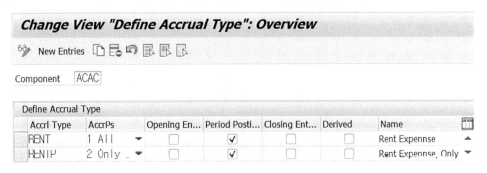

>AccrPs : Accrual 관련 Posting 처리를 어느 단계만 처리할 것인지를 지정한다.

　- All : Inception~Completion 까지 모든 트랜잭션에 대한 Posting을 할 수 있다.

　- Only Periodic : 기간비용 인식에 대한 Posting 처리만 한다. 국내회사에선 주로 이 설정을

　　사용한다.

　　옆의 체크박스들은 금액 변경 등 추가 Posting처리시 Delta Posting처리를 할지 이전 트랜잭

　　션을 역분개 하고 재처리할지에 대한 설정 부분이다.

>Open Fiscal Year for Accrual Postings : 2018년 회계기간 처리시 마감연도는 2017년도를

　입력하면 된다.

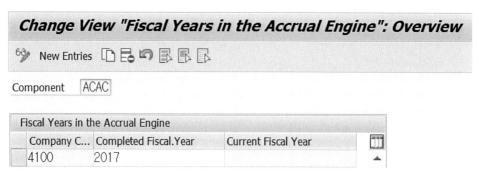

>Technical Settings-Accrual Objects-Accrual Object Categories-Define Accrual Object

　Categories : Accrual Object 조회시 Category를 나누어서 조회하고자 할 때 분류 기준이다.

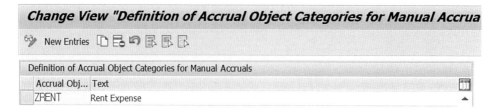

>Technical Settings-Accrual Objects-Accrual Object Categories-Assign Parameters to

　Accrual Object Categories : Object Category별로 추가 Parameter를 관리할 수 있도록 설

　정한다.

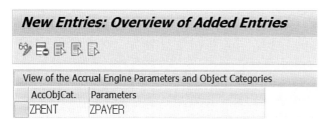

ZRENT Category 선택시 ZPAYER 라는 Parameter 값을 입력할 수 있다.

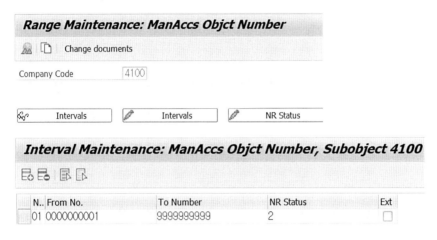

ACACTREE01 - Create Accrual Objects 화면에서 Accrual Object 등록시 위와같이 Parameter값을 등록할 수 있음.

> Technical Settings-Accrual Objects-Define Number Ranges for Accrual Objects

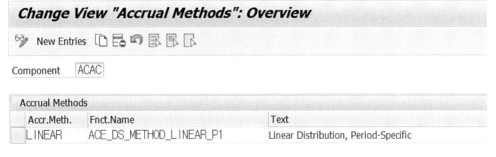

Accrual Object에 대한 번호범위를 등록한다.

○ Accrual Calculation

> Accrual Methods-Define Accrual Methods : 기간비용 처리에 대한 계산 방식을 선택한다.

Change View "Accrual Methods": Overview

New Entries

Component   ACAC

Accrual Methods

	Accr.Meth.	Fnct.Name	Text
	LINEAR	ACE_DS_METHOD_LINEAR_P1	Linear Distribution, Period-Specific

ACE_DS_METHOD_LINEAR_P1 : 월할상각 / ACE_DS_METHOD_LINEAR_D1 : 일할상각

＞Define Standard Settings for Accrual Calculation : 회계기준별/Accrual Type별 Default 계산방식 선택

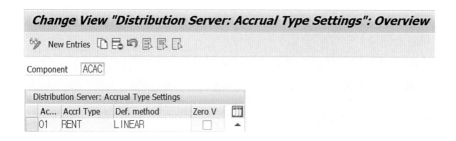

○ Accrual/Deferral Posting

＞Define Posting Control : 기간손익 인식에 대한 주기, 전표처리시 Accrual Object별 Summarization 할 것인지 여부 등을 결정할 수 있다.

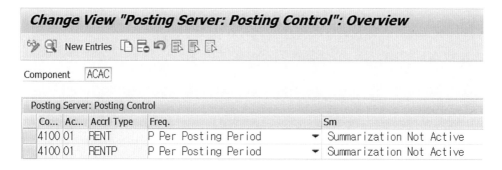

- Per Posting Period : Posting Period 별로 기간손익 인식 처리를 수행

- Summarization Not Active : 각 Accrual Object 별로 전표처리 수행

＞Number Ranges-Define Number Ranges for Periodic Posting Runs / Define Number Ranges for Application Log / Define Number Ranges for Accrual Engine Documents / Define Number Ranges for Assigning ACC Doc. to ACE Doc. : Accrual Object Posting 처리와 관련된 Number Range를 등록해야 한다.

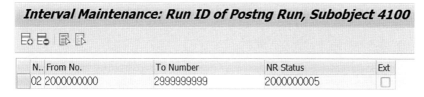

02 : Manual Accrual과 관련된 Number Range를 관리해야 한다.

>Account Determination-Simple Account Determination-Define Set of Rules : Accrual Type별/Transaction유형별/회계원칙별/COA별 Posting시 처리될 계정을 관리한다.

Accrual Engine - Account Determination: Change Strategy

Accrual Engine - Account Determination

Steps in Logical Order

Ste...	Mai...	Step Type	Description
1	iii	Derivation rule	Posting(ZRENT)

iii 버튼을 클릭하여 계정 입력

Accrual Engine - Account Determination: Change Rule Values

On / Off   On / Off   Optimize Column Widths   i

Derivation rule   Posting(ZRENT)

No value filter active

T...	Transaction in Ac...	Accru...	Accrual Type Name	A...	D...	Document ty...	Start Account	Start Account Na...	Target acco...	Target account N...
F	Completion	RENT	Rent Expennse		SA	G/L account do...13019000	Payment requests -...	13030400	Prepaid exp.- rental
P	Periodic Recognition	RENT	Rent Expennse		SA	G/L account do...13030400	Prepaid exp.- rental	53000700	Pay rentals
I	Inception	RENT	Rent Expennse		SA	G/L account do...20069000	Payment requests	13030400	Prepaid exp.- rental

위와 같이 각 Transaction 유형별로 전표유형/Start Account/Target Account를 지정한다. **발생/종료시점의 Target Account가 선급비용 계정이 되며, 기간손익 인식 시점의 Target Account가 비용계정**이 된다. Target Account에는 Open Item 관리 계정을 설정할 수 없으므로, 선급비용 계정을 Open Item으로 관리하고자 한다면, Transaction 유형 P(Periodic Recognition) 기능만 사용할 수 있다는 제약이 있다.

4. Profit and Loss (P&L) Overview

● **Overview of closing in Controlling(Internal Closing/Managerial Closing)** : CO 관련 결산작업에 대해 간단히 살펴보자. CO모듈 관련 내용이므로 스킵하고 다음 챕터로 넘어가도 된다.

● **CO(Controlling) in SAP**

▶ 타 모듈로부터 발생한 트랜잭션들이 FI모듈 전표를 타고 CO쪽으로 흘러 들어간다. SD모듈 Billing Document의 Revenue계정의 경우 전표기표시 CO-PA쪽으로 바로 반영된다. FI모듈을 타고 CO로 반영될 때는 CO의 계정코드라 불리는 Cost Element를 이용하여 흘러 들어가게 된다.

▶ CO Closing시 각각 CO Object에 할당된 금액들을 Allocation, Distribution, Settlement등의 처리를 하여 CO 내부의 타 Object로 금액을 반영한다. Cost Center에 할당된 금액이 CO-PC쪽으로 배부되거나 Overhead Order, Project의 금액이 AA(Asset Accounting)로 반영된다든지 Cost Center로 반영 된다던지 하는 식으로 CO Object 내에서도 여기저기 Settlement 된다. MM 모듈에서 발생한 재료비가 CO-PC로 반영되고, Accrual 값이 CO-PA로 반영되고, Revenue Cost Element등 은 바로 CO-PA로 반영된다.

▶ 이러한 CO결산들이 진행되면서 FI 재무제표의 변화를 주는 항목들이 존재하므로 CO결산이 완료되면 FI에서는 최종 검증 및 최종 결산 작업을 마무리 해야 한다.

● Allocating Costs : CO모듈로 들어온 비용에 대한 배부 및 정산처리 부분

▶ to FI(External Order Settlement)

Sender	Allocation Criteria	Recipient
① Capital Invest-ment Order	Retain original Cost Elements or use settlement Cost Elements	Periodically to : Cost Center Annually to : assets & AuC Total to : Assets in service
② Overhead Cost Orders	Retain original Cost Elements or use settlement Cost Elements	to G/L account (When FI-AA is not used, for example)
③ PP Orders	Use settlement Cost Elements for external recipients	Periodically to : "Work in Process" account Total to : Balance Sheet Account

○ Sender : CO I/O(Internal Order) → Recipient(Receiver-FI)

○ Receiver가 FI가 되는 Settlement 형태를 External Order Settlement라고 한다(← → Internal Order Settlement : CO Order가 CO의 다른 Object로 Settlement처리 되는 것)

○ ①Capital Investment Order → FI의 AuC(건설중자산)(→ 완료 후 고정자산 본계정으로 대체)

• Original Cost Element : I/O쪽에 최초 기표된 Cost Element를 의미

• 받은계정 그대로(or Settlement Cost Element) 대변에 떨면서 Settlement 처리를 한다.

○ ②Overhead Cost Orders → FI의 G/L Account로 Settlement(연구개발 프로젝트용 I/ O, 이곳에 FI에서 발생한 인건비, 재료비, 경비 등이 반영될 것이다. 이러한 금액들은 연구가 끝 나게 되면 FI의 연구개발비 등의 비용계정으로 대체가 되어야 한다.)

• 대변 상계계정으로 원시 Cost Element 또는 Settlement Cost Element로 처리할 수 있다.

○ ③PP(Production Planning) Orders → FI-Work in Process(재공품) 또는 제품 등으로 Settlement

• 기말현재 재공으로 남아있는 재공품을 FI쪽의 B/S계정으로 Settlement한다.

• 대변 상계계정으로 Settlement Cost Element를 사용한다.

▶ to CO Objects(CO 내부적으로 일어나는 allocation)

Sender	Allocation Criteria	Recipient
① Primary Cost Center Credit per "Overhead Order"	User Overhead Cost Elements	Internal Order Project
② Order/Project "Settlement"	Retain Original Cost Elements or use Settlement Cost Elements	Cost Center Order / Project ….
③ Allocation cost center "Periodic Reposting"	Retain Original Cost Elements	Primary Cost Center Internal Order / Project
④ Service Cost Center "Distribution"	Retain Original Cost Elements	Cost Center Internal Order / Project
⑤ Service Cost Center "Internal Activity Allocation"	Use Cost Elements for Internal Activity Allocation	Cost Center Internal Order Project / PP Order
⑥ Credit Object Cost Center/Accrual management order" Imputed Cost Calculation"	Use Settlement Cost Elements	Cost Center
⑦ Service/Primary Cost Center "Activity clearing at actual activity price"	Use Cost Elements for Internal Activity Allocation	Cost Center

○ ①Primary Cost Center Credit per "Overhead order" → Internal order or Project

• → **Overhead Surcharge** 방식 : 연구개발 I/O가 있을 경우 계속해서 발생하는 재료비를 매번 입력하기 힘들다. 이 경우 월중에 A라는 Cost Center에 귀속되는 재료비 중 몇%(예측치)를 I/O쪽으로 자동 반영해주는 방식(이때 사용되는 Cost Element가 Overhead Cost Element임), 예측치이므로 월말 실측치와의 차이는 CO-PA쪽으로 조정될 것이다.

• Overhead Cost Elements를 이용하여 배부, Sender는 Cost Center 또는 I/O가 될 수 있다.

(Primary Cost Center : 타모듈로부터 비용을 CO로 넘겨받았을 때 최초로 받는 Cost Center)

○ ②Order/Project "Settlement" → Cost Center, Order, Project…

• → **Internal Order Settlement** 방식 : I/O(or Project)에 쌓인 비용을 대변으로 떨면서 다른 CO Object로 배부

• Original Cost Element or Settlement Cost Element로 배부

○ ③Allocation Cost Center "Periodic Reposting" → Primary Cost Center, I/O, Project

- Periodic Reposting을 이용하여 월말에 배부하는 방식(정기적 배부법)
- Original Cost Element를 이용하여 배부
○ ④Service Cost Center "Distribution" → Cost Center, I/O, Project
- Distribution 배부기법을 이용하여 배부
- Original Cost Element를 이용하여 배부
○ ⑤Service Cost Center "Internal Activity Allocation" → Cost Center, I/O, Project, PP order
- 활동 타입별(Activity Type) Plan Price * Actual Quantity 로 배부하는 방식
- Internal Activity Allocation을 위한 Cost Element로 배부
○ ⑥Credit Object Cost Center/Accrual management order "Imputed Cost Calculation" → Cost Center
- 월할 비용을 Settlement 처리하는 경우
- Settlement Cost Element(Imputed Cost Element)를 이용하여 배부
○ ⑦Service/Primary Cost Center "Activity clearing at Actual Activity Price" → Cost Center
- Actual Price 기준으로 Cost Center로 배부하는 방식 - 활동 타입별(Activity Type) Actual Price * Actual Quantity 로 배부하는 방식
- Internal Activity Allocation을 위한 Cost Element로 배부

CO-FI Real time Integration

▶ Integration With CO : New General Ledger가 도입된 이후로 Reconciliation Posting이 없어지고 CO와 FI가 Real-Time Integration 된다. 앞서 CO모듈에서 수행하는 다양한 케이스의 Allocation이 발생할 때 FI 조직별 재무제표 금액에 영향을 미칠 수 있는 케이스인 경우 자동으로 FI쪽으로 회계처리 된다.

  〉FI에서 비용전표 전기시 Cost Center 입력 → CO쪽에 해당 Cost Center로 비용인식 → CO에서 다른 Cost Center로 비용 배부(이 배부로 인해 Company code, Business Area, Profit Center, Segment 등이 변경) → FI로 실시간 자동반영(New G/L 이전버전에서 사용하던 Reconciliation Ledger를 더 이상 사용힐 필요가 없디.)

〉IMG-FI-Financial Accounting Global Settings (New)-Ledgers-Real-Time Integration of Controlling with Financial Accounting : CO-FI Real time Integration 관련 IMG Configuration

▾   Real-Time Integration of Controlling with Financial Accounting
- 🗔 🖋 Define Variants for Real-Time Integration
- 🗔 🖋 Assign Variants for Real-Time Integration to Company Codes
- 🗔 🖋 Define Rules for Selecting CO Line Items
- 🗔 🖋 Define Field Transfers for Real-Time Integration
  ▾   Define Account Determination for Real-Time Integration
  - 🗔 🖋 Define Intercompany Clearing Accounts
  - 🗔 🖋 Define Account Determination for Real-Time Integration
- 🗔 🖋 Transfer CO Documents Retrospectively

〉Define Variants for Real-Time Integration 화면 : CO-FI 통합을 위한 세팅 정보를 담고 있는 Variant를 세팅한다.

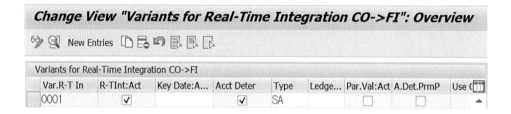

〉설정 세부 화면(다음 그림)

- R.-Time Integ:Active : 실시간 통합을 활성화 할 것인지 지정
- 파란색 박스 : 어떠한 항목 발생시 실시간 통합 처리를 할 것인지 등을 결정
- Trace Active : 실시간 통합된 내역들을 기록하여 Trace 할 경우 체크
- Document Type : FI쪽 전표 기표시 Document Type 설정
- Ledger Group 등을 설정

Change View "Variants for Real-Time Integration CO->FI": Details

New Entries

Var. for R-T Integ.　　　0001

Variants for Real-Time Integration CO->FI

☑ R.-Time Integ:Active　　　Key Date:Active from
☑ Acct Deter.: Active

Document Type　　SA
Ledger Group (FI)
Text　　　　Standard Variant for Real-Time Integration CO->FI

Selection of Document Lines for Real-Time Integration CO->FI

⦿ Use Checkboxes	☑ Cross-Company-Code	☑ Cross-Profit-Center	☐ Cross-Cost Center
	☑ Cross-Business-Area	☑ Cross-Segment	
	☑ Cross-Functionl-Area	☑ Cross-Fund	☑ Cross-Grant

◯ Use BAdI

◯ Use Rule　　　Rule

◯ Update All CO LIs

Parallel CO Valuations
☐ Real-Time Int. with Parall. CO Valuations Active
☐ Acc. Det. for Prim. Cost Elements Active

Technical Settings
☐ Trace Active
☐ Do Not Summarize Documents

〉Assign Variants for Real-Time Integration to Company Codes : 회사코드에 Variant 지정

Change View "Assignment of Variants for Real-Time Integration for CoCo

New Entries

Assignment of Variants for Real-Time Integration for CoCodes

Company C...	Variant for Real-Time Int...	Text
4100	0001	Standard Variant for Real-Time Integration CO->FI

〉계정지정에 대한 Rule 정의 : Define Account Determination for Real-Time Integration - Primary Cost Element의 경우 해당 Cost Element에 연결된 G/L Account로 조정전표가 생성되지만, Secondary Cost Element의 경우 이를 FI쪽에 대신 기표해줄 계정이 필요하다. 해당 계정을 지정해준다.

▾　　　　Define Account Determination for Real-Time Integration
　　·　　Define Intercompany Clearing Accounts
　　·　　Define Account Determination for Real-Time Integration

(회사간 거래발생시 계정지정, 그 외 상황에 대한 계정지정)

>Define Account Determination for Real-Time Integration 화면

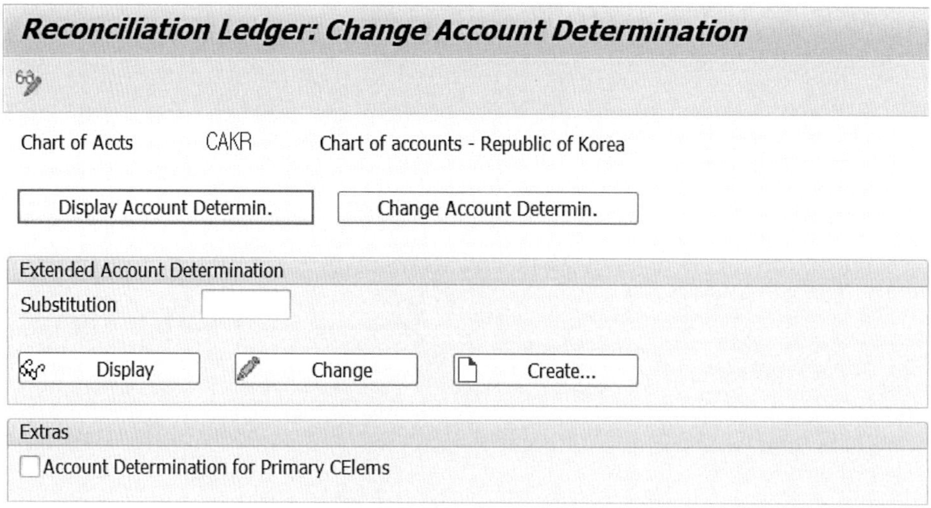

Reconciliation Ledger: Change Account Determination

Chart of Accts   CAKR   Chart of accounts - Republic of Korea

Display Account Determin.		Change Account Determin.

Extended Account Determination

Substitution [ ]

Display		Change		Create...

Extras

☐ Account Determination for Primary CElems

>Display Account Determin. 버튼 클릭

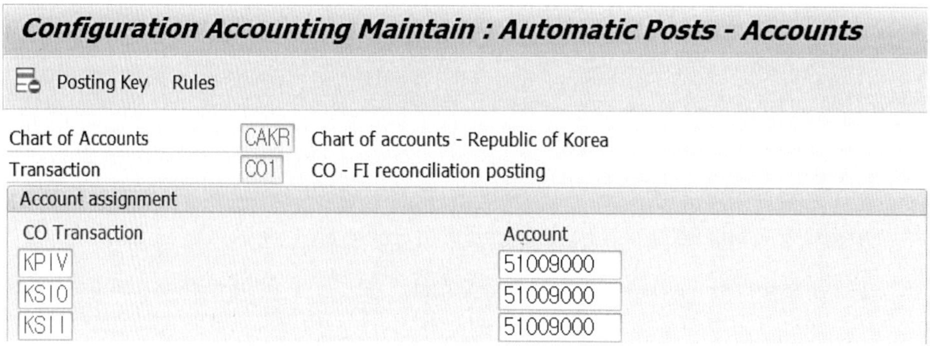

Configuration Accounting Maintain : Automatic Posts - Accounts

Posting Key   Rules

Chart of Accounts   CAKR   Chart of accounts - Republic of Korea
Transaction   C01   CO - FI reconciliation posting

Account assignment

CO Transaction	Account
KPIV	51009000
KSIO	51009000
KSII	51009000

CO Transaction(배부에 관련된 트랜잭션) 별로 각각 G/L 계정을 지정할 수 있다.

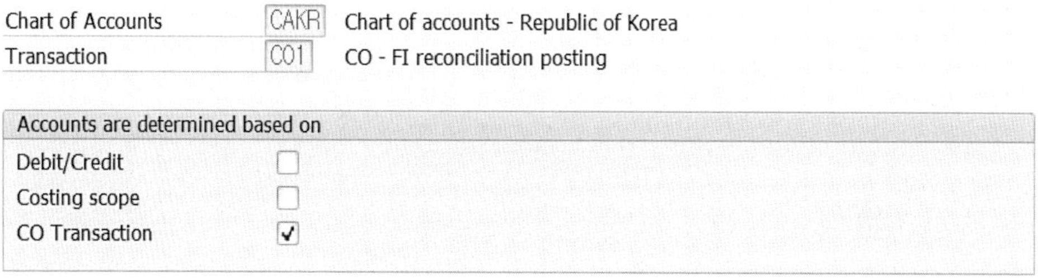

Chart of Accounts   CAKR   Chart of accounts - Republic of Korea
Transaction   C01   CO - FI reconciliation posting

Accounts are determined based on	
Debit/Credit	☐
Costing scope	☐
CO Transaction	☑

Rules 에서 CO Transaction 체크를 풀고 아래와 같이 계정만 등록해도 된다.

| Chart of Accounts | CAKR | Chart of accounts - Republic of Korea |
| Transaction | C01 | CO - FI reconciliation posting |

Account assignment

| Account |
| 51009000 |

모든 CO 트랜잭션에서 위 G/L 계정으로 조직간 금액 조정처리 전표를 기표한다.

만약 첫화면 Extras-Account Determination for Primary CElems 체크박스에 체크할 경우 Primary Cost Element인 케이스도 이 Rule을 타게 된다. 일반적으로 체크하지 않는다.

〉자동 조정전표 처리에 대한 Test를 진행해보자(Trace를 위해 ✔Trace Active 체크)

위와 같이 Cost Center 4120으로 발생한 12,345원의 비용이 존재한다.

〉CO-Cost Center Accounting-Information System-Reports for Cost Center Accounting-Plan/Actual Comparisons- S_ALR_87013611 - Cost Centers: Actual/Plan/Variance 화면 에서 Cost Center 금액 조회

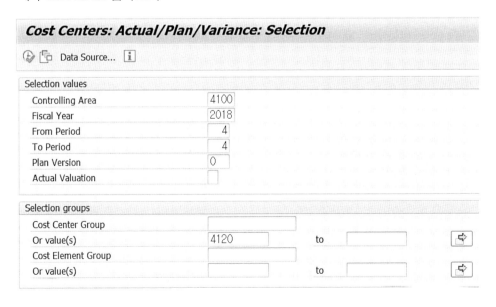

```
                                                      Column:   1 /  2
Cost Center/Group      4120                IT Service
Person responsible:    Voss
Reporting period:        4 to    4  2018
```

Cost elements	Act.costs	Plan costs	Abs. var.	Var.(%)
53000980 Estimated depreci 54000900 Heat and water ex 54001200 Depreciation Cost	12,345		12,345	
* Debit	12,345		12,345	
** Over/underabsorption	12,345		12,345	

4120 Cost Center에 54000900 Cost Element로 12,345 금액이 반영되어 있음을 확인할 수 있다.

〉CO-Cost Center Accounting-Actual Postings-Repost Line Items-KB61 - Enter 화면 : 위 금액을 다른 Cost Center로 Line Item Reposting 처리 해보자.

Enter Line Item Repostings: Document Row Selection

⊕ ⊹ ⎙ ⊟ ⦙(Change Selection Parameters   Save Field Selection

Accounting Doc.

Document Number	100000184	to		⇨
Company Code	4100	to		⇨
Fiscal Year	2018	to		⇨

General Criteria

Cost Element	54000900	to		⇨

Acct Assgt

Cost Center		to		⇨
Sales Order		to		⇨

FI 전표번호 입력 후 실행

Enter Reposting of Line Items: List

⧉ ⧉ ⧉ ⊟ ⧉ ↺ ⧉ ⊜Header   ⊞Row   Change Account Assignment   Change Posting Date   Old Document Row

P...	CO doc.nr	Itm	Value TranCurr	TCurr	O...	Acct Assgt1	O...	Acct Assgt2	O...
☐	200000718	001	12,345	KRW		CTR 3200			

위와 같이 3200 Cost Center를 지정하여 해당 금액을 옮긴다. Posting(💾)처리

☑ Document is posted under number 0200000719

>다시 코스트센터 리포트 화면으로 가서 데이터를 조회한다.

		Column: 1 / 2
Cost Center/Group	4120	IT Service
Person responsible:	Voss	
Reporting period:	4 to 4 2018	

Cost elements	Act.costs	Plan costs	Abs. var.	Var.(%)
53000980 Estimated depreci				
54000900 Heat and water ex				
54001200 Depreciation Cost				
* Debit				
** Over/underabsorption				

해당 Cost Element를 더블클릭하여 Cost Centers: Actual Line Items 상세 리포트를 조회해 보자.

Display Actual Cost Line Items for Cost Centers

Document   Master Record

Layout	/1SAP	Primary cost posting
Cost Center	4120	IT Service
Report currency	KRW	S.Korean Won

Cost Element	Cost element name	Σ	Val.in rep.cur.	Total quantity	PUM	Offsetting acct
54000900	Heat and water expen		12,345			11010100
	Heat and water expen		12,345-			11010100
Cost Center 4120 IT Service		*	**0**			
		**	**0**			

해당 계정에서 금액이 12,345원만큼 빠져나간 것을 확인할 수 있다.

>3200 Cost Center에서는 12,345원만큼의 금액이 들어온 것을 볼 수 있다.

		Column: 1 / 2
Cost Center/Group	3200	Marketing
Person responsible:	Wahl	
Reporting period:	4 to 4 2018	

Cost elements	Act.costs	Plan costs	Abs. var.	Var.(%)
54000900 Heat and water ex	12,345		12,345	
* Debit	12,345		12,345	
** Over/underabsorption	12,345		12,345	

▶ T-Code - FAGLCOFITRACEADMIN : CO전표 내역은 조회해봤으나 FI쪽에 반영된 부분은 아직 살펴보지 않았다. 이 부분에 대해 살펴보도록 하자. Trace가 활성화 되어 있을 경우 FAGLCOFITRACEADMIN 화면에서 추적할 수 있다. CO 전표번호 / FI 전표번호를 조회할 수 있나. 실세 전기인지 테스트 진기인지를 볼 수 있다. CO

쪽에서 FI쪽에 Transfer된 이유, 실시간 처리한 것인가 추가적인 Follow up 전표가 발생한 것인가? 라인아이템 정보, 포스팅된 오브젝트들 정보 등을 볼 수 있다.

>FAGLCOFITRACEADMIN 트랜잭션 실행

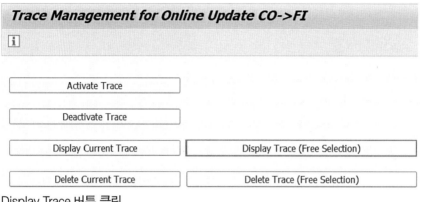

Display Trace 버튼 클릭

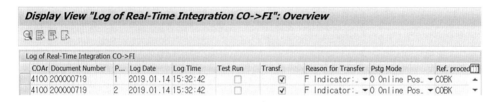

>각각을 더블클릭하여 세부내역을 조회할 수 있다.

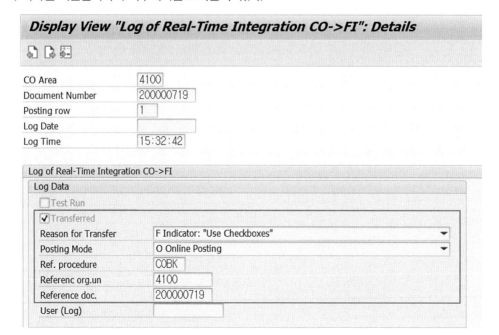

Follow-Up Document in FI

Document Number	100000185
Company Code (FI)	4100
Fiscal Year (FI)	2018

CO Source Document: Header Data

- ☐ Reversal doc.
- ☐ Reversed

CO Source Document: Item Data

Period	4
Fiscal Year	2018

Val/COArea Crcy	12,345	KRW	Currency
Value TranCurr	12,345	KRW	Trans. Currency
Value/Obj. Crcy	12,345	KRW	Object Currency

Company Code	4100
Partner CoCode	4100
Business Area	9900
Trdg part.BA	9900
Functional Area	
Partner FArea	
Profit Center	1402
Partner PC	1400
Segment	SERV
Partner Segment	SERV
Fund	
Partner Fund	
Grant	
Partner Grant	

Bus.Transaction	RKU3
Version	0
Cost Element	54000900

Object number	KS41000000003200
Partner object	KS41000000004120

- Reason for Transfer : Transfer 가 발생한 이유(Cross Profit Center / Cross Segment)

- Ref.procedure : 어떤 트랜잭션이냐

- FI전표번호, 조정금액이 발생할 FI 조직코드 등등을 조회할 수 있다.

Financial Closing

9

> T-Code : KSB5 에서 CO Document를 조회해보자.

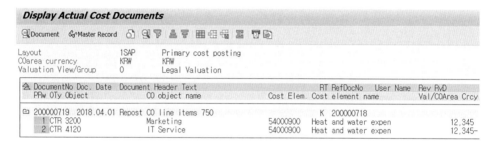

> 실제 CO전표 와 FI 전표를 비교해보자.

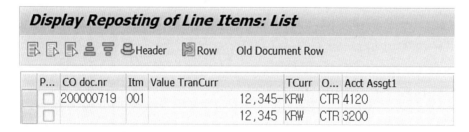

> 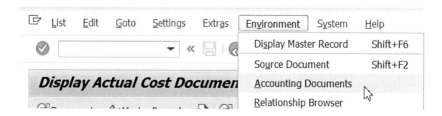 버튼을 클릭한다.

Display Reposting of Line Items: List

P...	CO doc.nr	Itm	Value TranCurr	TCurr	O...	Acct Assgt1
☐	200000719	001	12,345-	KRW	CTR	4120
☐			12,345	KRW	CTR	3200

Cost Center가 변경된 것을 조회할 수 있다.

> [메뉴-Environment-Accounting Documents] 클릭 : 회계전표 조회

List	Edit	Goto	Settings	Extras	Environment	System	Help
					Display Master Record	Shift+F6	
					Source Document	Shift+F2	
Display Actual Cost Documen					Accounting Documents		
					Relationship Browser		

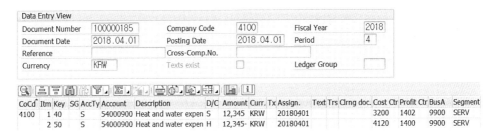

CoCd	Itm	Key	SG	AccTy	Account	Description	D/C	Amount	Curr.	Tx	Assign.	Text	Trs	Clrng doc.	Cost Ctr	Profit Ctr	BusA	Segment
4100	1	40	S		54000900	Heat and water expen	S	12,345	KRW		20180401				3200	1402	9900	SERV
	2	50	S		54000900	Heat and water expen	H	12,345-	KRW		20180401				4120	1400	9900	SERV

회계전표가 조회된다. Cost Center변경에 따른 Profit Center등 조직구조 값들도 자동으로 변경되었다.

>위와 같이 FI-CO 관련 전표 모두를 서로 추적 할 수 있다.

● Lock Period in CO : CO 마감 처리

▶ CO-Cost Element Accounting(Cost Center Accounting)-Environment-Period Lock-OKP1 - Change

Change Period Lock : Initial Screen

Actual   Plan

Controlling Area   4100 Korea
Fiscal Year   2018
Version   0   Plan/Actual version

Change Actual Period Lock : Edit

Lock Period   Lock Transaction   Unlock Period   Unlock Transaction   Block Everything   Unlock Everything

Controlling Area   4100 Korea
Fiscal Year   2018

Period locks																
Transaction	01	02	03	04	05	06	07	08	09	10	11	12	13	14	15	16
ABC Actual process assessment	✓	✓	✓													
Actual Overhead Assessment	✓	✓	✓													
Actual Overhead Distribution	✓	✓	✓													
Actual Periodic Repostings	✓	✓	✓													
Actual activity allocation	✓	✓	✓													
Actual cost center accrual	✓	✓	✓													

마감월에 대해 트랜잭션별 / Period별로 Locking 처리한다.

---------------------- CO Closing End ----------------------

● **Posting Salary expenses from Human Resources to Financial Accounting** :

인건비 관련 포스팅(HR 모듈관련 마감)

Payroll Procedure and Subsequent Activities : 급여 마감과 후속 작업

▶ 해당 마감기간까지 인사 Master Data가 수정되고 급여마감 후에 후속작업이 들어
간다.

마감기간 [Payroll released : 급여마감 개시시점 ~ End of payroll : 급여마감 완료
시점]

▶ Remuneration statement : 급여명세서 발행

▶ Posting to Accounting : 급여전표 FI로 포스팅

▶ Further country-specific reporting : 나라에 맞는 출력물 인쇄(국민연금 명세표 등)

▶ Data medium exchange : 직원들 계좌로 지급

● **Posting Payroll Results to Accounting**

▶ 급여 마감결과 발생된 인건비 전표를 FI, CO, FM쪽에 발생시킨다.

▶ FI → [차)인건비, Social Insurance(복리후생비-국민연금 등) / 대)사원AP, Tax/SI pay-
able-예수금(원천세,소득세,국민연금)]

▶ CO → 각 Cost Center별로 발생한 비용 귀속(인건비, 국민연금 등)

▶ Human Resources-Payroll-Asia/Pacific-Korea-Subs.activities-Per Payroll peri-
od-Reporting-Posting to Accounting-PC00_M99_CIPE - Execute posting run 화
면에서 처리

● **Additional Subsequent Activities(급여 이체 프로세스)**

▶ 급여마감, 후속작업이 끝난 후에 급여를 각 직원별 계좌로 이체해주는 작업

▶ 급여결과 → FI 포스팅 → Payables 계정들이 차변으로 반제되면서 Bank 임시계정
으로 발생

[차)Payable xxx / 대)Bank Clearing xxx]

Bank 임시계정이 떨리면서 개인별 계좌로 입금 [차)Bank Clearing xxx / 대)Bank xxx]

▶ FI는 HR모듈에서 급여에 대한 비용마감이 정상적으로 수행되었는지를 체크한다.

5. Technical, Organizational and Documentary Steps

● Technical, Organizational and Documentary Steps Overview

▶ Technical Steps

○ Posting Period maintenance / Balance carry-forward / Schedule Manager

▶ Organizational Steps

○ New G/L 버전부터는 Document Splitting 기능을 통해 더 이상 "Subsequent Business Area and Profit Center Adjustment Step(A/R, A/P를 Business Area, Profit Center별로 Breakdown하는 작업)"이 필요치 않게 되었다.

▶ Documentary Steps

○ Balance Audit Trail(accumulated) : 회계감사 혹은 세무조사시에 G/L 계정별, S/L계정별 Sorting된 감사자료를 뽑아내는 기능

● Technical Steps

▶ Posting Period maintenance

○ 회계기간을 Close 하는 단계 : 관련 내용은 <4장. Document Posting>에서 살펴보았다. 다시 정리해보도록 하자.

○ Posting Period Control : IMG-FI-Financial Accounting Global Settings (New)-Ledgers-Fiscal Year and Posting Periods-Posting Periods-Open and Close Posting Periods 화면 : 2018년 12월 마감시

- 당월(2018/12) 및 차월(2019/01) Period를 Open 한다.

Change View "Posting Periods: Specify Time Periods": Overview

New Entries

Pstng period variant 4100

Posting Periods: Specify Time Periods

A	From acct	To account	From per.1	Year	To Per. 1	Year	AuGr	From Per.2	Year	To Per. 2	Year
+			12	2018	1	2019		12	2018	1	2019
A		ZZZZZZZZZZ	12	2018	1	2019		12	2018	1	2019
D		ZZZZZZZZZZ	12	2018	1	2019		12	2018	1	2019
K		ZZZZZZZZZZ	12	2018	1	2019		12	2018	1	2019
M		ZZZZZZZZZZ	12	2018	1	2019		12	2018	1	2019
S		ZZZZZZZZZZ	12	2018	1	2019		12	2018	1	2019

- 당월(2018/12) 현업 마감(Period 2 마감), 회계팀의 경우 당월(2018/12) 및 차월(2019/01) 전기 가능(권한Object '1000' 권한 소유)

Posting Periods: Specify Time Periods

A	From acct	To account	From per.1	Year	To Per. 1	Year	AuGr	From Per.2	Year	To Per. 2	Year
+			12	2018	1	2019	1000	1	2019	1	2019
A		ZZZZZZZZZZ	12	2018	1	2019		1	2019	1	2019
D		ZZZZZZZZZZ	12	2018	1	2019		1	2019	1	2019
K		ZZZZZZZZZZ	12	2018	1	2019		1	2019	1	2019
M		ZZZZZZZZZZ	12	2018	1	2019		1	2019	1	2019
S		ZZZZZZZZZZ	12	2018	1	2019		1	2019	1	2019

먼저 Sub Ledger Level(ADKM)부터 Closing, G/L Level(S) 마감 후, + 를 막아서 전체 마감처리

- 당월(2018/12) 회계팀 최종 마감(Period 1 마감)

Posting Periods: Specify Time Periods

A	From acct	To account	From per.1	Year	To Per. 1	Year	AuGr	From Per.2	Year	To Per. 2	Year
+			1	2019	1	2019	1000	1	2019	1	2019
A		ZZZZZZZZZZ	1	2019	1	2019		1	2019	1	2019
D		ZZZZZZZZZZ	1	2019	1	2019		1	2019	1	2019
K		ZZZZZZZZZZ	1	2019	1	2019		1	2019	1	2019
M		ZZZZZZZZZZ	1	2019	1	2019		1	2019	1	2019
S		ZZZZZZZZZZ	1	2019	1	2019		1	2019	1	2019

- 위 Case는 하나의 예시이며 이와 유사한 형식으로 각 회사에 맞게 기간마감처리를 수행한다.

▶ Balance Carry-Forward : 연말결산시

○ 연말결산 프로세스-Pre Close단계에서 처리하는 부분

○ 해당 계정이 B/S와 관련된 계정인지, P&L과 관련된 계정인지에 따라 Balance Carry-Forward 되는 방식이 서로 다르다. B/S계정은 연말시점에 남은 계정별 잔액을 New Fiscal Year의 기초잔액으로 넘긴다. P&L계정은 각 계정별 잔액을 Retained Earning(집합손익(X)-90000000)계정으로 옮겼다가 차기로 이월한다.

○ FI-General Ledger-Periodic Processing-Closing-Carrying Forward-FAGLGVTR - Balance Carryforward (New) 화면 : 다음 해로 G/L Balance를 Carry Forward 한다.

Balance carryforward

⊕ ⬚ i ⬚Balance Carryforward History

Parameters					
Ledger	0L				
Company code	4100		to		⇨
Carry forward to fiscal year	2019				

Processing options
☑ Test run
☐ Accts processed in intervals
☐ Reset Balance Carryforward

List output
☑ Output list of results
☑ Balances in retain.earng.acct

Additional fields to be output	
Field name 1	
Field name 2	
Field name 3	

Ledger / Company Code / 이월처리할 연도(2018년도 마감시 2019년 입력)

Test Run 체크시 오류 존재여부를 테스트 해볼 수 있다.

〉Test Run 을 돌리게 되면 아래와 같이 조회된다.

Balance carryforwardLedger 0L for the year 2019 Test run

Balance Sheet Accounts　Retained Earnings Accounts　⊘ &✎Technical Information　i Help

Type	Message Text	
☐	Log for Balance Carryforward	
☐	Processing type	Test run
☐	Fiscal Year	2019
☐	Ledger	0L
☐	RecType	0
☐	Version	001
☐	Company Code	4100
☐	Balance carry forward successfully completed	
☐	List display of records carried forward possible using the "balance sheet" or "retained earning acct"

> Balance Sheet Accounts   Retained Earnings Accounts 버튼을 클릭하여 이월처리될 B/S 금

액과 P&L 금액을 조회할 수 있다.

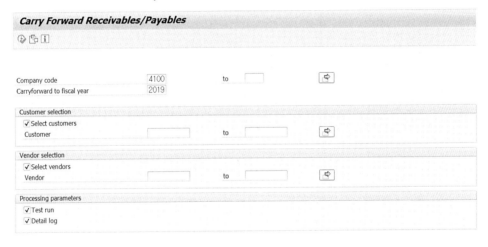

Display of retained earnings accounts

Year	CoCd	R	Ver	Ret.E.Acct	P&L Acct	Crcy	BUn	Trans.cur.	Co.cd.curr	Crcy2	Quantity
2019	4100	0	1	90000000	50049999	KRW		7,000,000	7,000,000	KRW	
2019	4100	0	1	90000000	51000100	KRW		60,000	60,000	KRW	
2019	4100	0	1	90000000	51000860	KRW	PC	177,883,787-	177,883,787-	KRW	1-
2019	4100	0	1	90000000	51001300	KRW		98,000	98,000	KRW	

위 처리를 수행해야 B/S 계정의 경우 2019년도 기초Balance 금액이 조회되어진다. 또한 이

처리는 한번 수행하면 이후에 발생되는 2018년도 회계처리는 자동으로 2019년도 기초Bal-

ance 금액으로 이월처리 된다.

○ FI-Accounts Receivable(or Accounts Payable)-Periodic Processing-Closing-Carry For-
ward-F.07 - Balance Carryforward 화면 : AR/AP를 다음해로 Carry Forward 한다.

Carry Forward Receivables/Payables

Company code	4100	to	⇨
Carryforward to fiscal year	2019		

Customer selection
☑ Select customers
Customer   to   ⇨

Vendor selection
☑ Select vendors
Vendor   to   ⇨

Processing parameters
☑ Test run
☑ Detail log

회사코드 / 이월처리할 연도(2018년도 마감시 2019년 입력) / 이월처리할 대상(Customer,

Vendor) 선택

Carry Forward Receivables/Payables for the year 2019

```
IDES-ALE: Central FI Syst   Carry Forward Receivables/Payables   Date
Frankfurt - Deutschland                                          Page
Carryforward for the year 2019 Test Run
Statistics
```

Successful	CoCd	SG	No.Records
Customer G/L	4100		5
Customer special G/L	4100	A	1
Customer special G/L	4100	G	1
Customer special G/L	4100	W	1
Customer special G/L	4100	X	1
Customer special G/L	4100	Y	1
Customer special G/L	4100	Z	1
Vendor G/L	4100		5
Vendor special G/L	4100	A	3
Vendor special G/L	4100	G	1
Vendor special G/L	4100	W	1

위와 같이 테스트 결과를 확인한 후 오류가 없을 경우 Test Run 체크를 해제하고 실행한다. 이월처리를 수행한 후에 2018년도 AR/AP전표가 추가적으로 발생할 경우 G/L Balance 이월처리와는 다르게 한번 더 Carry Forward 작업을 수행하여야 한다.

○ FI-General Ledger-Periodic Processing-Closing-Carrying Forward-ACACCA-RRYFORWARD - Manual Accruals: Balance Carryforward to Accrual Engine : 기간손익(Manual Accrual)엔진을 사용할 경우 Carry Forward 작업필요

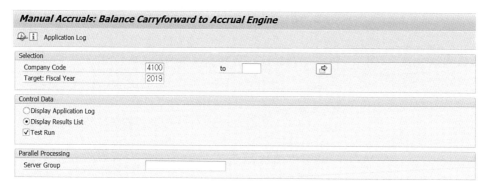

회사코드 / 이월처리할 연도(2018년도 마감시 2019년 입력)

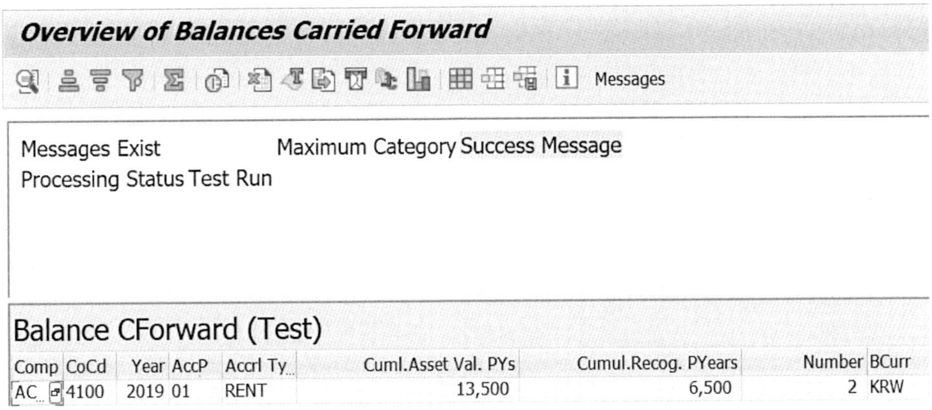

Overview of Balances Carried Forward

Messages Exist   Maximum Category Success Message
Processing Status Test Run

Balance CForward (Test)

Comp	CoCd	Year	AccP	Accrl Ty...	Cuml.Asset Val. PYs	Cumul.Recog. PYears	Number	BCurr
AC	4100	2019	01	RENT	13,500	6,500	2	KRW

Test Run을 수행하여 오류가 없는지 체크한 후 오류가 없으면 Test Run을 해제하고 실행한다.

○ FI-Fixed Assets-Periodic Processing-AJRW - Fiscal Year Change 화면(Fiscal Year Change) : <8장. Asset Accounting>에서 살펴봤으므로 생략한다. 단, **S/4 HANA 버전에서는 이 Step이 FAGLGVTR**(G/L Balance Carry Forward) **Step에 포함되면서 없어졌다.**

○ FI-Fixed Assets-Periodic Processing-Year-End Closing-AJAB - Execute 화면 (Year-End Closing) : <8장. Asset Accounting>에서 살펴봤으므로 생략한다.

▶ Schedule Manager Tool : 정기적으로 돌아가는 Periodic Job을 쉽게 스케쥴링하도록 돕는 툴

○ **4단계로 구성됨**

>FI-General Ledger-Periodic Processing-SCMA - Schedule Manager 프로그램(AR, AP 메뉴폴더에도 존재)

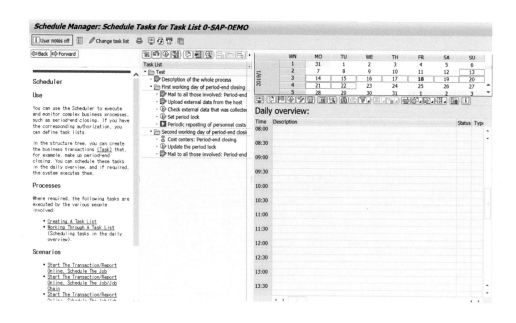

>좌측의 User Notes 부분을 끄면(버튼을 클릭) 아래 그림처럼 보인다.

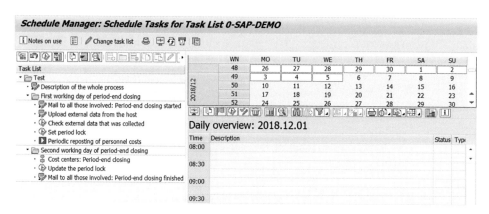

- ①Task List 생성 : [메뉴-Task List-Create] 선택

>해당 Task List명에 속한 기준값들을 입력한다.

New Entries: Details of Added Entries

Task List	C201812	Closing 2018/12

General Calendar Settings

○ Gregorian Calendar
◉ Factory Calendar   KR South Korea ▼
○ Holiday Calendar ▼
First Day of Week   1 Sunday ▼

Time Period for Processing

Days Before Key Date	3	Days After Key Date	2

Configuration of Daily View

○ Start with Current Time
◉ Start with Fixed Time   08:00:00
Interval in Minutes   60 ▼
Number of Rows   2

- General Calendar Settings는 Factory Calendar를 선택한다(회사에서 사용중인 공장달력 선택)

- First day of week : 우리나라의 경우 일요일

- Key Date : 이전 화면에서 🔲 버튼을 클릭하면 스케쥴링을 하고자 하는 기준일자를 설정할 수 있다.

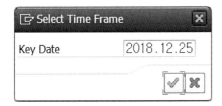

☞ Select Time Frame

Key Date   2018.12.25

- Before, After Key Date : 기준일자 포함 앞뒤 며칠간 스케쥴링한 내역을 보여줄 것인지를 결정해준다.

	WN	SU	MO	TU	WE	TH	FR	SA
2018/12	49	2	3	4	5	6	7	8
	50	9	10	11	12	13	14	15
	51	16	17	18	19	20	21	22
	52	23	24	25	26	27	28	29

그림처럼 12/25일을 기준으로 앞으로 3일, Key Date 포함 뒤로 2일간 스케쥴링 내역을 보여준다. 네모박스

- Start with a fixed time: 앞의 화면의 Daily overview 부분에 첫번째 조회되는 시간을 지정하

고자 할 경우

- Interval in minutes : 몇분 단위로 스케쥴링을 할 것인지 결정

- Number of Rows : 하나의 Time Interval에 몇 개의 로우를 보여줄지를 결정

Daily overview: 2018.12.25

Time	Description	Status	Type
08:00			
09:00			
10:00			

그림에서 보듯이 8시부터 60분단위로 2개 로우씩 지정됨을 알 수 있다.

〉모든 설정값을 입력하였으면 저장한다.

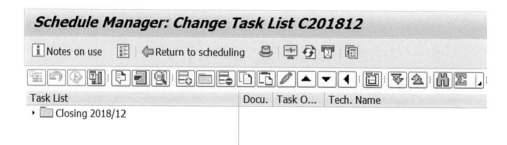

방금전에 생성한 Task List가 화면에 나타난다.

- ②Task List에 Task Assign

Task List
  ▸ ☐ Closing 2018/12   Task List 항목을 선택한 후 마우스 우측버튼을 클릭

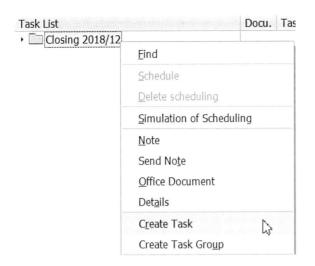

>Create Task 부분을 선택. Task를 지정하는 화면이 나타난다. 해당 Task에 대한 설정값을 입력한다.

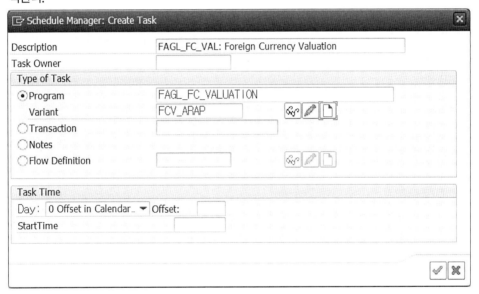

>위와같이 Task 타입을 Program으로 지정하고 외화평가 프로그램 FAGL_FC_VALUATION을 선택한다.

>프로그램을 돌릴 Variant키값이 정의되어 있지 않을 경우 이름을 입력한 후 🗋 버튼클릭

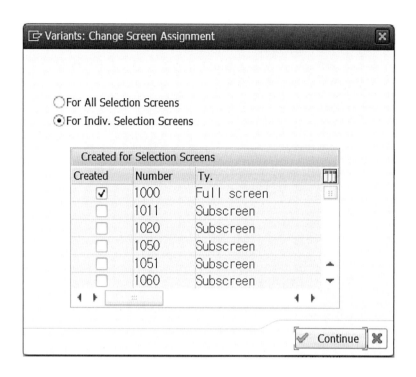

> 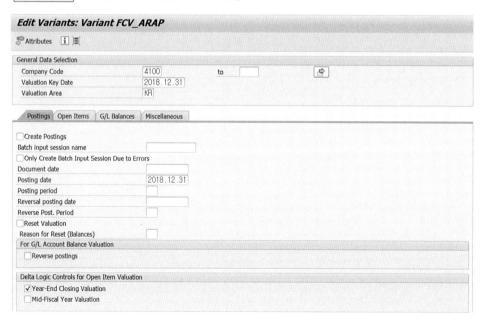... 버튼 클릭하여 다음화면으로 이동

> 위 화면에서 외화평가와 관련된 기준 파라메터값들을 설정한 후 Attributes 버튼을 클릭
>
> 한다.

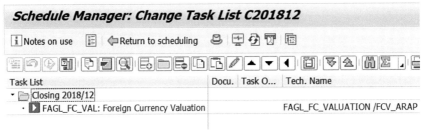

Variant Attributes

🖉 Use Screen Assignment ⓘ

Variant Name	FCV_ARAP	
Description	AR/AP Foreign Currency Valua.	

☐ Only for Background Processing
☐ Protect Variant
☐ Only Display in Catalog
☐ System Variant (Automatic Transport)

	Created	Selection Screen
Screen Assignment		
	☑	1000
	☐	1011

Objects for selection screen

Selection Screen	Field name	Type	Protect field	Hide field	Hide field 'TO'	Save field without values	Switch GPA off	Required field	Selection variable	Op
1,000	Company Code	S	☐	☐	☐	☐	☐	☐		
1,000	Valuation Key Date	P	☐	☐	☐	☐	☐	☐		
1,000	Valuation Area	P	☐	☐	☐	☐	☐	☐		
1,000	WF_WITEM	P	☐	☑	☐	☐	☐	☐		
1,000	WF_OKEY	P	☐	☑	☐	☐	☐	☐		
1,000	WF_WLIST	P	☐	☑	☐	☐	☐	☐		
1,000	BWMET1	P	☐	☑	☐	☐	☐	☐		
1,000	P_CURTP1	P	☐	☑	☐	☐	☐	☐		
1,000	FS_DYNS	P	☐	☑	☐	☐	☐	☐		
1,000	FS_NUM	P	☐	☑	☐	☐	☐	☐		
1,000	P_PROTG	P	☐	☑	☐	☐	☐	☐		

〉해당 Variant 키값에 대한 Description 부분을 입력하고 저장(🖫)하면 기준정보입력이 완료된다.

〉Task 생성이 완료되면 화면상에 다음과 같이 생성된 리스트가 보여진다.

Schedule Manager: Change Task List C201812

ⓘ Notes on use   📋   ⇐ Return to scheduling   🖨 ⊞ 🔁 🔽 🖹

Task List	Docu.	Task O...	Tech. Name
▾ 📁 Closing 2018/12			
· ▶ FAGL_FC_VAL: Foreign Currency Valuation			FAGL_FC_VALUATION /FCV_ARAP

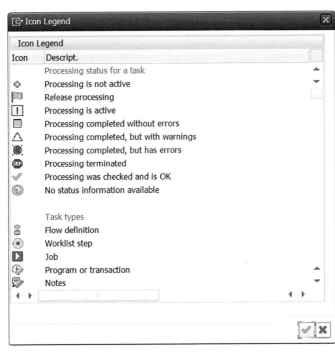

Icon Legend	
Icon	**Descript.**
	Processing status for a task
◈	Processing is not active
🚩	Release processing
⚠	Processing is active
▢	Processing completed without errors
△	Processing completed, but with warnings
☀	Processing completed, but has errors
🛑	Processing terminated
✅	Processing was checked and is OK
?	No status information available
	Task types
👤	Flow definition
◉	Worklist step
▶	Job
⏲	Program or transaction
📝	Notes

▶ 표시는 Job을 뜻하는 표시이다. 상단 📋아이콘을 클릭하면 각 아이콘별 의미를 볼 수 있다.

> ⬅ Return to scheduling 버튼을 클릭하여 이전 화면으로 돌아간다.

- ③Task Scheduling

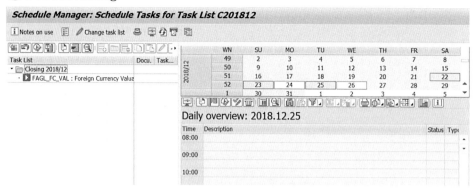

>위 화면으로 돌아와서 원하는 시간대에 Task를 스케쥴링한다.

>앞서 생성한 Task를 드래그&드랍으로 우측 Description 부분을 옮겨놓게 되면

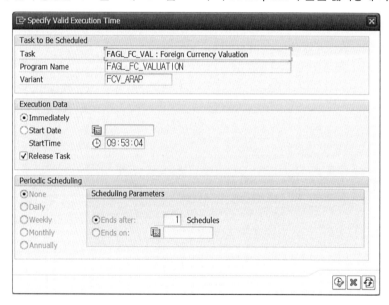

>위 그림과 같은 화면이 뜨고 확인 버튼을 클릭한다.

>그럼 우측에 아래와 같이 스케줄이 생성된다.

Time	Description	Status	Typ
02:00			
03:00			
04:00	FAGL_FC_VAL : Foreign Currency Valuation	▙	▶
05:00			

Status

☐ Processing completed without errors

△ Processing completed, but with warnings

◉ Processing completed, but has errors

✔ Processing was checked and is OK

⚑　　　Release processing 에서 각 처리 상태에 따라 Status가 변경된다.

\>Task를 추가하고자 하면 [✎ Change task list] 버튼을 클릭하여 Task 생성화면으로 들어가

생성하면 된다.

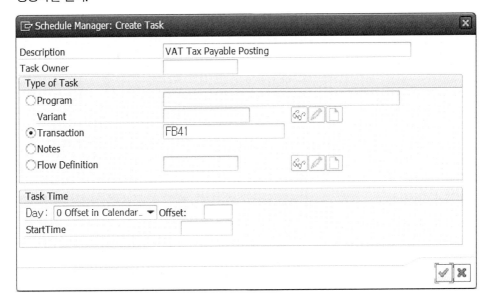

\>위 그림처럼 Transaction 처리를 하는 Task를 생성한다.

Task List	Docu.	Task O...	Tech. Name
▾ 🗁 Closing 2018/12			
· ▶ FAGL_FC_VAL : Foreign Currency Valuation			FAGL_FC_VALUATION /FCV_ARAP
· 🔁 VAT Tax Payable Posting			FB41
· 🔁 Closing Adjustment Posting			FB50

위 그림처럼 Task List에 트랜잭션 Task 가 추가됨을 알 수 있다. FB50 T-Code 도 추가하였다.

\> [⇐ Return to scheduling] 버튼을 클릭하여 스케줄링 화면으로 돌아간다.

Schedule Manager: Schedule Tasks for Task List C201812

> 위 프로그램과 달리 트랜잭션은 스케줄에 포함이 되지 않는다. 이러한 트랜잭션은 이 스케줄링 화면에서 좌측 툴바의 [아이콘] 버튼을 클릭하여 바로 해당 트랜잭션으로 이동하도록 하기 위해 포함시키는 것이다.

> 실행해보면 아래 그림처럼 처리된 내역을 확인해볼 수 있다.

Time	Description	Status	Type	Start Time
	FAGL_FC_VAL : Foreign Currency Valuation	☐	▶	17:51:10
18:00	VAT Tax Payable Posting	❓	🔁	18:32:03
	Closing Adjustment Posting	❓	🔁	18:33:22

맨 위 Task는 정상적으로 실행된 것이고 아래 두 개는 해당 화면으로 이동했다는 것이다.

> Notes에 대한 Task를 생성해보자.

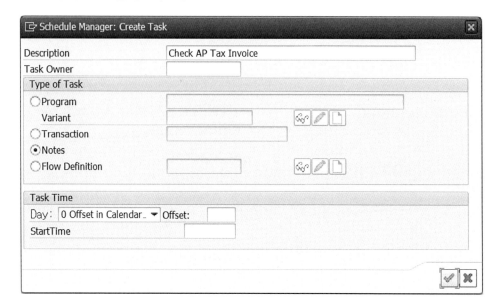

Task List	Docu.	Task O...	Tech. Name
▾ 🗁 Closing 2018/12			
· ▶️ FAGL_FC_VAL : Foreign Currency Valuation			FAGL_FC_VALUATION /FCV_ARAP
· 🕭 VAT Tax Payable Posting			FB41
· 🕭 Closing Adjustment Posting			FB50
· 🖋️ Check AP Tax Invoice			

위와 같이 Notes Task가 추가된다.

> 🖋️ Check AP Tax Invoice 을 선택한 후 🗍 버튼 클릭

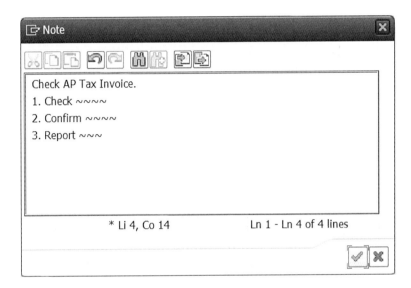

위와 같이 Note를 입력할 수 있는 화면이 나온다. 입력 후 확인버튼 클릭

🖋️ Check AP Tax Invoice   🗍

그럼 위와같이 메모(🗍) 아이콘이 생기게 된다. 스케줄링 화면으로 돌아온다.

⬅️ Return to scheduling

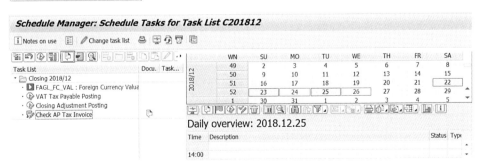

> 🗍 버튼을 클릭하면 등록했던 Note가 뜬다.

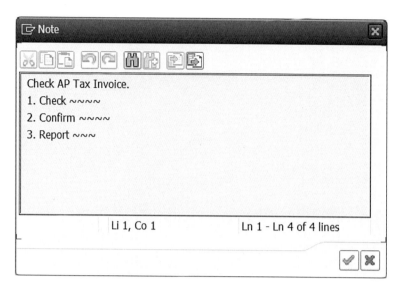

Notes Task 역시 스케쥴링하는 Task는 아니다.

>Flow Definition Task를 생성해보자.

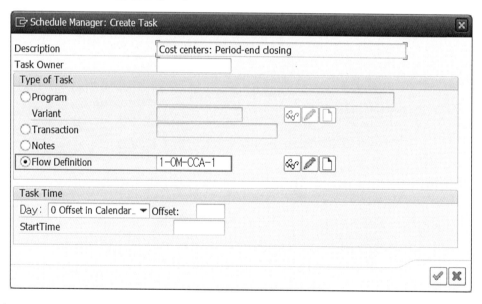

>Possible Entry를 클릭하여 CO-OM-CCA를 선택한다.

>위와같이 세팅될 것이다. 우측의 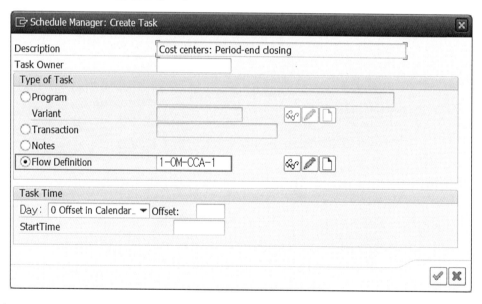(Display) 아이콘을 클릭하여 내역을 보자.

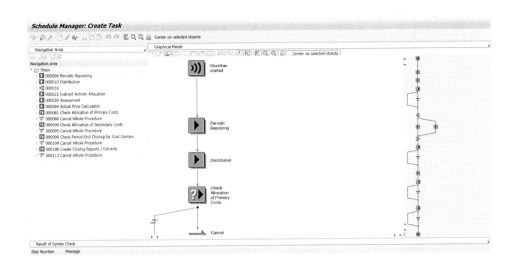

>위와 같이 Flow Definition을 조회할 수 있다. Task 생성을 하게 되면 아래처럼 생성됨을 볼 수 있다.

Task List	Docu.	Task O...	Tech. Name
▾ 🗀 Closing 2018/12			
· ▶ FAGL_FC_VAL : Foreign Currency Valua			FAGL_FC_VALUATION /FCV_ARAP
· VAT Tax Payable Posting			FB41
· Closing Adjustment Posting			FB50
· Check AP Tax Invoice	🗒		
· Cost centers: Period-end closing			1-OM-CCA-1

>이는 스케쥴링 화면에서 Assign 할 수 있다(프로그램을 포함한 Flow이기 때문이다.)

- ④Monitoring

Time	Description	Status	Type	Start Time
	FAGL_FC_VAL : Foreign Currency Valuation	☐	▶	17:51:10
18:00	VAT Tax Payable Posting	❓		18:32:03
	Closing Adjustment Posting	❓		18:33:22

모니터링 하고자 하는 Task를 선택한 후 🖥(모니터) 아이콘을 클릭한다.

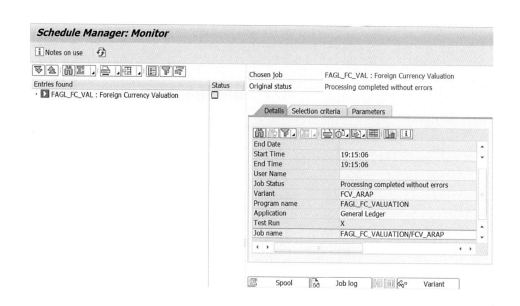

> 해당 Task 실행에 관한 상세내역을 조회할 수 있다.

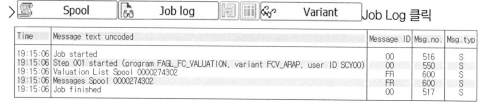Job Log 클릭

Time	Message text uncoded	Message ID	Msg.no.	Msg.typ
19:15:06	Job started	00	516	S
19:15:06	Step 001 started (program FAGL_FC_VALUATION, variant FCV_ARAP, user ID SCY00)	00	550	S
19:15:06	Valuation List Spool 0000274302	FR	600	S
19:15:06	Messages Spool 0000274302	FR	600	S
19:15:06	Job finished	00	517	S

> 전체 Job리스트를 조회할 수 있다. [메뉴-Environment-General Data Selection] 화면

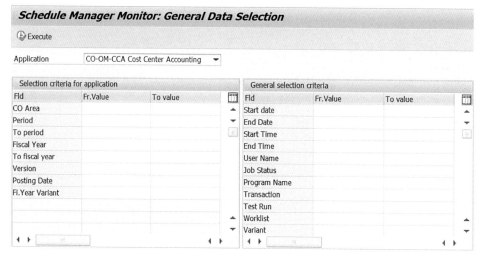

원하는 Application Area를 선택한 후 Execute 버튼을 클릭하여 Job 리스트를 조회할 수 있다.

> 에러 발생한 내역을 선택하고 더블클릭하면 우측에 다음과 같은 화면이 나타난다.

FAGL_FC_VAL : Foreign Currency Valuation

Chosen job	FAGL_FC_VAL : Foreign Currency Valuation
Original status	Processing was canceled

Details	Selection criteria	Parameters

Start date	
Start Time	19:08:00
User Name	
Variant	FCV_ARAP
Program name	FAGL_FC_VALUATION
Application	General Ledger
Test Run	X
Job name	FAGL_FC_VALUATION/FCV_ARAP

[🔍 Job log] 버튼을 클릭하여 오류내역을 확인하여 조치할 수 있다.

> | Details | Selection criteria | Parameters | 탭을 이용하여 다양하게 내용을 조회해볼 수 있다.

○ 5가지 장점 : Schedule Manager를 사용할 경우 다음과 같은 장점이 있다(장점이 있지만 실제로 국내에서 이 기능을 사용하는 회사는 드물다.)

• Closing Process가 투명해지고 Handling 하기가 쉽다.

• SAP 시스템이 필요한 시간이 되면 자동으로 job을 수행해준다.

• Complete된 프로세스를 모니터링하기 편리하다.

• 에러 분석이 용이하다(분석 시간 단축).

• Total 프로세싱 시간이 줄어든다. → 결산기간 단축

● Organizational Steps

▶ New G/L 버전부터는 Document Splitting 기능을 통해 더 이상 Subsequent Business Area and Profit Center Adjustment Step(A/R, A/P를 Business Area, Profit Center별로 Breakdown하는 작업)이 필요치 않게 되었다.

▶ 앞서 살펴본 〈7장.New General Ledger〉-Document Splitting 챕터를 참고하자.

● Documentary Steps

▶ Balance Audit Trail(accumulated)

○ 회계감사 혹은 세무조사시에 G/L계정별, S/L계정별 Sorting된 감사자료를 뽑아내는
기능(아래 그림에서 All Accounts폴더가 Balance 기준 방식이고 Open item accounts폴더가
Open item방식이다. 국내에선 잘 사용하지 않는 리포팅 방식이니 참고로 알아둔다.)

>FI-General Ledger-Periodic Processing-Closing-Document-Balance Audit Trail

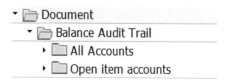

○ **Balance 기준** 방식으로 조회 : FI-General Ledger-Periodic Processing-Closing-
Document-Balance Audit Trail-All Accounts-S_ALR_87100205 - General Ledg-
er from the Document File

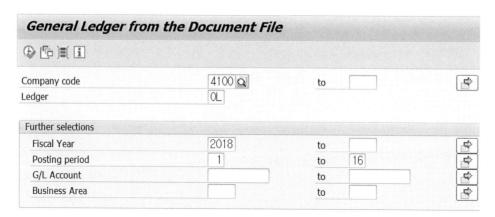

>위와같이 조건값을 입력한 후 실행(다음 같이 계정별로 소팅되어 잔액이 조회된다.)

General Ledger from the Document File

◄◄ ◄ ► ►◄ Messages ✎ 昷 圭 ▽ 回 固 圣 ％ 凸

4100 11010100 Cash

DocumentNo	BusA	Period	DocumentNo	Type	Pstng Date	Amount in FC	Amount in LC	Offst.acct	O	PK	Crcy
		00					485,789				KRW
100000184	004	100000184	SA	2018.04.01			12,345-			50	KRW
100000021	006	100000021	SA	2018.06.30			10,000-			50	KRW
100000017	006	100000017	SA	2018.06.11			10,000			40	KRW
100000012	006	100000012	SA	2018.06.10			5,000-			50	KRW
100000011	006	100000011	AB	2018.06.10			10,000-			50	KRW
100000010	006	100000010	SA	2018.06.10			10,000			40	KRW
100000009	006	100000009	SA	2018.06.09			10,000			40	KRW
100000137	007	100000137	SA	2018.07.01			2,400,000-			50	KRW
100000138	007	100000138	SA	2018.07.10			1,000,000-			50	KRW
100000134	007	100000134	SA	2018.07.01			2,400,000-			50	KRW
100000039	007	100000039	SA	2018.07.23			10,000-			50	KRW
100000031	007	100000031	SA	2018.07.01			1,000-			50	KRW
100000031	007	100000031	SA	2018.07.01			1,000			40	KRW
100000139	007	100000139	SA	2018.07.20			200,000-			50	KRW
100000014	009	100000014	AB	2018.09.11			2,050			40	KRW
100000013	009	100000013	SA	2018.09.11			2,050-			50	KRW
100000016	010	100000016	AB	2018.10.11			2,050			40	KRW
100000015	010	100000015	SA	2018.10.11			2,050-			50	KRW
1900000000	011	1900000000	KR	2018.11.03			100			40	KRW
100000020	011	100000020	SA	2018.11.11			10,000-			50	KRW
100000018	011	100000018	SA	2018.11.11			10,000-			50	KRW
100000004	011	100000004	AB	2018.11.08			1,000,000			40	KRW
100000003	011	100000003	AB	2018.11.08			1,000,000-			50	KRW
* G/L Account 11010100							5,551,456-				

〉🏛 아이콘을 이용하여 원하는 계정을 찾아볼 수 있다.

○ **Open Item 기준** 방식으로 조회 : FI-General Ledger-Periodic Processing-Closing-Document-Balance Audit Trail-Open item accounts-S_ALR_87012317 - Open Item Account Balance Audit Trail from the Document File

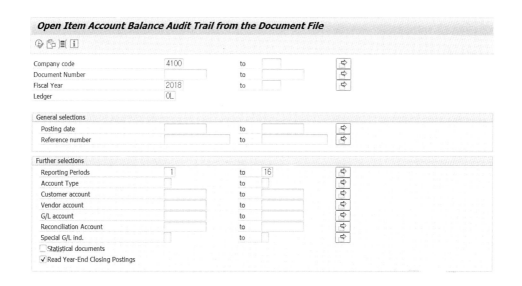

Financial Closing

9

Open Item Account Balance Audit Trail from the Document File

SG Clearing Balance	Month	Pstng Date	DocumentNo	DocDate	Type	Reference	Due on Bline Date	O Offst.acct	Tx	Crcy Crcy	Amount in LC Clrng doc. Amount in FC
CoCode 4100 Customer CUST-KR004 Name SFA Assets											
City 111333 서울시 강남구											
	08	2018.08.19	1800000038	2018.08.19	DR		2018.08.19 2018.08.19			KRW	1,100,000
* G/L Account 11040100										KRW	1,100,000
** Customer CUST-KR004										KRW	1,100,000
***Company Code 4100										KRW	1,100,000

위와 같이 Open Item별 데이터 조회가 가능하다.

약어 정리

약어	설명	약어	설명
ERP	Enterprise Resource Planning	BPR	Business Process Reengineering
MRP	Material requirements planning	SAP	System Applications and Products in data processing
IMG	Implementation guide	BC	Basis Consultant
FI	Financial Accounting	G/L	General Ledger(총계정원장)
S/L	Subsidiary Ledger(보조원장)	A/R	Accounts Receivable(매출채권 관리)
A/P	Accounts Payable(매입채무 관리)	A/A	Asset Accounting(고정자산 관리) or Fixed Assets
S/O	Sales Order(판매오더)	P/O	Purchase Order(구매오더)
G/R	Goods Receipt(상품 입고)	I/V	Invoice Verification(매입채무 확정)
PCA	Profit Center Accounting	IM	Investment Management(투자관리)
PS	Project System	RE	Real Estate
CO	Controlling	TR	Treasury
CBM	Cash Management and forecast	MRM	Market Risk Management
OM	Overhead cost accounting(Management)	PC	Product cost accounting
PA	Profitability analysis	ABC	Activity Based Costing
EC	Enterprise Controlling	SEM	Strategic Enterprise Management
CTS	Change Transport System	TMS	Transport management System
LO	Logistics	COA	Chart Of Accounts
B/S	Balance Sheet	P&L	Profit & Loss Statement
S/O	Sales Order(판매오더)	P/O	Purchase Order(구매오더)
G/R	Goods / Receipt(상품 입고)	I/V	Invoice Verification(매입채무 확정)
TR	Treasury	CM	Cash Management
AOP	Automatic Outgoing Payment	M.B.S	Manual Bank Statement
AA	Asset Accounting	COD	Chart of Depreciation
FA	Fixed Asset	AUC	Asset Under Construction
LVA	Low Value Asset	NBV	NetBook Value
CO	Controlling	CO-CEL	Cost & Revenue Element Accounting
CCA	Cost Center Accounting	I/O	Internal Order
ABC	Activity-Based Costing	CO-PC	Product Cost Controlling
PA	Profitability Analysis	PCA	Profit Center Accounting
OM	Overhead Management	FM	Fund Management
SKF	Statistical Key Figures	SPL	Special Purpose Ledger(=FI-SL)
FSV	Financial Statement Version		

맺음말

지금까지 SAP FI 모듈의 Organization Unit / Master Data / Transaction 처리 방법 / IMG Configuration 방법에 대해 알아보았습니다. 많이 부족한 내용이지만 SAP FI 모듈에 대해 관심 있었던 분들에게 조금이나마 도움이 되셨으면 합니다. 처음에는 후배들을 위한 교육자료를 만들려고 하다가 하나,둘씩 살을 붙이다 보니 여기까지 오게 되었네요. 특히 S/4 HANA 버전이 등장한 후 그 내용을 추가하면서 전체적으로 분량이 너무 많아진 것 같습니다. 책이 두꺼워서 죄송한 마음입니다..... 글 쓰는 분들이 얼마나 대단한 분들인지 느꼈습니다. 말로 설명하는 것과 글로 풀어내는 것에는 아주 큰 차이가 있다는 것도 이번에 깨닫게 되었습니다. 또한 제가 얼마나 글 쓰는 능력이 부족한지도 느꼈구요, 좀 더 쉽게 책을 쓰지 못해 독자분들께 죄송한 마음입니다.

제 역량이 부족한 탓인지, 퇴고를 하다보니 빠진 내용이 많이 보입니다. 나중에 기회가 된다면, 모듈간 AAA(Automatic Account Assignment) 설정이라던지, FI 모듈 내 존재하는 Custom Exit / Validation(유효성) / Substitution(대체) / BAdI(Business Add In) / BTE(Business Transaction Event) 등의 고객 Enhancement 기능이라던지, FI와 밀접한 관계를 갖는 CO모듈 기초부분이라던지, FI모듈 유지보수 노하우라던지, SAP 사용 Tip 이라던지, 이런 내용에 대해서도 추가해 보도록 노력해보겠습니다.

아! SAP 사용 Tip의 경우 이미 시중에 나와있는 좋은 책이 있어 그 책을 보시는걸 추천 드립니다. 정희철 저자의 'SAP 시스템의 이해' 라는 책인데요, SAP 관련 수많은 Tip과 유지보수 하시는 분들에게 도움이 될만한 노하우들이 많이 수록되어 있습니다. 정희철 저자님은 개인적으로 친분 있는 실력 있는 TR컨설턴트이십니다. 이 책 보고 SAP Tip 부분은 빼야겠다는 생각을 했던 기억이 나네요.

긴 내용 끝까지 읽어주셔서 감사드립니다. 마지막으로 한가지만 당부 드린다면, SAP는 눈으로 봐서는 실력이 늘지 않습니다. 반드시 스스로 IMG Setting을 해보고 실제로 시스템이 어떻게 동작하는지 경험해봐야 본인의 지식이 됩니다. SAP를 접할 수 있는 환경에 계신 분들은 책에 있는 내용을 꼭 테스트 해보면서 자신의 자산으로 만드시길 바랍니다. 감사합니다.

유승철 드림 (sfaconsulting@naver.com)

자금관리 통합 솔루션(Spert Treasury Solution)

> *"힘들게 자금수지 시스템을 구축했지만, 우리 회사 실정에 맞지 않아서 결국 무용지물입니다."*
>
> S 사 자금업무 담당
>
> *"SAP TR모듈이 너무 복잡하고, 운영하기가 어렵습니다."*
>
> T사 시스템 담당자
>
> *"우리회사의 금융상품관리 기능은 단순한데, TR 모듈 License 를 구입해야 하나?"*
>
> D사 프로젝트 PM

자금업무의 핵심인 금융상품과 자금수지 관리에 대한 SAP 솔루션을 소개합니다.

- 자금 국내업무 실정에 맞게 개발된 SAP 패키지 프로그램

- 단기간 합리적인 비용으로 구축 및 안정화

- 별도 패키지 형태 구현되어 SAP License 필요 없음

- 사용자/시스템 운영자 입장에서 쉽고 단순한 화면 및 기능으로 구성

- 국내 여러 대기업 적용 사용중

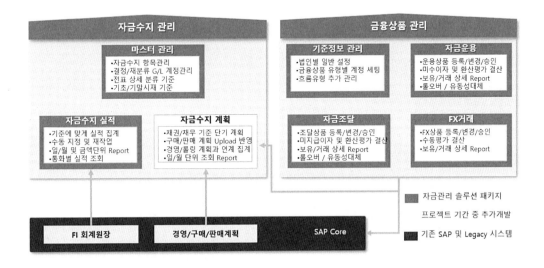

홈페이지 : www.easyTR.co.kr
솔루션문의: hcjung@s-pert.com, spert@s-pert.com / 031-756-6213

SAP ERP 프로젝트를 계획하고 있습니까?

> *"외국계 컨설팅 회사는 이름 값만으로 너무 비싸기만한거 아니야.?"*
>
> S사 기획팀장
>
> *"대기업 SI 업체는 계열사 경험만 있고, 실력있는 인력들은 다 빠져나간거 같아. "*
>
> 20년차 SAP 프리랜서
>
> *"국내 소규모 SI업체와 저가로 프로젝트 진행했다가 Open 을 못하고, 업체와 소송중에 있습니다."*
>
> C사 운영팀장

실력과 경험을 충분히 가지고 있으면서도 합리적인 가격을 제시하는 SAP 컨설팅 업체를 소개합니다.

ERP 전 모듈, 경력 15년 이상의 업계 최고 프리랜서 전문가들로 구성된 SAP 전문 컨설팅 업체

S-PERT

Solution Deployment
실행 부서에 실질적 도움이 되는
가성비 높은 솔루션

ERP Consulting
PI 및 ERP 구축 컨설팅

SAP Implementation
고객 비즈니스 관점에서
전략과 시스템을 구현

Solution
자금관리
회계증빙
FTA

교육/세미나/출판
방문 교육
ERP Trend 세미나

SAP Maintenance
특급 컨설턴트의 지원을 받는 비즈니스
/IT/인프라 운영서비스

SPINNAKER SUPPORT

Maintenance
시스템 운영/
유지보수

Seminar & Press
SAP 교육 & 세미나
서적 출판을 통해
최신 IT Trend 정보 제공

홈페이지 : WWW.S-PERT.COM
대표 연락처 : spert@s-pert.com / 031-756-6213
(SAP 사용자 입문 교육 / SAP 시스템 유지보수 교육 / SAP Project 관리 교육)